U0552464

中华文明
的天机

何新 — 著

中国出版集团
现代出版社

古天文历法

后羿射日与历法改革 —— 114

上古五行十月历 —— 121

端午节的由来 —— 129

清明节·寒食节·上巳节 —— 136

古案新解

"补天"神话与远古地质变迁考 —— 156

古昆仑：天堂与地狱之山 —— 161

长生殿与生殖神崇拜 —— 179

"中国"之名考古 —— 185

海昏侯墓出土屏风新释 —— 190

马王堆帛画新释 —— 193

王羲之《兰亭集序》写错字了吗 —— 199

对"心"与"囟"字的千年误读 —— 201

被庸医误解多年的"肾"和"补肾" —— 204

目录 Contents

上古神兽

龙 —— 002
凤凰 —— 015
狐狸 —— 044
麒麟 —— 060
烛龙 —— 063
鲲鹏 —— 068

人物考

黄帝 —— 074
炎帝 —— 082
女娲 —— 085
伊尹考 —— 102
钟馗考 —— 105
邹衍考 —— 108

诸子研究

老子哲学中的活东西与死东西 —— 308

儒的由来与演变 —— 322

"克己复礼"并非复古 —— 327

子夏与"西河学派" —— 330

法家之学源出儒家 —— 335

墨学源出孔门 —— 340

释字诂义

释"仁" —— 358

说"士" —— 361

说"美" —— 362

释"乾坤" —— 365

释"后土" —— 367

释"丕显" —— 370

释"奸令" —— 372

古经新考

《易经》及八卦爻辞的起源 —— 208

论《尚书》—— 219

论《诗经》—— 240

《论语》及"四书"都非孔子所作 —— 255

"中庸"新考 —— 259

《九歌》新论 —— 263

论经学乃传统文化之本 —— 270

还原真实的孔子

你所不知道的青年孔子 —— 274

"堕三都"与政治变革的失败 —— 291

"天下归仁"：革命性的政治理想 —— 298

释"吉凶" —— 373

释"南" —— 375

释"神" —— 378

"五行三正"诂义 —— 380

"道德"诂义 —— 381

训诂与六书 —— 383

何新著作年表 —— 386

上古神兽

龙

【导读】

本文是何新的经典论文之一。在《中国神龙之谜的揭破》和《凤凰崇拜的起源与演变》这两篇论文中，何新修正了他在《诸神的起源》一书中关于龙凤的理论。他指出，龙的真相是蜥蜴与鳄鱼，凤的真相是鸵鸟。它们都曾是古华夏的图腾动物，但在进入夏商历史时期以后，都由于生态气候的变迁而逐渐在中国大陆绝灭，遂由现实动物转形为神话动物。

《诸神的起源》是一部探索之作。其中一些新观点，自然未作为定论。但可喜的是，此书中有些看来颇为大胆的假说，后来竟得到更多材料的支持。

例如书中论古昆仑作为华夏族的祭天之山，初无定型，所以东岳泰山在上古曾被看作中岳昆仑。近细读《史记·封禅书》，发现如下一则重要记载："泰山东北趾古时有明堂处，处险不敞……济南人公玉带上黄帝时明堂图。明堂图中有一殿，四面无壁，以茅盖，通水，圜宫垣为复道，上有楼，从西南入，命曰昆仑。"

此则材料，证明了古泰山确有黄帝祭天明堂，而其殿则名叫"昆仑"，从而验证了泰山与古昆仑之关系。

又如关于羿射十日的故事，我在书中以为其真相可能与历法改革有关，并臆测十日故事似表明古代可能存在一种十月历法。最近读到陈久金、卢史等著《彝族天文学史》书中说一年十个月，一月三十六日的历法，在彝族地区曾长期实行，并且亦认为夏代以前中国曾实行过十月制历法。此与拙说正可互相印证。

但是在《诸神的起源》中，也有一些问题值得做进一步的研讨。例如关于龙的问题，笔者否定了它的生物性存在。经过对古生物学、古气象学和甲骨、青铜纹饰以及古文献的进一步研究，现在看来，这一否定是不对的。"龙"，在中国上古曾是一种确为实有的动物，并且确曾作为与太阳—凤鸟并列的一个强大部族的图腾。本文想提供一些新的材料和证据，修正拙著中的这一结论，使神龙真相这个千古之谜得到真正的揭破。

一

龙，是华夏民族自上古以来一直崇奉的一种神异动物。龙是神灵和权威的象征，是华夏先民的图腾。但龙的真相，是中国文化史上遗留的最大疑谜之一。

我们知道，汉魏以后，关于龙的意象在传说中已越变越奇，以致被神化为一种形象极为奇特的怪物。

"角似鹿，头似驼，眼似鬼，项似蛇，腹似蜃，鳞似鱼，爪似鹰，掌似虎，耳似牛。"（《尔雅翼》引王符说）

这样一种怪物，在自然界中当然从未有过，也绝不可能实有。尽管如此，我们却不能不注意到，在商周甲骨文中不仅有见龙、祭龙，甚至也有狩猎获龙的卜辞。至于先秦文献中，更有不少关于见龙、养龙，以至屠龙和食龙的记载。

"见龙在田。"（《周易·乾卦》）

"龙战于野，其血玄黄。"（《周易·坤卦》）

"深山大泽，实生龙蛇。"（《左传·襄公二十一年》）

在《左传》中还记载有这样一件事。鲁昭公二十九年（前513）秋，龙出现在晋国都城近郊（今山西侯马），引起了人们的注意。有人想猎捕它，但又害怕它，于是去请教当时以博学多知见称的太史官蔡墨。蔡墨说："如果不能活捉龙，那只是由于现在人们的无能,而在古代,不但能活捉龙,甚至专有养龙官、杀龙官和驯龙官。只是由于后来大地上的水泽少了,所以龙才成为稀奇之物。但在《周易》中,保存着许多关于龙的占辞。如果当时龙不是经常能碰见的动物,谁又能把它写照得那样细致('若不朝夕见,谁能物之')?"

这段记载是极可注意的。因为在这里,史官蔡墨不仅明确地肯定了"龙"作为一种生物的实在性,而且表明,即使在春秋时代,北方某些地区还偶尔可以见到"龙"的踪迹。

二

那么"龙"的真相究竟是什么呢?长期以来,人们对此曾做过种种推测。主要的说法不外如下几种:巨蛇、蟒,扬子鳄,猪或马。

这三种说法实际上都有问题。

神话中的龙有角,有足,有巨大的鳞片,而蛇类无(汉代以前的伏羲、女娲画像亦有手、有足、有尾,像爬虫而不像蛇)。

扬子鳄性温善,体形短小(普通为一至二米),不足以称神。此外,扬子

图1 湖南长沙子弹库战国楚墓出土帛画《人物御龙图》

图2 江苏淮阴高庄战国墓出土刻纹铜器上刻绘有巫师驾马车护送龙舟下水的画面

图3 山东沂南出土东汉画像石上的龙戏图

鳄无角，而传说中的龙头部有角状物，名叫"尺木"——"龙无尺木，不能升天"（《酉阳杂俎》）。

至于猪或马则与神龙的传说形象相去更远。更重要的是，龙是水中物，而猪、马则是陆地动物。总之，这些旧说均不能成立。

在上述龙的生物性假说之外，还有关于龙是非生物的另一类假说。例如闻一多等曾将《周易》中的龙解释为"龙星"。笔者在《诸神的起源》中亦将龙推测为古人关于"云"的生命化意象，等等。但这些说法，又显然难以解释甲骨文和典籍中那些猎龙、见龙的记载。

为了解开"龙"究竟是一种什么怪物这个千古之谜，我们首先可以分析一下古文字中关于"龙"的字形（见图4）。

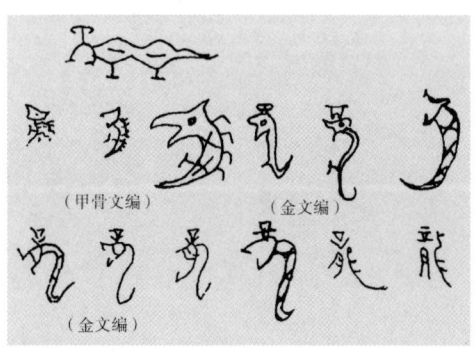

图4

仔细观察这些"龙"图，可以发现其中有极可注意的三点：龙的头部饰有角状物，龙形体上有足，龙的背尾部有鬣。

这里还有极耐人寻味的一点，从"龙"字的头部写法看，"龙"应是一种巨口獠牙的猛兽。因为在甲骨文中，凡是凶猛动物的头部，都具有与"龙"字头部相同的特征（见图5）。

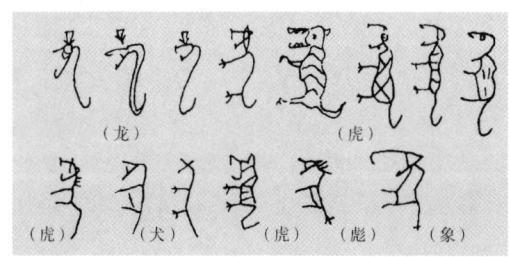

图5

我们可以注意到，这些标志猛兽的文字，都在头部着力刻画它们的巨口獠牙。换句话说，像龙那样一种巨口獠牙的符号，似乎构成甲骨文和金文中一种特殊的头部标记，专用以表示猛兽。其实这一头部标记就是今天的"虍"字和"凶"字。"虍""凶"在隶书中分化为两个不同的文字。但就语源看，这两个字不仅古音近同、字形相似（均是猛兽利吻獠牙的刻画），而且字义也相关。作为对比，我们可以再看看甲骨文中那些性情温驯的动物，其头部则多从于"目"或"首"字。（见图6）

最后，我们还可以注意到"龙"字头上还有一个记号。这个记号在今天的汉字中写作"辛"。其字形取象于以斧劈木。作为名词，辛字孳乳为"薪"。作为动词，则孳乳为"辟"和"辠"。在甲骨文中，这"辛"字似乎又是一个用以标记杀伐、镇服的记号。对龙、野猪、老虎都可以使用这个记号（见图7）。

综合以上的讨论，我们可以从"龙"字的符号结构中分析出以下要素：龙应是一种具有四足的爬行类动物；这种爬行类可能有角，有鳞片，颈部有长鬣（像野猪），有长尾；真实的龙可能是一种十分凶猛的巨型动物，有巨口獠牙；人们恐惧龙，因此在这个字的头上标记"辛"，表示对它的镇服。

极为有意义的是，在商周玉器图纹

图6

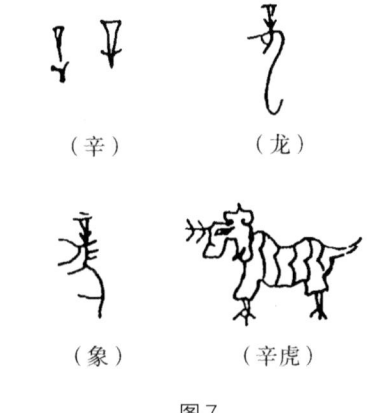

图7

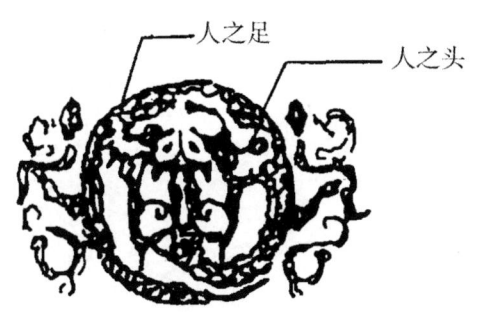

图8 商代猛龙吞人玉佩环（中国历史博物馆藏）

中，笔者发现了一只猛龙食人玉佩（见图8）。由图中我们可以看出，一条巨龙正绞缠着一个挣扎中的人，以双足扼抱其肩腹，做奋力绞缠和吞食之状。这块玉佩，恰可为笔者对于"龙"字字形的上述分析，提供一个有力的实物证据。

三

现在的问题是，在古代以至远古时代的中国大陆上，是否确曾存在过"龙"这样一种凶猛巨大的水生爬行类动物呢？

这个问题过去一直无人提出，也难以解答，但实际上，无论是生物学的实地发掘，还是古文献的记载，都表明，在中国古代确实存在过这样一种令人恐怖，因而也令人敬畏的巨型爬行动物。这就是现代生物分类学中称作"湾鳄"的巨型鳄鱼。

这种巨鳄体形庞大，性情凶残，可吞食虎、豹。又背部有厚甲，"可御兵"（《山海经》），因此石器时代的人类肯定不是它的对手。其寿命则极长，据说可达百年甚至数百年。常生活于大河、沼泽、水网地带。善于潜伏隐蔽，而突然发难袭击靠近的人、兽。在当时人类所必须面对的各种猛兽中，这种巨型凶鳄毫无疑问是最具有威胁性的。所以当时人们既恐惧它，又崇拜它，把它看作神，

图10 江苏丹阳胡桥宝山南朝砖墓发现的《羽人戏龙图》

称为"隆"(隆、龙古字通用。隆,意为巨大、伟大)。

如果有人对"古代人们所崇拜并且恐惧的龙,其真相就是这种凶猛的巨鳄"还存在什么疑问,那么再请看图9。

图9

此图纹摹自1959年出土于山西石楼的一件商代铜觥。由此图的一组龙形纹样中,

可以明白无误地辨识出两条巨型鳄鱼的俯视和侧面图像（这个铜觥，也有考古学家认为是夏文化的遗物。毫无疑问，其年代是相当古老的）。而正是在这一带，还出土过以鳄鱼皮蒙制的商代铜鼓。更有意思的是，在1973年出土的一件商代大石磬上，还可以看到与上图极为相似的又一条巨型鳄鱼—龙的装饰图案。

如果考虑到在中国古代典籍中，音乐之神一向被认为是一种名叫"夔"的神龙，我们也就理解，古人要在石磬和其他各种古代乐器上刻制鳄鱼—龙纹的意义了。

四

湾鳄，学名 Crocodilus Porosus。这是一种今日濒临灭绝的爬行类动物。今日只有少量生存于东南亚的部分地区。这种动物既可以生活于沼泽、淡水中，也可以生活在海滨河口的半咸水中。化石发掘表明，这种动物在上古时代亦曾生活于中国东部和南部的滨海以及部分内陆区域。在岭南则直到晚唐时代尚有存在。

湾鳄是鳄属中体形最大的一种。普通者体长四至五米，成体则可达十至十一米。它可能是自恐龙绝灭以后，陆地动物中体形最大的一种（所以古人有"龙为鳞虫之长"的说法）。我们知道，鳄类是热带动物。在现代鳄属动物中除两三种可以生存在暖温带地区以外，大部分均分布于赤道附近的热带地区。

但古气象学的研究表明，在夏商之前，中原地区恰正具有接近亚热带的气候条件：湿热多雨，地多沼泽且林莽密集。直到商代，黄河流域气候依然温暖潮润，有似今日之江南。考古学家从河南殷墟挖掘所得到的动物骨骼中，曾发现大象、犀牛、竹鼠等热带生物。不仅气候条件适宜，而且当时位处黄河中下游冲积扇上的中原地区，沼泽水网密布。这种地理气候条件，有利于各种食草动物的生长，同时也为湾鳄提供了有利的生存条件。所以有证据表明，这种巨鳄在上古时代曾广泛分布于南海、东海、渤海沿海以及黄河中下游和江淮流域（今日山西汾水流域曾出土大量鳄化石，被命名为"汾河鳄"。这一古生物学的发现，又恰与山西石楼铜器上的鳄—"龙"花纹和《左传》所记晋国都城见龙的记载相吻合。这恐怕不会是偶然的）。

但是在夏代商代之间，中原地区气候生态发生了巨大变迁。气候转寒，常有干旱（甲骨文中祷雨卜辞甚多）。因此许多湖泽淤塞干涸。在地理气候生态的这种巨大变迁下，这种鳄鱼随之减少，终究在华北地区完全绝迹，只留下了关于这种神秘恐怖怪物的大量传说。而古生物学的资料还表明，在古代中国大陆曾存在过多种鳄鱼。现今仍有一种体形较小、性情亦较温顺的鼍鳄（即扬子鳄，俗名"龙子""土龙"），在长江中下游地区存在。

实际上，当唐代文学家韩愈任潮州刺史时，那种凶猛的巨型鳄在广东韩江下游一带还很多，常出没水滨吞食人畜。所以韩江古称"鳄湾"，又名"恶湾"（后人为纪念韩愈方更名为"韩江"）。韩愈为此曾写作著名的《鳄鱼文》。只是当时这位文学家却好像已不知道，被他在文中所诅咒驱逐的这种凶猛的爬行动物，其实就是古人视为神物的龙。

韩愈《鳄鱼文》的注中，曾详细描述了这种鳄鱼的形态："鳄鱼之状，龙吻虎爪，蟹目鼍鳞。尾长数尺，末大如箕，芒刺成钩，仍有胶粘。多于水滨潜伏，人畜近，以尾击取。"由这一体征，以及其凶猛噬人的性情，我们可以断定这种鳄鱼不会是小型的扬子鳄，而正是今日仍生存于泰国、澳大利亚等地区的湾鳄。

实际上，在远早于唐代的其他古代典籍中，我们还可以见到关于这种巨型食人鳄的更多记载。例如《说文》中记述了一种称作"鱓"（读"鳄"）的动物："似蜥易，长一丈。水潜，吞人即浮，出日南。"《文选·吴都赋》刘逵注引《异物志》："鳄鱼长二丈馀，有四足，似鼍。喙长三尺，甚利齿。虎及大鹿渡水，鳄击之皆中断。生则出，在沙上乳卵。"《博物志》："南海有鳄鱼，状似鼍。斩其头而干之，去齿而更生，如此者三乃止。"《梁书》："鳄大者长二丈馀，状如鼍，有四足，喙长六七尺。两边有齿，利如刀剑。"

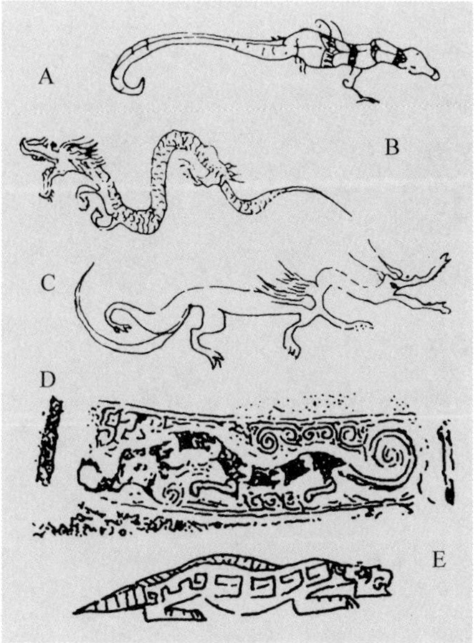

由这些记述中，我们可以看出古人认为这种巨鳄是一种与鼍即扬子鳄，形状相似但类属并不相同的动物。而且古人也明确地注意到了它与龙的类同关系。当然，这些记载都已是秦汉以后人所作的，在那个时代，真正的"龙"在中原早已消失，只残留下一些神奇、神秘而令人敬畏的神话传说。所以虽然历代皆有人在岭南见到或听说过这种类似"龙"的怪物，却没有人敢于破除迷信地想到，这种巨鳄，其实就是上古所谓神龙的原型和本体。但极为有意思的是，从商周鼎纹及战国秦汉人所绘制的"龙"图（见图11）中，仍

A. 长沙战国楚帛画的龙；B. 马王堆汉墓帛画的龙；C. 河南安阳汉砖画的龙；D. 周锺龙纹；E. 商妇好墓玉龙。

图 11

然可以辨认出鳄鱼的基本特征——巨口獠牙、鳞躯、四足长尾、有角等。

《广雅》中说:"有翼曰应龙。"过去人们都以为,翼就是翅膀。殊不知在古汉语中,动物背部的鬣鬃也可以称为"翼"(《经籍纂诂》),而由图11的C中,我们可以明显看出,传说中龙的所谓翅膀,其实正是鳄鱼背部鬣鬃的夸张和想象。

用图11中的图与湾鳄图作比较,从其巨口、獠牙、四爪、鳞身、长尾、背鬣诸特征,我们可以毫无困难地洞察古代之所谓龙,其真相究竟是什么。

为了使读者自己判断本文是否确已找到所谓龙的真相,请再看图12:

图12 《毛诗品物图考》所绘鳄鱼

图中画了一只鳄鱼(从图中文字看,原作者是把鳄与鼍混作一物了),实际上,在后世流传的龙形图中,除了鹿状的角,龙无疑就是湾鳄形象的神化和夸张。那么湾鳄是否有角呢?当然,它没有那种鹿形的角(那是传说中夸漫变形的产物)。但是"从吻部到眼前生有两道角状隆起物",却正是湾鳄的重要分类特征之一(见《辞海》"湾鳄"条目)。而这一点,可能也就是发生"神龙有角""龙无尺木,不能升天"一类传说的根据吧。

这里还有必要指出,中国上古传说中一些神秘的凶狠动物如罔两、梼杌、饕餮,其实也都是湾鳄这种凶猛巨鳄的别名。"罔两"被孔子释作夔龙的别名,又被称作"木石之怪"。梼杌在古辞书被认为是形象"断烂恶木"的怪兽。《天中记》引《神

图 13　商代石磬（安阳武官村出土）上刻制了与鳄鱼形态极为相似的虎纹

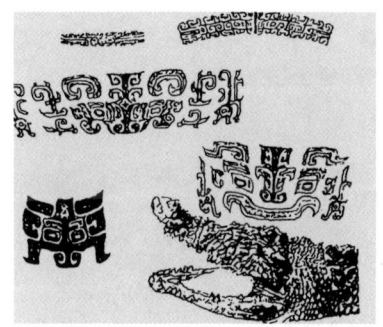

图 14　商周鼎纹演变

异经》说："其状如虎而大，毛（鬣）长二尺。人面，虎足，猪口牙，尾长一丈八尺。搅乱荒中，名梼杌。一名傲狠，一名难训。"从生物学的角度看，鳄鱼的拟态正是朽木青石，所以其漂浮水中或潜匿池边不易被发现。所谓木石精怪的传说，正是由此发生。至于《神异经》所记梼杌形态，我们参照鳄鱼的形态，更完全可以明白无误地做出指认。这里特别要注意的是，古人眼中鳄鱼与虎形名的接近。我们前面曾展示了小屯商代石磬所刻的鳄鱼纹。但无独有偶的是，在另一块商代石磬（安阳武官村出土）上，刻制了与鳄鱼形态极为相似的虎纹（见图 13）。

至于饕餮，也是古代关于凶鳄的别名。《吕氏春秋》说："周鼎著饕餮。有首无身，食人未咽，害及其身。"《左传》说它"贪于饮食……侵欲崇侈……天下之民，以比三凶"。而商周青铜器上多见一种有首无身的怪兽之纹，自宋代以来一直被命名为"饕餮纹"。现在我们可以肯定地说，这一命名是恰当的。从图 14 中，我们可以清晰地看出商周鼎纹的演变过程：由双体多足的鳄鱼—夔龙图纹，演变为单足的夔纹，最后演变为兽首纹、商羊纹（注意："商羊"乃是"蜥蜴"古音的转语）。

还应当指出，在古语言中，鳄鱼与蜥蜴被视为同类。一因二者形态极为相像，蜥蜴仿佛一种袖珍版的鳄鱼,所以亦有"龙子"之称。我们可以注意到,中国上古一位著名大神"羲俄",正是蜥蜴(鳄)的变音,而且其在秦汉艺术中的造型形象,也正是蜥蜴或鳄鱼。(见图15)

最后,我们再看动物中的蜥蜴(见图16),是一个品类极其丰富的大世界。由此联想到古人所谓"龙生百子"或"龙生九子"的传说,其真相也就不难揭破了。

图 15 中国神话中有一位神灵名叫羲俄,在古代绘画中,它正是一位具有蜥蜴及鳄鱼形象的怪物

图 16 动物中的蜥蜴,是一个品类极其丰富的大世界

凤凰

【导读】

凤凰的起源约在新石器时代，原始社会彩陶上的很多鸟纹是凤凰的雏形，距今约6700年的浙江余姚河姆渡遗址出土的象牙骨器上就有双鸟纹的雕刻形象。这双鸟纹应是古代凤凰的最早记载。根据神话传说，凤是从东方殷族的鸟图腾演化而成的。但何新研究表明：凤也是一种曾实存于古代中国的生物。凤的真相是远古人类对中国古陆曾存在过的巨鸟——鸵鸟的图腾崇拜。

图17 战国丝绣：凤

图18 凤纹

图19 凤纹

世界上许多民族都有自己特别珍爱的动物。在历史上，早期人类文明中似乎盛行对某些动物的崇拜。例如，欧洲和亚洲的许多民族都喜爱狮子与鹰，以之为徽记，因为它们是力量和敏捷的象征。古中国人所崇拜的动物是龙与凤。

在中国远古文明的象征系统中，有五种灵异动物组成一个神秘的象征体系，即龙、凤、虎、龟以及麟（麒麟）。在汉代五行的宇宙体系中，其中四种灵物被配置于天地四方：东青龙、西白虎、南朱雀（凤）、北玄武（神龟）。这四灵受到远古华夏人的特殊崇拜不是偶然的：龙一向被认为是力量的象征，凤一向被认为是美的象征，虎是权威的象征，而龟则是长寿与神秘智慧的象征。

在远古的神话宇宙观中，龙是雷、雨、电之神，凤是太阳神、火神和风神，虎是明月之神（民间传说月神为玉兔。在汉以前认为月神是"于菟"——白虎。于菟与玉兔音近，因此讹变为玉兔。而神龟则被认为是水神和天宇之神。

虎与龟都是自然界中实有的动物，麒麟即灵鹿，也有生物原型。

然而千百年来，龙与凤的真相一直是个谜。在本文中，我想进一步研讨关于凤的问题，以求解开古动物学与考古文学中的又一个谜。

图20 战国时期人物龙凤图

一位能带来祥瑞的舞蹈之神

今日所见关于凤的最早记录，可能是在《尚书·益稷》篇中。书中叙述大禹治水后，举行庆祝盛典，由夔龙主持音乐，群鸟群兽在仪式上载歌载舞。最后，凤凰也来了——"箫韶九成，凤皇来仪"。

何谓凤皇？孔安国传（为《尚书》作传之"孔安国"有两人，一为西汉之孔安国，一为东晋之孔安国。旧说"伪"孔传者，乃东晋孔安国所传，并非"伪"也。详说见何新《尚书新解》）曰："灵鸟也，雄曰凤，雌曰皇。"灵鸟，即神鸟也。我们应该注意的是，在这里，凤凰被古代经学家视为一种象征吉庆的神鸟。

"萧韶九成，凤皇来仪"，古音"仪"与"娥"通。"娥"，又作"婀"，"舞"也，婀娜而舞。郑玄读"仪"为"偶"，谓"仪，言其相乘匹"，即凤凰成双（"乘匹"，双匹）而来，来而跳舞。故下文中夔高兴地说："于！予击石拊石，百兽率舞！"（"啊，我敲石拍石，百兽随我的节拍而一齐跳舞！"）由于凤凰以善舞而闻名，故在《山海经》中又被称作"舞鸟"。

实际上，凤凰在较早的先秦文献中，正是作为一种祥瑞和一位舞神出现的。"天山有神鸟，其状如黄囊，其文丹，六足，四翼，浑沌无面目，是识歌舞，寔惟帝江。"（《文选》注引《山海经》）帝江即帝鸿，鸿鸟，大鸟也。鸿鸟，上古亦被认为是凤凰别种，汉以后成为鸿鹄即天鹅与黄鹄的名称。《山海经》记："有鸟焉，其状如鸡……名曰凤皇……是鸟也，饮食自然，自歌自舞，见则天下安宁。"又记："鸾鸟自歌，凤鸟自舞。凤皇卵，民食之。甘露，民饮之。"

这里值得注意的是，鸾鸟，乃凤鸟之别种。鸾，联也，成双曰鸾（故双生子称孪子）。鸾，团也。形如团团之鸟亦曰鸾鸟。

《山海经》："五彩鸟三名，一曰皇鸟，一曰鸾鸟，一曰凤鸟。"《诗经》："凤凰于（扬）飞，翙翙其羽，亦（翼）傅（搏）于天……凤凰鸣矣，于彼高冈。梧桐生矣，于彼朝阳。"《毛诗注疏》："凤凰，灵鸟，仁瑞也。雄曰凤，雌曰凰。翙翙，众多也。笺云翙翙羽声也。亦，与众鸟也……众鸟慕凤皇而来，喻贤者所在，群士皆慕而往仕也。"（毛说不确）于，当读为扬，扬飞即翔飞。翙，即扇，挥舞双翼曰扇。羽即翼也。《毛诗注疏》引《白虎通》记："黄帝之时，凤凰蔽日而至，是来必众多也。"扇扇其羽，翼覆于天，似表明其羽翼之广大。

《帝王世纪》记古代传说谓："帝喾击磬，凤凰舒翼而舞。"又有传说："黄帝制十二管，以听凤凰之鸣，其雄鸣为六律，雌鸣为六吕，谓之律本。"（《渊鉴类函》）

"凤凰"之名，在古汉语中有两个来源。

其一，凤皇，即大风之王、大风之神（在甲骨文中，风即凤字，说详见于省吾《甲骨文字释林》）。

其二，方皇，即彷徨之语转，"彷徨"今语亦作"徘徊"或漫步（《辞海》释，彷徨，亦作徬徨、仿偟、方皇、旁皇。徘徊，游移不定。盘旋，回转。）。本意似为优游轻舒的漫步之貌，以及盘旋婀娜的曼舞之貌。凤之称方皇，显然应与它的能歌善舞及善于步行有关。

综合这些上古时代关于凤凰的传说，可知：凤凰，是一种能歌善舞之鸟，是一种祥瑞之鸟；凤凰结群，来必众多；凤身材高大；性喜双栖；形态团鸾；善于舞蹈和漫步。

商王曾捕获五只凤凰

现在我们面临的一大问题是，关于凤凰的这种种传说，究竟只是一种神话，还是一种可能的历史真相？换句话说就是，凤凰，究竟是一种仅在神话中存在的子虚乌有之物，还是在历史中曾存在过的一种真实的动物？

正如对于龙的问题一样，学术界过去的观点多倾向于前者，即否定凤凰曾经是一种真实的动物。而我在神话研究领域所做的工作，是试图建立一种"神话考古学"。我始终不认为远古人类都是一些不务实际想入非非的幻想家。我绝不认为远古流传下来的神话仅仅是臆想的产物。

我深信，在远古神话的符号象征之下，在剔除其传说附会或以讹传讹的变形后，都有隐藏在其深层结构之下的历史真实、生物真实和人类文化真实。龙如此，凤凰也必如此。

我们不能不注意到，在商代甲骨文中有如下记载："甲寅卜，呼鸣网雉，获凤。丙辰，获五。"❶

此则卜辞，据已故古文字学者于省吾说，意思就是，商王指令臣鸣用网捕雉，于丙辰这天捕获了五只凤。因此于氏认为："由于系用网捕之，故所获自是生凤。"

由此看来，至少在商代，人们在狩猎时还曾经捕获过活的凤鸟。

---

❶ 释文参见于省吾《甲骨文字释林》。

无独有偶，在早期金文《中鼎》铭辞中，也可以读到如下一则记载："归生凤于王。"（收入《两周金文辞大系图录考释》。又，周金文中亦有关于"生凰"的铭辞。）

文中所提到的"生凤"一词，郭沫若认为正是指"活凤凰"。

在著录甲骨文中，我曾发现有一片卜辞记为："且乙，鸣凤。"（祭祀祖乙时，凤鸟在鸣叫。）

此辞中"凤"字形构特殊，但其两足长而明显，与其左方"鸣"字中的鸟形之区别亦至为明显。朱芳圃释其字为"凤"，确切无疑。

在陕西近年出土的周原（西周早期）甲骨卜辞中，有一片甲骨上有"己凤"二字的刻辞。[1] 此片甲骨中凤字之形亦颇为特殊，像一只高足之鸟。又"己凤"之"己"可释为：祭祀之祀，己凤即祀凤；己与易通，蜥蜴之易，即龙。己凤，或即龙凤。

在古文献中，也有关于凤凰实存的大量记载。《逸周书》记："丘羌（中国西部民）鸾鸟。"历代注家无异词，都说鸾鸟亦即凤鸟。

据史料记述，凤鸟中有"青凤"一族。晋书《拾遗记》记，周昭王以"青凤之毛为二裘，一名烦质，二名暄肌，服之可以邻寒"，又说"罪入大辟者，抽裘一毫以赎其死，则价值万金"。

这则记载表明，周初时凤之羽毛仍存在，但已被视为珍奇之物。时俗贵重之，喜以凤毛制裘。罪徒若献凤毛，则可赎身免死（今成语"凤毛麟角"，源出于此）。

总之，无论是在甲骨文、金文，还是在文献资料中，都有材料可以确切无误地表明，直到商周之际，凤凰还是一种虽然稀见却并非不存在的奇异鸟类。

战国秦汉以后，凤凰方完全被神化成一种灵异之鸟。但值得注意的是，先秦、秦汉史籍中，关于凤凰出现的记载仍然时有所见。例如《左传·昭公十七年》："我高祖少皞挚（挚，或即伊挚、伊尹也）之立也，凤鸟适至，故纪于鸟，为鸟师

---

[1] 参见陈全方《周原与周文化》。

而鸟名。"

《后汉书》记："（建武）十七年……有五凤皇见于颍川之郏县。"注引《东观汉记》曰："凤高八尺。"《毛诗注疏》引《京房易传》："凤皇高丈二。"

汉代凤凰在中国大陆已极稀见。但在这些记载中值得注意的，是秦汉人所描绘的凤凰形体特征，仍有一个与古代凤鸟之传说极可注意的共同之处，这就是凤凰体形特别高大——由身高五六尺直到一丈二以上。

凤凰的鸟类特征与鸵鸟相符

再来更全面地考察一下古代关于凤凰形态的记载。

《尔雅·释鸟》："鹠凤，其雌皇。"郭璞注："瑞应鸟。鸡头，蛇颈，燕颔，龟背，五彩色，高六尺许。"

《渊鉴类函》引《晋中兴书》记，凤鸟"鹄颈而龟腹（背）"。

《说文》中综述了汉以前关于凤凰的各种传说，记曰："凤，神鸟也。天老曰：'凤之象也，鸿前麟后，蛇颈鱼尾，鹳颡鸳思，龙文龟背，燕颔鸡喙，五色备举。出于东方君子之国，翱翔四海之外，过昆仑，饮砥柱，濯羽弱水，莫宿风穴，见则天下大安宁。'从鸟，凡声……凤飞，群鸟从以万数，故以为'朋'字。"（原文作"朋党"，"党"字乃为后人妄增。凤、风、朋三字古音近字通。）

《尔雅翼》解释《说文》这段话说："鸿前者，轩也。麟后者，丰也。蛇颈者，宛也。鱼尾者，岐也。鹳颡者，椎也。鸳思者，张也。龙文者，致也。龟背者，隆也。燕颔者，方也。鸡喙者，钩也。"

《太平御览》引《韩诗外传》说："（凤鸣）雄曰节节，雌曰足足。昏鸣曰固常，晨鸣曰发鸣，昼鸣曰保章，举鸣曰上翔，集鸣曰归昌。"

汉李陵诗："凤皇鸣高冈，有翼不好飞。"

《埤雅》："（凤）不啄生虫，不折生草。"

《韩诗外传》中还记录了关于凤凰的这样一个传说："黄帝即位，施惠承天，一道修德，惟仁是行。宇内和平，未见凤凰。惟思其象，夙寐晨兴。乃召天老而问之曰：'凤象何如？'天老对曰：'夫凤，鸿前鳞后，蛇颈而鱼尾，龙文而龟身，燕颔而鸡喙。戴德、负仁、抱忠、挟义。小音金，大音鼓。延颈奋翼，五彩备举，鸣动八风，气应时雨。食有质，饮有仪。往即文始，来即嘉成。惟凤为能通天祉，应地灵，律五音，览九德。天下有道，得凤象之一，则凤过之；得凤象之二，则凤翔之；得凤象之三，则凤集之；得凤象之四，则凤春秋下之；得凤象之五，则凤没身居之。'黄帝曰：'于戏，允哉！朕何敢与焉？'于是黄帝乃服黄衣、戴黄冕，致斋于宫，凤乃蔽日而至。黄帝降于东阶，西面再拜，稽首曰：'皇天降祉，不敢不承命。'凤乃止帝东国，集帝梧桐，食帝竹实，没身不去。"

这个传说中显然有不少神话成分。但在古代传说中，凤鸟与黄帝一族关系特别密切。这与凤鸟是黄帝（太阳神）一族的图腾有关。可注意的是天老所描绘的凤凰形态，与《说文》所引述的"天老说"显然同出一源。关于凤凰所谓"戴德、负仁、报忠、挟义"之说，乍看颇令人不解（然而此说在古代流传颇广）。

对此，《太平御览》引《抱朴子》中却有一种解释："夫木行为仁，为青。凤头上青，故曰戴仁也。金行为义，为白。凤颈白，故曰缨义也。火行为礼，为赤。凤背赤，故曰负礼也。水行为智，为黑。凤胸黑，故曰向智也。土行为信，为黄。凤足下黄，故曰蹈信也。"

据此，汉代经学家的那些神秘说法，就不过是以儒家的五行符号，对凤鸟身体各部不同颜色的一种描写罢了——头部呈青色，颈部呈白色，背部呈赤色，胸部呈黑色，趾、爪呈黄色。

对《韩诗外传》中关于凤凰鸣叫的一系列奇怪说法，清代学者王念孙曾指出："一鸟之鸣，既以节足为异，又复数更其响，乃至应候而殊声，成文以协韵。语由增饰，事涉虚诬，识者所不取也。"

综观以上这些记载，都是秦汉以后没有见过真凤的人，所采辑的前人关于凤的各种传说。其中颇不乏荒谬虚妄的成分。例如《说文》中所谓"过昆仑，饮砥柱，濯羽弱水""翱翔四海之外"的说法，显然来自《庄子·逍遥游》篇中关于"鲲鹏"的哲学寓言。但这一传说似乎指出凤凰是一种自西北而东南往返流迁的动物，则是颇可注意的。

剔除上述传说中那些神奇妄诞、不可置信的成分，我们从古人对于凤凰的形态描述中，则可以筛选出如下一些特征：

1. 传说中的凤鸟形体甚高，六尺至一丈。
2. 凤鸟具有柔而细长的脖颈（蛇颈）。
3. 凤鸟背部隆起（"龟背者，隆也"）。
4. 凤鸟喙如鸡，颔如燕。
5. 凤鸟羽毛上有花纹。
6. 凤鸟尾毛分叉如鱼。
7. 凤鸟以植物为食（竹实）。
8. 凤鸟雌雄鸣叫不同声（雄曰节节，雌曰足足）。
9. 凤鸟好结集群处，来则成百。
10. 凤鸟不善飞行，"覆巢毁卵，则凤不翔"（《渊鉴类函》引孔子）。
11. 凤鸟营于穴居（居"丹穴""凤穴"）。
12. 凤鸟足脚甚高，行走步态倨傲而善舞蹈。
13. 其生态，"游必择地，饮不妄下"（《宋书》）。
14. 凤鸟翔行，喜鼓翼逆风（《白虎通》）。

关于凤鸟的上述形态描述，与汉代以前文物中描绘的凤鸟图像，大体也是一致的。

由此我们就可以提出一个问题——从古生物学观点看，中国古代是否确实存在过具有以上特征，而又曾为先民所崇拜和喜爱的一种鸟类呢？

我的回答也许是令人惊异的。但这是一个经得起检验的事实。这就是，这种奇异的鸟类确曾存在，它就是大鸵鸟。

图 21　商周铜器上的凤纹

凤凰的生物原型是大鸵鸟

关于鸵鸟，多数现代中国人对它颇不熟悉。因为鸵鸟在中国大陆上灭亡已久。现代人很少知道，这种体躯庞大，堪称鸟王（"众鸟之长"）的巨型鸟类，不仅古中国曾经存在，而且作为一种图腾物，与远古中国文化曾具有极其深刻的关系。

在北京周口店及安徽、河南的多处古人类遗址中，与古人类活动遗存物一同出土的，有古鸵鸟的巨大蛋壳化石及骨化石。

值得注意的是，在先周时代的铜器铭纹中，关于凤鸟的多种图形，类似鸵鸟。而在马王堆出土西汉帛书"天文气象杂占"中有一凤鸟之图，其形则正是一只典型的鸵鸟。在帛书中，以鸵鸟象征风神，以大鱼象征水神河伯。

我收藏有一块出土于陕西长安汉宫旧址的瓦当（砚）（见图22），其铭纹中之凤鸟（朱雀）之形也正是一只典型的大鸵鸟（此铭纹收入钱君匋、张星逸、许明农合编《瓦当汇编》）。

对这块瓦当，史树青先生曾做过一个考释："西汉朱雀纹瓦当拓本，原物清末陕西西安汉城遗址出土。历来所见汉代朱雀纹瓦当，朱雀形象皆作凤颈、鹰喙、鱼尾。此瓦则作鸟头，长颈高足，尾部下垂，近似

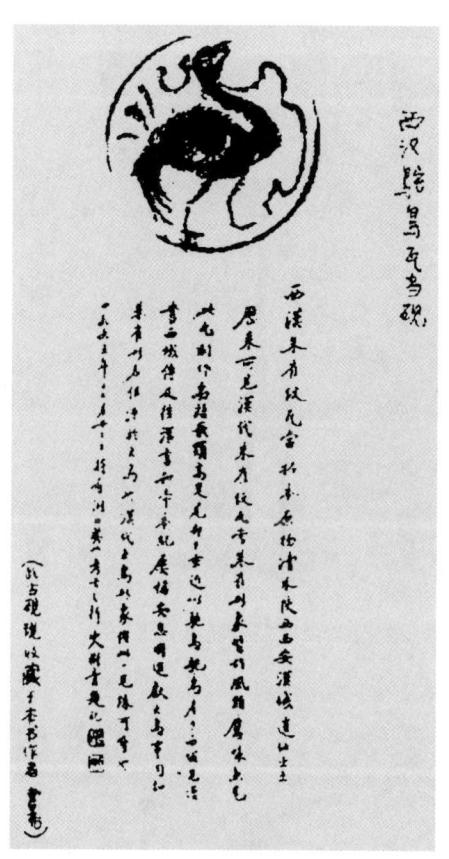

图22

图23

鸵鸟。鸵鸟产于西域,见《汉书·西域传》及《后汉书·帝本纪》,屡称安息国进献大鸟事。因知朱雀形名俱源于大鸟也。汉代大鸟形象,仅此一见,殊可贵也。"(1995年12月22日史树青题记)

【按,史先生说"大鸟形象,仅此一见",不确。我在汉瓦当图纹中还见到过几件朱鸟的拓片也是鸵鸟。】

由此可以推知,鸵鸟实际可能就是远古传说中的凤凰之原型。那么,为什么鸵鸟会成为一种被古人认为是具有神异特性的神圣之鸟呢?

为了解开这个历史之谜,我们有必要详细地了解有关鸵鸟的生态及动物学知识。

关于鸵鸟,《大英百科全书》"鸵鸟"条记谓:"鸵鸟是世界上现存的最大鸟,不过它是不会飞的巨鸟。但是,其怪异而坚韧的足补偿了这一缺陷,鸵鸟可以以每小时70多公里的速度奔跑。事实上,鸵鸟是当今鸟类中最奇特的一种,它们的生活千奇百怪,充满了神奇色彩。"

鸵鸟(Ostrich,学名Struthio camelus),现存体形最大、不能飞行的鸟类,产于非洲,属鸵鸟目鸵鸟科。

雄鸟成体高达2.5米,颈长几占身体的一

图24　鹿角巨鸟(睡虎地秦墓)

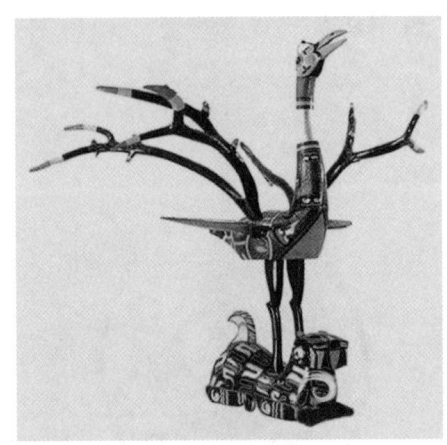

图25　鹿角鸵鸟(曾侯乙墓)

半，雌鸟稍小。鸵鸟卵是现代最大的卵。雄鸟体羽大部呈黑色，但翅和尾羽白色；雌鸟大部呈褐色，头和颈的大部分淡红至浅蓝。稍有绒羽；头小，喙短而稍宽；眼大，褐色，具浓黑色睫毛。

鸵鸟常结成5～50只一群生活，常与食草动物相伴。鸵鸟用强有力的腿（主要的趾发达几乎成为蹄）逃避敌人，受惊时速度每小时可超过80公里。若被逼于绝境，脚踢对手。

鸵鸟主要以植物为食，没有水也能生活很长时间。雄鸟互相争夺雌鸟，发出吼叫和吱吱声。中世纪骑士喜用鸵鸟羽毛装饰头盔。鸵鸟皮可制柔软、细致的皮革。鸵鸟经训练后可供乘骑及驾单座两轮车。鸵鸟在豢养条件下不容易适应，可活50年。鸵鸟是不能飞行鸟类的典型。各地的鸵鸟在皮肤颜色、体形大小和卵的特征方面稍有差别，以前认为，这是不同的种，其实只是鸵鸟的亚种。

鸵鸟化石发现于俄罗斯南部、印度和中国中北部的上新世地层。

在关于鸵鸟的其他资料中，我们还了解到，鸵鸟后肢强壮，骨盘为关闭型，脚长善走。常结群奔行于沙原。喜结成大群居，但群内实行一雄一雌的配偶方式，雄性具单个交接器。两性轮流孵卵共同育雏。蛋比鸡蛋大30倍。食性以植物为主。鸵鸟的色彩以黑为主，间杂有灰、青、白、褐、红诸色。鸵鸟巢建筑在山洞或土穴中。[1]

非洲鸵鸟内脚趾厚而强健，体现了它适应快速奔跑的特性。其脚与地面接触面积较小，因而能获得较快的奔跑速度。

鸵鸟靠趾及趾间蹼来支撑身体，能奔、善跳，可灵活地转换方向。

先秦历史传说中屡见关于"三足乌"的记述。足、趾古字通。所谓"三足乌"实际就是鸵鸟。

三足乌，在中国远古一直被传说为一种神秘的鸟。"天地之初，有三白（足）乌，主生众鸟。"（《广博物志》引《三五历记》）。"日中有三足乌。"（《太平御览》引《春秋元命苞》）。《尚书大传》言武王伐纣，"火流于王屋，化为赤乌，三足"。

---

[1] 参见丁汉波《脊椎动物学》。

在鸟类中，唯鸵鸟有三足（趾）类群。

在上述关于鸵鸟的动物学记述中，我们可以注意到以下若干特征与古代传说中的凤鸟特征皆正相吻合。

1. 凤有五色，色彩以黑为主，亦区别不同种而间杂有灰、青、白褐、红诸色。而以黑、青色为主，故在古代又称作"青鸟"。

2. 凤鸟体态高大（七八尺）。大鸵鸟成体亦高达七八尺。

3. 鸵鸟雌、雄体色不同。雄性苍青色，雌鸟则以褐黄色为主。传说中的凤鸟雄性为青绿色；雌性则为黄色，故称"凰"，凰者，黄也。

鸵鸟是杂食性的鸟类，在自然状态下主食草、叶、果实与种子。偶尔也食用小型哺乳类、小鸟、蜥蜴和昆虫等。但在某一时期，如果没有这许多食物，鸵鸟则颇能耐受饥饿。

鸵鸟可以数日不饮水，天性耐渴。这是在干燥而荒凉的沙漠地带长期生活适应的结果。鸵鸟常有吞食沙砾、碎骨、甲爪以及金属等习惯，以帮助砂囊的摩擦和消化。每当烈日高照的时候，沙砾受热，温度增高，其厚蹄可防止传热，使足部不致被热沙烫灼。

鸵鸟不惧炎热，传说它能穿越烈火而行走，因此非洲人也认为它是"火鸟"。埃及神话中关于"菲尼克斯"之鸟，即火凤再生的神话，可能与此有关。古中国人也认为凤鸟是一种"阳鸟"和"火之精鸟"。

综合以上材料，我们可以概括出关于鸵鸟的如下一些基本特征。

1. 在形态上：

（1）鸵鸟形体高大，是鸟类中之最长大者。

（2）鸵鸟之颈细而柔长，如蛇颈。

（3）鸵鸟背部隆起。

（4）鸵鸟羽毛有花纹。

（5）鸵鸟有红、褐、青、白、灰、黑等色。

2. 在生态上：

（1）鸵鸟以植物为主要食物。

（2）鸵鸟群居，数十只至数百只结成一群。

（3）鸵鸟有较稳定的一雄一雌配偶。

（4）鸵鸟穴居。

（5）鸵鸟善鸣叫、奔跑。行走速度极快若飞，双翼张起如帆，当其鼓动可形成强大风流，飞沙走石，因此被认为是"风神"。

（6）鸵鸟力大可以拉车（传说中的凤凰也可以御车，即"鸾车"）。

以上述诸特征与古人传说中关于凤凰的形态描述相比照，不难看出，就其主要动物学特征而言，二者的形态与生态完全相吻合。

最有趣的是，据动物学家报道，鸵鸟爱听音乐，对音乐节律有极高的辨赏力，并且极善于舞蹈。其日常行走步态，昂首阔步，有如倨傲的绅士。而每到求偶的发情期，在交配之前，雄鸵鸟与雌鸵鸟一定要进行长时间仪态万方的周旋舞蹈。因此我认为，鸵鸟也正是传说中那种"自歌自舞"的"五彩凤鸟"。

远古岩画中的鸵鸟

关于鸵鸟与凤凰关系更加重要的实物证据，还可以从考古学中发现的各种人类文化遗存中进一步得到证实。

其证据之一是远古岩画。在非洲先民岩画中，曾发现有大量鸵鸟及狩猎鸵鸟的绘画。有趣的是，在中国也发现了鸵鸟岩画。1987年4月1日新华社消息："继内蒙古阴山岩画之后，最近在阿拉善旗有新的发现。其中有一幅鸵鸟岩画（地点在阿拉善右旗曼佐拉山中）。"

在此之前（1976—1980年），内蒙古阴山—狼山地区曾发现大批史前原始岩画。位于狼山南麓格尔敖包沟（汉代朔方郡所在地）有一组古岩画群。其中编号第13组中有一幅引人注意的岩画（高1.28米，宽0.60米）（见图27）。据岩画发现者盖山林教授记载："画面上方有两只鸵鸟（Struthio）。其前有一个无头轮廓的人面像，下面又有五只鸵鸟……右旁还有一人面像，头饰长羽饰。在他的下方，是一只马鹿，尾上翘。鹿前足下又是一鸵鸟及一只奔驰着的动物。其间似有两条被肢解的肢体。

最下方，有一轮形，恐还是表示简略的人面像。"盖山林教授指出："凿刻下如此众多的鸵鸟、人面像，还有鹿、肢体等，只能作一种解释，就是：一个娱神、媚神的场面。"❶

那么我们要问，这里所祭礼的是什么神呢？在同一地点发现的另一幅岩画对于这个问题提供了解释。那是一幅先民拜日的图画。

"图高0.42米，宽0.16米。在半山腰上……拜日者肃穆虔诚地站立在大地上，双臂上举，双手合十过顶，朝拜太阳……被朝拜的是圆圆的太阳，高悬空际。"❷

除此之外，同一地点的岩画中，尚有大量关于太阳神和羽人的形象。而《周礼》中记祭祀太阳的舞蹈，正是一种戴羽舞和执羽舞。

我们知道，在中国古神话中，人们一直认为凤凰乃是传说中的太阳之鸟。

"凤，火精。"（《太平御览》引《孔演图》）

"凤凰者，鹑火之禽，阳之精也。"（《鹖冠子》）

《开元占经》记："日者，阳精之宗，积而成鸟，象乌而有三趾。"

图26　云南沧源石器时代岩画中的鸵鸟

图27　阴山石器时代岩画中的鸵鸟与太阳

----

❶ 参见盖山林《阴山岩画》。
❷ 参见盖山林《阴山岩画》。

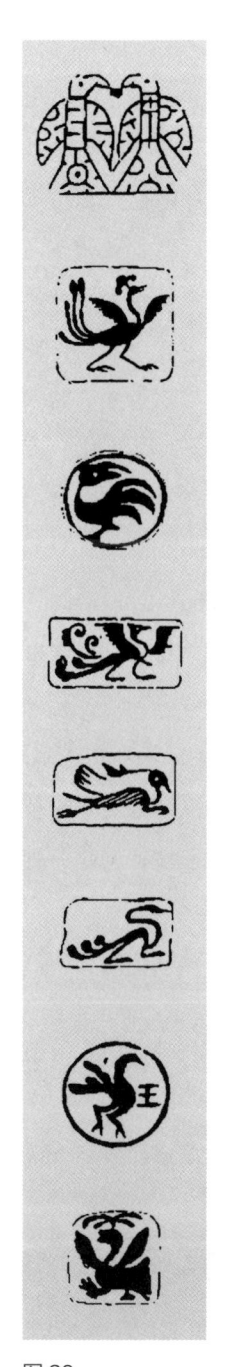

【何新按：非洲鸵鸟脚部有二趾，澳洲鸵鸟脚部有三趾。】

在上古传说中，凤凰是司历法即"司分"之鸟。《左传》："凤鸟氏，历正也。"杜注："凤知天时，故以名历正之官。"

古代形成这样的传说，我认为与鸵鸟的季节性行为有关。鸵鸟是一种迁徙性鸟类，它如同候鸟一样冬去夏来逐草而居做长途游徙。鸵鸟有季节性求爱与交配的习惯。特别是在交配期，鸵鸟每天清晨如同晨鸡一样迎日朝鸣，所谓凤鸣高冈，声振于天，自然会使远古时期的人们把它看成一位神秘的季节使者、物候之官。

《渊鉴类函》引"天老对黄帝语"说："凤能究万物，通天地，律五音，览九州，观八极也。"凤凰因此也被古人认为是天使、天帝的使者。

传说中的凤鸟夕宿"丹山"（太阳之山，《渊鉴类函》引《文选》诗"夕宿丹山际"。唐李峤诗："有鸟居丹穴，其名曰凤凰。"），是一种祥瑞之鸟，"凤，王者之嘉祥"，"上通天维，下集河洛"（《渊鉴类函》引《瑞应图》）。

《渊鉴类函》："凤鸣朝阳。"

晋顾恺之《凤赋》："禀鹑火之灵曜，资和气之烟煴。"

关于凤凰与季节、太阳的这种神秘关系，完全与鸵鸟的习性相符。由此可以看出，上述岩画中同时出现鸵鸟、太阳、羽人以及拜日者，绝不是偶然的。在上古，除其他生物学以及作为狩猎者之重要食物资源的理由外，鸵鸟实际上也正是作为一种太阳神的使者之鸟（"帝使"）而受到人们喜爱和崇拜的。

图28

鸵鸟在中国古陆的绝灭

从古生物材料看，鸵鸟及鸵鸟卵的化石，在中国的古地层中广泛存在。例如著名的周口店北京猿人遗址，不仅出土过鸵鸟蛋，而且发现过鸵鸟腿骨化石。据古动物学家报道："鸵鸟是我国北方更新世晚期地层中最丰富的化石种之一。鸵鸟蛋化石遍及新疆、甘肃、宁夏、青海、陕西、内蒙古、山西、河北、辽宁、吉林、黑龙江和北京等十二个省市自治区。已经发现的完整的蛋化石，至少有七十处。有蛋片化石的地点不下上千处，可以想象当时鸵鸟之繁盛。在我国北方，几乎所有的旧石器时代晚期遗址中都有鸵鸟化石。"

至少在距今 3000 年至 1000 年的历史年代内（甚至更晚），中国北部草原区域仍可发现有鸵鸟活动的大量遗存。

与鳄鱼一样，鸵鸟适合生活于气温较高的生态环境中。距今 8000 年至 5500 年，地质上称为大西洋期，是全世界气候的最佳期。那时我国北方地区气候温和，雨量充沛，植被充分发育，山区森林茂盛，野生动物大量繁殖。

但是，在据今 3000 年至 2000 年，发生了一次气候变冷时期。据动物学家推测，鸵鸟在中国濒于灭绝的时间，大致可推定在距今 4000 年左右，这正是传说中的黄帝、炎帝（尧舜）时期。在黄帝、炎帝时代，鸵鸟，即凤凰的出现已被认为是一种十分重要的祥瑞，可见其已变得十分稀少。

而在这一时期以后，关于凤鸟出现的报告，越来越趋于稀贵。偶或出现，即被看作特别重大，具有吉祥含义的珍异事件。

因此凤凰被认为是与丰收和祥瑞有密切关系的"瑞应鸟""瑞鸟""瑞鹥"，以至与生态和气候、季节相关的"青鸟""春鸟"。

实际上，从早期西周金文所见关于"生凤"的最晚记载，到汉代谶纬家关于重新发现凤鸟的记述之间，有着两三千年的一段凤凰—鸵鸟空白时期。

综上述，我认为，龙和凤凰——大型鳄类与鸵鸟，都是古中国本来实存过，但在周秦汉以后渐趋灭绝的动物。

周秦汉以后，中国社会越来越深刻地摆脱了早期图腾文化的影响。又恰是在商

图29

周秦汉之间的三千年内,中国大陆的自然生态与人文地理环境发生了巨大的变迁。气候趋寒,湖沼湿地减少,山林草原大片垦伐,以及人类控制和破坏大自然手段逐渐加强,使龙—鳄(大型鳄类)在中国北方趋于灭绝,而凤鸟—鸵鸟则彻底地灭绝了。

据说孔子临终前,由于毕生未曾见到过龙、凤这两种祥瑞神异动物,发出了著名的悲叹:"凤鸟不至,河不出图,吾已矣夫!"意即:"凤鸟未来,龙马也不来,我就这样地要死去了!"

【何新按:河图、龙马,实即鳄鱼背甲的花纹。《论语注疏》邢注:"郑玄以为,河图洛书,蛟龙(一本作'龟龙',龟、蛟字通)衔负而出。如《中候》所说:龙马衔甲,赤文绿色,甲似龟背,袤广九尺,上有列宿斗正之度,帝王录纪兴亡之数是也。孔安国以为河图即八卦是也。"这种绿色龙马,实即大型鳄类。】

这恐怕不仅是孔子对时代政治的悲叹,也正是对其所处时代人文生态、自然变迁的悲叹!

也正是在这个时期内,凤凰的传说,由上古以一种真实鸟类为原型的动物图腾,演变为既有宗教意义又具有政治意义的一种灵鸟神话。

在传说中,凤鸟是一种祥瑞之鸟(瑞应鸟),而且与圣人关系密切。凤凰与黄帝关系尤为密切。

《古微书》引《春秋合诚图》记:"黄帝游玄扈、上洛,与大司马容光、左右辅周昌等百二十人临之,有凤衔图以置帝前。尧坐中舟,与太尉舜临观。凤皇负图授尧。图以赤玉为匣,长三尺,广八寸,黄金检,白玉绳,封两端,其章曰'天赤帝符玺'五字。"

宋人罗愿在《尔雅翼》中说:"盖凤生南方,去中国甚远,而又不妄飞鸣饮啄。其至盖罕,故孔子称之。而世好事者喜为之传道,务奇怪其章,绅绎其声,列于神圣,故千世而不合焉。"

所谓"凤生南方",应是根据《山海经》五彩鸟出于南方丹穴之山的传说。所谓"其至盖罕",即所见稀少。

我们观察岩画、商周铜器、秦汉砖石画中关于凤鸟的原始造型,会发现其与鸵鸟的原型形态相去皆不远。

但当鸵鸟在中国绝灭后,凤鸟与其原型鸵鸟的形象,就逐渐分离。逮于唐宋以降,已是谁也不曾见过凤鸟,只能口耳相传,文字转抄错讹,其言语辗转附会,增枝添叶。结果就如龙一样,无论是在造型艺术中还是在传说中,都日益远离其真相。

实际上,秦汉以后,龙、凤不再是一种图腾象征,而越来越变成一种宗教哲学中的抽象崇拜和艺术美感所寻求形式表现的造型符号。

然而,实体尽管消失,语言的记号外壳依然保留。凤与凰这两个语言记号的外壳,给人们的想象力留下了可以做无限发挥的园地。所以,凤凰的传说早在秦汉学者中已经众说纷纭,成为一种极为怪异的神秘、神圣之鸟。而在魏晋以后,就更是新说迭起,越来越奇了。

古史书中西域入贡鸵鸟的记载

在关于中国古代奇鸟的记述史料中,笔者注意到如下一则:"尧在位七年……有折支之国,献重明之鸟,一名重睛,言双睛在目。状如鸡,鸣似凤,时解落毛羽,以肉翮而飞,能搏逐猛虎,使妖灾不能为害。"(《太平广记》引《拾遗记》)折支国所献中国之"重明鸟",被记为"鸾",言其"或一岁数来,或数岁不至,国人莫不扫洒门户,以待重明之集。国人或刻木,或铸金,以此鸟之状,置于户牖之间"。

鸾鸟就是凤鸟。值得注意的是,这则记载着重刻画了这种"重明之鸟"具有"重睛"的眼部特征。这种特征恰与鸵鸟相符:鸵鸟眼大,具上下眼睑,且被长而浓密的黑色睫毛保护,可防大漠风沙。鸵鸟视力敏锐,突出的眼和灵活的颈使它能随意地环顾四周,可从远距离看到同伴和可能的敌害。

因此,这则史料可以看作关于上古时期西亚(叙利亚种)之鸵鸟东来的一则最早记述。

《史记》记,公元前126年左右(汉武帝元朔年间),安息(波斯)来华入贡大鸟卵:"初,汉使至安息,安息王令将二万骑迎于东界。东界去王都(长安)数千里。行比至,过数十城,人民相属甚多。汉使还,而后发使随汉使来观汉广大,以大鸟卵及黎轩善眩人献于汉。"

安息,乃亚洲西部古国,本为波斯帝国一行省(地在伊朗高原东北部),即先秦及秦汉书中常提及的日落西方之地"崦嵫"。(屈原《离骚》:"望崦嵫而勿迫。")其地位于里海东南,相当于今伊朗东北部和土库曼斯坦之南部。

张骞通西域时为安息全盛时代,其领土奄有全部伊朗高原及两河流域。来使所献之大鸟卵应属现已绝灭之叙利亚种鸵鸟卵。

又公元101年(汉和帝永元十三年)安息国来献大雀:"永元十三年,安息王献条支大雀。"(《艺文类聚》引《东观汉记》)

条支大雀,指产于条支的大雀,即鸵鸟。条支,其地在安息西,临西海(今波斯湾),唐代称大食。

《史记》："条枝在安息西数千里，临西海，暑湿，耕田，田稻。有大鸟，卵如瓮。人众甚多。往往有小君长，而安息役属之，以为外国。国善眩。安息长老传闻条枝有弱水、西王母，而未尝见。"

《前汉书》所记"条支"与《史记》略同。

《后汉书》中也记载了此事："（永元）十三年，安息王满屈复献师子及条支大鸟，时谓之安息雀。"

公元120年（汉安帝永宁元年），条支又来贡大鸟，《拾遗记》记为"鸹鹊"："安帝永宁元年，条支国来贡异瑞。有鸟名'鸹鹊'，形高七尺，解人语。其国太平，则鸹鹊群翔。昔汉武时，四夷宾服，有献驯鹊，若有喜乐事，则鼓翼翔鸣。"

《前汉书》记"安息国有大马爵雀"及"大鸟卵，其大如瓮"。颜师古注引《广志》："大爵，颈及膺身，蹄似橐驼，色苍，举头高八九尺。张翅丈馀，食大麦。"王先谦补注："鸟形如橐驼，有两翼，飞而不能高。食草，亦能噉火。"

"大爵"，即"大麻雀""大雀"的转语。这种大雀，就是指鸵鸟。

公元650年（唐高宗永徽元年），又有吐火罗国来献大鸟："吐火罗，或曰土豁罗……永徽元年，献大鸟……开元、天宝间数献马、骥、异药、乾陀婆罗二百品、红碧玻瓈。"（《新唐书》）

唐代之吐火罗，地在今阿富汗境内。而据近人考证，吐火罗人即汉代西域之"大夏"，与建立夏王朝之夏人出于同源（此从徐中舒先生说）。《册府元龟》云："吐火罗国献大鸟，高七尺，其足如驼，有翅而能飞，行日三五百里，能噉铜铁，夷俗呼为驼鸟。"这是典籍中始见鸵鸟之名。

公元713年（唐玄宗开元元年），西域康国入贡鸵鸟卵："国人立突昏为（康）王。开元初，贡锁子铠、水精杯、码碯瓶、鸵鸟卵及越诺、侏儒、胡旋女子。"（《新唐书》）

康国，地在今俄罗斯中亚境内。锁子铠，是古代武士穿的一种铁锁铠甲。《格致镜原》引《正字通》："锁子甲，五环相互，一环受镞，诸环拱护，故箭不能入。"

康国，也以乐舞（胡乐及胡舞）著名。《旧唐书》记："康国乐，工人皂丝布头巾，绯丝布袍、锦领。舞二人，绯袄，锦领袖，绿绫裆袴，赤皮靴，白袴帑。舞急转如风,俗谓之胡旋。"

胡旋,亦即《前汉书》所记安息之"善眩人"。急舞善旋,眩人耳目,故得名。

鸵鸟卵以巨大闻名。《本草纲目》记:"刘郁《西使记》云:富浪有大鸟。驼蹄高丈馀,食火炭,卵大如升。""郭义恭《广志》云:安息国贡大雀,雁身驼蹄,苍色,举头高七八尺,张翅丈馀。食大麦,其卵如瓮,其名驼鸟。"

明代人称鸵鸟为"驼鸡"。明成祖永乐十九年(1421),有祖法儿国来贡"驼鸡":"永乐十九年,遣使偕阿丹、剌撒诸国入贡……有驼鸡……常以充贡。"(《明史》)

祖法儿,又称佐法儿,地在今阿拉伯半岛东南岸阿曼的佐法儿。永乐十九年该国曾遣使至中国,通好。所贡物中有驼鸡,"颈长类鹤,足高三四尺,毛色若驼,行亦如之"。由此可知,驼鸡亦即鸵鸟也。

但这时的中土之人都已不知道,这种所谓"大雀""大爵"或"驼鸡",其实就是上古以为重大祥瑞的鸟王凤凰啊!

以上是汉以后中国人关于鸵鸟的一些记载。我们可以注意到:

1. 据说鸵鸟可以吞火。这与古代人认为凤凰是阳火之精的传说颇相吻合。(顾恺之《凤赋》:"(凤凰)禀鹑火之灵曜。")

2. 凤凰在上古语言中,别名"骏鸟"(鹑鸟)、"鸾鸟"。而鸵鸟,因其背部隆起如骆驼,故称"鸵鸟"。以声类求之,骏者,敦也。鸾者,团也。骏、鸾、鸵,古音相通。语义中都有圆、隆、团、大的含义。

李时珍释凤凰得名指出:"古作朋字,象形。凰者,美也,大也。"

实际上,从训诂学的角度分析,"凤凰"一名分言之,凤者,丰也,庞也;凰者,王也,广也,大也,美也。鸵鸟正是以其体形之硕大与美丽,所以得名为"凤凰"。

凤凰之转语即"方皇"(叠韵连绵词),今语转为"彷徨"。徘徊而行曰"彷徨"。鸵鸟以健走,"彷徨"而闻名。故"彷徨"语源或亦来自方皇——凤凰。

考"凤"之古音,盖有三系:

1. 读"凤"如"鹏"。

2. 读"凤"如"凡",如"方"。

3. 读"凤"如"风"。

这三系音，在上古音中实际是同源的（清儒钱大昕曾考证，帮、旁、明、并、奉诸声母在上古语音中无分别）。

值得注意的是，古近读"鹏""凡"之语，皆有庞大之意，如"庞""溥""放"等。凤鸟之所以得名称凤，正是因其为鸟中最大者。再从语源学角度考虑，鹏、蓬、凡、方古均为同音词。鸵鸟翅大，故语言中凡言形如大翼者，古皆名之曰"翼""叶""蓬""帆"等。

在甲骨文中，风、凤同字。而在上古文化中，凤凰正是被看作风鸟、风伯、风神。《淮南子·本经训》高诱注："大风，风伯也。"《禽经》："风禽，鸢类。越人谓之风伯，飞翔则天大风。"

当鸵鸟快速奔跑时，以双翼鼓动助力，可以扬风起沙。我在有关鸵鸟的动物录像中曾看到，当一百余只的大群鸵鸟在沙原上飞奔疾驰而过时，风声雷动，飞沙走石。这应就是古人尊奉鸵鸟—凤凰为大风之神的原因。在中国古神话传说中，风神又名"飞廉"。飞廉即飞灵、飞麟的语转。楚文物中之鸵形鹿角之鸟，也就是"飞廉"之造型。

所以在古代传说中，正如龙是鳞虫之长，凤鸟一向也有"禽中之长"的说法。

《本草纲目》引《禽经》："羽虫三百六十，凤为之长。"《天中记》："鳞虫三百六十，而龙为之长。"

所谓长，既有君长的语义，也有长大的语义。龙中最大者为蛟鳄（马来鳄），是动物中体形之最大者，自然无愧于鳞虫之长的称号。而鸵鸟，却也正是鸟类中体形之最大者，故确也无愧于鸟王之称号。

由此看来，我们的远古先民尊奉凤凰为众鸟之王，显然是有道理的。

凤凰与锦鸡

据古人记载，凤凰有许多不同的品类。诸说不一，其中不少属于秦汉以后俗人的增饰附会之谈。但其中比较著名者尚有以下三类：鸾鸟、翳鸟、鹥鹭。

"鹜鹜",亦称"骏鹙",都是"啄玉"的转音。古传说中有"凤凰生昆冈(昆仑山),以啄玉为食"的传说,故得名。昆仑山也是传说中之西王母所在地。前已指出,鸵鸟确有啖食硬石包括玉石类的习性,并且极能耐饥。这种习性应是上述传说的产生背景。鸵鸟产于西域,与传说中的昆仑山相近。性能食铁、石等硬物,上述传说即源于此。

骏鹙本指鸵鸟,后来却指金鸡与鸳鸯(详后)。䴏鸟,亦即鳦,是鸥—燕的转音。燕子别名玄鸟(《礼记》)、鳦(《说文》)、鸾鸟(《古今注》)、天女(《易林》),是一种小型候鸟。凤凰是鸟中之王者,体形巨大,然而"雄凤雌凰,亦曰瑞䴏"(《本草纲目》引《禽经》)——竟与小小的燕子同名,这看起来是令人费解的。但是,我们应注意到,家燕是一种候鸟。家燕"春社来,秋社去",在古代被看作一种能知天文、授历法的报时神鸟,特别是作为春天之神的象征。《吕氏春秋》:"是月也,玄鸟至。至之日,以太牢祀于高禖。天子亲往,后妃率九嫔御……授以弓矢,于高禖之前。"威尔金森在《上海鸟类》一书中记载,家燕在每年3月22日来到长江下游、上海一带,年年如此。沿海人民每年观测家燕的最初到来以测定春分的到来。竺可桢说:"此所谓玄鸟就是指燕子,表明先秦时人以燕子作为春神及爱情之神(高禖)的使者和象征。"

此外,燕子色黑,古人的色彩观念认为青、黑同色,所以玄鸟亦称青鸟。

至于燕子与鸵鸟的关系,二者从动物分类学观点看,亲缘关系并不密切。但在某些形态上,却又颇有些相似之处。在某种意义上,可以视燕子为一种小型的鸵鸟(所以传说中的凤凰具有燕颔、鱼尾、玄色等)。凤凰(鸵鸟)是"玄鸟",燕子也是"玄鸟"。因此燕子与鸵鸟的关系相似于蜥蜴与鳄鱼的关系。古人亦称燕子为"子鸟",似就是把燕子看作"凤鸟之子"(正如蜥蜴被称为"龙子")。

鸾鸟,在凤凰的诸种异名中,可能是最为人们熟知的一种。从语音上来说,"鸾鸟"与"玄鸟"具有共同语源。而古人所描述的鸾鸟形态,更是诸家说异。汉晋小说中流行的说法,是把鸾鸟—玄鸟—青鸟视为春神之使者,以及东王公与西王母的象征。

又有一种说法认为"凤凰,青黑者鸾鸟"。但另一种相反的说法,认为鸾鸟的形态是"赤色……五彩,鸡形,鸣中五音"(《艺文类聚》)。桂馥《说文解字义证》归纳诸说认为:"赤为鸾之正色,而诸说各异。《禽经》:黄凤谓之鸾。《春秋谶纬》引汉太史令蔡衡:凡象凤者有五色。多赤者凤,多青者鸾,多黄者鹓雏,多紫者鸑鷟。多白者鸿鹄。"

以赤色为鸾鸟的正色,实际上是把"鸾"训作"丹"(二字叠韵,古音相近通),从而认为鸾鸟就是丹鸟。

丹鸟,又称丹朱、朱鸟、离朱,也都是凤凰的别名。

《山海经》:"丹穴之山……有鸟焉,其状如鸡,五采而文。名曰凤皇,首文曰德,翼文曰义,背文曰礼,膺文曰仁,腹文曰信。是鸟也,饮食自然,自歌自舞,见则天下安宁。"

所谓丹穴,就是《说文》中所说的凤鸟所居的"凤穴"。在甲骨文中,风、凤是同一个字,而读作"凡"。"凡",甲骨文形作"𠔼"。甲骨文中丹字作"冃",与"凡"字形极相似。故相混讹。以音类求之,则丹、凡叠韵可通。所以毫无疑问,丹穴就是凡穴,亦即凤穴(前面已经指出,鸵鸟营穴居生活)。而所谓"丹鸟",实际也就是"凡鸟/凤鸟"一名的变语。在《南山经》关于凤凰的传说中,有一点是极可注意的,这就是把凤凰/丹鸟,描绘为南方的一种鸟。

一般认为,《山海经》一书结集于战国之际,则《南山经》关于凤凰的这种看法,似乎代表战国时期人们的看法。

据记载,被认为是"凤凰"化身的鸡,名叫"金鸡",又叫"锦鸡""赤雉"或"鷩雉",乃是中国所特有,出产于湖南、四川、青海的一种美丽禽鸟。

《水经注》引《南越志》,认为这种鸡就是䖵鸰:"䖵鸰,山鸡也。光采鲜明,五色炫耀,利距善斗。"

这种金鸡在古代还有一个名称叫"鷩"。《说文》:"鷩,赤雉也。"桂馥《说文解字义证》引《汉书》注:"其尾毛红赤,光采鲜明。"《渊鉴类函》:"少华之山,其鸟多赤鷩,可以御火。"《左传·昭公十七年》:"丹鸟氏,司闭者也。"注云:"丹鸟,鷩雉也。"

这种鷩雉,实际也就是五方兽中南方"朱雀"的原型。

图30　明代凤凰纹

鹭雉，又别名"华虫"，在《尚书》中与龙对称。（《尚书》："日月星辰，山龙华虫。"注："华虫，鹭雉也。"五彩，故谓之华虫。）由此看来，与古人所谓"凤凰"关系密切的禽类，并不是许多人所乐于想象的孔雀，却是黑色的燕子与生存于中国中南部的这种野鸡。

李时珍《本草纲目》曾详细考察这种野鸡："鹭，山鸡者也，《逸周书》谓之采鸡。锦鸡则小于鹭，而背文扬赤，膺前五色炫耀如孔雀羽。此乃《尔雅》所谓翰大鸡者也。《逸周书》谓之大翰，音汗，二种大抵同类，而锦鸡文尤灿烂如锦。或云锦鸡乃其雄者。"

《禽经》："首有彩毛曰山鸡"，"腹有采文曰锦鸡"。

《渊鉴类函》引徐整《正律》中有一条极可注意的记载："黄帝之时，以凤为鸡。"此一记载有一定的可信性。传说中的黄帝时代，鸵鸟—凤已不多见。可能正是在此时，鸡成为凤凰的主要替身之一。

实际上，唐宋以后的凤凰图，就是以锦（金）鸡的形象为原型，加以放大和增饰而产生的。

《说文》有所谓"凤出东方君子之国"的说法，实际这也是指鸡。所谓东方君子之国，古代指东夷——朝鲜。而《本草纲目》引《别录》："鸡生朝鲜平泽。"这表明古人认为，朝鲜是家鸡的起源地。《本草纲目》又记载："朝鲜一种长尾鸡，尾长三四尺。""其鸣也知时刻，栖也知晴阴。""其羽焚之，可以致风。""古人言鸡能辟邪，则鸡亦灵禽也。"

参照《三国志》"马韩……又出细尾鸡，其尾长五尺馀"，我们可以知道，产于东方的长尾鸡是汉代以后凤凰的又一原型。

鸡成为凤鸟的替身，更可能是由于它与太阳的关系——鸡鸣见日升。我们知道，鸵鸟有"凤鸣朝阳""丹凤朝阳"的习性。而雄鸡恰也具有黎明报晓的习性。古代传说，太阳所居扶桑树上有天鸡报晓，其一呼鸣则天下之鸡皆鸣，从而破晓日出。因此鸡也被先民看作太阳神的象征。

实际上，凤凰被视为神鸟，正是由于它是太阳的象征。

《鹖冠子》："凤凰者，鹑火之禽，太阳之精也。"

《周易·说卦》："离（卦）为日、为雉。"

凤、鸾鸟有异号名"离朱""丹朱"，而雉，鸡之古名亦叫"朱"。

《花木鸟兽集类》引《风俗通》："（古）呼鸡曰朱朱。"又引《博物志》："今世人呼鸡云祝祝。"

鸵鸟善舞、喜斗，与鸵鸟相似，鸡也是一种善舞喜斗之禽鸟："山鸡爱其毛羽，映水则舞。魏武时，南方献之，帝欲其鸣舞而无由。公子苍舒令置大镜其前，鸡鉴形而舞不知止。"（《异苑》）

更有趣的是，鸵鸟在古代语言中亦有鸡名，称"驼鸡"："驼鸡昂首高可七尺，出忽鲁谟斯国。长尾，鸡尾细而长，长三尺者出朝鲜国。长五尺馀者出马韩国。"（《渊鉴类函》引《交广志》）

《淮南子》："日中有踆乌。"所谓踆乌，即"骏鹢

图 31

"的转语，前已指出，"骏鹕"又即丹雉。丹雉是太阳之鸟。由于这一点，上古祭日神往往以凤凰羽毛为舞者冠——在远古是以鸵鸟羽毛，战国以后则是以鹙雉之毛。

凤凰与鸳鸯

除以上所说与凤凰关系至为密切的两种禽鸟——燕子与锦鸡，在晋、唐、宋以后较晚近的传说演变中，还有一些禽类与凤凰或多或少地挂上了关系，即鹤、天鹅、隼、鹰雕等。

值得一提的是鸳鸯。我们在《说文》关于凤鸟的叙述中可以读到，传说凤的特征之一是"鸳思"。这个词的真正含义，我以为应与鸳鸯有关。鸵鸟虽然群居，但配偶方式是一雌一雄。所以"凤"，古亦名"朋"（凤、朋是同源字）。戴侗《六书故》："两相从者，皆谓之朋。"与鸵鸟相似，鸳鸯这种水鸟也实行着这种"对偶婚"的形式：

"鸳鸯，取匹鸟。"（《急就篇》）

"匹鸟，言其止则相耦，飞则为双。"（《毛诗注疏》）

"鸳鸯，水鸟，凫类也。雌雄未尝相离，人得其一，则一思而至死。故曰匹鸟。"（《古今注》）

"古人图之于绣衣上（于服以其贞且义也）。"（《白孔六帖》）

凤凰亦名鹙䴔。"鹙䴔"又叫"啄玉"（"鹙䴔"声转）。据《本草纲目》说，"鹙䴔"又名"凤凰雏"，"其状如鸭而大，长项，赤目斑嘴，毛紫绀色。""有文采如凤毛。"（引陈藏器说）据《说文》，鹙䴔也是一种水鸟，"江中有鹙䴔，似凫而大赤目"（桂馥《说文解字义证》）。这显然都是指鸳鸯。

了解鸳鸯与凤凰的关系，我们就可以知道，中国人在禽类中特别钟爱鸳鸯，常以其作为爱情的象征，与把燕子看作青鸟——高禖鸟，亦即报春和爱情之鸟的风俗，实际上具有共同的神话与文化渊源。

我们再来考察一下甲骨文中的"凤"字字形。在甲骨文中，凤字盖有两个系统。第一系统为古文"朋"字，另一系统音符从于"凡"字。根据《说文》，第一系统凤字（见图32），显然是象形文字；而第二系统凤字，显然是形声字。

图 32

我们可以注意到,此两系统凤字中,多数字体在形象上似乎都突出地描写了凤鸟那两只很长的足脚。这一点,与鸵鸟的体型特征是吻合的。而与突出描写翅羽的鸟字和佳字,则形成强烈对比。

最后我还需要补充说明的一点是,"凤凰"一词的本来语义,似乎就是美大之鸟❶。犹如动物中马龙、龙马是体大雄伟者的通称一样。

结 论

综上所述,凤凰崇拜本来起源于上古石器时代的鸵鸟——太阳神图腾。

但在进入历史时期以后,由于鸵鸟的灭绝和凤凰的非图腾化,关于凤凰的传说遂愈演而愈复杂。商周秦汉之际,燕子和锦鸡,曾先后成为凤凰的替身。但唐宋以后,鸳鸯、鹤、天鹅、鹰雕、孔雀,都曾与凤凰发生或深或浅的关系。因之在同一

---

❶ 闻一多《尔雅新义》:"狂獌鸟。郭《注》:'狂鸟五色有冠,见《山海经》。'《大荒西经》'有五采之鸟有冠,名曰狂鸟',《注》:'《尔雅》云,狂,梦鸟,即此也。'案狂即下文'皇,黄鸟',而皇又即上文'鸥凤,其雌皇',故曰五色有冠也。狂皇音同……以其黄质而五采皆备成章,故又谓之黄鸟。黄与皇、狂音亦同也。又谓之獌鸟者,《大荒西经》'五采之鸟仰天,名曰鸣鸟',《书·君奭》'我则鸣鸟不闻',马融、郑玄并以鸣鸟为凤皇,是也。獌鸟盖即鸣鸟。一曰孟鸟,《海内西经》:'孟鸟在貊国东北,其鸟文赤黄青。'鸣、孟、獌一声之转。"按獌鸟即美鸟,即明鸟,又作阳鸟、阳鸟,皆为凤凰之异名。狂、黄、皇音同,又皆为"王鸟"之转语也。

语词记号下，注入了语义不同的动物学意象。这种演变，也反映在历代凤凰图的演变中。我们看先秦的凤凰图，多为驼颈高足，尚保留着鸵鸟的特征。而汉唐特别是明清以后，就逐渐发展为以锦鸡的形态为主体，饰有孔雀式羽毛的综合形象了。

　　还应当指出，先秦出土的凤鸟文物中，常见到一种形制极奇特的背部有巨大鹿角的鸟❶。这种鸟在自然界中不会存在，其由来为考古学界所不解。但如果我们注意到鸵鸟群队中常伴有食草动物（鹿类）的习性，那么这个鹿鸟合体的谜也就不揭自明。现代人常以为我们的祖先是有幻想狂的神话编造者。而对中国古代神话的研究，日益使我深信，最高奇的神话也一定有其现实性的基础，只看我们能不能通过理性的分析破译之。在这个意义，神话不过只是远古人类经验的一种升华物。

---

❶ 《三辅黄图》："飞廉，神禽，能致风气者，身似鹿，头如雀，有角而蛇尾，文如豹。"飞廉即凤（古音凡）之切语。

狐狸

【导读】

在本文中，何新从语源学角度，追溯了"狐狸"一词的演变。何新指出，"狐狸"——水狐，水虎，在古语言中曾指鳄鱼。鳄鱼—龙，在古中国图腾时代乃是守土之社神和生殖神，而"狐狸"由于与鳄鱼的共名关系，在秦汉以后遂演变成为城隍之神和色媚之妖神。

中国神话中，长期流传一类以狐狸精迷人为题的传说故事。

这一类故事从何而来，较通行的说法是，狐狸常居坟穴中，行踪神秘，且能放出异味，故演变而成神话。但我在研读古代典籍与辞书中发现，在这些书中存在一些颇有趣味的古代语言现象。如果能从语义分析和语源寻绎的方法入手，不仅可以找到狐狸精怪故事的真正由来，而且可以连带地揭开一系列长期难以破解的古代文化之谜。

一

《太平广记》："鳄鱼别号忽雷……一名骨雷。秋化为虎。"

由这则材料我们知道，鳄鱼别名称"忽雷"。忽雷，字又记为"呼雷"，又转记为"忽律"——《水浒传》中开酒店的朱贵，绰号"旱地忽律"，就是说此人剽悍如旱地鳄鱼。有人曾指出，鳄鱼被称作"呼雷"，是因为它被古代中国人看作雷神，并且呼唤如雷。但是从"呼雷—忽雷—骨雷—忽律"等诸名的变化，我们又可以看出这些名称实际并无定字，都只是拟声之字。由此我们可以注意：呼雷—忽律—

狐狸三名，音亦极为相似。

那么在鳄鱼与狐狸这两类乍看起来似乎毫不相干的动物之间，是否也会由于语言的近似，而发生某种关连呢？对这个问题，有人一定会以为是异想天开。但且慢，请不要急于否定，让我们试着来研究一下。

二

我们知道，狐狸简称狸。《尔雅》中，狐与狸，被注家视为同类。狐是一种并不凶猛的小型食肉类动物，但狸不同。"狸"是一种凶猛的杀兽。其异写，又记作"离""黎""厉"（厉是中国神话中的死神和刑杀神之名）。

作为猛兽的"狸"，显然不是普通的狐狸，而应当是古书中所记的那种"虎狸"。《本草纲目》中说："狸有数种……如豾虎，而尖头方口者为虎狸。"由此我们就知道，狸中有狐狸，又有虎狸。一凶猛，一不凶猛，二者名称相近，但性质不同。在一些古词书中，虎狸又被称为"貔""貔狸""罴"。这些名称，据记载都意味着同一种凶猛的动物。《诗经》中形容武士，往往说"如虎如罴"。但也有异本记作"如虎如貔"。

可见罴、貔字通。罴，有人认为是一种人熊。但我则疑之。所有的熊都像人，为什么唯独罴不称熊却称罴？实际上，这种"罴"，也应是指狸——虎狸。

我们还应该注意到，雷别名霹雳。而貔狸其读音与霹雳完全相同。鳄鱼别名"呼雷"，《山海经》中记述过一种"音如雷鸣"的雷兽，那也是鳄鱼。那么这种与"霹雳"同音的"貔狸"（劈雷），是否在语源上与鳄鱼有某种关系呢？

让我们再来研究一下古辞书中的记载。据古代辞书的记载，与狸同名的"离"，乃是这样一种怪物：其形态"若龙而黄"，是"山泽之神"，是"猛兽也"，又是龙中的一种（螭龙）。这种"离"凶猛可达到什么程度呢？据说它"如虎而啖虎"，是说，可吞食老虎。

笔者指出，龙的真相是古人所崇拜的鳄鱼神。而龙中有一种称作"螭龙"。螭、离二字今读异音。但据文字学家研究，在秦汉古语中，二字同义、同音。螭龙，据说是一种比蛟龙小的龙,蛟龙是湾鳄,而螭龙则是扬子鳄。由此我们可以知道,古代传说为司杀之兽的"离"——狸,若从语源学的角度分析,应与鳄鱼有关系。

在中国神话中,大地之神称作"句龙"(《左传》),又称作"黎"(《国语》及《史记》)。我以为,句龙就是蛟龙的转语,而司地之神"黎",也就是"狸"或者"离"。鳄鱼穴居,凿洞于地下,又凶猛神秘,所以先民以为它乃是地中之神灵。此说有根据吗?有。古字书《埤雅》说:"狸,豸,在里者。里,人所居也。狸穴而藏焉,故狸又通于薶字。"鳄鱼难道不正是这种穴居埋伏之兽吗?再顺便说一句,据古书记载,鳄鱼往往被认为与虎同类。《太平广记》说鳄鱼"秋化为虎",表明古人认为二者可以相变化。实际上,鳄鱼在古代有别名称作"水虎"。由此看来,"虎狸"一名,在上古时代,确实可以用作鳄鱼的名称。

图33 鼍

三

《白孔六帖》引《抱朴子》,有如下一则值得注意的记载:"鼍之为虎……寿千岁,五百年色白也。"

鼍,查一下《辞海》就知道,扬子鳄古名称鼍,又称作鼍龙。古人认为,鳄鱼不但

可以变成老虎，而且在五百年后，可以变为"白虎"。

在秦汉时人的信仰中，"白虎"可是一种非同寻常的动物。他们认为，"白虎"出现，乃是人间吉祥幸福的象征。

"德至鸟兽，白虎见。"（汉纬书《孝经援神契》）

"白虎者，仁而不害，王者不暴……则见。"（《艺文类聚》引《瑞应图》）

我们现在可以知道，这种被称为祥瑞之兽的"白虎"，其真相是扬子鳄。秦汉时代，中原气象、地理、生态条件都已不同于上古，那时鳄鱼已成稀见之物。但鳄鱼作为"龙"，乃是中国古代宗教中的社稷之神。因其稀少，故每当其出现，往往被看作一种神秘、一种祥瑞。据战国末的方术家邹衍说，早在黄帝登位时，就有"黄龙地螾现"。黄龙地螾，作为黄帝享有"土德"的象征，实际都是指鳄鱼（汉代学者高诱说，大螾别名土龙、曼延。据古辞书，曼延是蜥蜴的异名。而蜥蜴与鳄鱼，古人认为属于同类动物，详下论）。这种称作"白虎"的祥瑞之兽，在秦汉书中事实上又常被记作"白狐"。

狐、虎音相近，所以在口语转变为书面语时常相混讹。汉纬书中所述的白狐，实际就是白虎。此二者，都是作为祥瑞之兽的黄龙—鳄鱼的语词变相。

更耐人寻味的是，白虎—白狐的故事，又与中国神话中另一种神秘而不可思议的动物——"九尾狐"，具有密切关系。据《吴越春秋》记载，大禹为了治水，年三十尚未成婚。但当他经过涂山时，曾遇到一条"白狐九尾"，并且听到涂山人的祝福歌声："绥绥白狐，九尾庞庞……成家成室，我造彼昌。"大大的白狐呵，九条尾巴蓬蓬长。愿你早日结婚吧，子子孙孙永繁昌。于是，大禹在此地娶了涂山女为妻，并且生了儿子夏启。

在这里，白狐—九尾狐，显然是用作婚媒女神（古代称作"高禖之神"）的暗喻。为什么九尾狐会成为这种暗喻呢？乍看起来，这似乎颇令人费解。但如果我们想到，古代的高禖神就是作为大地之神（社神）的句龙—鳄鱼，那么对于鳄鱼神在语言表层结构转换中演变成"九尾狐"，又在较晚期的神话中成为这种媒神和生殖神的神话意象，也就不会感到太奇怪了。由此我们又可以理解，为什么在《山海经》中九尾狐被认为是一种吃人而凶猛的"狐狸"："有兽焉，其状如狐而九尾。其音如婴儿，能食人。"

实际上，人们当然可以明白无误地断定，大自然中是绝不可能出现有九条尾巴的白色狐狸的。一切神话都有某种不可理解的神秘性。但尽管如此，对中国神话的研究使笔者深信，在许多表面看来完全不可理解的表层故事之下，往往隐藏着一个具有可理解意义的内核。九尾狐的故事也是如此。实际上，如果打破表层语言转换的闷葫芦，笔者以为，九尾狐实际就是交尾狐。在《尚书》中有"鸟兽孳尾"的说法，前人早已指出，"孳尾"也就是"交尾"。在中国语言中，这个词乃是男女生殖活动的又一种暗喻性说法。

四

人们很可能会对以上的分析采取半信半疑的态度。一方面难以相信，曾经困惑了历代研究者上千年的那些古神兽之谜，可以如此轻而易举地得到破解。另一方面恐怕更难接受我所采用的这种语言分析方法。尽管人们在抽象逻辑的意义上能承认"A=C，B=C，则必然 A=B"，但在运用这一简单的逻辑引出具体的结论时，他们恐怕还是会迟疑。毕竟在表层符号的意义上，狐不是虎，A 不是 B 啊！

那么好，就让我们再引证一个更为直接的故事吧。汉代著作《列女传》中，叙述了这样一个故事。据说周幽王时，有一天，在王宫的庭院中出现了两条龙。这两条龙在院子里交配，其结果是，龙的精液在这块地上化生为一条"玄蚖"。（"二龙同于王庭……漦流于庭……化为玄蚖。"）

这个神秘的故事在秦汉时代传布极广，亦见于《国语》《史记》等书。且撇开这个传说的真实性不谈，我们想问的是什么叫"玄蚖"。《国语》注者对此作了回答："玄蚖，蜥蜴也，象龙。"也就是说，龙的形象像蜥蜴，蜥蜴有别名称玄蚖。

根据笔者对古代辞书的研究，注者的这两点论断都具有坚实根据。在《方言》《尔雅》《说文》等书的"蜥蜴"条中，历代注家都曾指出，蜥蜴有众多变名，其中有一种名称确实是"玄蚖"。蚖字又作鼋，这就意味着，一方面蜥蜴古名曾与鳖相同，而另一方面，在古代关于龙的大量记载中，往往都把龙描写成一种大蜥蜴状

图34

的动物。例如汉代学者王充曾指出，龙是"马蛇之类"(《论衡》)。"马蛇"，并非误解的马与蛇的合成词。据《尔雅翼》，蜥蜴的别名就是蛇师，即马蛇，至今北方农民仍有这样称呼的。有宋人笔记中说，唐宋时江苏茅山有一龙池，池水中有龙。据说者观察，龙形状如大蜥蜴(《渊鉴类函》引《戎幕闲谈》)。又据说秦始皇时，岭南端溪有一温姓老太婆，在水边捡到一只大卵。带回家中十数天后，卵中孵出一条"守宫"，约一尺长。后生长至二尺，能入水捕鱼。又长至四五尺，遂入江水远游。数年后游归，已长成一条金灿灿的巨龙。老太婆极为高兴，呼之"龙子"。后来秦始皇知道了此事，认为温老太养龙有功，派人厚加赏赐。(事见《渊鉴类函》引《南越志》)直到今天，广东越城县尚有为这位老太婆和龙子塑的像和建的庙，并有历代帝王的题匾。

这个故事中最可注意的，不仅是养龙和龙可养，而是龙的形象，被认为像"守宫"。我们知道，守宫正是蜥蜴的别名。至于温老太称那条龙为"龙子"，从语言角度研究，也是耐人寻味的。蜥蜴民间俗名称"龙子"(在山中称"山龙子"，岩石中称"石龙子"，水生称"泉龙子")。扬子鳄也有俗名称"龙子"。

以上所举的例子，都是从古书中信手拈来的，远不是全部。

由此我们可以知道，在古人心目中，龙—蜥蜴—鳄鱼三者之间确实具有一种极为深刻的关系。

实际上，若从口语角度分析，蜥蜴，在古代语言中也称作"易蜴"。而"蜴"的古音正读作"鳄"。也就是说，蜥蜴与鳄鱼，在上古语言中实际是同源和同名的。

在汉代石刻艺术中，我们常见到一种奇特的人物形象，长着蜥蜴状的四肢，有时是单人，有时是正在"交尾"的连体之人。

考古学家认为，这种人物形象，就是古神话中人首龙身的羲娥（常娥）、女娲（女娥）。现在我们知道，这是一种很正确的阐释。但极为微妙的一点是，所谓"羲娥"，从口语角度看，其音正是蜥蜴。伏羲就是大蜥，而女娲、女娥也就是女鳄。

换句话说，中国上古神话中的几位始祖神、太阳神和月亮神，无论从语言角度分析，还是从它们的古艺术形象看，都与蜥蜴神、鳄鱼神，也就是龙神，具有一种非常深刻而重要的关系。

五

笔者曾经指出，女娲—嫦娥—西王母，这三位中国神话中最著名的女神，具有一种统一的关系。现在，我可以对这一点提出一个新的重要证据。据《山海经》的描述，西王母是这样一位女神："昆仑之丘有神，人面虎身，有纹有尾，皆白。"

请注意，这一记载说，西王母也是一位白虎之神。

《山海经》中又说："西王母其状如人，豹（狗）尾[1]、虎齿而善啸，蓬发，戴胜，是司天之厉及五残。"（《西次三经》）"有人戴胜，虎齿，有豹尾，穴处，名曰西王母。"（《大荒西经》）

这就是说，西王母有一条像狗那样弯曲上翘的尾巴，有锐利如虎的牙齿，善于吼叫，有直耸的头发，头上戴有一块奇怪的"胜"物，是司杀的"厉"神及"五残"。这个形象极为难以理解。

更令人奇怪的是，如果从以上论述看，西王母应该是一位很凶恶的妖神。但事实上，在秦汉传说中，她是一位赐人福寿和赐人子孙的幸福之神。汉代书中及铜镜铭文中常有这样的吉祥语：

"西逢王母，慈我九子。相对欢喜，王孙万户，家蒙福祉。"（《焦氏易林》卷四）

---

[1] 此据《庄子释文》引古文。今通行本作"豹尾"，字讹。

图35 西王母画像砖拓片

"王母祝祷,祸不成矣。"(《焦氏易林》卷四)
"西见王母,拜请百福。"(《焦氏易林》卷一)
"赐我喜子,长乐富有。"(《焦氏易林》卷三)

西王母既是死神,却又是福寿之神,这看起来似乎很矛盾。但我们回顾一下以上的研究,就会发现,出现这一矛盾是不奇怪的。

关键之点在于,西王母的真相,乃是神奇的龙—鳄鱼女神。所以她有弯曲而长的尾巴,有锐利的虎齿,有坚硬直耸的鼠毛(所谓蓬发),有善于吼叫("善啸")的习性。至于所说"戴胜",应就是指鳄鱼头部正中那几个仿佛"▽"(古文"辛"

字）状的角质物，西王母居住在洞穴中，这也与鳄鱼穴居的习性相合。《山海经》所说的这一西王母形象，实际完全是寓言化、拟人化了的鳄鱼神形象。

但传说中的西王母又是一位白虎神。

这进一步验证了我们上面所说"白虎即鳄鱼"的判断。前面我们已知鳄鱼是中国古代的社神，即大地之神。据史书记载，中国古宗教中的大地之神——社神，有一种十分矛盾的性质。一方面，它是司杀厉的死神，而另一方面，它又是主管人间婚配、多子多孙的生殖之神。据记载，每当战争之际，必先誓众于社。战胜归来，则以战俘人血祭于社。

"君以军行，祓社，衅鼓。"（《左传》）

"及军归，献于社。"（《周礼》）

但每年三月三日降临之际，天子要率全族男女欢聚于社，向社神祈祷丰收，祈祷多子多孙。是时也，男女轻歌曼舞，自由结合，"奔（朋）者不禁"（《周礼》）。在这时，社神乃是婚媒神、生殖神和农神。

我想，古代中国的社神——大地之母神，具有这种相反的宗教文化功能，可能来自这样一个事实基础——土地既是人死之所归（死神所在），又是一切生命（农业、植物、动物与人类）之所由来。

西王母是鳄鱼神，而鳄鱼正是古代中国的土地之神。所以她既是"司天之厉及恶残"❶，又能赐人多子及福祉，其原因也就在此吧。

六

通过以上讨论，我们就可以解释为什么"狐狸"这种动物，在中国神话与民间传说中，常常会成为一个美女妖精的形象了。

鳄鱼女神，正如以上对西王母—涂山女—九尾狐—白狐和白虎的讨论所指明的那样，乃是中国远古信仰中的婚媒之神和生殖之神。所以我认为，狐狸作为女妖而

---

❶ 恶残原作五残。恶古音与五同，笔者以为当释为恶。

媚人的故事，其实是鳄鱼女神作为婚媒的祈子之神这一原始图腾信仰的变形。至于这一故事的较早原型，则隐藏在上面已初步讨论过的那个古代神话中。周幽王时，褒人之神化为二龙，交配于王庭，其精化为蜥蜴。蜥蜴后来变成一个美女名叫褒姒。褒姒长大后诱惑周幽王，最后导致西周政荒国弱，使西周亡了国。

这是中国历史上最早的一个鳄鱼—美女变形故事。另一个早期故事，与此颇为相类。这就是《封神演义》中的美丽妖女"妲己"诱惑商纣王亡国的故事。在《封神演义》中，妲己被解释为千年老狐成精。但窃以为，鳄鱼古名称"单"（"鼍"），字亦作"鮆"。故妲己可释为"鮆姬"，实际也是一位鳄鱼妖女。

最有意思的是，中国古代美女常称"婵娟"，而据古词书，"婵娟"在口语中通于"蝉蜷"或"蝉联"，长而柔曲之貌也。实际上，蝉联、婵娟、曼延，都是具有共同语源的连绵词❶。而蟃蜒，是鳄鱼、蜥蜴的别名，《尔雅翼》中释作长脊兽："大兽似狸，长百寻。"所以以"婵娟"称美女，就是说其体态柔长婀娜如鳄鱼。这一点似乎不可思议。但《诗经》中形容美女谓"卷发如虿"（虿，蝎子），"领如蝤蛴"（蝤蛴，是古代蝎子、鳄鱼、蜥蜴等多环节动物的共名）。在语言表层上，这均是以丑物喻美。但在深层结构中，也都含有以鳄鱼女神作为婚姻生殖之神的图腾意义。

再随手作一些引证。《渊鉴类函》引《名山记》说："狐者，先古之淫妇也，其名曰紫。化而为狐，故其怪多自称阿紫。"

《博物志》中记有一个与此非常相像的老虎变人，也爱穿紫衣的故事："江陵有猛人，能化为虎。俗又云，虎化为人，好着紫葛衣。"

我们可以断定，这两个故事实际具有相同的深层结构——狐就是虎。使人费解的是，为什么古人头脑中会产生这样一种怪想，认为狐、虎变人后都爱穿紫衣，并都称作"阿紫"呢？我这里有一个推测，不知能否成立。《淮南子》高诱注：淮南人呼母曰"阿姊"。姊即"姐"之谐音。"姐"在上古语言中，是女祖元称，与今语意义不同❷。由古代语言的这一深层结构中，我们也许可以猜破古人称狐、虎为"阿

---

❶ 苏轼《水调歌头》："但愿人长久，千里共婵娟。"婵娟二字旧注多错。实际也是蝉联之义。
❷ 陈梦家先生论此甚详，见 1933 年《燕京学报》。

图36 西晋时期九尾狐图

"紫"的真正含义。阿紫就是阿姊,即阿祖,这仍是来自以鳄鱼神作为图腾神,而狐、虎又是"鳄鱼神"语言表层结构的变形。在这一语言变形中,"阿紫"成为"阿祖"——祖母神的一种语言暗喻。这种暗喻由于语言谐音变作"阿紫",遂在传说的附会中,产生出狐狸、老虎好穿紫衣、自名阿紫的神话。

在《搜神记》中,我们可以看到鳄鱼女妖故事的又一种类型。

荥阳人张福船行还野水边。夜有一女子,容色甚美,自乘小船来投福,云:"日暮畏虎,不敢夜行。"福曰:"汝何姓?作此轻行。无笠,雨驶,可入船就避雨。"因共相调,遂入就福船寝,以所乘小舟系福船边。三更许,雨晴,月照,福视妇人,乃是一大鼍枕臂而卧。福惊起,欲执之,遽走入水。向小舟,是一枯槎段,长丈馀。

丹阳道士谢非,往石城买冶釜。还,日暮不及至家。山中庙舍于溪水上,入中宿。大声语曰:"吾是天帝使者,停此宿。"犹畏人劫夺其釜,意苦搔搔不安。二更中,有来至庙门者,曰:"何铜?"铜应诺。曰:"庙中有人气,是谁?"铜云:"有人,言天帝使者。"少顷便还。须臾又有来者,呼铜,问之如前，铜答如故，复叹息而去。非惊扰不得眠，遂起，呼铜问之："先来者谁？"答言："是水边穴中白鼍。""汝是何等物？"言："是庙北岩嵌中龟也。"非皆阴识之。天明，便告居人，言："此庙中无神，但是龟鼍之辈，徒费酒食祀之。急具锸来，共往伐之。"诸人亦颇疑之。于是并会伐掘，皆杀之。

在这两则故事中，一记鳄鱼变化成美女，一记鳄鱼变成精怪。在此中，我们已经依稀可以看到后世志怪小说如《聊斋》《西游记》中许多妖精或美女故事的原型。

由以上讨论可证明，中国最早的精怪故事，实际上多起源于鳄鱼神话。但是为什么鳄鱼的故事，在后世反而鲜为人知，取而代之以至家喻户晓的却是大量关于狐狸成精的故事呢？我认为，这一方面有动物学的原因——周秦以后中原地区鳄鱼日益稀见，其存在渐少为人知，另一方面起决定作用的，则是语言学的原因。狐、虎这些名称，在周、秦以后，其深层结构与鳄鱼已完全相分离，使后人很难想到其在古语言中竟曾与鳄鱼有关系。

七

唐宋以后，中国北方已极罕见鳄鱼。因此鳄鱼——狐狸精怪的故事遂发生了意义上的重大变化。《天中记》："狐五十岁能变化为妇人，百岁为美女，为神巫。或为丈夫与女人交接。能知千里外事。善蛊魅使人迷惑失智。千岁即与天通为天狐。"

《酉阳杂俎》："术中有天狐，别行法言：天狐九尾，金色，役于日月宫，有符有醮，日可洞达阴阳。"

所谓天狐九尾，显然还是取材自上古关于九尾狐的神话，但意义已不同。它不是鳄鱼神，而是狐狸精了。但值得注意的是，尽管故事的表层意义变了，其深层内涵仍然可以找到与早期鳄鱼神话相关的连续性。这主要表现在，鳄鱼神是社神、婚配和生殖神，而狐精故事则多与男女之事有关。

干宝《搜神记》中除了记下鳄鱼女怪的故事，也记录了一则狐狸精变作美女惑人的故事，是此类神话中现在所见较早的一则："后汉建安中，沛国郡陈羡为西海都尉。其部曲王灵孝无故逃去。羡欲杀之，居无何，孝复逃走。羡久不见，囚其妇，妇以实对。羡曰：'是必魅将去，当求之。'因将步骑数十，领猎犬周旋于城外求索。果见孝于空冢中。闻人犬声，怪遂避去。羡使人扶孝以归，其形颇象狐矣。略不复与人相应，但啼呼'阿紫'。阿紫，狐字也。后十馀日，乃稍稍了悟。云：狐始来时，于屋曲角鸡栖间，作好妇形，自称阿紫招我……云乐无比也，道士云：此山魅也。"

这个道士所谓"山魅"，也就是屈原《九歌》中的"山鬼"："若有人兮山之阿，被薜荔（霹雳谐音）兮带女萝。既含睇兮又宜笑，子慕予兮善窈窕。"

从这一山鬼形象中，一方面似仍可看出其脱胎于鳄鱼女神（体窈窕面带"霹雳"）的痕迹。但另一方面，这一美丽女神，却又似乎就是原始的狐狸女精形象。

《天中记》中有一则重要的民俗学材料："唐初以来，百姓多事狐神房中，祭祀以乞恩。饮食与人同之。事者非一主。当时有谚曰：无狐魅不成村。"

白居易《古冢狐》诗云："古冢狐，妖且老。化为妇人颜色好。头变云鬟面变妆，大尾曳作长红裳。徐徐行傍荒村路，日欲暮时人静处。或颠或舞或悲啼，翠眉不举花颜低。忽然一笑千万态，见者十人八九迷。"

这首诗所咏，也与唐代把狐狸精看作婚媒之神的风俗有关。

以上这些史料，都表明唐代的狐狸精本来是被当作主管婚姻、生子之社神，受到家家供奉的。但是在流传的狐精故事中，狐不仅可以化为诱惑男人的美女，也可化身为诱惑女人的美男。

《太平广记》中记载过唐初的一个妖狐故事："唐太宗以美人赐赵国公长孙无忌，有殊宠。忽遇狐媚，其狐自称王八，身长八尺馀，恒在美人所。美人见无忌，辄持长刀斫刺。太宗闻其事，诏诸术士，前后数四，不能却。"

最后，唐太宗下令请来具除妖之术的崔参军。崔参军作法术，遍召五岳诸神，察知狐妖来历，才终于把它擒获。原来这个狐妖也是从天宫下降人间的（犹如西王母的侍者九尾狐一类）。最后崔参军问其罪，以桃木棍责罚五下（据说相当于人间

图 37 《毛诗品物图考》中的玄蚖

五百）后，将狐逐去。

我认为，这个故事承前启后，在中国文学史中具有重要意义。

【何新按：王八即鳖。鳖古称玄蚖，是与蜥蜴及鳄鱼同名之物（前已论及）。所以这位狐公自称"王八"，看来并非出于偶然。又唐太宗召崔参军驱邪，此事后来演义到《西游记》中，成为崔参军为唐太宗伏龙怪的故事。至于以桃木杖击狐妖，以至称天狐为天神仆役，则更是秦汉神话中常见之说。】

八

先秦传说中常记载一件极奇怪之事，谓"挖井得羊"。对这种地下穴居的"羊"，孔子曾称为"商羊"，称为"土怪"。在典籍中，"商羊"二字无定型，又记作"蛟羊"（见《博物志》）、"常羊""成羊""夷羊"等。我谬以为，这些所谓"羊"，其实都是口语中"蜥蜴"一名的变音。在古人心目中，这种神羊是"雨工，雷霆（神）一类也"（《天中记》）。但真正透露了这种神羊秘密的，是《太平御览》引《白泽图》："羊有一角，当顶上，龙也。杀之震死。"又《太平御览》引《龙鱼河图》："羊有一角，食之杀人。"鳄鱼头顶有一角状突起，所以在古传说中常被称作"独角兽"。这种作为龙、雷神的怪羊，由此看来，实际也是鳄鱼。由此我们才能解释，为什么此羊可在地下穴中被挖出来。所以正如白虎、白狐是吉祥瑞兽一样，这种神羊也是祥瑞之兽，"钟律和调，五声当节，则玉羊见"（《渊鉴类函》引《瑞应图》）。由此又可以证实，商周青铜器中所常见的那些神羊头饰，确实正是饕餮之怪——鳄鱼艺术形象的符号演变。

并非偶然的是，狐在古语言中也有"羊"之称："山中称成阳者，狐也。"（《渊鉴类函》）所谓成阳，就是口语中"成羊""常羊"的转写。狐可称羊，所以九尾狐也被传说为"九尾羊"。

九

以上，我们通过对古文献中语言材料的研究，初步解决了鳄鱼—狐狸—美女的传说真相及演变。但也许有人会问，为什么"狐"字在上古语言中竟会与鳄鱼有关？对这个问题，从《本草纲目》中还可以得到一个重要的启示。书中说："狐，孤也。狐性疑，疑则不合类，故从孤。"

我们知道，鳄鱼在古代称"鼍"，字从单。据动物学家报道，人们在自然界中所见到的鳄鱼，往往是"天马行空，独往独来"的。鳄鱼绝不群居，雌雄即使在交配期也不共穴。更值得注意的是，这种喜孤独的习性，恰恰也正是传说中龙的特征：

图 38 《毛诗品物图考》中的狐狸

"黄龙不众行，不群处，必待风雨而游乎青气之中。"（《渊鉴类函》引《瑞应图》）

在汉语中，"孤单"两字往往合组成词。鳄鱼名"单"，所以也可称"孤"，孤实际上就是狐。这是从语源上可以追溯到的狐—鳄关系。更值得注意的是，鳄鱼是传说中的水神。据《太平御览》："狐，水神也。"如果不了解"狐"曾是鳄鱼的古名，那么对于旱地所生、不习于水的"狐"竟是水神这一传说，就完全无法理解。

古代帝王称"孤"道"寡"（寡人），甲骨文中，商王自称"余一人"（此称亦见于《尚书》）。有人以为这是谦虚。我却以为，根据帝王均以"真龙天子"自居（以龙为图腾）这一事实看，这种奇特称谓的来源，实在是以鳄鱼自况，是出自对作为图腾的鳄鱼神崇拜之遗风。实际上，古帝王的另一些称呼，如"不穀""朕"也都与鳄鱼古名有关。朕在口语中与虘同，虘即蛟龙。"不穀"是蜥蜴的异名。由此观之，鳄鱼神崇拜在中国上古文化中，实在具有一种极重要的地位。

麒麟

麒麟是古代传说中的一种瑞兽,其状如鹿,独角,角端有肉,全身生鳞甲,牛尾,马足,黄色圆蹄,十分罕见。历史上麒麟见于史书的明确记载有两次。

一为孔子著述的《春秋》所记:"(鲁哀公)十四有年(前481)春,西狩获麟。""麟者,仁兽也。有王者则至,无王者则不至。有以告者曰:'有麕而角者。'孔子曰:'孰为来哉!孰为来哉!'反袂拭面,涕沾袍……孔子曰:'吾道穷矣'。何休注曰:"麟者,太平之符,圣人之类。时得麟而死,此亦天告夫子将没之徵。故云尔。"(《春秋公羊传注疏》)

另一为《史记》所记,汉武帝元狩元年(前122),汉武帝"冬十月行幸雍,祠五田寺,获白麟"。汉武帝高兴,为此而更改年号。

汉代以后的儒家认为,麒麟是孔子和圣人的象征。孔子生平与麒麟关系密切。相传孔子出生之前和去世之前,都出现了麒麟。最为人熟知的一个记载是鲁哀公十四年春,鲁君"西狩获麟"。但是孔子为之悲伤落泪,哀叹麒麟所来非时,哀叹"吾道穷矣"。孔子因之作歌曰:"唐虞世兮麟凤游,今非其时来何求,麟兮麟兮我心忧。"《春秋》纪事从此绝笔,孔子不久就去世了。

那么,麒麟究竟是一种什么动物?在动物界中是否真实存在过?

一

传说麒麟是一种善良、温顺、友善的仁兽、瑞兽。《荀子》云:"古之王者……其政好生恶杀……麟在郊野。"《说文解字》:"麒,仁兽也,麇身牛尾,一角。""麐(麟),牝麒也。"段玉裁注:"状如麇,一角而戴肉,设武备而不为害,所以为仁也。"

汉刘向《说苑》云:"麒麟,麇身牛尾,圆顶一角,含仁怀义,音中律吕,行步中规，折旋中矩，择土而践，位平然后处。"

南朝宋何法盛《徵祥记》云："麒麟，仁兽，牡曰麒，牝曰麟。"麒麟或简称曰"麟"，咸以为祥瑞之物。《太平御览》记载："《大戴礼》曰：'毛虫三百六十，而麟为之长。'《礼记》曰：'麟凤龟龙，谓之四灵。'"

"麒麟"二字均从"鹿"，表明古人认为麒麟归属于鹿。因此在明代，人们曾把来自非洲的长颈鹿附会而称作"麒麟"。

但是我认为，麒麟并非非洲的长颈鹿（中国大陆自古不存在此物），也并非一种虚拟的神幻动物。

根据古代传说做综合分析，麒麟应当是鹿类中较为特异的一种，具有"麋身、牛尾、马蹄、鳞身、独角、黄色"的奇异特征。也就是说麒麟作为鹿种，其角、蹄、尾巴、外形等又都与普通的鹿类不同。这种奇特鹿类的原型，我以为应就是古代中国大陆曾经特有，后来濒临灭绝的一种珍稀特异的鹿种——麋鹿，俗称"四不像"。

麋鹿，拉丁名 Elaphurus davidianus，英文名 David's deer。属鹿科（Cervidae），原产于我国辽宁、华北以及黄河和长江中下游，与大熊猫一样是中国特产动物，濒临灭绝。

麋鹿是一种外形非常特殊的大型鹿类。它的头似马，角似鹿，蹄似牛，尾似驴，颈似骆驼，所以俗称"四不像"。与一般的鹿类不同，而与传说中的麒麟十分相似。

麋鹿体长约 2 米，肩高可达 1.3 米。尾长，尾端下垂到脚踝；冬毛长呈灰棕色，夏毛红棕色，颈部有一条黑褐色纵纹延伸到体背前部，颈下有黑褐色长毛。其雌性无角，雄性有角，角枝形态十分特殊，不像普通鹿角，分叉众多，所以后来可能被讹传为独角。麋鹿的角多肉而非骨质，与麒麟之角戴肉的传说特征相符合。麋鹿的尾巴比其他鹿类长得多，可达 65 厘米，是鹿科动物中最长的，末端生有丛毛。

麋鹿喜水，善游泳。由于趾蹄宽大，侧蹄亦能着地，适于在雪地和泥泞地上活动，所以有所谓"不履生虫，不折生草"（《广雅》）之说。麒麟唯以青草、树叶、水生植物为食。

二

清《黑龙江外纪》记："四不像，亦鹿类。俄伦春役之如牛马，有事哨之则来，舐以盐则去，部人赖之，不杀也。国语谓之'俄伦布呼'，而《异域录》称之为'角鹿'。尝见《清文汇书》云：'四不像，牝、牡皆有角，食苔，则称角鹿，不为无本。'土人饲以石花，即苔也。"

按所谓"角（古音读决）鹿"之转音，正是"吉鹿"或麒麟。所以麒麟之得名，就语源论，其实就是"吉鹿"的转语。

据有关动物学的记述，从出土的化石考证，商周以前"四不像"曾经广泛分布于我国的华北和中原的沼泽草原地区，但是春秋以后麋鹿即不多见。

我国东北地区地广人稀，其森林草原地区一直还有残存，但是明清以后，野外的麋鹿也逐渐绝灭。清人入关以后，曾经从关外带来一些麋鹿，放养于河北承德和北京南苑的皇家猎苑中。

据有关记载，到清末，最后一群约百只"四不像"仍存活在北京城南的"南海子"的皇家猎苑中。1865年，法国传教士戴维来到"南海子"，发现了这里的"四不像"，深感奇异。翌年，他将一对"四不像"运往巴黎。此后，又有一些"四不像"被欧洲人运往欧洲一些国家。1900年八国联军侵入北京，"南海子"围场的麋鹿被猎杀一空，从此麋鹿——"四不像"在我国本土绝迹。

然而在海外，英国乌邦寺庄园则一直把来自中国的"四不像"豢养起来，让其繁衍生息。1981年，中国派科学代表团前往乌邦寺庄园考察"四不像"。1985年8月，英国赠予中国22头麋鹿，使之重返故乡。经过科研人员的努力，目前在中国养殖麋鹿总数已繁殖过千头，但仍然是一个濒危物种。

烛龙

近世以来，对于盘古神话，研究者颇多。而其中较为流行的一种说法认为，盘古故事来自《山海经》中的烛龙故事。《吕思勉读史札记》谓盘古与烛龙，此二者即一事，皆谓其生存，不谓已死。《述异记》所谓"先儒说"及"古说"者盖如此。杨宽、袁珂、闻一多诸氏亦皆有类似之说。实际上，此二则神话的意义并不相同且不相干，例如：盘古名号在声训上与"烛龙"毫无可通之点，因此找不到丝毫名称嬗变的痕迹；烛龙为龙为蛇，而盘古人体在蛋中；烛龙是光明神，地在北方寒国，而盘古流传地在岭南、西南。

那么烛龙神的真相究竟是什么呢？这个问题也是很有意思的，值得在此深入探讨。

一

烛龙是中国古神话中的一位怪神。

屈原《天问》中惊奇地对这个神发问："日安不到，烛龙何照？"太阳为什么照不到那里？烛龙为什么发出光明？

王逸注《天问》则解释说："言天之西北，有幽冥无日之国，有龙衔烛而照之。"但是，关于烛龙更详尽的故事，收在《山海经》中。

《山海经·大荒北经》："西北海之外，赤水之北，有章尾山。有神，人面蛇身而赤，直目正乘，其瞑乃晦，其视乃明。不食不寝不息，风雨是谒。是烛九阴，是谓烛龙。"

《山海经·海外北经》："钟山之神，名曰烛阴。视为昼，瞑为夜，吹为冬，呼为夏，不饮，不食，不息。息为风，身长千里，在无臂之东，其为物，人面，蛇身，赤色，居钟山下。"

这就是说，烛龙是一条赤色巨蛇，但是，它不需要吃喝，也不需要呼吸，它终日立于云中。当它睁眼的时候，北方黑暗的长夜，就被光明照亮了。而当它合眼的时候，天就黑暗了。

《淮南子·地形训》中，也转述了这个故事："烛龙，在雁门北，蔽于委羽之山，不见日。其神人面龙身，而无足。"

这里首先值得注意的是，烛龙神所在的地域。

钟山就是昆仑山，而章尾山又记作委羽山。尾古音 yǐ，故尾与委羽，乃一音之转。而钟、章又是一声之转❶。由此可见，章尾山实应作章山、尾山。章山即钟山，而尾山即委羽山，亦即羽山。

《淮南子·墬形训》："北方曰积冰，曰委羽。"高诱注："委羽，山名也，在北极之阴，不见日也。"

羽山在北方，它在《山海经》中又记作泑山，亦即幽山。它是中国神话中除昆仑山外的又一座著名的死神之山（禹父鲧即被杀于此山）。中国神话中有三位死神——西王母、蓐收和颛顼。北方的黑帝颛顼，他是第三位主管刑杀的死神❷，据说他的葬地也在羽山❸。羽山同昆仑山（钟山）都是死神和幽都之山。所不同的是，羽山之所以称幽山，是因为北方"黑"。而昆仑山之所以称幽山，则是因为它是幽国所在，是真正的阴曹地府。所以以羽山为死亡山的传说，较为晚出，出于后人的附会❹。

《楚辞·大招》中说："魂乎无北！北有寒山，逴龙赩只。代水不可涉，深不可测只。天白颢颢，寒凝凝只。魂乎无往！盈北极只。"

诗中的"逴龙"，就是讲烛龙（逴、烛同音通假）。而最可注意的是，这里所说的北方寒山，正是烛龙所在的羽山、幽山。而屈原说其地的景色"积冰""不见

---

❶ 郝懿行笺《山海经》："章钟声转，钟山即章委山。"
❷ "北方黑色，颛顼水德，位在北方。"（《尔雅·释天》郭注）
❸ 《山海经·海外北经》："务隅之山，帝颛顼葬于阳。"务通委，羽、隅通。务隅山即委羽山，亦即羽山，又作苍梧山。梧古音羽。苍，黑也。
❹ 值得注意的是，我国北部地区，以幽黑命名之山颇多，如燕山（泑山）、阴山、蒙山、黑山、大小青山。

日",天白颢颢(雪景),寒凝凝,正是大地的最"北极"。

最后一点极可注意。傅咸《烛赋》曰:"六龙衔烛于北极。"也认为烛龙存在于北极区(由此看来,烛龙可以同时现形为六身)。我们知道,在北极圈附近,昼夜以冬夏划分。夏至以后是半年白昼,而冬至以后则是半年长夜。所谓"司幽之国",所谓"长夜无日之国",正是我国东北高纬度地区,靠近西伯利亚和北极圈附近冬季半年的正常现象。而"烛龙"恰恰活动在这样一个地区。只要稍作思索,就不难找到这个谜的真相。原来,所谓"烛龙",并不是一种生物性的存在物,而是北极圈附近的一种自然现象——极光。

极光是在电离层上空所发生电磁的光学现象,只在南北两极附近的高纬度地区才能看到。在北方的叫北极光,在南方的叫南极光。北极光出现的次数比南极光多,每年平均约一百次。

极光往往突然出现。它的形状是千变万化、动静无常的;它的颜色是变化多端、鲜艳夺目的。在一般情况下是黄绿色,有时也出现青白色、红色、灰紫色、蓝色或几种颜色兼而有之。

极光是天空中雄奇瑰丽的奇景。有的出现数分钟就消失了,但多数是强度、位置、外观不断变化,达数小时乃至通宵达旦。

早自黄帝时代开始,对极光现象,即已有所传说。在其后的史书中,亦常见诸记载,见表1。

表1 先秦史籍所见的极光

极光纪事	年代	资料来源	备注
黄帝诞生前一年,"大电绕枢斗星,大霓绕北斗枢星"。	约前2700	《古微书》	
周武王东伐纣,"夜济河时,云明如昼"。	前1100	《绎史》	
周昭王元年己丑,"有光五色贯紫微"。	前1052	《资治通鉴外纪》	《左传》亦记
周昭王二十四年四月八日,"而恒星不见,五光贯于太微"。	前1029	《路史》	
周敬王二十六年,"青虹见"。	前494	《竹书纪年》	

史书中对极光色彩的描绘，常用的词有火、红、白、青、黄、紫、青气、黄气、赤气、赤云、苍云、青龙、黄龙、赤龙等❶。

但在古代，尚没有"极光"一词。极光大多是在史书的星象、妖星、异星、符瑞、祥气、流星等条目中加以记述，常用的名称有蚩尤旗、枉矢、长庚、天冲、狱汉、天狗、濛星、含誉等十几种。

二

近代根据极光的特征，分为四类。

1. 雾状：天空一角呈现绿黄色雾状，微茫没有边界。

2. 脉动光面：常常具有奇妙的边界线，带青色的黄绿色，通常光度以十至三十秒的周期而变动。

3. 静止弧：略为散漫的光弧，向着某个一定的方向横贯在天空，常常并列成平行的光弧，极光中以这种形式最多。

4. 静止脉动带：和静止弧一样，是出现在某个一定方向上的青白色光带，仔细观察会发现它是由许多平行的细长片构成的，其间隔呈暗黑色。主要形状经常持续静止一小时之久，而各个细长片则或现或失，光的强度呈脉动变化，通常沿着带的方向由西向东变化，其光度实际多成光块在带中移动的样子。

验诸"烛龙"所描绘的那些光现象，所谓"蛇身而赤"，所谓"直目正乘，其瞑乃晦，其视乃明"，接近现代极光分类的脉动状以及静止脉动状，而杂有放射光的光现象。

再请参照一位北极光观测者的实录："晚九时一刻，我正观测天象，北方突然出现的一束很宽的光柱吸引了我的注意……从东方地平线向上直射到天顶，成为很宽而界线清楚上下一般粗的一道白色强光柱，很像极光，但光亮稳定，形体不变，天

---

❶ 参见陈遵妫《中国天文学史》。

空无云……这时没有月亮，所以天空黑暗。天上云彩不多，光柱在夜间一直看得非常清楚。它很慢地整体向西运动，一直占据着从地平线到天顶的空间，当它接近东北方向时，上部逐渐消失，最后整个消失了。气温未测，只知那天很冷。无风。九时二十五分，光柱不见了。但紧跟着又在地平线上空原来出现过的位置上隐约地重现，同时我以前看过的极光弧，又在北方地平线上出现，并且迅速变得很亮，到了九时五十分，天空亮得使我能看清周围物体，好像在暗淡月光下面一样……极光弧升得很高，然后变得扁平。在十时成为美丽的双弧，连它下面的黑暗世界都被照得异常壮丽。"❶

这是一次极为壮观的带状——龙蛇状极光现象。而最有趣的是，这种光现象的移动性、变幻性，毫无疑问，一定会被上古先民描绘成活的生物神灵现象。可以肯定地说，中国上古关于烛龙神的神话传说，就是从对北极区这种自然现象的观测中起源的。

而所谓烛龙与幽冥无日之国的神话，其实正是以灵物化的幻想意象，对极光和极区长夜现象作出的描述和解释。

还应注意的是，从考古发掘看，中国大陆上远古居民的足迹，至少在新石器时代早期，就已进入到西伯利亚以北地区❷，甚至远渡白令海峡进入美洲。因此关于烛龙的神话意象，可以说是中国文化意识中一种极为久远的历史意象的产物。

---

❶ 参见希瑟·罗伯逊的《绅士冒险家：理查德·亨利·加丁·邦尼卡斯尔的北极日记》。
❷ 参见吕思勉《先秦史》。

鲲鹏

古代传说中有一种大鸟名叫"鲲鹏",有人认为鲲鹏也是凤凰。

据《玉篇》记,鲲,大鱼。鲲是海中大鱼。

《庄子·逍遥游》:"北冥有鱼,其名为鲲。鲲之大,不知其几千里也。化而为鸟,其名为鹏。鹏之背,不知其几千里也。怒而飞,其翼若垂天之云。是鸟也,海运则将徙于南冥。南冥者,天池也。"

这种极其奇特的兼有巨鸟与巨鱼之体的动物,过去一直以为只是一种出自想象的神话动物。

但我从国外有关动物学的资料中看到,海鲸栖息于海中,有时将鲸尾竖出海面,其尾至为巨大,形极似鸟翼。庄子和古人所传说的亦巨鸟亦巨鱼的怪物鲲鹏,其实就是中国古人所见的北海巨型鲸鱼。

北海,亦即所谓北冥。

【何新按,北海有大小之别。小北海即渤海,中国之内海。大北海则包括渤海、日本海以及鄂霍次克海(通古斯海)。】

据史籍记载,渤海—北海地区秦汉以前多见巨型海鲸。鲸之体形庞大,长者可达30米(是现存体形最大之动物)。庄子所说的化鱼为巨鸟的鲲鹏,并非全是寓言,而是具有真实的生物学背景的。

又,《庄子集释》引古《庄子》异本,"鲲"或作"鲸",也写作鲧(大禹之父)。陆德明《庄子音义》:"鲲当为鲸。"所谓鲲鹏就是鲸鱼,可证拙说无误也。

长沙楚帛书十二月神,似即汉代以后十二生肖神的原型。帛书正月的标题为"取于下",其神图为一长尾独足的怪兽。李学勤云此神"兽身鸟足,长颈蛇首,口

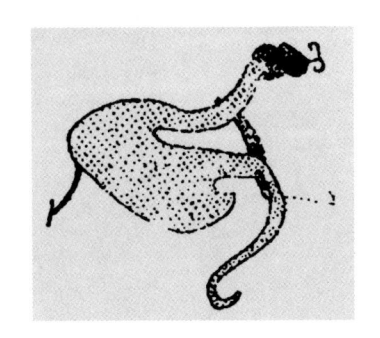

吐歧舌，全身作蜷曲状。首足赤色，身尾青色"（见图39）。

帛书文如下："取于下，曰取。乙则至，不可以（刑）杀。"乙，乙或从鸟。（《说文》）《尔雅》记，一月名为孟陬之月。孟古字与盂字，形讹而通。孟陬即盂陬，转文即陬盂，与取于相通。旧释皆读"取于"后之文字为下，其说难通。笔者读此字为"示"，即神示之意。盖字残而讹也。

所谓"取于""陬盂（于）"，究竟是何怪物？

取于，即鲸鱼音转，亦即鲸鱼之古名。明余庭璧《事物异名校注》记："海鱼之异名'陬隅'。"注："陬音邹，南蛮语。"其说并见清人厉荃《事物异名录》。隅音从禺，通于，"取于"即"陬隅"也。又，取、强双声，隅从禺音。"取禺"转语即"强禺"。"禺强"者，上古传说中之北海神也。

《山海经·海外北经》："北方禺强，人面鸟身，珥两青蛇，践两青蛇。"郭璞注："字玄冥，水神也……禺京一本云北方禺强，黑身手足，乘两龙。"

又《山海经·大荒东经》："东海之渚中，有神，人面鸟身，珥两黄蛇，践两黄蛇，名曰禺䝞。黄帝生禺䝞，禺䝞生禺京。禺京处北海，禺䝞处东海，是惟海神。"郭璞注："言分治一海而为神也。"

又《山海经·大荒北经》："有神，人面鸟身，珥两青蛇，践两赤蛇，名曰禺强。"

《庄子·大宗师》："夫道……禺强得之，立乎北极。"《南华真经注疏》曰："禺强，水神名也，亦曰禺京。人面鸟身，乘龙而行，与颛顼并轩辕之胤也。虽复得道，不居帝位，而为水神。水位北方，故位号北极也。"《庄子注》："北海之神，史曰禺强，灵龟为之使。《归藏》曰：'昔穆王子筮卦于禺强'。"

又据《山海经·大荒东经》说："东北中有流波山，入海七千里。其上有兽，状如牛，苍身而无角，一足，出入水则必风雨，其光如日月，其声如雷，其名曰夔。黄帝得之，以其皮为鼓，橛以雷兽之骨，声闻五百里，以威天下。"

《山海经·大荒东经》所可注意者，此"夔牛"非陆兽，而为海兽，"出入水则必风雨"。此水中夔牛，别名麐（音近京）。《说文》记："麐，大鹿也。牛尾一角。"笔者认为此海兽"夔牛"实际就是鲸鱼。鲸鱼又称鱏鱼，又称"鲲"。鱏为鲸之别名，古音与鲸通。京强同音通用。《说文》："鱏，海大鱼也。从鱼，畺声。鲸，鱏或从京。"扬雄《羽猎赋》："骑京鱼。"李奇注："京鱼，大鱼也。"北海神禺京（禺强）即孟取之音转。此神兽即鲸鱼。

《左传》宣公十二年："古者明王伐不敬，取其鲸鲵而封之。"鲸鱼，抹香鲸，古有龙称，产于渤海、东海、黄海。《太平御览》引曹操"四时食制"："东海有大鱼如山，长五六丈，谓之鲸鲵。次有如屋者。时死岸上，膏流九顷，其须长一丈，广三尺，厚六寸。"（此言鲸鱼自杀现象。）

《尔雅》云："正月为陬。"此为周代月名。《离骚》云："摄提贞于孟陬兮。"即指正月。

《前汉书》载："昔孔子对鲁哀公并言夏桀、殷纣暴虐天下，故历失则，摄提失方，孟陬无纪。"孟康："首时为孟。"《周礼》贾疏："正月作泰。"孟通莽、庞（王念孙《释大》），即大。泰亦训大。正月为岁首开泰之月，故称"泰"。

陬，又作诹与聚。《史记》："毕聚之月。"《史记索隐》："聚，音陬。"《尚书通考》："历始于颛帝上元太始阏逢摄提格之岁，毕陬之月。"《尔雅》："月在甲曰毕。"则月名毕聚，毕谓当甲之辰也。《尔雅》李巡注："正月万物萌芽，陬隅欲出，曰陬，陬出之也。"此训陬为"陬隅"，正为鲸鱼之古名。又一说以为陬得名于十二次之陬訾。《尔雅》郝懿行义疏："陬者，虞喜以为陬訾是也。"陬訾，亦陬邹音转。

"取于"，音转又作邹虞、仇余、犰狳、梼杌、踌躇。

又，"取"之古音与"赖"通。

《广雅·释诂》:"赖,取也。"

《庄子·让王》:"若伯夷、叔齐者,其于富贵也,苟可得已,则必不赖。""必不赖"即"必不取"也。

《方言》:"赖,雠也。南楚之外曰赖,秦晋曰雠。"

所当注意者,獭、离、黎、李,在古代乃杀神、杀兽之通名,非指今之水獭。虎、鳄鱼、鲸鱼,古皆称獭、离、黎、李,即大厉。

取于神即后世之龙神。

人物考

黄帝

在中国古史系统中，黄帝的地位可与伏羲相侔。他是创造宇宙天人之神。在《史记》中，他被太史公作为中国成文史中的第一位帝王。古代许多典籍中，亦记载了关于黄帝及其名臣观象制器的传说。中国文化的许多发明都被归之于黄帝。但这里最可注意者，是黄帝的事迹往往与伏羲的事迹相重合（见表2）。

表2 黄帝与伏羲事迹重合表

	黄帝事迹	伏羲事迹
畜牧	黄帝服牛乘马。（《太平御览》）	伏羲伏牛乘马。（《太平寰宇记》）
火食	黄帝取牺牲以充庖厨。（《太平御览》）	伏牺取牺牲供庖厨。（《帝王世纪》）
天文	黄帝使羲和占日，常仪占月。（《史记三家注》）	伏羲仰则观象于天，俯则观法于地。（《周易·系辞》）
医药	使岐伯尝味草木，典主医疾经方本草素问之书。（《医说》）	尝味百药而制九针。（《太平御览》）
音乐	使伶伦作律。（《渊鉴类函》）	伏羲作琴瑟。（《路史》）
数学	使大桡作甲子，隶首作算数。（《史记三家注》）	作九九之数。（《管子》）
文字	使沮诵、仓颉作书。（《古微书》）	作八卦以通神明之德，以类万物之情。（《周易注疏》）
相貌	黄龙体。（《史记三家注》）	蛇身人首。（《帝王世纪》）

在上引被古人归于黄帝的各种创造发明中，可以看到与伏羲事迹的明显重合。另外，黄帝在传说中也有双重身份：既是天神，又是人王。作为上帝的黄帝，亦就

是秦汉典籍中多次出现的"黄神""黄宗""黄灵"❶：

"黄帝，古天神也。始造人之时，化生阴阳。"（《淮南子·说林训》高诱注）

"昔者黄帝合鬼神于泰山之上，驾象车而六蛟龙，毕方并辖，蚩尤居前，风伯进扫，雨师洒道。虎狼在前，鬼神在后。腾蛇伏地，凤皇覆上，大合鬼神，作为清角。"（《韩非子》）

马王堆帛书《十六经·立命》："昔者黄宗，质始好信，作自为象。方四面，傅一心❷。四达自中，前参后参，左参右参。践位履参，是以能为天下宗。吾受命于天，定位于地，成名于人。唯余一人乃配天，乃立王、三公，立国置君、三卿。数日历月计岁，以当日月之行。允地广裕，吾类天大明。"《太平御览》引《尸子》："子贡曰：'古者黄帝四面，信乎？'"《吕氏春秋》："故黄帝立四面。"《淮南子·览冥训》："黄帝治天下，而力牧、太山稽辅之。以治日月之行律也，治阴阳之气，节四时之度，正律历之数。"此所描绘黄帝，均为日神。"力牧"即嫘母，"太山稽"即泰山姬（碧霞元君）。

黄帝在《尚书》《吕氏春秋》及《庄子》书中又记作"皇帝"❸。黄、皇二字古代通用。而所谓黄帝或皇帝，其本义正是太阳神。

黄，《说文》指出其字从古文"光"字，也读作光声。实际上黄、光不仅古音相同，而且都有光的语义。《风俗通义》说："黄者，光也。"《释名》说："黄，晃（日光）也，犹晃晃象日光色也。"日光本色即黄色。所以古天文学中，日行之道，称作"黄道"。皇帝之袍，不用红，而用黄。封建时代，以黄和杏黄作为五色中最尊贵的颜色，其俗应皆本于此也。

《易传》说："日煌煌似黄。"凡此皆可证，黄、晃、皇、煌、光在古代音同义通，可以互用。所以，黄帝可释作"光帝"。所谓黄帝、皇帝，其本义就是光明之神。《风俗通义》："黄者，光也，厚也。中和之色。德四季，与地同功。"黄帝名轩辕。《淮南子·本经训》："玄元至砀而运照。""玄元"即轩辕，亦即元神。"砀"

---

❶ 马王堆出土帛书《十六经》称黄帝为"黄宗"。《汉书·郊祀志》称黄帝为"黄灵"。

❷ 日字古形正像"方四面，傅一心"。

❸ 《尚书》："皇帝……遏绝苗民。"清人崔适及近人童书业皆认为皇帝指黄帝。

通"阳"。楚帛书："五正乃明，百神是享。"帝为神之最古称谓，而神是后起之字。甲骨文中只有帝而无神字。神字篆体作"礻"，见《集韵》。神字从旦。而《礼记》："所以交于旦明。"郑注："旦当为神。"由此可见，神名的由来也与太阳有关。黄帝是太阳神，所以黄帝别号"云阳真人"（《道藏》）。黄帝是太阳神，伏羲也是太阳神，所以黄帝和伏羲（曦皇）实际上是同一人。由此也就可以解释二人的事迹为什么有那样多的重合。另外，马王堆帛书《十六经》中黄帝别名高阳，此也可证明，黄帝实际就是太阳神❶。在传说中，黄帝具有人面蛇身的形象❷，以龙为象征❸。而前面已指出，人面蛇身和龙形也正是伏羲的形象。

《册府元龟》中说："太昊庖牺氏……一号皇雄氏。"

《礼记注疏》："一号黄熊氏。"

黄帝的称号是"有熊氏"。很明显，这是黄帝、伏羲乃同一人的又一证据（"黄熊氏"与"皇熊氏"，实际正是黄帝"有熊氏"的异称）。另外，昊、黄乃双声音转。太昊又称太皇（泰皇）或泰帝，而黄帝别称皇天上帝。这也表明太昊——伏羲与黄帝是同一神。

问题还不止于此。由《山海经》中可以看出，黄帝世系与同书所记的帝俊世系又互相重合❹。由此又可推知，太阳神黄帝与太阳神帝俊也应是同一神。

此外，《史记》记黄帝有臣名叫"风后""巫咸""巧倕""力牧"。风后就是凤鸟❺。巫咸简称咸。力牧在古书中又记作"力墨"，或讹作"力黑"❻。《吕氏春秋》中

----

❶ 释者或从王逸说，以为高阳是颛顼，而同篇中，黄帝与其孙（颛顼）交替出现，于理不通。所以黄帝与高阳应是同一人。

❷ 见《山海经·海外西经》："轩辕之国……人面蛇身，尾交首上。"轩辕，黄帝之号。

❸ "中央土也，其帝黄帝……其兽黄龙。"（《淮南子·天文训》）"轩辕，黄龙体。"（《史记三家注》）

❹ "帝俊生禺号。"（《山海经·海内经》）"禺号子食谷北海之渚中，有神……名曰禺强。"（《山海经·大荒北经》）"禺䝞生禺京。禺京处北海。"（《山海经·大荒东经》）"䝞疑即乃号字异……然则此帝俊又为黄矣。"（《山海经笺疏》）郭璞注："禺京即禺强也。"（《大荒东经》）

❺ 黄帝和帝俊的关系，还可以从黄帝与凤凰的关系中看出："黄帝坐于元扈洛上，乃有大鸟，鸡头燕喙，龟颈龙形，麟翼鱼尾，其状如鹤，体备五色，三文成字，首文曰顺德，背文曰信义。"（《渊鉴类函》引《帝王世纪》）这正是《说文》及《韩诗外传》中所描绘的凤凰形象。

❻ 马王堆帛书《十六经》记黄帝臣力牧作力墨。敦煌汉简中记作力黑。

记帝喾有臣名叫天翟（凤鸟）、咸、墨及有倕，正与黄帝四臣相合。帝喾即帝俊。由此可见太阳神帝俊与黄帝也应是同一神的异名。因此，中国古代神话中的伏羲、太昊、高阳、帝俊、帝喾、黄帝，实际上都是同一个神，即太阳神的变名。所以《易纬通卦验》说："太皇之先与耀合元。"这就是说，最早的天神（太皇）与太阳（耀）具有同一来源。

在上述名号中，高阳是太阳神，但他又是夏人祖先颛顼的神号。而古人认为颛顼是黄帝的子孙。太阳神帝俊、帝喾则被认为是殷商人的祖神。战国铜器《陈侯因》铭文中有"高祖黄帝"之称。这实际上表明，在上古时代，作为太阳神之人格化的黄帝和伏羲，乃是组成华夏民族的各古代部族所共同追认的始祖神。

《史记三家注》说："黄帝使羲和占日，常仪占月。"《史记》及《帝王世纪》均记黄帝有位叫"常先"的大臣，他是什么人，旧不得其解。如果注意到"先"也是羲——仪（古音俄）的合音，那么也就不难知道，常先就是常羲和常仪的合称。但这里最值得注意的是，太阳神羲和与月亮神常仪，在这里变成了黄帝的两个属臣。也就是说，作为太阳神的黄帝一分为三，分别变成了：太上神黄帝—日神羲和—月神常仪。

这里应当指出，在山东出土汉代砖画中，曾有一幅图像描绘了一组三位一体的伏羲、女娲和黄帝。黄帝居中；伏羲头上有一只乌鸦，显然象征太阳，手中执规；女娲头上有一只兔，显然象征月亮，手中执矩（见图40）。他们的下方还绘有西王母、虎神和捣药的玉兔。这幅罕见的图像，清楚地显示了中国古代以黄帝为中心

图40 伏羲、女娲、黄帝三位一体图（局部）

的三位一体神观念。在这个意义上，我们可以重新认识《老子》书中所说："一生二，二生三，三生万物。"按，"一"即太一，"二"即阴、阳，"三"即阴、阳汇（参）合。这种三位一体的理论，不仅是一种宗教观念，而且是一种宇宙观念。

但在较晚近的传说中，神话被历史化。作为宇宙至上神和原始太阳神的黄帝，演变成为古帝王的名号。而羲和与常仪，也由太阳神和月亮神，分别转变成人间主掌天文历法的两种职官之名了。

据《山海经》说，黄帝—帝俊—娥皇（常仪）的国度，又称作"三身之国"❶。这是不是正反映了黄帝由一神向三神的分化呢？尤为值得注意的是，三位一体神的观念，在人类早期文化和宗教思想中，是一个相当普遍的观念。请看表3：

表3　早期文化和宗教思想中的三位一体神观念

	中国	巴比伦	埃及	印度	希腊	罗马	基督教
三位一体神	天神/人神/黄帝	天神（Anu）	日神（Osiris）	梵天/大创造神（Brahma）、因陀罗（Indra）	天神（Zeus）、众神王（Zeus）	神王（Jupiter）	圣父
	日神羲和	地神（Bel）	月神（Thoth）	守护（Vishnu）、日神（Surya）	海神（Poseidon）、智慧女（Athena）	天后（Juno）	圣子
	月神常仪	水神（Enlil）	死神（Anubis）	破坏神（Shiva）、火神（Agni）	冥神（Hades）、太阳神（Apollo）	智慧神（Minerva）	圣灵

表中所列的这些神灵，在各民族的上古神话中，都是以一神三身（三名）的形式而出现的。如果做一下分类的，基本上可以分成两大类型：

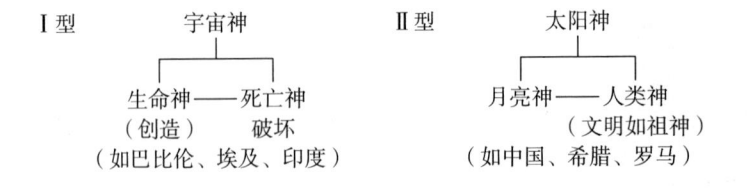

```
Ⅰ型    宇宙神                    Ⅱ型    太阳神
       ┌──┴──┐                         ┌──┴──┐
    生命神——死亡神                   月亮神——人类神
    （创造） 破坏                            （文明如祖神）
   （如巴比伦、埃及、印度）              （如中国、希腊、罗马）
```

---

❶《山海经·海内经》："帝俊生三身。"《山海经·大荒南经》："有人三身，帝俊妻娥皇，生此三身之国。"《山海经·海内西经》："其上有三头人，伺琅玕树。"《山海经·海外南经》："三首国在其东，其为人一身三首。"《山海经·大荒西经》："大荒之山，日月所入。有人焉，三面，是颛顼之子。三面一臂，三面之人不死。"

但是这里还有必要指出，三位一体神更深刻的根源，也是其更高级的形态，体现在早期人类宗教与哲学的另一类型中：

```
     道 ——— 逻各斯
      ┌────┴────┐
    自然神 ——— 人类神
```

在这里，自然与人类呈现为对立着的两极，而道——逻各斯成为超越者，成为自然与人类的统摄者，宇宙的绝对主体。

这种宗教观念，典型地体现于基督教关于"圣父（自然）、圣子（人类）、圣灵（超越者）"的三位一体观念中，同时也体现在婆罗门哲学关于"有"与"梵"（存在与超越），老子关于道、自然与人，以及赫拉克利特的"逻各斯"柏拉图的理论中。

而在本体论的意义上，三位一体的哲学观又可区分为两种类型：

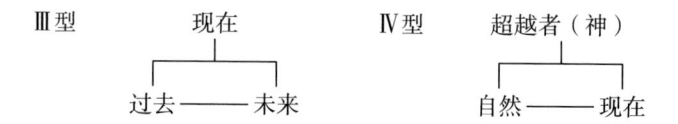

```
Ⅲ型       现在              Ⅳ型     超越者（神）
        ┌──┴──┐                    ┌────┴────┐
       过去 ——— 未来                自然 ——— 现在
```

由三位一体观的普遍性，我们可以看到，人类早期文明中神话与哲学观的形成和演化，确实是具有某种规律性的❶。

最后，在结束我们对伏羲—黄帝的讨论时，让我们再分析一下对中国文化具有重要意义的一个传说：伏羲作八卦的故事。

《周易·系辞上》："河出图，洛出书，圣人则之。"此圣人旧皆谓伏羲，或谓大禹。高亨注《周易》说，伏羲时有龙马出于河，身有文如八卦，伏羲取法之，以画

---

❶ 据说印度神有三亿三千三百万，但其中最高神格是三神一体的梵天—毗湿奴—湿婆。据古吠陀圣诗，梵天产生于最高神本身，是智慧、创造、始祖。传说他有四个头（中国黄帝亦有四面），每头各掌管宇宙的四分之一。而圣典——四吠陀也被认为出自此头。毗湿奴是保护神（护持神）。据古印度一个起源神话，当他在原始大海的千头蛇背上睡觉时，从他的脐中生出莲花，从中生出梵天。每当世界被毁灭之际，他即下世救人。他这样做了十次，故有十个英雄化身。其中最有名者即罗摩（《罗摩衍那》主人公）。湿婆是破坏神。此外，中国古书中早有"三一"之名。《前汉书》："古者天子三年一用太牢，祠三一：天一、地一、泰一。"

八卦。夏禹时有神龟出于洛，背上有文字，禹取法之，以作书，即尚书洪范之起源。其说盖据《前汉书》："刘歆以为虑羲氏继天而王，受河图，则而画之，八卦是也。禹治洪水，赐雒书，法而陈之，洪范是也。"以及《尚书注疏》："伏牺王天下，龙马出河，遂则其文，以画八卦，谓之河图。"又谓："洛出书，神龟负文而出，列于背，有数至于九，禹遂因而第之，以成九类。"

《周易·系辞传》说："古者包牺氏之王天下也，仰则观象于天，俯则取法于地，观鸟兽之文与地之宜，近取诸身，远取诸物，于是始作八卦，以通神明之德，以类万物之情。"

过去研究河图洛书以及八卦起源的人，似乎都没有注意到，与此非常类似的另一派传说，却是发生在黄帝身上。《太平御览》引《河图》云："黄帝游于洛，见鲤鱼长二尺，青身无鳞，赤文成字。"《太平御览》引《龙鱼河图》云："黄龙负图，鳞甲成字，从河中出，付黄帝，令侍臣自写以示天下。"《黄帝本纪》注云："神龙负图文，遁其甲，故曰遁甲。"（所谓遁甲，即蜕下甲皮）又有歌云："彩凤衔书碧云里。"《文选注》引《礼瑞命记》云："黄帝服黄服，戴黄冠，斋于宫，凤乃蔽日而来。"《毛诗正义》引《元命苞》："凤皇衔《图》置帝前，黄帝再拜受。"《古微书》引《春秋合诚图》记："黄帝游玄扈、上洛，与大司马容光、左右辅周昌等百二十人临之，有凤衔图以置帝前。"《乾坤凿度》注云："河图者，河中得天书文图。"《太白阴经》云："俄有元龟巨鳌，从水中出，含符致于坛而去。似皮非皮，似绨非绨，以血为文，曰：'天乙在前，太乙在后。'黄帝受符再拜。于是设九宫，置八门，布三奇六仪，为阴阳二遁，凡千八十局。"由这些材料可证知，发现所谓河图洛书，制八卦、九宫的故事，既发生在伏羲身上，也发生在黄帝身上。由此不仅更可印证伏羲、黄帝实际上是同一人，而且可以使我们理解《论语·子罕》中孔子所说的："凤鸟不至，河不出图，吾已矣夫！"（《史记·孔子世家》引此文作"河不出图，洛不出书"。）

在这里，孔子所引用的，既是伏羲的典故，也是黄帝的典故，并且实际上自拟于伏羲、黄帝。旧释孔子此言者多未解此，遂有各种歧说。故上述诸说可为注《论语》者补。

【何新按,龙在中国古代是鳄鱼(包括蜥蜴)的神化性称谓。所谓"龙鲤",亦即《山海经》《本草纲目》中的"鲮鲤"——古语言中指鳄鱼和穿山甲。"河图洛书",也就是这些爬行动物的背甲花纹,古人以为神秘,含有数理,并以之为占卜设图的神秘用具。上古人认为龟、鳄属于同类,所以龟甲卜应起源于鳄甲卜。商周以后,鳄类中原稀见,用龟遂取代用鳄。】

炎帝

帝舜是中国远古传说中一位极重要神人，他是楚族的先祖，但也是历来传说有较大分歧、面目难明的人物。

《史记》记舜有号曰"重华"，而重华既为太岁之名（见《天官书》），亦为舜之名。《离骚》："济沅湘以南征兮，就重华而陈词。"所言重华，即舜。舜乃其高祖，所以屈原要投诉于舜。还可注意者，重，神也。重华即神华。重华，即中华，乃是华夏民族所得名由来。湘君，即舜也。历史上确有其人。《大戴礼记·五帝德》记孔子言帝舜号曰重华，"五十乃死，葬于苍梧之野"。苍梧地在湘水九嶷之间。其死因，有二说，一说溺于湘江，一说征苗蛮劳瘁而死。传说矛盾，史料稀缺，殊难深究。

《山海经·海内南经》记："苍梧之山，帝舜葬于阳，帝丹朱葬于阴。"《水经注·湘水》："九疑山……南有舜庙。"《后汉书》注引《湘州营阳郡记》："山下有舜祠，故老相传，舜登九疑。"《尚书注疏》："舜即位五十年，升道南方巡守，死于苍梧之野而葬焉。"《国语·鲁语》："舜勤民事而野死。"韦昭注："野死，谓征有苗，死于苍梧之野。"《荀子》《淮南子》并记伐有苗。《吕氏春秋》云："舜却苗民，更易其俗。"《淮南子》谓："舜……南征三苗，道死苍梧。"

《山海经·大荒南经》："赤水之东，有苍梧之野，舜与叔均之所葬也。"《路史·发挥》以叔均为舜子，甚谬。叔均即丹朱，太阳女神羲娥也。《山海经·海内南经》记："苍梧之山，帝舜葬于阳，帝丹朱葬于阴。"叔，少也。叔均即少君。春秋时君夫人称"小君"（见《左传》及《穀梁传》）。叔均即湘夫人。"丹朱"亦即湘妃也。湘妃名娥妃，又名丹朱，即太阳女神。娥、二音近，因此讹传为"二妃"。《山海经》记天帝之娥女（幼女）为"二女"，后人不知二应读为娥，遂引起千年聚讼。晋郭璞注《山海经》即已感困惑，云："说者皆以舜陟方而死，二妃从之，俱溺死于湘江，遂号为湘夫人。按《九歌》之湘君、湘夫人自是二神。"郭沫若亦谓"二女故事"最为分歧难辨。说见其《甲骨文字研究》。郭氏《卜辞通纂》谓舜即帝俊,即夋。王国维谓帝俊即商祖夋,即喾(俊古音通喾),即帝喾。

《水经注》:"大舜之陟方也。二(娥)妃从征,溺于湘江。神游洞庭之渊,出入潇湘之浦。"娥在古汉语中有少女(读若夭、幼)、美女之意。

《山海经·中山经》:"洞庭之山……帝之二女居之,是常游于江渊。澧沅之风,交潇湘之渊,是在九江之间,出入必以飘风暴雨。"此言"二女",不应读两女,而应读作娥女(幼女)。《史记》记,始皇二十八年,秦始皇"西南渡淮水,之衡山、南郡。浮江,至湘山祠。逢大风,几不得渡。上问博士曰:'湘君何神?'博士对曰:'闻之,尧女,舜之妻,而葬此。'于是始皇大怒,使刑徒三千人皆伐湘山树,赭其山"。《礼记注疏》:"《离骚》所歌湘夫人,舜妃也。"

综上论,舜即湘君,亦为楚族之祖,楚之社神。湘夫人即湘妃,帝尧之女,名丹朱,又称"神君"(叔均),为湘江之神。《博物志》:"尧之二女,舜之二妃,曰湘夫人。舜崩,二妃啼,以涕挥竹,竹尽斑。"文中二妃,亦应读为娥妃,非关二女也。

《史记三家注》曰:"《楚辞·九歌》有湘君、湘夫人。夫人是尧女,则湘君当是舜。"综合各种矛盾的史料,取菁去芜,可以认为这一推论最为合理。

又,舜即炎帝。舜,《说文》所录古文作䑞,象土(石)上作火炙肉之形。又"䑞"乃"赤"之古文。《说文》:"赤,南方色也。从大从火。凡赤之属皆从赤。䑞,古文从炎、土。"舜字字根从赤,则赤帝、炎帝即舜,司南方之神帝也。

章炳麟《文始》:"舜,秦谓夋,舜可读如俊。"杨宽云:"'舜''俊'音近,故义亦相通。《礼记·中庸》'其斯以为舜乎',郑注'舜之为言允也'。"允、俊古音义俱同。则《山海经》中帝俊即帝舜,王国维、丁山皆早有此说,可信。

又《说文》释舜本义为草名:"艸也。楚谓之葍,秦谓之藑。蔓地连华,象形。"但朱芳圃指出其说谬:"许慎训为舜华,误以假借为本义,且曰象形,实是大误。"❶

《说文》:"炎,火光上也。从重火。"

又,舜即炎帝。《白虎通义》:"炎帝者,太阳也。"《左传》:"炎帝为火师,姜

---

❶ 朱芳圃《中国古代神话与史实》。

姓其后也。"火师，即火正，与祝融为同官。火正、祝融是远古部族中的火官之名。火官既是司天文之官（司大炎之星），又是部族中火事之官（主管改火、火田、火灶之事）。各部族均有火正、祝融。炎帝是太阳神、火神。

【编按，古代钻木取火，四季换用不同木材，称为"改火"，又称"改木"。亦用以比喻时节改易。《论语·阳货》："旧谷既没，新谷既升，钻燧改火，期可已矣。"何晏集解引马融曰："《周书·月令》有更火之文。'春取榆柳之火，夏取枣杏之火，季夏取桑柘之火，秋取柞楢之火，冬取槐檀之火。'一年之中，钻火各异木，故曰改火也。"】

舜本义亦为重火，即大火之名。琼花炽红蔓地而开如火焰，故亦名舜。（编按，此假借之义也。）

《诗经·郑风·有女同车》："有女同车，颜如舜华。"《毛诗注疏》："舜，木槿也。"《说文》："䒞，木堇，朝华暮落者，从艸，舜声。"

《帝王世纪》："舜，姚姓也。"

《史记》："昔舜为庶人时，尧妻之二女，居于妫汭，其后因为氏姓，姓妫氏。"

舜本居陈，即今豫东淮阳。《史记》："武王追思先圣王，乃褒封……帝舜之后于陈。"《史记正义》引《括地志》云："陈州宛丘县在陈城中，即古陈国也。帝舜后遏父为周武王陶工，武王赖其器用，封其子妫满于陈，都宛丘之侧。"

舜之后裔播迁，流散各地，或迁于晋，或迁于鲁，或迁于吴越（吴即承有虞之号）。其中最重要一支乃迁于鄂郢、丹浙之间，建成丹阳，是为楚族。

女娲

在汉墓出土砖画（见图41）中，女娲常与伏羲连体交尾，两者都具有人首蛇身的形象。但伏羲的手中常捧着太阳，而女娲手中则常捧着月亮。伏羲持规，因其是日神，日行圆，象天。女娲持矩，因其是阴神（地母），地方。"日"在古代称"太阳"，而"月亮"在古代又名"太阴"。由此看来，女娲应是月神。在古传说中，女娲还被尊奉为人类之母。

娲，古之神圣女，化万物者也。从女，呙声。

"女娲，阴帝，佐虙戏治者也。"（《淮南子》高诱注）

"天地初开辟，未有人民，女娲抟黄土为，剧务，力不暇供，乃引绳絚泥中，举以为人。"（《绎史》引《风俗通》）

"女娲氏，亦风姓也，承庖牺制度。亦蛇身人首。"（（《绎史》引《帝王世纪》）

图 41 伏羲女娲合体图

《山海经》中月神名常仪。"仪"，古音从我，读娥。故又可记作"常娥"。常、尚二字古通用，所以常仪在《吕氏春秋》中又记作"尚仪"。尚即上，是古人对神的尊称。传说中女娲为阴帝，是太阳神伏羲的配偶。月亮别名太阴星，因此阴帝女娲正应当是月神。问题是女娲与月神常仪是什么关系呢？

从古音上考察，娲所从之"呙"古韵隶于歌部，与我、娥同部，娲、娥叠韵对转，例可通用。所以女娲，实际也就是女娥，即常仪，亦即嫦娥。

由此看来，嫦娥之名起源甚早。但那个广为流传的奔月故事，出现则较晚。今存典籍中，较早者见于《淮南子·览冥训》中："羿请不死之药于西王母，姮娥窃以奔月，怅然有丧，无以续之。"

在晚出的《灵宪》中所记则较详："羿请不死之药于西王母，姮娥窃之以奔月。将往，枚筮之于有黄。有黄占之曰：'吉。翩翩归妹，独将西行。逢天晦芒，毋惊毋恐，后且大昌。'姮娥遂托身于月，是为蟾蜍。"❶

也有说较早的嫦娥故事出自古佚书《归藏》："昔嫦娥以西王母不死之药服之，遂奔月为月精。"（《文选注》）

《归藏》一书可能出在战国末，最晚不会晚于西汉。因此若是说可据，则嫦娥之事本来与作为射神和东夷酋长（详说见后）的羿，没有太多关系，却与西王母具有密不可分的关系。下文中将论及，西王母实际上正是月神。传说西王母有不死药，实际上是因为月亮有不死药。

屈原《天问》："夜光何德，死则又育？"

按，德通得。此言月光来自何处，为什么死而又能复苏？戴震说："死，即所谓死霸也。育，生也，所谓生霸也。"《艺文类聚》引皇甫谧《年历》："月，群阴之宗，光内日影以宵曜，名曰夜光。"（编按，内通于纳。宵曜，即曜宵。月纳日光而照耀夜空。）我们知道，月光以十五日为周期，一明一暗。暗，古人称作"死霸"或"死魄"。霸、魄古音与白相

图42 日神与月神（注意他们具有蜥蜴下身，此正是伏羲、女娲的特征）

---

❶ 《全上古三代秦汉三国六朝文》所辑。有黄，又名游光，星名。

图43 （南阳汉画）嫦娥奔月图中月神像白虎又像蜥蜴

通。月体呈银白色，故称"白"。不见月光，即"死白"，而月光复生，则称"生白"。古代天文学不能解释月光一死一生的这种周期性现象，因之而产生了月中有不死药的神话。所谓"不死药"，即死而复苏之药。这里尤应注意的是，《释名》："朔，苏也。"由此可见，死而复苏这一成语，正与月亮神话有密切关系。西王母是月神，所以传说便发展成为西王母有不死药。至于嫦娥得西王母不死药而成为月神，正是由上述极常见的天文现象，所进一步演变而成的新神话。

在其他民族中也有类似的神话。如苏门答腊神话："月中有人不断地在纺线，可是每天夜里有老鼠把线咬断，迫使他从头来。"（《马克思恩格斯全集》）这是以线断与再织作为月亮一明一暗的象征，而与中国古代流传的天上织女故事又十分相像。

这里顺便讨论一下与月亮有关的另一个著名神话，即"吴刚伐桂"的神话。此故事今仅存于唐人段成式所撰《酉阳杂俎》中："旧言月中有桂有蟾蜍。故异书言，月桂高五百丈。下有一人，常斫之，树创随合。人姓吴名刚，西河人，学仙有过，谪令伐树。"

按，此神话的原型，乃在传说汉人东方朔所撰的《神异经·东荒经》中："东方荒外有豫章焉。此树主九州。其高千丈，围百尺，本上三百丈，本如有条枝，敷张如帐。上有玄狐黑猿。枝主一州，南北并列，面向西南。有九力士操斧伐之，以占九州吉凶。斫之复生，其州有福。创者，州伯有病。积岁不复者，其州灭亡。"

这个故事是吴刚伐月桂故事的原型之一。其递承关系也是很明显的。本无名号的九方士后来演变为有名号的学仙者吴刚。而伐木为占的情节，则演变为伐不死桂，树随斫随合。值得注意的是，先前与月亮本无关系的方士伐木故事，后来演变为吴刚在月中伐不死桂的故事，显然也是月神不死、月死复生神话的又一种变形。这几个神话的深层结构都是以"不死"为母题。只是在嫦娥故事中表现为"不死药"，在吴刚故事中则表现为"不死桂树"而已。而这种不死桂树的早期原型，又可在《山海经》中所记的"昆仑山"上的"不死木"中见到，其来源也颇早了。

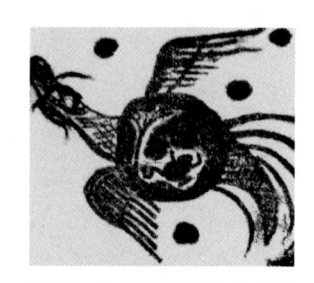

图44 汉画中的月亮鸟（请注意月中已有桂树和蟾蜍）

在《山海经》中，月神常仪的名字有两种写法：一作"仪"（娥），一作"和"（母和）。娥、和一声之转，无疑可通用。而在古书中，女娲所从之"呙"字，与"和"也可通用。著名的"和氏之璧"（《韩非子·解老》），《淮南子·说山训》中记作"呙氏之璧"，这就证明了"呙"与"和"可以通用这一事实。因此，从文字和语音的角度考察，女娲就是月神女和，亦即常仪（娥），她们都是同一名号的不同写法，这一点可无疑义。

羲和的古音读作 xiē，缓读即"羲—娥"，或"羲—和"。由此，我们又可以揭开一个已湮没千古的大谜。原来，月亮神女娥以及华夏民族的母神女娲，其实都是从太阳神"羲"的名号中分化出来的。也就是说：

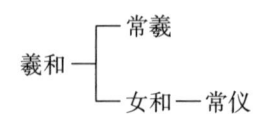

$$\text{羲和} \begin{cases} \text{常羲} \\ \text{女和—常仪} \end{cases}$$

由一神之名分化为二神之名。由此我们就可以理解，为什么在传说中伏羲和女娲是兄妹兼夫妻；又为什么在汉画中伏羲和女娲、太阳神和月亮神，会具有那种极为奇异的连体孪生的形象❶。我们也才能理解，为什么伏羲和女娲不唯同姓（姓风），而且同名（女娲别名"女希"，与羲实际上同名）❷。我们又可以理解，为什么屈原在《天问》中会有这样的疑问："女娲有体，孰匠制之？"屈原去古未远，对日神分化的故事必有所闻，所以产生这样一个疑问应是自然的。由此还可以理解甲骨文中所记东方神（日神）与其配偶的名称："东方曰析，风曰劦。"

前面已指出，"析"即太阳神羲。而"劦"音协，近"些"。前面也已说过，些古音与娥相通。所以东神羲的配偶名叫"风娥"，乃是女娲故事的又一种变化。

这里还应当指出，日神与月神相分化的神话，实际上可能还投射了古人的这样一种宇宙天文学观念——认为月亮是太阳的分化物。在汉代纬书中，称太阳为曜魄宝，而月亮则被称作"附宝"（副宝）或"灵附宝"。一正、一副，似乎可印证这一点。

但月亮神演化的这一有趣故事到此并没有结束。我们已知道，太阳神伏羲与黄帝实际上是同一位神。而《史记》等史籍中均说，黄帝妻名嫘母，又称累祖或雷母（祖）❸。嫘音累。累、雷音通相假是不成问题的。

问题是，女娲与嫘祖又具有何种关系呢？

原来，累字古代还有一音读作 luó（螺）。田螺、蛤蚌，古人称作"仆累"，也称作"蜗"❹。螺、蜗音近义同，古可以通用❺。据此即可看出，女嫘（螺）与女娲（蜗）其实也是同一名号的异写。因此在这里，我们就看到了黄帝与伏羲事迹的又一次重合，即他们的配偶神也相重合。

这里还有极应注意的一点。"仆累"又可写作"蒲卢""蒲蠃"或"蒲蠃"，凡此

---

❶ "女娲，伏羲之妹。"（《路史》引《风俗通》）"合位娲后，同称伏羲。"（《旧唐书》）
❷ "女娲氏，亦风姓也，承包牺制度，亦蛇身人首，一号女希，是为女皇。"（《帝王世纪》）
❸ "黄帝……娶于西陵氏之女，是为嫘祖。"（《史记》）"黄帝妻雷祖。"（《山海经·海内经》）"（黄帝）元妃西陵氏女，曰累祖。"（《史记三家注》）
❹ 蜗、螺在上古乃是一切水中甲介类的通称，包括蜗牛、螺蛳、蛤蜃等，参看王引之《经义述闻》。
❺ "青要之山，实维帝之密都……是多仆累。"（《山海经·中山经》）郭璞注："仆累（螺），蜗牛也。"

诸名，都是指蜗牛或田螺。而值得注意的是，这种蜗或螺，在新石器时代的遗物中，乃是一种常被用作艺术表现题材的母题（见示图5）。

刘节《古史新证》曾指出："嬴""赢""蠃"三字，古书中常相乱。而其本字当作"蠃"，音与"黾"通。黾在古代可用作浅水生物的共名，而更多的则是指蛙黾，也就是蟾蜍（《说文》：黾，蛙，黾也）。

了解了这一点，对于蟾蜍竟会成为月亮神女娲—螺母—常娥的象征物，便不会感到奇怪❶。但还应当指出的一点是，蟾蜍，以音近"鼍"（鳄鱼古名）而与鳄鱼、蜥蜴共名。从《尔雅》历代训注看，先秦动物分类确曾把它们看作大共类（详考见拙著《龙：神话与真相》）。所以在汉代绘画中，月中有蟾蜍与月神、蜥蜴、鳄鱼形象一并出现。

这里我们又必须注意，伏羲、女娲以及黄帝、嫘祖，在神话来源上显然是同一的；他们的异名则表明后来确实发生了分化。我认为，伏羲、女娲应是颛顼系统中的日神和月神之名，而黄帝、嫘母则是帝喾系统中的日神和月神之名❷。所以伏羲、女娲是风姓，而黄帝、嫘母则别有一姓。《方言》："娥、嬴，好也。秦曰娥，宋魏之间谓之嬴。""嬴"音从蠃，字又作"螺"，即"嫘"。据《史记》，黄帝号有熊氏。熊、嬴二字古可通用❸。所以"有熊"就是"有嬴"。蜗、螺，都可称作黾或嬴。这表明了信仰黄帝的那个部族属于嬴姓，与嫘母同姓❹。

---

❶ 按，本章所考证的古语言的通转情况，基本可信。但我以后进一步的研究表明，月亮女神—西王母的真相实际是鳄鱼。鳄鱼古名"蟺鼍"，蟾蜍实即蟺鼍的转语。

❷ 《大戴礼记》中记："帝舜娶于帝尧之子，谓之女匽氏。"实际上，匽即嬴也。又以声近变作女英。在汉代刘向的《列女传》中，女娲变作娥皇，遂与女嬴（匽）分化为两个人："有虞氏有二妃，帝尧之二女也。长曰娥皇，次曰女英。"

❸ 《左传》："夫人嬴氏薨。"《公羊》《穀梁》中记作"熊氏"。又，嬴、熊通用之例，在刘节《古史考存·释嬴》篇内列举甚多。顾炎武《唐韵正》则指出，熊，古音羽陵反，古人读雄与熊皆于陵反。所以熊、嬴古音同。

❹ 螺音从累，与雷声近相通。史载伏羲女娲事迹多与一个名叫"雷泽"的地望有关。雷泽很可能就是著名的"大辰之墟"。"大皞帝包牺氏，风姓也……有大人迹出于雷泽，华胥履之而生包牺。"（《周易注疏》引《帝王世纪》）胥，通媭，巫也。《孟子·滕文公上》："禹疏九河，瀹济漯而注诸海。"所说的漯，或即与雷泽有关，录此备考。

图45 中国新石器时代以蜗、螺为母题的陶器

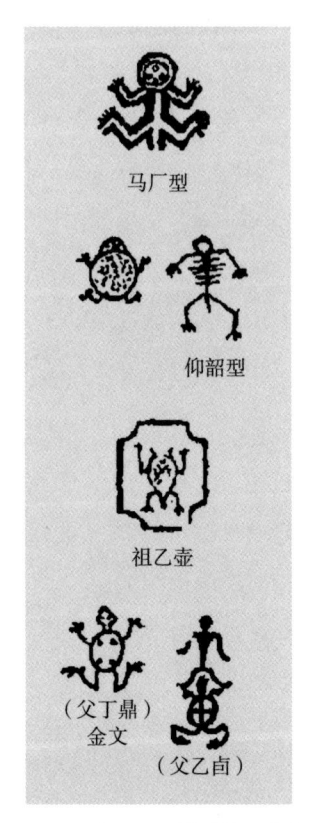

图46 新石器时代的蛙形人纹
马厂型
仰韶型
祖乙壶
（父丁鼎）金文
（父乙卣）

《帝王世纪》："黄帝，少典之子。姬姓也。母曰附宝，见大电光绕北斗枢星，照野，感附宝而生黄帝于寿丘。"

姬姓与姒姓为同姓，而姒、嬴乃一声之转。所以姬姓就是嬴姓。又，"附宝"即月亮（月名"灵附宝"）。在这一传说中，黄帝被表述成为月神与雷神交配而生的儿子。而此说与大多数史料不相证合，肯定产生较晚。

月神名女娲，嫘祖别名雷祖，即雷神❶。因此这一传说似乎又暗示了这样一种关系：黄帝的母亲与其妻家同姓，都属于"有嬴族"，而这也就是黄帝号有熊氏的来历。

《太平御览》引《帝王世纪》说："黄帝……母家有蛴氏之女，世与少典氏婚。"黄帝本族的氏号名叫"少典"。丁山曾论证"典"是太阳神❷，而"有蛴氏"，在司马贞补《史记·三皇本纪》中引古本写作"有娲氏"，并指出："炎帝黄帝皆少典之子，其母又皆有娲氏之女……皇甫谧以为少典、有娲氏诸侯国号。"今本《国语·晋语》记有娲氏作"有蛴氏"。朱起凤《辞通》说："娲字先讹作蜗，形与蛴近，因此致讹。"这就证实了我们以上关于黄帝母家与妻家是同一部族——女娲族，所以号为"有嬴氏"即有熊氏的推测。

还应当指出，女娲作为人类的高母早在甲骨文中已见诸记载。甲骨文所祭女神有神名"𡿧"❸。郭沫若《卜辞通纂》从罗振玉说，释此字为娥，谓即是"帝俊之妻娥皇"。我认

❶ 雷神、雷祖都是鳄鱼。
❷ 丁山《中国古代宗教与神话考》说，典古文从日，释作"日"主。因此小典即小的日主，亦即少昊。
❸ 参见《卜辞通纂》。

为此说可信。日本学者赤冢忠也曾指出"蚕"即女娲❶。

女娲是月神。而在中国古代的占星术中，月亮是主管水旱之神，故可据月形占验气象：

"月初生小而形广大者，月有水灾。"（《开元占经》引《荆州占》）

"月失行离于毕，则雨。"（《开元占经》引《春秋纬》）

"月晕辰星，在春大旱，在夏主死，在秋大水，在冬大丧。"（《开元占经》引《海中占》）

"月晕围辰星，所守之国有大水。"（《开元占经》引《帝览嬉》）

"月晕围心，人主有殃，又曰大旱。"（《开元占经》引《海中占》）

"月晕鬼，大旱。"（《开元占经》引《海中占》）

月神女娲在古宗教中也是一位主管水旱之神。《论衡·顺鼓》记汉代风俗说："久雨不霁……攻社……祭女娲。"

"社"即桑社，是供祭高母之地（说见后文）。由此条记述可见，女娲正是主旱之神。又旱神别名"女魃"，或记作"女妭"。

《说文》："魃，旱鬼也。"段玉裁说："魃，旱神也。神、鬼统言之则一耳。《山海经》：大荒之中有山名不句，有黄帝女妭，本天女也。黄帝下之，杀蚩尤，不得复上，所居不雨。妭即魃也。"按，《山海经·大荒北经》："大荒之中……有系昆之山者，有共工之台，射者不敢北乡。有人衣着青衣，名曰黄帝女魃。蚩尤作兵伐黄帝，黄帝乃令应龙攻之冀州之野……蚩尤请风伯雨师纵大风雨，黄帝乃下天女曰妭，雨止。遂杀蚩尤。妭不得复上，所居不雨……后置之赤水之北。"

"应龙"即"螭龙"（实际是指鳄鱼神），在神话中与黄帝的关系一向十分密切（黄帝即位见黄龙大螾）。而这位能止雨的天女妭，应就是汉代人止雨时所祭祀的旱神女娲（妭、呙叠韵转音，字可通）。所谓系昆之山，典籍中仅此一见，疑当作西昆之山，亦即黄帝妻嫘母的母家"西陵"之山："黄帝居轩辕之丘，娶于西陵氏之子，谓之嫘祖氏。"（《大戴礼记·帝系》）

---

❶ 日本《甲骨学》1961年8月第9号。

图47　执五兵之蚩尤

引人注意的是，女娲—旱魃助黄帝战胜蚩尤的故事，在古神话中后来又进一步发生了一系列非常复杂的变形。但归纳起来，基本上可分为三类。

在第一类中，蚩尤变形为黑龙。如《墨子》书所记"黄帝杀黑龙于北方"的故事。所谓"北方"，实际就是黄帝诛杀蚩尤的"冀州之野"。而在《淮南子·览冥训》中，此事却直接被归于女娲名下，变成了"女娲杀黑龙以济冀州"。这显然正是上一说法的变形。

在第二类传说中，女娲—旱魃—天女妭又变名称为"玄女"，亦即后世道教中那位著名的"九天玄女"。例如《史记三家注》："天遣玄女下授黄帝兵信神符，制伏蚩尤。"《广韵》"符"字注引《河图》云："玄女出兵符，与黄帝战蚩尤。"此所谓天神、玄女，显然就是女娲—天女妭助黄帝攻蚩尤故事的变形。

在第三类传说中，天女妭助黄帝止雨战胜蚩尤的故事，则变形为天神赐符诀，赐天书河图、奇门遁甲给黄帝的故事。《云笈七签》引宋真宗御撰《黄帝本纪》说："帝乃战未胜，归太山之阿，惨然而寐，梦见西王母遗道人披玄狐之衣，以符受帝。"《烟波钓叟歌》云："轩辕皇帝战蚩尤，涿鹿经年苦未休。偶梦天神授符诀，登坛致祭谨虔修。"《太平御览》引《龙鱼河图》又云："黄龙负图，鳞甲成字，从河中出，付黄帝。"《云笈七签》："神龙负图文，遁其甲，乃名之遁甲。"《说苑》："黄帝……斋于中宫，凤乃蔽日而降。"《武经总要》："风后演遁甲，究鬼神之奥。"（按，"风后"即风神，亦即凤鸟，在传说中是黄帝臣。)《云笈七签》:"玄女教黄帝三宫秘略、五音权谋、阴阳之术……令风后演河图法而为式用之。创十八局,名曰遁甲。"

上引这些材料,实际上都是天女妭助黄帝止雨胜蚩尤神话的变形。它们显然具有相同的深层结构,即黄帝攻蚩尤被困,女神用某种方式助黄帝战胜了蚩尤,只是在表层结构上,早期传说中的天女妭演变成了凤鸟、风后或神龙、赤鲤,而止雨之举则演变成了授符、授兵法、授阵法以及神秘的河图洛书等。

综上所述,在中国古神话中,女娲—嫘祖乃是太阳神伏羲—黄帝的妻子,是人类的母神。而前已述及,嫘祖别号"西陵氏",由此我们又可以看出,其实西陵氏就是在《山海经》和汉代传说中赫赫有名的那位女神——西王母的原型。

《北堂书钞》引《帝王世纪》,记述了这样一件事:"昔蚩尤无道,黄帝讨之于涿鹿之野,西王母遣道人以符授之。黄帝乃立请祈之坛,亲自受符,视之,乃昔者梦中所见也。即于是日擒蚩尤。"

显然,这个晚出的故事也是天女魃助黄帝擒蚩尤神话的又一变形。但它将女魃(女娲)说成与西王母是同一神,却保存了古义。我们可以就此再来讨论一下西王母的真实面目。

西王母一名始见于《山海经》:"西王母其状如人,豹尾虎齿,而善啸,蓬发,戴胜,是司天之厉及五残。"郭璞注:"主知灾厉五刑残杀之气也。"(何新按,请注意,对西王母形象的这一描绘,表明她实际具有鳄鱼的形态。)郝懿行疏:"西王母主刑杀。" ❶

我们已经知道,女娲就是旱魃,而旱魃别名"死魃"(《山海经笺疏》),也就是死神。

由此看来,在中国古神话中,历来存在着一个辩证的观念:生神与死神——创造生命之神与刑杀生命的死神,乃是同一个神。在以后的探讨中,例如在泰山既是天堂之山,也是地狱之山的观念中,在昆仑山下生命之泉与死亡之泉的同源观念中,

---

❶ 《山海经笺疏》引文有"大陵主厉鬼"一句。嫘母号西陵氏,亦可称"大陵"。所以嫘母—西陵—大陵,其实就是西王母。

图48 月神西王母与玉兔、凤凰（请注意：西王母坐于昆仑山上，手中持矩，而矩正是女娲的象征。玉兔在捣药，她显然是月亮的象征。而凤凰尾部和翅上均有太阳，显然是东王公——太阳神的象征。所以他在画中居于主角的地位。）

我们还将不止一次地遇到与此类似的辩证观念。前面讨论奔月故事时我们已指出，西王母还是掌握着不死药的神❶。

这里可注意的有如下两点：

一、嫦娥奔月的故事，不见于先秦古籍，是汉代以后才出现的神话。

二、常娥—常羲—女和—嫘母—女娲—西王母本来只是同一个神的异名分化，但在奔月神话中，却发生了第二次的分化。月神常娥在这里成为与女娲、西王母完全不同的第三个神。这是中国神话演化中的一个有趣现象。我们在前面已经看到，中国的原始宗教，起源于崇拜太阳的原始一神教。而后来从太阳神中分化出了月亮神，又从一名的太阳神（羲），演化为多名的众多太阳神（羲和、伏羲、黄帝、帝夋等）。现在我们看到月亮神也发生了这种多元化的分化。实际上，由于名称的分化从而导致一神向多神的分化，这乃是中国神话演变的一个重要规律。所以我认为，就中国古代宗教现象的发展而论，这恰恰是由一神教向多神教演变。

再回到我们正在讨论的嫘母—西王母问题上来。嫘母、女娲是西王母，那么很

❶ 甘肃酒泉嘉峪关石墓壁画有东王公坐扶桑树上，头顶红日，内绘金乌。西王母坐桂树上，头顶盈月，内有蟾蜍。（《文物》1979年第6期）桂树于秋季开花，与月圆之期暗合，所以成为月亮树。

自然地，她们的丈夫伏羲和黄帝，即太阳神，也就成了东王公。在传为东方朔所撰的《神异经》中说："东荒山中有大石室，东王公居焉。长一丈，头发皓白，人形鸟面而虎尾。"

《太平广记》说："木公，亦云东王父，亦云东王公，盖青阳之元气，百物之先也。"所谓"木公"，当然就是伏羲。因为"东方，木也，其帝太昊……执规而治春"（《太平御览》）。

"太皞伏羲氏，以木德王天下之号，死，祀于东方，为木德之帝。"（《吕氏春秋》）

但这里应当指出，所谓"王父""王母"，并不是帝王的称号（像其字面意义那样，以及过去所解释的那样）。

《尔雅·释亲》说："父之考为王父。父之妣为王母。"郝氏疏："王父母即祖父母之谓也。"

实际上，在以日神、月神为王父、王母的这种观念中，所映射的乃是这样一种图腾性的观念（而不是政治性的观念），即把太阳、月亮看作人类的祖父母——始祖神。

《史记·封禅书》记齐地所祭八神中有阳神、阴神。《史记索隐》引三国人谯周说："代（岱）俗以东、西，阳、阴所出入。宗其神，谓之王父、母。"

在这里，谯周非常确切地解释了古人以日月为图腾即所谓"王父""王母"——高父、高母的这种原始观念。可能也正是出于这一原因，在甲骨文中，殷商人称月神女娲为"礻毒"之神。

《礼记·礼器》中说："大明生于东，月生于西。此

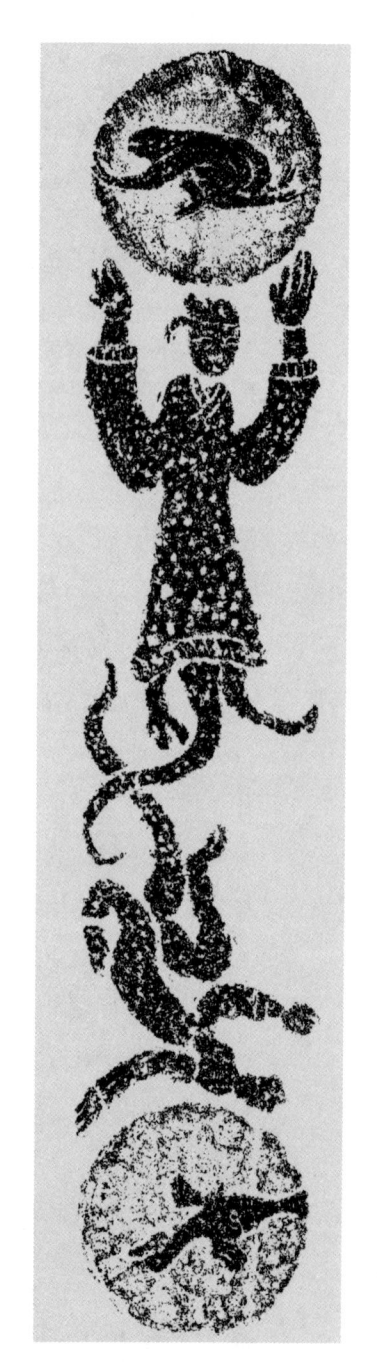

图49 西汉日神、月神画像石

阴阳之分，夫妇之位也。"

中国古人知道一个宇宙黑洞的存在，称为"阴间""玄牝"。月亮，被认为是太阴的象征。

应当指出，由对太阳神的一元崇拜，发展为对太阳神加月亮神的二元崇拜，这也正是中国哲学中极为重要的阴阳二元观念的始源。

所以《大戴礼记》中说："阳之精气曰神，阴之精气曰灵。神灵者，品物之本也。"

《礼记·乐记》中说："阴阳相摩，天地相荡……而百化兴焉。"

《说郛》引《神异经》："昆仑之山有铜柱焉，其高入天，所谓天柱也。围三千里，周圆如削，下有回屋，方百丈。仙人九府，治之上有大鸟，名曰希有……右翼覆西王母。背上小处无羽，一万九千里。西王母岁登翼上，之东王公也。故其柱铭曰：'昆仑铜柱，其高入天。员周如削，肤体美焉。'其鸟铭曰：有鸟希有，碌赤煌煌，不鸣不食。东覆东王公，西覆西王母。王母欲东，登之自通。阴阳相须，唯会益工（日月交合即辰也）。"

这种二元交会的阴阳观念，以及由阴阳和阴阳交合的观念出发，用以解释天文地理人类的各种现象，乃是中国传统文化中最基础的哲学观念之一。另外还应看到，这种日、月的阳阴二元观念，又是参照着男女两性的交合模型而产生的（太阳—东公王，月亮—西王母，正印证了这一点）。这种两性交合的观念，转化为神话意象，也就是伏羲女娲的合体形象❶。在相同的意义上，我们又可以注意到，在中国语言中，"乌—鸟"（日神的象征）作为阳的符号，实际上从上古语言中开始，即已成为男性阳具的隐语❷。而"蟾蜍""癞蛤蟆"以及与月亮有关的另一种动物"兔子"，则又相反地成为女阴和娈童的隐语。《吕氏春秋》说"阳精"，"月也者，群阴之本也"。《淮南子·墬形训》说："至阴生牝，至阳生牡。"《老子》书中称男阴为"朘"。闻一多指出"朘"别体作"䐈"，字从"夋"，或"隹"，都既与太阳鸟有关，又是指男性

---

❶ 月神玉兔（白虎）的杵臼捣药，则亦象征性交。

❷ 参见邢公畹《语言论集》。

的性器官。《老子》又说："谷神不死，是谓玄牝。玄牝之门，是谓天地根。"所谓"谷神"，究竟何指？前人鲜有确解者。因此这一句话，两千年来，竟一直未得到达诂。今按，"谷"古音读"浴"❶。浴、月一声之转，故相通。所以谷神其实就是月神❷。月缺而能复圆，所以老子说"谷神不死"，这与月中有不死桂、不死药的传说正相印合。所谓"玄牝"，就是大阴，也就是"王母"。她在中国神话中，当然是"天地之根"。老子又说："天下之交也，天下之牝。牝恒以静胜牡。"《周易》中说："男女构精，万物化生。"《荀子》中说："天地合而万物生，阴阳交而变化起。"在这些话里我们都可以看到，中国传统哲学中的阴阳范畴，实际上正是从男女分化和交合的观念中起源的。这一点，我们下面在讨论扶桑和社木时，还将做进一步的讨论。

最后，在结束关于女娲的讨论之前，让我们再来讨论一下"补天"故事。这一故事见诸记载，是在《淮南子·览冥训》中："往古之时，四极废，九州裂。天下兼覆，地不周载，火爁炎而不灭……于是女娲炼五色石以补苍天，断鳌足以立四极，杀黑龙以济冀州，积芦灰以止淫水……乘雷车，服驾应龙……道鬼神，登九天，朝帝于灵门。"

参照《韩非子》"昔者黄帝合鬼神于泰山之上，驾象车而六蛟龙……鬼神在后。腾蛇伏地"，可以看出，黄帝的辕驾仪仗，与女娲正可相配。由此可知，女娲所朝拜之"帝"，定是作为她夫君的黄帝（亦即伏羲）无疑。

在这里，我们也可以顺便再讨论一下大禹治水故事的真相。《淮南子·天文训》说："共工与颛顼争为帝，怒而触不周之山，天柱折，地维绝。"

这个故事极富有浪漫色彩，乍看起来，共工与颛顼一样，都是天神（颛顼在五方帝系统中是北方神，是黑帝）。他一怒冲冠，即撞倒了天柱之一的不周山，致使大地上洪水泛滥。

---

❶ 马王堆帛书本《老子》："谷神"正作"浴神"。又有"常仪浴月"，浴神正是常仪。
❷ 《老子》中又有"谷得一以盈"之句。旧亦多妄释者。按，谷即月，月得道则充盈，与此句前的两句言"天得一以清，地得一以宁（训贮，深厚也）"，正相印合。

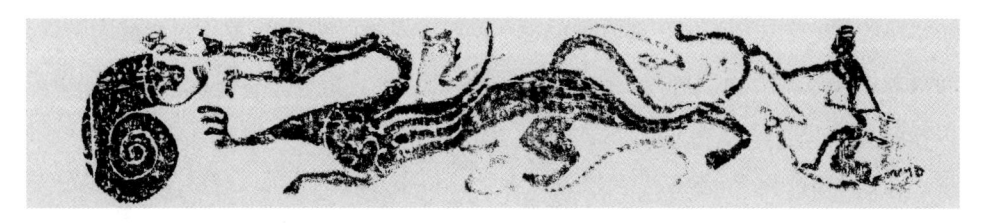

图 50　大螺、应龙、仙人画像石

图 51　应龙、翼虎画像砖（东汉时期　河南新野县出土）

但如果深入分析一下，我们就可以看出，这个故事在本质上其实毫无神秘意味，只不过是一种并不罕见的自然现象被人格化后的产物。所谓"共工"难道真是神吗？否！按，"共"字与"洪"字相通，而"工"字又与"江"字相通。共工其实就是"洪江"。洪江之水怒发的原因，尽可由人去自由想象，而根本不必拘泥于是否确实为了与颛顼或别的什么神（如祝融）争帝。但洪江之水一旦怒发暴涨，其势必可崩山，或导致山崖的大面积滑坡，应当是不足为奇之事，仅从三峡一带的地方志中就可以看出，自有记载以来，长江水道由于江洪或地震而引致滑坡、山崩，乃是史不绝书的事。滑坡或山崩以后，江水旧道被堵塞，从而导致江水改道，因此又造成大地洪水泛滥，这更是顺理成章的极自然之事。这种自然现象实际上正是共工触山这一神话的深层结构，而其表层结构，却转化为这种自然灾害的人格化形象——洪江被变名为叫共工的天神。而由此我们也就可以解释禹的父亲盗"息壤"治水为什么失败的故事。他为什么会失败呢？一个最可能的原因是，在他企图障堵水路的地方（在传说中，鲧是一位善于筑城造堤的巧匠❶），由于对水势的失察，而导致水路发生了新的障塞，从而再导致新的山崩、滑坡（这应就是这个神话表层结构中所说的擅自盗上帝"息壤"以掩水）。"洪水滔天，鲧窃帝之息壤以堙洪水。"（《山海经》）郭璞注："息壤者，言土自长息无限，故可以塞洪水也。"试问，这种能自长自息的土壤，不是山崩或滑坡所造成的土石自行移动，又是什么呢？而其结果当然会导致水势更加恶性地泛滥成灾。所以鲧失败是必然的。而他的儿子禹则不同，聪明地采用了新的办法："昔上古龙门未开，吕梁未发。河出孟门，大溢逆流，无有丘陵沃衍、平原高阜，尽皆灭之，名曰鸿水（即洪水，亦即共工）。禹于是疏河决江，为彭蠡之障，乾东土。所活者千八百国。此禹之功也。"（《吕氏春秋》）

"古者沟防不修，水为民害。禹凿龙门，辟伊阙，平治水土，使民得陆处。"（《淮南子·人间训》）

"导河积石，至于龙门。"（《禹贡》）

由此可见，禹治水的主要办法是疏导。但是在必要的情况下，他也仍然筑堤堆高："天下大雨，禹令民聚土积薪，择丘陵而处之。"（《淮南子·齐俗训》）

值得注意的是，这条记载毫无神话意味，而完全可以看作信史。它还说明了洪江（共工）泛滥的真正原因——下大雨。

又："禹乃以息土填洪水以为名山。"（《淮南子·墬形训》）"禹堙洪水十三年。"（《前汉书·沟洫志》注引《夏书》）

综上所述，我们已可以完整地清理出大禹治水事迹的真相。其表层结构虽然呈现为一系列的神话，而其深层结构完全可以看作可信度很高的历史。

在上古时代的某一时期，由于天降大雨，江河暴涨。洪水引发了地震、山崩以及山崖的大规模滑坡，致使许多江河故道堵塞而洪水泛滥。鲧奉命治水，单纯采用筑堤防水的办法，结果使水路不通，引致了新的山崩或滑坡，使洪水灾害更加严重。

---

❶ 《吕氏春秋》："夏鲧作城。"《渊鉴类函》引《吴越春秋》："鲧筑城以卫君，造郭以守民，此城郭之始也。"《淮南子·原道训》："夏鲧作三仞之城，诸侯背之，海外有狡心。"

鲧因治水失败而死。死后其子禹继承了他的事业。禹以十三年的时间，考察水路，疏浚水道，修筑堤坝，终于排干了许多地方的积水，引导开挖了使长江、黄河顺利东行的新水道。

这个故事，应当就是大禹治水事迹的真相。

伊尹考

伊尹是夏商之际一位重要而杰出的政治家。他不是传说人物，而见于甲骨文之祭典及金文。但其史料湮没，钩沉稽考如下。

伊尹，莘姓，莘多异文，或作侁，或作先，或作姺，或作辛。有辛即高辛族裔，鲧妻、禹母即有莘氏。高辛一族与中原世为婚姻。尧、商汤、周文王亦皆婚有莘氏。故《诗经》云："缵女维莘。"《天问》亦云："成汤东巡，有莘爰极，何乞彼小臣，而吉妃是得。"《吕氏春秋》："汤闻伊尹，使人请之。有侁氏不可。伊尹亦欲归汤，汤于是请取妇为婚。有侁氏喜，以伊尹为媵送女。"《史民》："伊尹名阿衡，欲干（见）汤而无由，乃为有莘氏媵臣，负鼎俎以滋味说汤。"《墨子》说："伊挚，有莘氏之私臣。""伊尹为莘氏女师仆。"

伊尹乃汤之妻舅也。伊尹是有莘小族首领、部族政治家，欲与商汤结盟谋夏，未得机会。于是嫁妹与汤，不惜以身为厨做杂役奴隶（烹人）陪嫁送亲至商国。故《天问》云："夫何抑（恶）之，媵（陪送）有莘之妇？"上古直到汉代，有贵族嫁女陪送奴婢之俗。汉《急就篇》："妻妇聘嫁赍媵僮，奴婢私隶枕床杠。"《天问》称伊尹为小臣，小臣即奴隶。尹者，挚也。尹、执同源字。挚即少昊挚。

《墨子》言："伊尹，天下之贱人也。""汤举伊尹于庖厨之中，授之政。"曹操《举贤勿拘品行令》："昔伊挚、傅说，出于贱人。"

伊尹多能，他不仅是政治家，而且精于农事，精于烹调，故长寿。他是爰田（退耕、休田轮作）的发明者。《焦氏易林》："阿衡退耕，夏封为国。"《齐民要术》引《氾胜之书》："伊尹作为区田，教民粪种，负水浇稼。"伊尹以其多能智慧而提升商之文明。

入商后，伊尹在商国以国舅身份成为仅次于商汤的权臣，曾任"太傅"（此官在周称太保，即周公所任），太傅即太宰（宰相），尊保衡。

汤死后，伊尹流放继位的新王太甲于桐，亲自执政七年。有说伊尹后为太甲所杀。

司马光《稽古录》则谓："王太甲既立，不明……乃放王于桐宫，伊尹摄行天子事。王于是悔过迁善。三年，伊尹复奉王归于亳，复王位，还其政。太甲不怨而德之。"

伊尹不是传说人物，而是历史人物，见诸甲骨及金文。甲骨卜辞中说："祀伊尹。""岁于伊尹二牢。"《叔夷钟》："虩虩成唐（汤），有严在帝所。敷受天命，翦伐夏后。败厥灵师，伊小臣佳辅。"墨子说："汤之举伊尹也……法其言，用其谋，行其道。"孟子说："汤之于伊尹，学焉而后臣之。"伊尹陪嫁于"吉妃"，"尹出自姞姓"。"尹氏姞氏，周之昏姻旧姓也。"（郑笺）。吉、挚、伊古音通。吉妃即吉姓、伊姓配偶。《左传》："吾闻姬姞耦，其子孙必蕃，姞，吉人也。"

伊尹死后，殷商人尊之为神。《尚书·君奭》："殷礼陟配天，多历年所。"李平心说陟即伊陟、伊尹，至确。甲骨卜辞常以伊尹与汤合祭。

有伊氏之部落即有易之部落。汤与伊尹联姻，即与有易联姻。有易即有虞，即昆吾，尧舜之王朝也。甘之战启击败益，启代益，立夏朝，有易（有虞／鲜虞，鲜虞中山即其后世也）由中原王朝而北迁冀州，成为北方的有易部族。

有易乃益之后族，为夏所伤，故有易与夏为世仇。有易居北，王亥游牧至有易，有易杀王亥、夺其牧牛。后来商族强大，伊尹遂图联姻结盟于商，弃旧恶同谋克夏。通过汤与有易的联姻，殷商遂与有易结盟而共谋灭夏。商族在汤时实力渐强。为桀所嫉，囚之于重泉（《周易》之"习坎"）。为伐昆吾（有易），桀释放了汤。《史记》："（夏桀）乃召汤而囚之夏台，已而释之。"（夏台、重泉，地在阳城）《殷本纪》："夏桀为虐政，淫荒。而诸侯昆吾（有易）氏为乱，汤乃兴师，率诸侯，伊尹从汤，汤自把钺以伐昆吾，遂伐桀。"

李平心指出，伊尹即老彭，即仲虺（钟馗）。可备一说。

《史记·殷本纪》："伊尹名阿衡。"《诗经·商颂》："实维阿衡。"《毛诗注疏》曰："阿衡，伊尹也。"笺云："阿倚衡平也，伊尹，汤所依倚而取平，故以为官名。"

《史记索隐》云："《书》曰：'惟嗣王弗惠于阿衡。'亦曰保衡，皆伊尹之官号，非名也。"《说文》伊字条下，段玉裁注曰："伊与阿，尹与衡，皆双声，然则一语之转耳。许云：'伊尹，殷圣人阿衡也。'本毛说，不言伊尹为姓名。诸家或云伊氏，尹字，或云名挚，皆所传闻异辞耳。"段氏合伊尹、阿衡为一，认为伊即阿，尹即衡。若此言可信，则言人者，谓之伊尹；言官者，谓之阿衡。析一而为二。

伊尹，上古之人；阿衡，上古官名；以人名官，以官为姓氏，于姓氏、官阶未定之时，或析一为二，或合二为一，古或有之。

谓伊、阿双声者，盖二字皆古影母字。阿为歌韵，古音如婀。

至于尹与衡，二字关系于音极为密切，前者古音为云母字，后者系匣母字，云、匣实为一母，后分化为二母，实乃一源，故段氏云，尹、衡双声。又，衡音转为咸。阿衡即巫咸。

汤死后为"太乙"，即北斗之神。伊尹死后则为雷神，主衡星。伊尹为长寿之神。所在之星即南斗寿星（老人星）。伊尹亦即少昊挚（清）也。郭沫若说，甲骨文中黄尹即伊尹，精确不磨。

关于伊尹的诞生是传奇的故事。清蒋骥《山带阁注楚辞》曰："伊尹母居伊水上，孕，梦神曰：臼出水，东走无顾。明日视臼出水，告其邻，东走十里，顾其邑尽为水，因化为空桑。（水退后）有女子采桑，得婴儿空桑中，献之有莘之君，命烰人养之。故曰伊尹。"还记载另一种传说："伊尹母行汲，化为空桑，父寻至水滨，见桑穴中有儿，取归养之。"

刘梦鹏曰："挚为儿时，为水所溺，附于漂木，得不死。"马王堆帛书中有"伊尹论九生"一篇。

《竹书纪年》："太甲元年……伊尹放太甲于桐，乃自立……七年，王潜出自桐，杀伊尹。天大雾三日，乃立其子伊陟、伊奋，命复其父之田宅而中分之。"此说杜预《春秋左传集解后序》尝引之。

陆机《豪士赋》："伊生抱明，允以婴戮。"汤得天下，传位于太甲。伊尹夺太甲之位，自立为帝，伊尹乃太甲之保傅、阿舅也。放逐太甲于桐宫，七年后，太甲潜出，杀伊尹，谥之为"蚩尤"（赤妖）。

钟馗考

钟馗者，传说中之著名捉鬼英雄。而其真相，则迄未探明。旧说有二，然皆不足信。余考得魏晋以后传名之钟馗，实乃殷商著名巫相"仲傀"传说之变形。兹述之如次。

《辞海》释"钟馗"谓，馗乃唐明皇时人，应武举试不中，死后誓除天下之妖孽。此说盖本沈括《梦溪笔谈》。然沈括原书录此事后即谓：汉大司农郑众女之夫妹名钟馗。后魏又有李钟馗，隋将有乔钟馗及杨钟馗等。"然则钟馗之名，从来亦远矣，非起于开元之时。"钟馗传说非始于唐代，沈括已明言之矣。

除此说外，近人又有一说，乃据《考工记》郑注："终葵，椎也……齐人谓椎为终葵。"而谓钟馗乃"终葵"谐音。又谓终葵者，椎之反切也，而椎乃驱鬼避邪之器。由器名转为人名，即钟馗之来历。此说始出于顾炎武《日知录》，赵翼《陔馀丛考》亦从之。此实谬说。近人马雍先生有《钟馗考》一文（《文史》第十三辑），辟之甚明。马文指出，《日知录》引《后汉书·马融传》谓："古人以椎逐鬼，若大傩之为。"然顾氏所引此文有误，原文乃"翚终葵，扬关斧。刊重冰，拨蛰户。测潜鳞，踵介旅"，谓冬季以椎（终葵）破冰捕鱼，而非以终葵逐鬼也。按：马说甚确。遍查魏晋以前故典，实绝无终葵或椎可驱鬼避邪之说。然马文虽指出旧说之误，却仍谓："钟葵辟邪之说，大抵流行于魏晋以后（北魏有尧暄，初名钟葵，字辟邪），故南北朝时，人多以此为名，取其吉祥之义。"既已证终葵（椎）本非避邪之具，又谓魏晋后人附会之，以求吉祥避邪，实自相牴牾矣。

今按，钟馗非物名，本来即是人名。其名与所谓"椎"或"终葵"者，实则不相干。前人臆说，盖不足信。然则钟馗究为何人？即商汤时与巫咸、伊尹、老彭诸神巫齐名之巫相仲傀也。（仲傀名见《大戴礼记·虞戴德》："商老彭及仲傀。"）仲傀于典籍中亦书作"仲虺"（见《尚书》《左传》），或作"中归"（《荀子》)及"中垒"(《史记》)。《墨子》云："汤染于伊尹、仲虺。"《左传》："仲虺居薛，以为汤左相。"据此可知仲傀（仲虺）乃商汤时人，为相。商人事鬼，凡政官亦皆兼巫祝灵保。伊尹、巫咸、老彭莫不如是。"相"在商周，既为政官，亦为主事鬼神祭祀之官。又《周礼》中有驱鬼之官，称方相氏。《后汉书》曰："方相氏黄金四目"。形状极可畏怖，傩时用以驱疫鬼，此又用以驱土怪也。傩者，面具也。驱鬼必戴面具，而面具之形甚多。《后汉书·礼仪志》谓，共计"十二兽，有衣、毛、角"之形。故因之而发生仲傀多首之传说。《后汉书·礼仪志》："先腊一日，大傩，谓之逐疫……于是中黄门倡（唱），侲子和曰：甲作食殃，肺胃食虎，雄伯食魅……"按：此食魅之雄伯，乃兽名，应即《天问》中九首之巨蛇"雄虺"也（伯从百音，与虺古音可通转）。《天问》："雄虺九首。"《招魂》："魂兮归来，南方不可以止些……雄虺九首……吞人以益其心些。"按：此所谓"人"，指所招之鬼魂。故此南方吞鬼之"雄虺"，与前引食魅之"雄伯"，应为同物。又，"仲傀"古书中或作"仲虺"。"仲"（知东反）、"雄"（云东反），古韵同在"东"部，乃一声之转。"仲虺"亦即"雄虺"也。传说"雄虺九首"，九首合文正为"馗"字。以是可

图 52 方相氏（汉砖画）

图 53 古老的门神：神荼、郁垒

知，后世所谓钟馗者，实乃仲傀—仲虺—雄虺之变名也。

又，《后汉书·礼仪志》注引《山海经》佚文："'东海中有度朔山，上有大桃树，蟠屈三千里，其卑枝门曰东北鬼门，万鬼出入也。上有二神人，一曰神荼，一曰郁儡。主阅领众鬼之恶害人者，执以苇索，而用食虎。'于是黄帝法而象之。驱除毕，因立桃梗于门户上，画郁儡持苇索，以御凶鬼，画虎于门，当食鬼也。"同注又引《风俗通》曰："黄帝上古之时，有神荼与郁儡兄弟二人，性能执鬼。"

《山海经·西山经》有虎身九尾人面虎爪之神，称"神陆吾"，司天九部神鬼及帝囿。神荼疑即神陆吾之音转。囿、郁相通。则郁垒亦即囿垒，与神荼同为"帝囿"之主神也。而所谓郁垒者，实即仲傀与雄虺传说之又一变形。郁垒应即中垒之变称。《史记·殷商本纪》仲傀（虺）书作中垒。《史记索隐》谓："仲虺二音……《尚书》又作虺也。"即是证据。关于桃树，我国古有以桃木避邪之俗（见《左传·襄公二十九年》，并参见《左传·昭公十二年》）。《本草纲目》："（桃）味辛气恶，故能厌伏邪气，制百鬼。今人门上用桃符以此……辟邪。"

综上所述，钟馗啖鬼之故事，其来源始本于商代之巫相仲傀。仲傀为巫相，兼为驱鬼之方相。仲傀以同音而演变为仲虺。然虺乃神话中之怪蛇也。于是仲虺遂又演变为雄虺、雄伯，以及中垒、郁垒，并发生雄虺九首之传说，由驱鬼之巫而变为食鬼之怪兽。变形愈繁，去真相亦愈远。此乃是顾颉刚先生"层累地造成之神话古史"之例证也。

按：古人命名常以字释名。钟馗之馗乃"九首"之合文。仲虺则以虺作名。《天问》"虺九首"，则"馗"——九首，或即仲虺其人之本字也。

邹衍考

邹衍是先秦思想界一位重要而又神秘之人物。言其重要，是因为"他是齐国的一位有名学者，是一个伟大的探索宇宙问题的思想家，一手组织了历史和地理的两个大系统，奠定了后世阴阳五行学说的基础"（顾颉刚）。在传统中国文化中，除了儒、道、释三家思想，影响最大的思想即属阴阳五行观念。邹衍正是此一派的宗祖。然而，邹衍却是先秦学术史上一位非常神秘的人物。言其神秘，不仅因为关于邹衍的生平与学术渊源，史籍中材料甚少（《史记》不为其立传，仅在《孟子荀卿列传》中附及之），而且在晚周诸子著作中，竟无一家述及邹衍及其学术思想。这是否由于他的学术在当时没有影响呢？恰恰相反！

《史记·孟子荀卿列传》说："驺子重于齐。适梁，惠王郊迎，执宾主之礼。适赵，平原君侧行撇席。如燕，昭王拥彗先驱，请列弟子之座而受业，筑碣石宫，身亲往师之。"

又章太炎《七略别录佚文》征引《方士传》，言"邹子在燕，其游，诸侯畏之，皆郊迎而拥彗"。

由这两段论述，可以看出邹衍在当时社会上名望之大。他所受到的这种隆重礼遇，先秦任何礼贤下士的王公，也未尝给予过学术界的任何其他人物——无论孔子、墨子、老子、庄子、孟子、荀子，还是法家的韩非。难怪太史公有这样的感叹："其游诸侯见尊礼如此，岂与仲尼菜色陈、蔡，孟轲困于齐、梁同乎哉！"

一位被诸侯如此尊礼的人物，一种对当时及后世影响这样大的学说，当不能不称为"闻人""显学"了吧？然而先秦诸子对之视若无睹，甚至不屑一论——不论是表示反对或赞成。这究竟是为什么呢？

笔者为研治先秦思想史，对有关邹衍的材料做了一些探索，才发现，原来邹衍的基本身份并不是学者，而是战国后期流行于东方滨海地区的一种民间宗教——方仙道的一位巫师。于是上述问题，遂得到解答。考证如下。

荀子与邹衍是大略同时期的人物。这位战国后期的思想家，在齐国稷下学宫连任了两届"祭酒"（"主席"）的职务，后来却因思想与政治当局不合而被迫出走，晚年定居于楚国。是什么原因使他出走的呢？史籍中没有记载。但在《史记》中有这样一段话："荀卿嫉浊世之政，亡君乱国相属，不遂大道而营于巫祝，信机祥。"（此所谓"巫祝、机祥"，正是指邹衍。）

《史记》记邹衍"深观阴阳消息而作怪迂之变……先序今以上至黄帝……因载其机祥度制，推而远之，至天地未生，窈冥不可考而原已"。关于邹衍的机祥学说，今存于《吕氏春秋》："凡帝王者之将兴也，天必先见祥乎下民。黄帝之时，天先见大螾大蝼。黄帝曰：土气胜！土气胜，故其色尚黄，其事则土。及禹之时，天先见草木秋冬不杀。禹曰：木气胜！木气胜，故其色尚青，其事则木。及汤之时，天先见金，刃生于水。汤曰：金气胜！金气胜，故其色尚白，其事则金。及文王之时，天先见火，赤乌衔丹书集于周社。文王曰：火气胜！火气胜，故其色尚赤，其事则火。"

这一段话具有很强的神秘意味，颇像《圣经》的开篇："起初，神创造天地。地是空虚混沌，渊面黑暗；神的灵运行在水面上。神说：'要有光。'就有了光。"而由此可见，为荀子所嫉的"巫祝、机祥"，针对的正是邹子门徒的机祥说。由此也就可以理解荀子去齐出走的原因。荀子倾向于无神论，其思想势必不能与邹衍及其门徒相容。同时也就可以懂得，为什么晚周学术界都不论及邹衍，盖皆认为"其言不轨"（太史公语），而报以蔑视也！

《史记·封禅书》记邹衍之术谓："自齐威、宣之时，驺子之徒论著终始五德之运。及秦帝而齐人奏之，故始皇采用之。而宋毋忌、正伯侨、充尚、羡门高最后皆燕人，为方仙道，形解销化，依于鬼神之事。驺衍以阴阳主运显于诸侯，而燕齐海上之方士传其术不能通，然则怪迂阿谀苟合之徒自此兴，不可胜数也。"

由这一记述可以看到，战国末的方仙道有两派：一派为齐派即邹衍及其门徒，一派为燕派即宋毋忌、正伯侨之流。邹衍以其道术得志于诸侯，而后来其徒辈"传其术不能通"，于是乃流为"怪迂阿谀苟合之徒"。以是又可知，秦开国后，曾游说秦始皇渡海求仙的齐国诸方士，原来亦都是邹子的门徒。

关于邹衍巫术的神通，在史籍中尚保留有如下两条难得的资料。

"邹衍事燕惠王尽忠。左右潛之，王系之。仰天而哭，五月天为之下霜。"(《后汉书·刘瑜传》注引《淮南子》佚文)

此条表明，后世在民间文学中流传极广的六月雪故事，其原型盖在邹衍的事迹中。邹衍仰天一哭，遂能使暑季为之落雪。

又："北方有地美而寒，不生五谷。邹子吹律煖之，而禾苗滋也。"(《列子》张湛注引)这更是一个典型的巫术故事。律即竹笛。邹衍吹笛作法，竟能使不毛之寒地化暖丰收。

这两则逸事当然不能看作信史，但它们的价值在于：由此可以看出，在秦汉人的心目中，邹衍确实是一位手眼神通有奇术的大巫。这两个故事都发生在燕国。而史载邹衍入燕时，燕王"拥彗先驱，请列弟子之座而受业"，并且为他专造了一座碣石室。由是又可知，后世修仙多隐居于山间石洞，其俗盖亦古矣！

在西汉《盐铁论》中，还保存了关于邹衍学术来源的几则资料。

"邹子以儒术干世主不用，即以变化始终之论，卒以显名。"(《盐铁论》)

邹衍出于东方邹氏，先世当为邹人。邹国春秋时是鲁国的附庸，后并于齐。邹鲁礼乐之区，一直是儒家礼教的圣地。孔子、孟子皆出于此地。《盐铁论》谓邹衍年轻时曾学儒，当可信。

但儒术在战国之际颇不行时，故邹子转而学变化始终之论（方仙道术）。同书又谓："邹子疾晚世之儒墨，不知天地之弘、昭旷之道，将一曲而欲道九折，守一隅而欲知万方。犹无准平而欲知高下，无规矩而欲知方圆也。于是推大圣终始之运，以喻王公列士。中国名山通谷以至海外，所谓中国者，天下八十分之一。名曰赤县神州而分为九。川谷阻绝，陵陆不通，乃为一州，有八瀛海圜其外，此所谓八极而天下际焉。"(《盐铁论》)

据此可知，邹衍在弃儒术之后曾东游海滨。大概就在此时，邹子成了方仙道徒。陈寅恪先生说："自战国邹衍倡大九州之说，至秦始皇、汉武帝时方士迂怪之论，据太史公书所载，皆出于燕、齐之域。盖滨海之地应早有海上交通，受外来之影响。

以其不易证明，姑置不论。但神仙学说之起源及其道术之传授，必与此滨海地域有关，则无可疑者。"（载《金明馆丛稿初编》）

据《史记·封禅书》，齐东海滨自古流行着一种古老的迷信——方仙道术："其祀绝莫知起时。八神：一曰天主，祠天齐。天齐渊水，居临菑南郊山下者。二曰地主，祠泰山梁父。盖天好阴，祠之必于高山之下，小山之上……地贵阳，祭之必于泽中圜丘云。三曰兵主，祠蚩尤……四曰阴主，祠三山。五曰阳主，祠之罘。六曰月主，祠之莱山。皆在齐北，并勃海。七曰日主，祠成山。成山斗入海，最居齐东北隅，以迎日出云。八曰四时主，祠琅邪。琅邪在齐东方，盖岁之所始。"

方仙道所崇拜的这八个大神，可以分为阴阳两类：

阴神系　地主、阴主、兵主（蚩尤）、月主
阳神系　天主、阳主、四时主、日主

这阴阳两大神系，本是海滨东夷土著所崇信的一种原始宗教。而邹衍显然吸收了其中的阴阳二元神道观念。

《盐铁论》又说："邹衍非圣人，作怪误，惑六国之君以纳其说。此《春秋》所谓匹夫荧惑诸侯者也。"

所谓"作怪误"，应即指邹衍自方仙道教所习得的巫术。所谓"惑诸侯"，当指他以巫术作为推行他的独特学说的工具。邹衍的著作虽然后世不传，但是在秦汉人所著书中，却可以看到许多来自邹衍的观念。《史记·历书》："王者易姓受命，必慎始初，改正朔，易服色，推本天元，顺承厥意。"又《史记·天官书》："天则有日月，地则有阴阳。天有五星，地有五行。天则有列宿，地则有州域。""夫天运，三十岁一小变，百年中变，五百载大变。三大变一纪，三纪而大备，此其大数也。为国者必贵三五，上下各千岁，然后天人之际续备。""苍帝行德，天门为之开。赤帝行德，天牢为之空。黄帝行德，天夭为之起……白帝行德，毕、昴为之围……黑帝行德，天关为之动。"

太史公的这些观念，皆本于阴阳五行家的机祥五运说，因而渗透着邹衍学说的影响。由此我们还可以看出，创立阴阳五运说的邹衍，不仅是一个巫师，是一个先知的预言家，而且是一个影响深远的术士。

综上所述，即可论定，邹衍乃是晚周燕齐海滨方仙道中一位在历史上卓有影响的术士，其本来身份则是一位大巫。但同时，邹衍也是一位具有综合能力和丰富想象力的思想家。他的阴阳五德（行）学说，不仅影响和改造了汉代的儒家，而且影响了当时的道家（这一点于《庄子》外篇、杂篇中极为明显）。汉初的黄老之术，实际就是邹衍学术与道家学术的结合。而东汉末形成的天师道教，其起源亦与方仙道教有关。这个问题，是值得治古代思想史及宗教史者注意的。

古天文历法

后羿射日与历法改革

《左传》中说："炎帝氏以火纪，是以火师而火名。"在这里，它还透露了一个重要的信息——炎帝族的历法是以观测"火"来决定四季，以授民时的。

火，不是五大行星中的火星。此星在二十八宿体系中名心宿二（西方天文学中称天蝎座 α 星），位在东方青龙宿中，是一颗恒星。居于房宿之东、尾宿之西，为一等大星。其色红，所以称作"大火"（大、天古同字，大火即天火也）。

此星在古代又叫作"大辰"❶，又叫作"商星"。在中国古占星术中，此星一直具有重要而特殊的意义。中国很早就设有专职的"火正"之官，专门观测大火星的出没情况。

应当注意的是，炎帝族团所崇拜的火，有两种含义：一个是自然之火，另一个就是天上这颗名叫大火的星。《左传》："陶唐氏之火正阏伯居商丘，祀大火，而火纪时焉。相土因之，故商主大火。"

上引的一段话之所以重要，是因为它表明了如下两点。

1. 上古有一个号"陶唐"的族团崇拜天上的"大火"星，并据以纪时（正，古有正历时之义）。陶唐氏也就是古传说中的高辛氏。

2. 商人在相土时代迁居商丘后，学习了这种历法（这应是商族称商的由来）。

而陶唐氏，即唐尧，亦即高辛氏，也就是炎帝。又，"商"字在甲骨文中上从"辛"字。商星就是高辛氏之星，而在后来，乃成为殷商人之星，这也就是《左传》中所说的："商人阅其祸败之衅，必始于火。"

还应注意的是，在古人看来，天上的"大火"之星，与地上的火事，具有一种

---

❶《尔雅·释天》："大火谓之大辰。"关于辰，古意不明。《左传》："公曰：多语寡人辰而莫同，何谓辰？对曰：日月之会是谓辰，故以配日。"

神秘的联系。《左传》中记："冬，有星孛于大辰（'火'），西及汉。申须曰：'彗，所以除旧布新也。天事恒象，今除于火，火出，必布焉。诸侯其有火灾乎？'梓慎曰：'往年吾见之，是其徵也，火出而见。今兹火出而章，必火入而伏。其居火也久矣，其与不然乎？火出，于夏为三月，于商为四月，于周为五月。夏数得天，若火作，其四国当之，在宋、卫、陈、郑乎！宋，大辰之虚也；陈，大皞之虚也；郑，祝融之虚也。皆火房也。'"

《左传》又记："夏五月，火始昏见。丙子，风。梓慎曰：'是谓融风，火之始也。七日，其火作乎？'戊寅，风甚。壬午，大甚。宋、卫、陈、郑皆火。"

在这两条记载中，记述了两次观测"大火"预言地面火灾的史事。其可靠程度不必去管它，但由此我们可以知道的是，古人认为，大火也就是火神所在之星。当其在初昏时分出现在正南天中的时候，夏季也就到来了。

《尚书·尧典》中说，帝尧"申命羲叔，宅南交……日永星火，以正仲夏"。

学术界有人提出，上古时期，可能存在过以大火南中之月为正月的"火历"❶。

又有人根据甲骨卜辞中的材料论证，商代的历法是以大火南昏中，即于"季夏六月黄昏，火星中"（《毛诗注疏》引服虔语）之时，为商代历法的正月❷。这种推测是不无道理的。中国从什么时候开始从事天文学上的观象授时的，这已是一个因年代太为遥远而无法确定的问题。但是从中国的古历法看，可能存在过两种基本的历法。一种是观测太阳方位以定时的方法，即直接观测太阳的方法。我们知道，一年发生四季的变化，主要是由于太阳在天空中位置的变动。因此只要掌握太阳在恒星间移动的规律，就可以确定和预测各种季节。这种方法起源较早。

但日光强烈，直接观测太阳在恒星间的位置甚为困难，因此这种方法往往不准确。教育家、科技史家吕子方先生曾研究归纳《山海经》中的如下一批资料：

"大荒之中，有山，名曰大言，日月所出。"

"大荒之中，有山，名曰合虚，日月所出。"

---

❶ 参见庞朴《"火历"初探》一文。
❷ 参见郑慧生《"殷正建未"说》一文。

"大荒之中，有山，名曰明星，日月所出。"

"大荒之中，有龙山，日月所入。"

"大荒之中，有山，名曰日月山，天枢也。吴姖天门，日月所入……处于西极，以行日月星辰次。"

"大荒之中，有山，名曰常阳之山，日月所入。"

吕先生指出："我认为，这是远古的农人，每天观察太阳出入何处，用来定季节以便耕作的资料，这是历法的前身。一年四季气候不同，按天动学说，是由于太阳从极南到极北，又从极北走到极南，一年之间往返一周而来。太阳走到极南时叫冬至，到极北时叫夏至，到正东正西叫春分或秋分。当然这种认识是人类文化发达以后的事了。远古时代的人，只知道日出而作，日入而息，把太阳的出入当作生活作息的标准。多山地带的人，自然就以山为日月出入的表尺。"❶

这是一种极有见地的看法，我们以后还会谈到。

另一种观测方法，可以称作间接的观测方法，即以天空中的各种星（包括月亮）所在的方位来确定季节。例如《左传·昭公元年》所记子产的谈话，谓尧舜以前，以初昏时火南中为夏，参见东方为冬；《尚书·尧典》中记，以鸟、火、虚、昴四星初昏南中，来定春夏秋冬；《舜典》中记"在璇玑玉衡，以齐七政"，七政指北斗，此谓根据斗柄所指方向来测定季节。

笔者曾认为，炎、黄二族从其宗教看，实有深刻的不同。炎族崇拜火神和天上的大火之星，而黄族则崇拜日神和天上的太阳。

《左传》记录了郯子与昭子的如下一段对话："秋，郯子来朝……昭子问焉，曰：'少皞氏，以鸟名官，何故也？'郯子曰：'吾祖也，我知之……我高祖少皞挚之立也，凤鸟适至，故纪于鸟，为鸟师而鸟名。凤鸟氏，历正也；玄鸟氏，司分者也；伯赵氏，司至者也；青鸟氏，司启者也；丹鸟氏，司闭者也。祝鸠氏，司徒也……九扈❷为九

---

❶ 参见吕子方《中国科学技术史论文集》。
❷ 九扈即九夷。商族本为夷族之一部，后与其分离。又，夷本字似当作翟。翟即天翟，即凤凰，是所有东夷族的共同图腾。

农正，扈民无淫者也。自颛顼以来，不能纪远，乃纪于近。为民师而命以民事，则不能故也。"

由郯子的这段话中可看出，少皞时期所谓以鸟纪官，主要是历正、司分（春秋分）、司至（冬夏至）、主计时（司启、闭）的历法之官。前已指出，少皞族是崇拜太阳的族团，而凤鸟正是太阳的象征。所以以鸟纪官，实际上就是根据太阳来定时（商王均以日做名号，其祭祀只用日名号而不用本名，正是以日纪时的遗俗）。但这种纪时方法，在商族由山东西下入河南，定居商丘后，发生了重大的改变。《左传》说："古之火正，或食于心，或食于咮，以出内火。是故咮为鹑火，心为大火。陶唐氏之火正阏伯居商丘，祀大火，而火纪时焉。相土因之，故商主大火。商人阅其祸败之衅，必始于火。"

这一记载表明，商族至少从阏伯定居商丘的时候开始，即采用了高辛（陶唐）族以火正年的历法❶。

我们如果敢于做一点大胆的推测，那么可以形成一种新的看法，这种看法如能得到证实，将对于研究古代历法问题具有重要意义。我们知道，商人采用的纪日方法，是干支纪日法。

所谓干支纪日法，就是将甲、乙、丙、丁、戊、己、庚、辛、壬、癸这"十干"，与子、丑、寅、卯、辰、巳、午、未、申、酉、戌、亥这"十二支"相配，以甲与子、乙与丑、丙与寅、丁与卯这样的顺序依次排列，一直到癸亥为止，恰为六十个干支，周而复始用以作为日序的记录。

在甲骨文中发现多种干支表，各版之背面均未经钻凿，显然不是作占卜之用，而是罗振玉所称的"骨简"，是一种专为便于检查日期而刻的文书，有如今之月历。郭沫若说："余谓籍（借）此可觇见古代历法之变迁。盖古人初以十干纪日，自甲至癸为一旬，旬者遍也，周则复始。然十天之周期过短，日份易混淆，故复以十二支

---

❶ 高辛族后裔是《史记》中的有莘氏（莘、辛、薪三字通）。商名相伊尹即有莘人。商王族与此族世代有婚姻关系，所以能采用其历法。又《史记三家注》："古莘国在汴州陈留县东五里。"《帝王世纪》说炎帝起于陈。此亦可证炎帝为古莘国所崇拜之神。

与十干相配，而成复式之干支纪日法。多见三旬式者，盖初历月无大小，仅逮三旬已足，入后始补足为六十甲子者也。"❶

郭说很有启发，但是这一说法无法解释以十干纪日与上古时代天有十日这一传说的切合。难道这仅仅是一种巧合吗？

我们先来看一下有关这个问题的古代神话吧。

《山海经·大荒南经》："帝俊之妻，生十日。"

《淮南子·本经训》："逮至尧之时，十日并出，焦禾稼，杀草木，民无所食……尧乃使羿……上射十日。"

《楚辞·天问》："羿焉彃日，乌焉解羽？"

关于羿射十日的著名神话，典籍中的记载已全部在此。过去人们仅仅把它看作一种幻想性的神话，但深入思考一下，就可以看出，在这个神话的深层结构中，实际上隐藏着一个深刻的文化隐义——历法的改革。

解决这个问题的关键在于，要认识到十干最早并不是一种纪日的方法，而是纪月的方法。也就是说，上古时代可能实行过这样一种历法：把一年的周期，划分为十个等份，或者说，划分为十个太阳"月"。然后每月用十干中的一个字为其命名，如甲月、乙月、丙月……癸月，十干轮完，即度过一年。一年三百六十五天，略分作十份，即每月三十六天。余五天作闰。然后周而复始。这种纪月方法的依据，是这样一个观念：每年有十个不同的太阳在天空运行。用这个观点，也就可以解释寒来暑往太阳热度的变化。这种十进的纪年方法，肯定是比较简便的，它也符合殷商人崇尚"十"数的观念❷。但是作为一种纪年法，它当然是很不准确的。而其误差不断积累的结果，就必定会在某一年，造成历法的全面混乱❸。历法上预告的寒季变成暑季，而历法上预告的暑季变作寒季。这种寒暑颠倒的结果，就很自然地可以转化

---

❶ 参见《卜辞通纂》。
❷ 殷商军制及政治的基层编制，都采用十进的计数法。(参见张政烺《古代中国的十进制氏族组织》)
❸ 笔者在写《诸神的起源》时，关于十月历法只是指出一种假定，一种拟测。但书出版后，笔者读到陈久金、卢央、刘尧汉所著《彝族天文学史》，由是知道"一个月三十六天，一年十个月，另外五六天过年日，一年共三百六十五天"的"十月历"，确实在历史上存在过，遗俗至今存于彝族中。

成这样一种意象:"十日并出,焦禾稼,杀草木,民无所食。"

正是在这样的情况下,产生了尧命羿射十日的神话。而这个神话的真实意义,也是唯一可能作出的合理解释,就是它实际上是暗示了一场重大的历法改革。

羿是什么人?《天问》中说:"帝降夷羿,革孽夏民。"《左传·襄公四年》:"昔有夏之方衰也,后羿自鉏迁于穷石,因夏民以代夏政。"《淮南子·汜论训》高诱注:"羿,古之诸侯。"哪里的诸侯呢?商族的诸侯。商族本来是东夷中的一部。商族别称殷,而殷、夷字相通❶。而羿称夷羿,正显示了他的身份。《帝王世纪》中说:帝羿是帝喾之后。而帝喾是商族高祖。这是羿与商同族的又一证据。尧是传说中高辛族的古帝。而高辛族在历法上与商族的太阳历不同,他们实行着另一种历法,亦即庞朴所说的"火历"。这种历法以观测"大火"在天空中的位置来定节气、纪岁年。据现代天文学家的推算,约在公元前 2400 年,黄昏在东方地平线上见到大火时,正是春分前后❷,即正是春播的时节。

他们的一年分作十二个月,每个月的天数根据月亮的圆缺循环来确定。十二支,可能就是他们用以为月亮命名的十二个称号❸。因此他们的每月有三十天。羿进入中原后,"因夏民行夏政",学习了帝尧高辛族的这种先进历法,废止了每年十"日"轮流值月的办法,这就是所谓"上射十日"。从此以后,商族也采用了以火正年的方法,将一年也划分为十二个月。可能就是从这时起,他们的太阳神一分为二,演化出了作为月神的常仪,"生月十有二"(《山海经》)。而原来作为太阳名号的十干,却用作纪日。后来又发展为甲骨文中那种干支纪日的方法。

羿到底是商族的哪一个王?今已不可深考。但从《左传》和《帝王世纪》的传说看,羿的时代相当于夏帝太康帝相的时代❹;而从名号考虑,羿音从羽,阏音从于,羽、于古音相通。所以羿可能就是《左传》所说首居商丘以主火正的"阏伯"。

------

❶ 徐中舒《殷商史中的几个问题》:"周人称殷为夷……衣、殷、夷读音相近,都是古方音的不同。"

❷ 参见《中国科学技术史稿》。

❸ 直到战国,还保留着十二月各有称号的古俗。《尔雅·释天》收录了如下的十二月名:陬、如、寎、余、皋、且、相、壮、玄、阳、辜、涂。

❹ 《太平御览》引《帝王世纪》:"自太康已来,夏政凌迟,为羿所逼,乃徙商丘,依同姓诸侯。"

还有一些材料表明，殷商人接受高辛——炎帝族团影响的结果，不仅使殷商的历法发生了根本性的改变，而且使他们在祭祀和宗教观念上，也发生了深刻的变化。

《礼记·郊特牲》说："殷人尚声，臭味未成。涤荡其声，乐三阕，然后出迎牲。声音之号，所以诏告于天地之间也。"

这就是说，殷商族祭天的方法本来只用音乐和歌唱。楚承商俗，《九歌》即是楚人祭天神、太阳神的歌舞，但后来他们采用了高辛族团的祭天方法——以火作祭[1]。祭祀天神时，采用"禋祀昊天上帝，以实柴祀日月星辰，以槱燎祀司中司命，风师雨师"，此即所谓"禋祀""实柴""槱燎"三祀。禋，烟也。禋祀即焚烟作祭。实柴即以牲体配柴焚烧，槱燎即以酒配柴焚烧。郑玄说："皆实柴实牲体焉，或杂玉帛燔燎而升烟，所以报阳也。"这种以火祭天神的祭法，在甲骨文中已极为常见，很可能也是商族学习炎帝族的结果。

更值得注意的是，本来崇拜太阳神的商族，向崇拜火神的高辛族学习历法的故事，后来也汇入黄帝的传说中。于是形成了这样的说法："黄帝师大挠。"（《吕氏春秋》）挠通尧。前已指出，帝尧即高辛。他变成了太阳神黄帝的老师。

在《管子·五行》中则说："昔者……黄帝得六相而天地治，神明至。蚩尤明乎天道，故使为当时；大常察乎地利，故使为廪者；奢龙辨乎东方，故使为土师；祝融辨乎南方，故使为司徒；大封辨于西方，故使为司马；后土辨乎北方，故使为李。是故春者，土师也；夏者，司徒也；秋者，司马也；冬者，李也。"

《管子》书中乱简错文极多，此段话即是一例。郭沫若《金文丛考》指出："金文中土、徒同字。铜器铭文中，司徒均书作司土。"而这段话中以奢龙为土师，又以祝融为司土（徒），谓土师主春，司土主夏，语颇不伦。实际上，司土之土当作司火。古文字中火、土二字同形，极易相讹。祝融是火神，所以为司火，主夏。也就是说，黄帝得到火师祝融后，方能正夏时（主夏）。这个神话实际也是商族学习新历法的又一种变形意象。

---

[1] 《礼记·郊特牲》说，"周人尚臭"，"至敬不飨味，而贵气臭"。周人是炎帝、神农之后，所以他们堆柴焚烧祭品，使烟气升天为祭。

上古五行十月历

【导读】

阴阳五行学说起源于中国上古的天文历法学。五行理论至为重要，它也是古代中医学的理论基础之一。但是，其本来意义长期湮没难明。20世纪初，主流史家如顾颉刚等认为，五行学说是起源于战国末及汉代的神秘理论，现在看来，这种说法实乃不明源流之论。本文试图探讨五行学说的起源。

自汉代以后，五行学说的天文历法本义即逐渐淹晦失传[1]。现代哲学家多以为五行学说是以"金、木、水、火、土"五种物质为宇宙本原的物质本体论，完全误解了五行说的真正来源及意义[2]。

五行，初义来源于五运、五气、五风的理论，即所谓"五行运之气"耳。古人将一年的气候划分为五个时段，即五季节：春，夏，长夏，秋，冬。长夏即盛夏。

所谓五气或者五风，实际是以中原为中心本位，而感受到的来自四边的四方季风，以及极阳无风的酷暑盛夏一季。

气象学认为，季风（monsoon）是由于大陆及海洋之间存在的温度差异而形成大范围运行的方向随季节有显著变化的大气流。由于海陆热力性质差异或气压带风带随季节移动而引起的大范围地区的盛行风随季节而改变的现象，称季风气候。我国的内陆地区四季分明，属于典型的季风气候。

---

[1] 20世纪初"古史辨"派以为五行说起自我国邹衍"五运说"，并疑《洪范》所言"五行"为晚出之说。又谓阴阳五行说乃汉代随谶纬出而大行。其说皆出臆测，不足为训。

[2] 笔者过去对五行论的真义也有误解。

对于中原地区来说，东风来时，意味着春季降临；西风来时，意味着秋季降临；南风来时，夏季降临；北风来时，冬季降临；酷暑无风（中央风）之时，则为盛夏之季，古人称为长夏，以焦土为象征也。

古人认为，太阳与季风是形成五季变化的原因，由此形成以太阳（阳气）及四风（阴气）相辅相成的阴阳五行历，即黄帝历。

一

五行观念起源于上古天文历法之学。行，指五气之行运，而用以标记五季、五时、五节。行者，巡也，即旬。孙星衍《尚书·洪范》疏中引汉儒郑玄说："行者顺天行气。"

《管子·五行》云：黄帝"作立五行以正天时，五官以正人位"。

五行在《黄帝内经》中称"五运"，本来的意义就是天地阴阳五气的运行，用以说明一年之中五个季节的气候变化。《吕氏春秋》把五行直称为"五气"。所谓五行，即一年中运行的五个节气、五风以及相关的五个时节。

《礼记·礼运》云："播五行于四时，和而后月（按，指月份，非月亮）生也。"《尚书·皋陶谟》云："抚于五辰，庶绩其凝。"五辰即五时或者五季节。故孙星衍疏引《毛传》注："辰者，时也。"

上古夏商时代，"季节"不称"季节"，商代称"旬"，夏代称"时"。据《管子》的记述，一年分为五旬，一旬即一个时季，有七十二日。五旬分别以五材，即五种物质为象征，也就是金、水、木、火、土。

关于五气，古人以五种物质作为象征。认为：用木之季在春，主生；用火之季在夏，主旺；用土之季在长夏，主成长；用金之季在秋，主肃杀；用水（冰）之季在冬，主藏伏。

《礼记·郊特牲》孔颖达疏："以郊对五时之迎气。"引皇侃疏："天岁八祭。冬至，一也。夏正，二也。五时迎气，三也。"所言五时迎（五）气，都是指五季、五行之运气也。

所以董仲舒的《春秋繁露·五性相生》说："天地之气，合而为一，分为阴阳，判为四时，列为五行。行者，行也，其行不同，故谓之五行。"

二

上古之五行历法，到两汉以后即逐渐失传。五行变成五种物质，即金、木、水、火、土。但究其本义，五行之金木水火土，非指五物，而为五物之气。五气即金气、木气、土气、水气及火气之名，五气行运而成五风，先有五气而后凝聚为五材、五物。五风运行导致五种季节的发生，此乃五行、五运学说之本义。

《史记·天官书》曰："天有五星，地有五行。"

《左传·昭公元年》曰："分为四时，序为五节。"

从以上的古代文献可以大略知道，上古有两种分季历法。一种是四时之历，即一年分春夏秋冬的四季，流行至今。另一种是五行之历，即一年以金木水火土五气之行划为五季，这种分季法于两汉后就失传了。

《史记·五帝本纪》及《大戴礼记·五帝德》说黄帝发明五行，"治五气"。王聘珍注："五气，谓五行之气。"此所谓黄帝治五气，即根据五气运行而制定五行之历法也。《春秋繁露·五行大义》释五行周天而产生五季节云："天有五行，一曰木，二曰火，三曰土，四曰金，五曰水……是故木居东方而主春气，火居南方而主夏气，金居西方而主秋气，水居北方而主冬气。是故木主生而金主杀，火主暑而水主寒。"

《礼记·礼运》说："故天秉阳，垂日星。地秉阴，窍于山川。播五行于四时，和而后月生也。是以三五而盈，三五而阙。五行之动，迭相竭也。五行、四时、十二月，还相为本也。"

班固的《白虎通德论》解释"五行"说："行有五，时有四，何？四时为时，五行为节。"

以上这些论述都说明，至两汉时，人们仍然知道五行与五节气有关。《后汉书·东平宪王苍传》中也仍然有关于"五时衣各一袭"，即依五时之变，配合冷暖而更衣的习俗。

三

地理上的五行体系，最早是从五方五土的划分开始的。而五方五土的概念，则是以中国—中央之城—中原的概念为核心的。地理上中国的概念，现在所见的最早考古文物之一是西周的铜器"何尊"。

但是实际上，在殷商人的甲骨文中，已经具有中土的概念，中土就是中原地区。殷商人以商朝的国都大邑商为中心，自称中土，并多次提到环绕在其周边的"四土""四方"，即东土、南土、西土、北土。中商加上四方，是正为地理上的五土、五方。

甲骨卜辞中记五土、五方：

"戊寅卜，王贞受中商年。十月。"（《前编》8，10，1）

"己巳，王卜，贞今岁商受年。王占曰：吉。东土受年？南土受年？西土受年？北土受年？"（《粹编》907）

五土生五气，五气运行为五风。五风运环，形成气候上划分之五季节，这是华夏上古原始的气象学理论。在甲骨文中，记载了来自四方的四大神风，并且各有神灵之名："东方曰析，风曰协。南方曰因，风曰微。西方曰彝，风曰束。北方曰夗，风曰役。"（《京》520）

五方之土又各有"五臣"："庚午贞……于帝五丰臣……"（《粹编》12）丰，借为方。即五方臣。臣者，长也。

"王又岁于帝五臣正。"（《粹编》13）甲骨学家丁山指出，这里所说的帝，应该便是中央之帝，即殷人祖宗在其左右的那位上帝。这位上帝加上前面有名字的四帝，便构造出统领五方、代表五方的五神帝。配以作为五帝辅佐的"五丰臣"，就构成五帝十神的天神体系。

在出现于晚周的《山海经》里，四方各有一神，四方之神均为人兽合体的怪物：

"东方句芒，鸟身人面，乘两龙。"（《海外东经》）

"南方祝融，兽身人面，乘两龙。"（《海外南经》）

"西方蓐收，左耳有蛇，乘两龙。"（《海外西经》）

"北方禺强，人面鸟身，珥两青蛇，践两青蛇。"（《海外北经》）

后来这些方神，或被附会于某些历史人物，如《吕氏春秋》"其神蓐收"。高诱注："少皞氏裔子曰该，皆有金德，死托祀为金神。"

诸帝神又各以方色为称号，五色帝即青帝、赤帝、白帝、黑帝，以及中央之帝（亦人亦神的黄帝）。

后来又有所谓黄帝胜四帝的神话和传说（见《孙子》及《孙子佚篇》），又演化为上帝以某日杀某色龙于某方，行事应有所规避的禁忌（见《墨子》）。

《左传》记述九宗五正。杜预云："九宗者，九州之宗正也；五正者，五行之官也。"

《左传》记："故有五行之官，是谓五官。实列受氏姓，封为上公，祀为贵神。社稷五祀，是尊是奉。"根据《左传》，五行各有材官，称"五官"，五官有族，封受氏姓。死为上公，祀为贵神。社稷五祀，进行尊奉。

五方、五风、五臣、五帝之外，还有五火之说，亦见于甲骨文：

"丁丑卜，又于五火，隹。二月，卜。"（《邺中》三，下，40，10）

"……卜，又于五火，在齐。"（《粹编》72）

所谓"又"，即"侑"，据郭沫若说，乃是祭祀的名称，一种感恩之祭也。

四

1984年，笔者在《诸神的起源》一书中，曾推测上古流传的羿射十日之神话，可能反映上古曾通行一种十月纪时而以十干命名的古老历法❶。

此说后来在陈久金所著之《彝族天文学史》中得到证实。

陈久金指出，中国上古最古老的十月历的月名，当是依《洪范》五行所排列的顺序来命名的：从夏至新年开始，经水火木金土五个月，到冬至新年；再经水火木

---

❶ "尧时，十日并出。"羿乃射之：十个太阳在同一天一起出；十个太阳交替（连着）出，没有夜晚。十日，十只太阳。十个不同的太阳，分别有名号，即十干，将一年分为十个节气。前者是神话；后者是历史，指历法混乱。羿射日，神话；羿造反，历史。羿即有易、有狄、有虞之首领。

金土五个月，又回到夏至新年。一年之十个月分别配以公母，便成一水公，二火母，三木公，四金母，五土公，六水母，七火公，八木母，九金公，十土母。如以冬至为一年之始，情况也相类似。

这种历法，即五行十月历，或曰五气十月历法，来源甚为古老。笔者以为，此即上古所传说之"黄帝（或颛顼）历"也。据《大戴礼记·五帝德》及《史记·五帝本纪》，历法始创于黄帝。《史记》称黄帝"治五气，艺五种，抚万民，度四方"。集解应劭云："黄帝起五部。"孟康云："五部，五行也。"

《史记·历书》曰："盖黄帝考定星历，以立五行……"

五行，以及所谓五行之气，实际就是以中原为本土，而感受到的来自四边的四方季风。一般来说，东风来时，春季降临；西风来时，秋季降临；南风来时，夏季降临；北风来时，冬季降临；无风（中央风）之时，酷暑之季也。上古人认为，太阳与季风是形成五季变化的原因，由此形成以太阳（阳气）及五风（阴气）相辅相成的阴阳五行历，即黄帝历❶。

五

今传世之《夏小正》，本来面目就是上古的十月历法，后来经过晚周人的改纂，但遗迹仍存见在经文中❷。

上古这种五行十月历法，将一年分为五季，每季七十二天，其中每一行季又分为阴阳两部分。每部各分为三十六天，一年十蔀即三百六十天。十蔀，即十个节气，或曰"季"，或曰"节"，或曰"月"。

《管子·五行》说：

"作立五行以正天时，五官以正人位。人与天调，然后天地之美生。"

---

❶ 秦国所用之颛顼历，似即为十月历。出土秦简《编年记》云："昭王五十六年，后九月昭死。"所谓后九月，即以十月为终月，闰月置于九月后，称后九月。

❷ 详说参见陈久金《论夏小正》《十月太阳历》。

"日至，睹甲子，木行御……七十二日而毕。"

"睹丙子，火行御……七十二日而毕。"

"睹戊子，土行御……七十二日而毕。"

"睹庚子，金行御……七十二日而毕。"

"睹壬子，水行御……七十二日而毕。"

也就是说：从冬至甲子至乙亥七十二日为木行，继之丙子至丁亥七十二日为火行，继之戊子至己亥七十二日为土行，继之庚子至辛亥七十二日，最后是壬子至癸亥七十二日而毕，恰为六个干支周期的结尾，共三百六十日整。

在《管子·四时》篇中，于春夏秋冬各占三月、各据一方、各应一行外，特于叙述季夏时，中间横插一段"中央曰土，土德关辅四时入出……"云云，从而形成五季。而《五行》篇中，以五季分配一年之三百六十日，各得"七十二日"。其法从冬至开始，第一个七十二日配木，第二个七十二日配火，如此类推，五个七十二日配完五行，正好一年完毕，以五行统配一年之三百六十日。

这种历法，是晚周人所传述的上古五行十月历法。东汉末流行的《太平经》中有一则"三合相通诀"："十号数之终也，故物至十月而反初。天正以八月为十月，故物毕成。地正以九月为十月，故物毕老。人正以亥为十月，故物毕死。三正（天、地、人）竟也，物当复生，故乾在西北。凡物始核于亥，天法从八月而分别之，九月而究竟之，十月实核之。故天地人之三统俱终，实核于亥。"

这一记述清楚地表明，以"亥"月为终的历法，原型也是来自五行十月的历法。

古代有夏商周各行三正的不同历法传说，至战国秦汉之际，中国历法更经历了重大演变。四季十二月的历法取代了五行十月的历法。四季风演增为八风以及每风三候，形成二十四节气。

《吕氏春秋》："何谓八风？东北曰炎风，（炎风，艮气所生，一曰融风。）东方曰滔风，（震气所生，一曰明庶风。）东南曰熏风，（熏风或作景风，巽气所生。一曰清明风。）南方曰巨风，（离气所生，一曰凯风。诗曰：凯风自南。）西南曰凄风，（坤气所生，一曰凉风。）西方曰飂风，（兑气所生，一曰阊阖风。）西北曰厉风，（乾气所生，一曰不周风。）北方曰寒风。（坎气所生，一曰广莫风。）"

《淮南子·墬形训》作：炎风、条风、景风、巨风、凉风、飂风、丽风、寒风。

《说文》则作："东方曰明庶风，东南曰清明风，南方曰景风，西南曰凉风，西方曰阊阖风，西北曰不周风，北方曰广莫风，东北曰融风。"

《左传》："夫舞所以节八音，而行八风。"陆德明释文："八方之风，谓东方谷风，东南清明风，南方凯风，西南凉风，西方阊阖风，西北不周风，北方广莫风，东北融风。"

《内经》八风，即四方四隅八方之风，从其虚之乡来，与其所主时令不相一致，所谓非其时其风，亦名虚风，故能病人。

《灵枢经》云："风从其所居之乡来为实风，主生长养万物；从其冲后来为虚风，伤人者也，主杀主害者。""风从南方来，名曰大弱风……风从西南方来，名曰谋风……风从西方来，名曰刚风……风从西北方来，名曰折风……风从北方来，名曰大刚风……风从东北方来，名曰凶风……风从东方来，名曰婴儿风……风从东南方来，名曰弱风……"

但是，《吕氏春秋》《礼记·月令》言在季夏之月末尾，皆有"中央土"。《淮南子·时则训》中，火德主管孟夏、仲夏，五月、六月季夏则为土德，一年亦分纪为五时（春、夏、季夏、秋、冬）。这其实也都仍是上古曾经存在的五季十月历法观念的反映。

端午节的由来

五月五日端午，上古以为夏至阳盛之日。殷商古历以之为尝麦、种黍之新年，至今西南彝历仍以为星回之节，演变为祭祀火神之"火把节"。故五五端午在上古实起源于火神及夏神祭祀之节。楚人自命为火神祝融之后，故屈原政治失意悲愤而于此日沉江。后人怀念屈原，乃以此日为祭屈原之日也。

后人很少知道年节古俗的原始来历。为正本清源，兹略考如下。

一

端午，端，正也，始也。端午即正五，古文字"五"与"午"通用。故端午即夏历五月的第一个五日。

闻一多云"端午为持龙图腾崇拜民族的祭祖日"。但何以设定此为祭龙祭祖之日，则前人无说。其实"端午"之设，起源于上古之"夏至节"。上古以"夏至"（坤日）与"冬至"（乾日），为一年之两大节日。

公历以6月27日为夏至之日，夏历之五月初。上古历法之夏至则在五月初略相当于端午五月初五，据常玉芝等考证，夏至之节，乃是殷商古历的新年，尝新麦、植新黍之日也。

【按：商史学者研究甲骨文，发现夏历五月是殷历之岁首。常玉芝认为，气象卜辞证明殷历岁末岁首的交接是在夏季。殷历的岁首一月是种黍和收麦之月，即相当于夏历五月。殷人是以"大火"星昏见南中的夏历五月为岁首，所以殷正建午。殷历是以麦收后的始食麦、种黍及大火初昏南中之时作为岁首正月的。于农事，则称"食麦"月；于天象，则称可标志岁首的大火为

"大辰""天子大纪"。此月为夏至所在月，相当于夏历五月，借用月建称名，则可说是"建午"。】

古代历法经历多次演变。据《晋书·律历志》："颛顼以孟夏正月为元。"孟夏，夏历五月也。

《周礼·春官》："以冬日至，致天神人鬼；以夏日至，致地方物魅。"贾疏："冬至日阳气转升而祭鬼神，夏至日阴气转升而祭地祇物魅。魅，百物之神。致人鬼于祖庙，致物魅于墠（音扇）坛。"

《周礼·春官》："冬日至，于地上之圜丘奏之，若乐六变，天神皆降。夏日至，于泽中之方丘奏之，若乐八变，地祇皆出。"可见远古有夏至祭地祇的风俗。所谓地祇，就是地灵，包括田稷之神，亦即所谓"田祖"。

殷商历法，以夏至（端午）为正月新年。西周建国后改历，以立春为正月新年。其后，汉代行太初历、三统历，历法运算日益精密，夏至不再确定于五月初五，夏至与端午遂分别为两个节日。

直到晋代，五月五日仍称"地祇节"。《道藏·岁书》："五月五日为地腊，五帝校定生人官爵，血肉盛衰，外滋万类，内延年寿，记录长生。此日可谢罪，求请移易官爵，祭祀先祖。"

据《风俗通》，古时夏至原曾有煮龟之俗，"令极熟，去骨，加盐豉、麻蓼名曰'菹'"。龟，龙物也。"秋"字《说文》作"𥤛"，正像煮禾及煮龟之形。龟古音近秋。根据先秦古历法，夏至一阴生，此日过后，天遂交入秋令矣。

二

据甲骨文，夏至之日，新麦成，种新黍，故以之为食新麦之节日。西周以后，则演变为端午尝黍并以新黍献神之俗。《礼记·月令》："仲夏之月，日在东井……其日丙丁，其帝炎帝，其神祝融。"是月"农乃登黍。天子乃以雏尝黍，羞以含桃，先荐寝庙"。

黍是中国古代五谷之主，古时包粽子用黍❶。黍乃稷之黏者，有赤白黄黑数种。许慎《说文》："黍，可为酒，从禾入水为意。"魏子才《六书精蕴》："黍，禾下从氽，象细粒散垂之形。"《本草纲目》："黍者，暑也，待暑而生，暑后乃成也。"所谓角黍，也就是献神尝新的粽子。

晋人周处在《风土记》中称粽子为"角黍"："仲夏端午，烹鹜角黍，端，始也。"注："谓五月初五日也。又以菰叶裹黏米煮熟，谓之角黍。"

角黍得名，源于牛角形。上古有以牛角装酒食祭祖之俗，取牛角之形似"且"（男阳具）也。据古人说法，角黍要包以宽叶，盖取义于"荫"。古人认为黍具阳火之性，又称"火谷"，《尔雅翼》："黍之秀特舒散，故说者以其象火为南方之谷。"火属阳，而菰叶生于水中属阴，以之与黍相配，乃具成"阴阳之象"。

《齐民要术》："俗，先以二日，用菰叶裹黍米，以淳浓灰汁煮之，令烂熟。于五月五日夏至，啖之。黏黍一名'粽'，一曰'角黍'，盖取阴阳尚相裹，未分散之象。"

三

古人发现，夏至后天气暴热，易生百邪致病，如中暑、痢疾等。故于端午节，自古又有避恶之俗。

《后汉书·礼仪志》："五月五日，朱索五色桃印为门户饰，以止恶气。"《荆楚岁时记》："荆楚人以五月五日并蹋百草采文，悬门户上，以禳毒气。"《风俗通》："五月五日以五彩绳结续命缕，俗说以益人命。"

端午又有作药浴之俗，药用兰草。《夏小正》记，五月"煮梅、蓄兰、颁马"。疏曰："此日蓄采众药，以辟除毒气。"蓄兰即洗兰，以兰汤作沐浴。浴兰汤、悬桃符，都是为避毒。因五月阳气至极，极阳伤人，于是要避毒。

以夏至／端午为岁首之俗，今日早已不见于中原。但礼失而求诸野。在少数

---

❶ 黍，黄米，黏性，上古华夏族之主食嘉禾。黍古代有火谷之称，《礼记·月令》："天子乃以雏尝黍。"郑玄注："黍，火谷。"

民族中，则至今仍可见此俗遗风。民族学家卢央指出，彝族太阳历的新年称"星回节"，因为在夏天的星回节有点火把的习惯，所以也称为"火把节"。

陈久金说："星回——就是（北斗）星开始回转了。这时，正是谷子成熟的时候……俗话说：'星回之日过火把节。'……彝族先民习惯于以北斗斗柄的指向定季节。彝族的两个新年节日即星回节和火把节就是以黄昏时斗柄的下指和上指来确定的。这一点，与《夏小正》完全一致，新年也在同一季节。"

星回节，又称"天中节"。"天中"者，正五月也，因为上古历法一年只有十个月，五月为中。其实，所谓"天中"，与"端午"（端，正也。午，中也）之意义，本来完全相同[1]。

四

火把节至今仍是东南一带民俗大节。据游国恩说："滇中以旧历六月二十四日或二十五日（夏至日）为火把节。"

明人李元阳《云南通志》云："六月二十五日，束松明为火炬，照田苗，以火色占农。"李元阳是明嘉靖中人，当时已有火把节之记载，则其俗由来之久可知。明人杨慎《渔家傲·其六·滇南月节》词云："六月滇南波漾渚，水云乡里无烦暑。"又云："松炬荧荧宵作午，星回令节传今古。"（《升庵全集》）

清人陆次云《峒志》记："六月二十四日，祭天过岁。"清人许实撰云南《禄欢

---

[1] 夏至建午之月，古代历法不同，换算互有舛误，而统用夏历（旧历），乃有系于五（夏历）、六（商历）、七月（周历）之不同。《礼记·杂记》："孟献子曰：正月日至，可以有事于上帝。七月日至，可以有事于祖。七月而禘。"正月日至，冬至也。七月日至，夏至也。殷周之间改历，春秋各目杂用不同历法，换算之间常有出入。郑玄注谓："鲁之宗庙，犹以夏时之孟月尔。《明堂位》曰：季夏六月，以禘礼祀周公于太庙。"孔颖达正义："正月，周正月，建子之月也。日至，冬至日也……七月，建午之月也。日至，夏至日也。"《尚书》已有迎二至的记录。《礼记·郊特性》："郊之祭也，迎长日之至也，大报天而主日也。"孙希旦《礼记集解》："迎长日之至，谓冬至祭天也。冬至一阳生，而日始长，故迎而祭之。礼之盛者谓之大祭，天岁有九，而冬至之礼最盛，故谓之大报天。"孔颖达疏云："皇侃云：天岁有八祭：冬至，一也。夏正，二也。五时迎气，五也。通前为七。九月大飨，八也。雩与郊禖为祈祭，不入数。"

县志》："六月二十四、五日，为火把节，亦谓星回节。夷人以此为度岁之日，犹汉人之星回于天而除夕也。会饮至于旬余不息，犹汉人之春宴相集也。儿童执火把，屑松枝杂煤，衽而撷之，见尊者叩首，举燎逼裾，松煤燎之，火满身，谓之'送福'。""男女齐会，四面绕坐，脍肉，饮酒，歌舞杂喧，以趁盛节。""大家小户俱盛酒，合家欢乐，乐为过年。"

许印芳在《五塘杂俎》卷二《星回节考》谓："节之日既夕，在所人户，同时燃树，入室遍照幽隐，口中喃喃作逐疫送穷语……而农人持火照田以祈年，樵牧渔猎各照所适，求利益大光明中。"

《禄欢县志》亦谓："于野树松燎，高丈余，燃之，以照田祈年，视其明暗，卜其丰歉。""倒树当门卧，男妇撩衣跨火过，群相贺曰：星回矣！秽气解矣！"

由此可知，星回节、火把节即云南少数民族新年除旧之节。这种风俗与华夏族殷商古代之风俗相同。

上古曾有"十月历法"，每年设为十个月，"天中节"在十月历法之五月。但周秦以后改用夏历，年十二月，"天中节"则成为六月矣。

五

秦汉以后，古礼失传，以致对端午之起源，乃有种种异说发生。

一说端午起源于春秋时，为纪念晋人介子推。春秋五霸之一重耳（晋文公）曾落难逃亡，介子推跟随。找不到食物，介子推割自己的股肉煮食予重耳。重耳复国后，赏赐随从，介子推独无所得，与母亲隐居绵山（今山西介休东南）。重耳请他出山，他终不肯出。于是重耳烧山，介子推抱木而被烧死。重耳为纪念他，规定晋国以五月五日为寒食（不用火）之节。

【东汉蔡邕《琴操》："介子绥（介子推）割其腓股以饲重耳。重耳复国，子绥独无所得。绥甚怨恨，乃作龙蛇之歌以感之，终匿于山。文公令燔山求之，子绥遂抱木而烧死。文公令民五月五日不得发火。"】

东汉邯郸淳《曹娥碑》则说，端午节起源于吴人纪念伍子胥："五月五日，时迎伍君。"伍子胥尽忠于吴，反被吴王夫差杀害，抛尸于江，灵魂不死，化为钱塘江江涛之神。故吴越人民以其死之"五月五日"为纪念节日。

《会稽典录》则记浙人之俗，认为端午是为了纪念汉代之孝女曹娥："女子曹娥者，会稽上虞人，父能弦歌为巫。汉安帝二年五月五日，于县江溯涛迎波流溺死，不得尸。娥年十四，沿江号哭，昼夜不绝，遂投江而死，抱父尸出。"浙人为纪念曹娥，乃称端午为"女儿节"。（《太平御览》引）

但是流传影响最广的，自然还是端午节纪念屈原说。此说始见于梁吴均《续齐谐记》："屈原五月五日投汨罗而死，楚人哀之。每至此日，竹筒贮米投水祭之。"❶ 又云："汉建武中，长沙人区回，白日忽见一人自称三闾大夫，谓曰：'君当见祭，甚善。但常所遗苦为蛟龙所窃，今若有惠，可以楝树叶塞其上，以五采丝缚之。此二物，蛟龙所惮也。'"（《渊鉴类函》引）

《初学记》引用《续齐谐记》这一说法，说民间怕祭屈原之米食为蛟龙所窃，因此创造了粽子为祭品，据说蛟龙怕粽子上的楝叶、绿丝。

李时珍《本草纲目》则认为正好相反，粽子就是喂给蛟龙吃的："糉，俗作粽。古人以菰芦叶裹黍米煮成，尖角，如棕榈叶心之形，故曰粽，曰角黍。近世多用糯米矣。今俗，五月五日以为节物，相馈送，或言为祭屈原。作此投江，以饲蛟龙。"

甲骨文中祖字从"且"。"且"，一说为男性生殖器。但也似粽子之象形，祭祖之角黍。且、祖、粽，音通。

六

端午日龙舟竞渡之俗，传说起源于越王勾践于五月五日检阅水军。《事物纪原》引《楚传》，竞渡"起于越王勾践"。

《事物纪原》引《荆楚岁时记》则说其俗也是来自祭祀屈原："五月五日，为屈

---

❶ 上述诸人，皆以五月五日而死，亦非偶然也。

原没汨罗，人伤其死，并将舟楫拯之，因以为俗。"又引《岁华纪丽谱》，认为赛龙舟之俗是来自"因勾践以为成风，拯屈原而为俗也"。

实际上，上古传说舜帝南巡死于湘水。舜帝多名（有一种别号是"彭咸"）。舜也称"夋""俊"，帝俊是《山海经》中的太阳神。舜是楚人之祖，号称"祝融"。楚俗以五月五日为"祝融（火神）生日"，所以为纪念舜帝祝融，而早有龙舟竞渡之俗。

综上所述，端午之节，起源于上古之"夏至节"，乃是殷商之"新年"日。端午食粽的风俗，来源于上古于新年日以麦、黍祭祀祖神。龙舟竞渡，则为纪念南游水死的舜帝祝融也。后来随历史之变迁，屈原、伍子胥、介子推、曹娥的事迹亦因都死于"五月五日"而有所增附，但皆非其本原也。此节于周秦汉以后（也许更早）流传到东亚（古韩国及日本）以及东南亚地区，遂成为东方民族普遍之国际节日矣。

清明节・寒食节・上巳节

【导读】

在本文中，何新对清明节起源和演变及其宗教文化意义做了详博考证，澄清了不少以讹传讹的旧论和传说。

一、清明节，起源于古代迎春狂欢之节

中国年节风俗，由来甚久，多源自上古。而战国秦汉以后，一些年节则往往被附会于某些历史人物，例如端午节（本为上古之夏至节、火神节）被附会于纪念楚人屈原，而清明节则被附会于纪念晋人介子推云云。

俗说谓晋文公下令每年的清明这一天，禁止生火，家家只能吃预先做好的熟食（冷食），以此纪念他的恩人介子推。《后汉书・周举传》注："太原一郡旧俗，以介子推焚骸，有龙忌之禁。至其亡月，咸言神灵不乐举火。由是士民每冬中辄一月寒食，莫敢烟爨。"但介子推的史事不见于《左传》和《史记》，不足为信。寒食节起源于纪念介子推的说法出自后汉，最早见于桓谭《新论》（洪迈在《容斋随笔》中云）。《玉烛宝典》引晋人陆翙《邺中记》云："并州俗，以介子推五月五日烧死，世人为其忌，故不举饷食，非也。北方五月五日自作饮食祀神，及作五色新盘相问遗，不为介子推也。"隋人杜公瞻注《荆楚岁时记》也指出寒食节的起源与介子推无关。他说："《周礼・司烜氏》：'仲春以木铎修火禁于国中。'注云：'为季春将出火也。'今寒食准节气是仲春之末，清明是三月之初，然则禁火盖周之旧制也。"

实际上，清明节在古代具有浪漫而久远的历史。清明节起源于古代的寒食节和

上巳节，是迎春之节。清明之神，即青神（东帝青神），亦即华夏古代诸神系统中的春神。

至于清明节的名称，则与新春天气物候有关。《淮南子·天文训》说："春分加十五日，斗指乙，则清明。风至，音比仲吕。"清代的《岁时百问》解释何谓"清明"说："万物生长此时，皆清洁而明净，故谓之清明。"

《孝经纬》称："春分后十五日，斗指乙，为清明，万物至此皆洁齐而清明矣。"

二、上巳节，迎龙神、祈春雨及产子的生命之节

上古无清明节之称。近代所谓清明节，盖起源于古老的上巳节和寒食节。

古俗在夏历三月初八（巳日）举行上巳祭。上古华夏在此节日祭祀高禖神（管理婚姻和生育之神），举行踏青、祓禊（临河洗浴）、野合等迎春活动，其俗由来甚为久远。据上古传说，殷商人的高祖契，其母在河里洗浴，吞食鸟卵怀孕而生下契。这种临河求孕的洗浴，也应是上巳节的"祓禊"活动（类似的传说有很多，如高句丽的朱明王亦然）。

汉代以前，迎春的节日在夏历三月。至近代，则改为阳历4月5日前后。此系源自古天文学所推算太阳到达黄经15°时。故现代的清明节，是在现在公历的4月4日、5日、6日三天中的一天。

而在古代，清明节是夏历三月的节气，时间约在夏历三月初（初三至初八日）。初八日——就是所谓的"上巳"之日。

上古之迎春，首先是以观测天文龙星之出现作为标志。

龙星，又称大火星（并非太阳系八大行星中之火星，行星之火星在古代称"荧惑"），古人认为它是一颗神圣及神秘之星，在古代还有灵星、明星、心星及大辰星等别称。龙星在二十八宿中属于苍龙（青龙）宿（心宿二），在西方的星象系统中属于天蝎座。

根据古代天文观测，每年的夏历三月，红色的龙星——大火星会在黄昏出现于正东方，这一天就意味着春天的到来。

【《左传》:"火出而毕赋。"晋杜预注:"按《左传》云:火出,于夏为三月,于商为四月,于周为五月。则火出季春建辰之月。"杨伯峻注:"十七年《传》云:'火出,于夏为三月'……则夏正三月,天蝎座星于黄昏时出现。"】

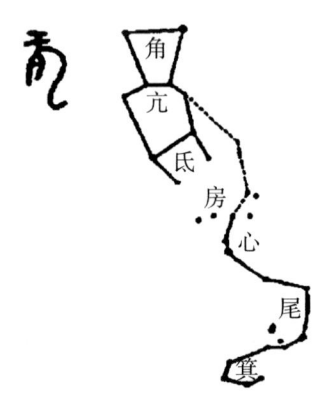

图54 苍龙宿

龙星初见,在古代是作为农事季节开始的重要标志。龙星大火,象征着农神、龙神,以及主持雷雨之神。所以龙星也称为"大辰"(即大震,相当于《易经》的震卦,震是雷神之名)。

每当春日龙星到来,国家要在农社的祭坛(灵台)上举行隆重的祭祀,以祈求春雨。这种祭祀中要举行舞龙的舞蹈,所以这种祭祀又叫"舞雩"。

【《左传》:"龙见而雩。"东汉学者王充说:"灵星之祭,祭水旱也,于礼旧名曰雩。雩之礼,为民祈谷雨,祈谷实也。春求雨,秋求实,一岁再祀,盖重谷也。"又曰:"故《论语》曰:'暮春者,春服既成,冠者五六人,童子六七人,浴乎沂,风乎舞雩,咏而归。'暮春,四月也。周之四月,正岁二月也。二月之时,龙星始出,故《传》曰:'龙见而雩。'龙星见时,岁已启蛰(惊蛰),而雩。"又云:"龙星二月见,则雩祈谷雨;龙星八月将入,则秋雩祈谷实。"】

上巳节活动中,另一重要的宗教活动就是祭祀高禖神。高禖神是华夏诸神系统中主管爱情和生育之女神。

高禖，名号"勾芒"，亦作"句（古音与勾通）芒"，又称"高密""郊禖"。禖同媒，亦通腜（孕妇）。

考古出土多见上古时代艺术雕塑的高禖神，多是巨乳怀孕的成年女性形象。事实上，远古时期一些裸体的女神像，都有着发达的胸部、腹部和臀部，这是生殖崇拜及多孕多子之女神的象征。在汉代画像石中也有高禖神的形象。辽宁红山文化遗址出土有五千年前的上古女神庙遗址，其中有高禖女神的陶像。

高禖女神句芒，是春天之神，也是东方之神（即《楚辞·九歌》中的"东君"，笔者曾认为东君是启明星，误）。她还有名号曰"重"（通钟，即钟鼓之神，亦即雷神。《国语》说南正重司天以主神）。

【附注：关于句芒的部分古代传说。《山海经·海外东经》："东方句芒，鸟身人面，乘两龙。"郭璞注："木神也，方面素服。"《尚书大传》："东方之极，自碣石东至日出榑桑之野，帝太皞、神句芒司之。"《墨子·明鬼下》："昔者郑穆公，当昼日中处乎庙，有神入门而左，鸟身，素服三绝，面状正方……郑穆公再拜稽首曰：'敢问神。'曰：'予为句芒。'"《淮南子·天文训》："东方，木也，其帝太皞，其佐句芒，执规而治春。"

图55　古代壁画：龙

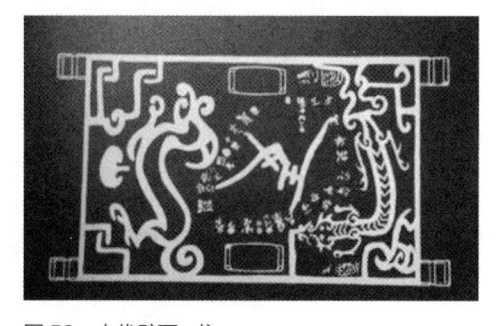

图56　古代壁画：龙

【《淮南子·时则训》:"东方之极,自碣石山过朝鲜,贯大人之国,东至日出之次,扶桑木之地,青土树木之野,太皞、句芒之所司者,万二千里。"《吕氏春秋·孟春》:"其帝太皞,其神句芒。"高诱注:"太皞,伏牺氏,以木德王天下之号,死祀于东方,为木德之帝……句芒,少皞氏之裔子曰重,佐木德之帝,死为木官之神。"而《左传·昭公二十九年》则说:"少皞氏有四叔:曰重、曰该、曰修、曰熙。"《绎史》引《随巢子》:"昔三苗大乱,天命殛之,夏后受于玄宫。有大神人面鸟身,降而辅之。司禄益食而民不饥,司金益富而国家实,司命益年而民不夭。禹乃克三苗,而神民不违,四方归之,辟地以王。"袁珂先生认为,此"人面鸟神"之神,当即句芒。《事物纪原》引《世本》:"句芒作罗(网)。"实际上,句芒之国,也是高句丽国名的起源。】

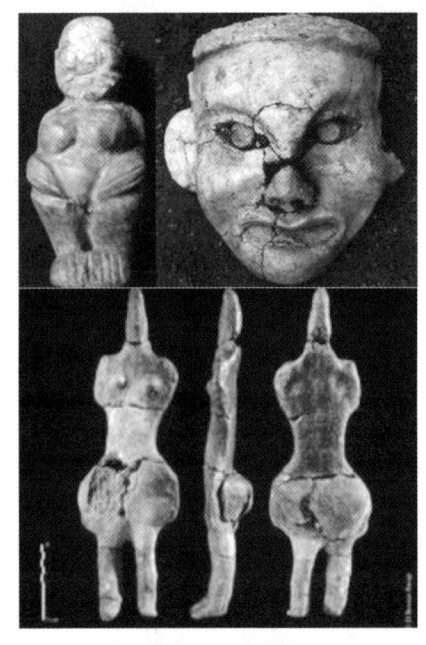

图 57 汉代石雕: 高禖神

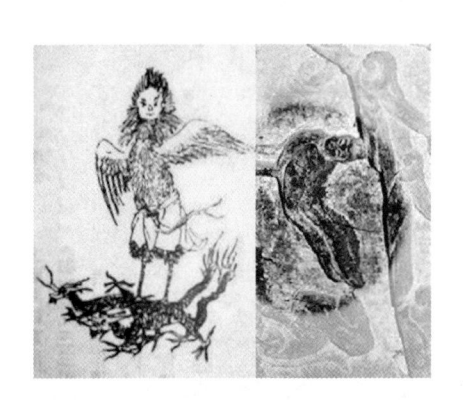

图 58 《山海经》中的句芒

秦汉传说中的句芒神,具有鸟身(鸟也是男阴的象征物)人面的异形,驾乘雌雄双龙而飞行,所以天上的苍龙宿以及龙星是她的象征。句芒神在神话中也有青鸟的形象,经常作为天帝的使者降临。

在五行系统中,东方之神是木神(木,

象征生命、植物和青气，即阴云），龙星是春天之神灵。在上古华夏，上巳节是迎接龙星降临、迎接春天到来、迎接新生命复苏的欢乐节日。

《礼记·月令》记有周代君王祭祀高禖神的仪式："孟春三月……立春之日，天子亲帅三公、九卿、诸侯、大夫，以迎春（神）于东郊。""是月也，天子乃以元日祈谷于上帝，乃择元辰，天子亲载耒耜，措之于参保介之御间；帅三公、九卿、诸侯、大夫躬耕帝藉。""仲春之月……玄鸟至。至之日以大牢祠于高禖，天子亲往。后妃帅九嫔御，乃礼天子所御，带以弓韣，授以弓矢于高禖之前。"

这些记述的大意是：在春三月，周天子率领贵族及大臣举行迎春的祭礼。在这一天，天子要向高禖神祈求五谷丰收，天子要亲自下田，使用农具，率领大臣进行耕作。当青鸟（玄鸟）到来的时候，天子要亲自献祭，屠宰大牛献祭于高禖神。然后，王后率领众嫔妃，将弓箭插入弓套之中，献在高禖神之前——这个动作实际是性交的象征。

上巳节期间对高禖神的祭祀，是一种具有强烈性含义和交感巫术意味的祭礼。

三、寒食节，禁火之节

寒食节也在农历三月。当天上的龙星出现之后，就进入了上巳节；上巳节之后，就进入了寒食节。寒食节期间举国禁火。禁火，正是为了祭祀雨神——请求雷雨之神的降临。

周代封国，各国最重要的宗教场所是神社。东亚的神社文化，最早起源是在古代的中国。周代天子国都有大社，各个封国中也都建立有国社。神社中立有长年不灭之火坛，此即本义的"社火"（社火变为社戏之名，是在后来）。

为了祈祷龙星的降临，为了祈雨，要熄灭神社祭坛上已经燃烧经年的旧火。直到寒食节的祭祀完成后，才能添加薪柴，重新点燃社火。这种灭旧迎新的祭祀仪式，古代叫"改火"。

关于改火寒食的日期，是在上巳节之后。宋司马光有《晋阳三月未有春色》诗记述宋代的寒食及清明节改火事云："清明空改火，元巳漫浮觞。"诗句中所谓"元巳"就是指上巳节。

【《论语·阳货》:"旧谷既没,新谷既升,钻燧改火,期可已矣。"何晏集解引马融曰:"《周书·月令》有'更火'之文:'春取榆柳之火,夏取枣杏之火,季夏取桑柘之火,秋取柞楢之火,冬取槐檀之火。一年之中,钻火各异木,故曰改火。'"刘宝楠《正义》引徐颋《改火解》:"改火之典,昉于上古,行于三代,迄于汉,废于魏晋以后,复于隋而仍废。"唐史延《清明日赐百僚新火》诗:"九天初改火,万井属良辰。"】

在改火和禁火期间,举国不能火食,只能吃事前备好的熟食(寒食),所以这段停火期间也叫寒食节。

【《周礼·司烜氏》说:"中春以木铎修火禁于国中。"所谓"修火禁",便是禁火。唐李涪《刊误》曰:"《论语》曰:钻燧改火,春榆夏枣,秋柞冬槐。则是四时皆改其火。自秦、汉以降,渐至简易,唯以春是一岁之首,止一钻遂。而适当改火之时,是为寒食节之后。既曰就新,即去其旧。今人待新火日勿与旧火相见,即其事也。又《礼记·郊特牲》云:季春出火曰禁火。此则禁火之义昭然可征,俗传禁火之因,皆以介推为据,是不知古,以钻燧证之。"(邹福保《日知录之馀》引)】

秦汉以前禁火寒食的时间很长,不同记载表明可以有十天乃至一月之久。

东汉时期的《月令》则确定寒食节为清明节前的三天。唐宋时期减为清明节前的一天。从先秦到南北朝,寒食节都是一个隆重的节日。到唐宋时,寒食节仍然是一个重大的节日,元代以后才逐渐式微。

古代的寒食节与清明节本来时间只差一天。三日禁火完毕,到清明节这一天就要换新火,以柳条或榆木乞取新火。这样清明节与寒食节自然相接而融为一体。明清后,寒食节一名乃为清明节所替代。

若按时间先后排序,古代迎春的三个节日是:上巳节—寒食节—清明节。

唐宋以后,上巳节废,明清以后寒食节废,只有清明节集三节于一身,成为中国人迎接春天到来的代表性节日。

四、上巳节，泼水、洗浴、狂欢之节

古代的上巳节，是盛大的迎春狂欢节，有一系列浪漫的迎春活动。

其中最重要的三项活动是：祭祀高禖神，男女在春河中洗浴玩乐——祓禊，以及情人自由幽会的野合狂欢。

"巳"这个字的本义是蛇和男性生殖器（蛇常象征生殖器）的象形。所谓"上巳"，含有生殖器崇拜之意。在夏历三月上旬的"巳日"这一天，人们群聚于水滨嬉戏、洗濯，祓除不祥，同时求福祈子。

在上古，上巳节不仅是一个野外洗浴戏水的节日，也是祭祀高禖神（生殖神）、祈祷多子、求偶及野合之节日。因此这个节日在民间也称为桃花节、女儿节，上巳节实际是华夏古代的情人节。

【上巳日应为三月初八，即夏历三月的第一个巳日。汉魏以后则改定为三月初三日。】

《左传·庄公二十三年》有一则记录云："三月，公如齐观社，非礼也。"意思是在这一年的三月，鲁庄公到齐国观看"闹社"，这是违背礼教的。为什么去别国观看"闹社"会违背礼教呢？这段记载很隐晦，其实所谓"社"就是齐国祭祀春神和上巳神的活动。因之《穀梁春秋》说得比较明白些："观，无事之辞也，以是为尸女也。"闻一多曾经考证明白，尸是性交的隐喻，鲁君去齐国尸女就是去玩女人。所以史官说鲁君非礼也。

古代（秦汉以前）的上巳节活动中最为浪漫的活动，就是三月三日，人们临河举行泼水、洗浴（祓禊）的"灌礼"（《易经》之"观卦"也是记录这个节日），以及"野合"（即"社"，闹社）。

早在商、周时代，每逢三月的第一个巳日（上巳日），人们就要到水边去祭祀，并采集香熏的草药花朵沐浴，称为"祓禊"（洗洁）。

【《周礼·春官》说："女巫掌岁时祓除衅浴。"郑玄注："岁时祓除，如今三月，上巳如水上之类。衅浴，谓以香熏草药沐浴。"此浴水风俗，汉晋仍存。《汉书·礼仪志》记："是月上巳，官民皆洁于东流水上，曰洗濯祓除，去宿垢病，为大洁。"《宋书·礼志二》引《月令》注："暮春，天子始乘舟。"蔡邕《章句》曰："今三月上巳，祓于水滨，盖出于此也。""自魏以后但用三日，不以巳（日）也。"】

《诗经·郑风·溱洧》这首诗歌记录了春秋时期郑国上巳节时戏水的欢乐情景。

【原文】

溱与洧，方涣涣兮。士与女，方秉蕳兮。

女曰："观乎？"士曰："既且。""且往观乎！"

洧之外，洵訏且乐。维士与女，伊其相谑，赠之以勺药。

溱与洧，浏其清矣。士与女，殷其盈兮。

女曰："观乎？"士曰："既且。""且往观乎！"

洧之外，洵訏且乐。维士与女，伊其将谑，赠之以勺药。

【何新译文】

溱河，洧河，流水哗哗。男男女女，在这里翩跹洗浴。

姑娘说："给你泼水吗？"小伙说："来吧。""请你也给我泼泼！"

洧河岸边，到处欢声笑语。少男少女，调笑戏谑，互相赠送芍药花。

溱河，洧河，流动清波。男男女女，塞满了河流。

姑娘说："给你泼水吗？"小伙说："来吧。""请你也给我泼泼！"

洧河岸边，到处欢声笑语。少男少女，调笑戏谑，互相赠送芍药花。

溱水发源于现在的河南省新密市东北圣水峪，洧水发源于现在的河南省登封市东南阳城山，两条河在新密市汇合，称双洎河，东流入贾鲁河。此诗记述每年仲春，三月上巳，郑国的少男少女齐聚溱、洧河畔，结伴洗浴。观，即灌，洗浴，以及戏水游春之乐。

有趣的是，据《史记》的孔子传，孔子的父亲孔叔梁纥也是在鲁国尼丘的一个上巳节日中，与颜氏少女相会，"野合"，而生下了伟大的孔子。

【《论语》记载，曾皙说："我的愿望是，暮春时节，穿着新制的春服，与朋友们到沂水边沐浴，吹风而舞。"孔子说："我欣赏你的理想。"晋潘尼有诗曰："暮春春服成，百草敷英蕤"，"羽觞乘波进，素俎随流归"。这也是记述上巳节和寒食节迎春的习俗。】

只是到魏晋及隋唐以后，男女之防及礼法之戒逐渐森严，秦汉以前这种在新春于河畔洗浴玩乐甚至野合的祓禊风俗，越来越失去狂野味道，而变为文质彬彬的"修禊"之礼："三月三日，士民并出江渚池沼间，为流杯曲水之饮。"（《荆楚岁时记》）此即所谓"流觞曲水"之礼——用酒杯盛酒，放入弯曲的水道中任其漂流，酒杯停在谁的面前，谁就取杯饮一口。至此，古代的上巳节已经完全失去其本义，而逐渐消失到寒食节的活动中。

五、寒食祭祖与扫墓

寒食节及上巳节本来都不包括扫墓的风俗。大概到南北朝时期，出现了"寒食展墓"的祭扫活动。其过程大致是：在寒食节的日子里，一家人或一族人同到先祖的墓地，致祭、除草、添土、焚烧纸钱。但这种民间的春祭活动，并不被官府认可。直到唐初，百姓这种寒食期间的拜墓活动，仍然被朝廷视为"野祭"。

究竟在何时，上巳节的欢乐以及寒食节的禁忌演变为以扫墓祭祖为主要内容的宗教性活动？准确时间，典籍中并未见到明确记载。我们所知道的是，寒食节扫墓习俗在隋唐时代已经广泛流行起来。

据北宋学者王溥所撰《唐会要》，唐初民间流行寒食节扫墓并郊游的风气。

因之，唐高宗龙朔二年（662）曾发布诏令，禁止民间在寒食节期间上坟扫墓。更不许在悲伤地扫墓之后，又欢快地踏青郊游："或寒食上墓，复为欢乐。坐对松槚，曾无戚容。既玷风猷，并宜禁断。"（《唐会要》）

这是由于，朝廷认为寒食节后的野游欢乐与扫墓悲哀的肃穆态度是矛盾的，是对亡灵、鬼神的不敬。但是，民间习俗并不因朝廷的禁令而被遏制，反而越来越兴盛。

过了一百多年，到唐玄宗李隆基开元二十年（732），朝廷不得不颁布新的敕令，准许人们在寒食节上墓行拜扫之礼。但同时仍然规定，扫墓之后不得就地饮食作乐，"食馀馔任于他处，不得作乐"。

唐开元二十年（732），唐玄宗组织官方编修《五礼》时，不得不从俗，为追祖思孝的寒食节"野祭"正名。正式颁布敕令将"寒食上墓"编入五礼之中的第一项吉礼中，使其"永为恒式"。

此后，寒食节扫墓才名正言顺地列入官方认同的国家祭典。

【《旧唐书·玄宗本纪》记："寒食上墓，宜编入五礼，永为恒式。"《唐会要》有唐玄宗开元二十年（732）"宜许上墓"诏令的原文："寒食上墓，《礼经》无文。近代相传，浸以成俗。士庶有不合庙享，何以用展孝思？宜许上墓……仍编入礼典，永为常式。"唐宪宗元和七年（812）诏："常参官寒食拜墓，在畿内者听假日往还，他州府奏取进止。"故清人编《湖广志书》即认为："墓祭，士庶不令庙祭，宜许上墓，自唐明皇始。"】

但是，开元二十九年（741），唐玄宗又下一道敕令："凡庶人之中，情理多阙，寒食上墓便为燕乐者，见任官典不考前资，殿三年，白身人决一顿。"（《唐会要》）意思是，寒食节可以扫墓，但扫墓之后禁止饮酒宴乐。如果官员这样做就撤职，百姓则要挨揍。

但是，在寒食节扫墓，然后在坟前饮酒、享用祭品已经成为习惯，虽有朝廷严令，仍然难以禁除。

王充《论衡》说："凡祭祀之义有二：一曰报功，二曰修先。""凡此功烈，施布于民，民赖其力，故祭报之。宗庙先祖，己之亲也，生时有养亲之道，死亡义不可背，故修祭祀，示如生存。推人事鬼神，缘生事死。人有赏功供养之道，故有报恩祀祖之义。"

中唐以后，寒食扫墓之俗盛行，以致在任官吏常有因回乡扫墓耽误职守的事。于是朝廷又颁布政令规定了明确的寒食节官府假期，确定寒食节放假四至七天。大历十二年（777），朝廷诏令，衙门依例放假五天，贞元六年（790），官假日加到七天，使官员可以从容地进行扫墓祭奠之事。

中唐以后，寒食节的祭祖扫墓成为重要的社会礼制。故唐人王冷然的《寒食》诗说："秋贵重阳冬贵腊，不如寒食在春前。"寒食节祭祖的重要性，已经超过了重阳节和年终的腊祭。

尽管如此，保守的人们仍然不认可这一风俗。宋代的欧阳修就曾经批判寒食节的扫墓活动是礼崩乐坏之举："五代礼坏，寒食野祭而焚纸钱。"（清赵翼《陔馀丛考》引）

宋庄季裕《鸡肋篇》记载，宋代寒食节扫墓不烧香而流行挂纸钱："寒食日上冢，亦不设香火。纸钱挂于茔树。其去乡里者，皆登山望祭。制冥帛于空中，谓之擘钱。而京师四方因缘拜扫，遂设酒馔，携家眷游。"

有人认为，寒食节祭拜亡者的风俗，最早的起源，可能与春秋晚期晋文公重耳于寒食日为其功臣、隐士介子推扫墓祭拜的纪念活动有关。但是此只有传说，而典籍不见明文。

【桓谭《新论》："太原郡民以隆冬不火食五日，虽有疾病缓急，犹不敢犯，为介子推之故也。"三国时期，曹操反对禁火寒食习俗，并为此发布了《明罚令》禁止之，说："闻太原、上党、西河、雁门冬至后百五日皆绝火寒食，云为介子推。"《齐民要术》亦云："昔介子推怨晋文公赏从亡之劳不及己，乃隐于介休县绵上山中。其门人怜之，悬书于公门。文公寤而求之，不获，乃以火焚山。推遂抱树而死。文公以绵上之地封之，以旌善人。于今介山林木，遥望尽黑，如火烧状，又有抱树之形。世世祠祀，颇有神验。百姓哀之，忌日为之断火，

煮醴而食之，名曰'寒食'，盖清明节前一日是也。中国流行，遂为常俗。"】

六、古代寒食节日的迎春饮食

寒食节禁火，人们只能吃事先准备好的熟食和冷食。因此古代的寒食节期间形成了一些特殊和特色的饮食作品。

南北朝时期的《荆楚岁时记》中详细记述当时的寒食节食品云："去冬节一百五日，即有疾风甚雨，谓之寒食。禁火三日，造饧大麦粥。"注云："据历合在清明前二日，亦有去冬至一百六日者。""今人悉为大麦粥，研杏仁为酪，引饧沃之。""黍饭一盘，醴酪一盂。"

【《荆楚岁时记》作者宗懔（约502—565），字怀正，南朝梁人。】

这些特色的寒食节食品包括杏仁茶、麦酒、麦芽糖。杜台卿《玉烛宝典》引陆翙《邺中记》云："邺俗：冬至一百五日，为介子推断火，冷食三日，作乾粥，是今之糗……寒食三日作醴酪，又煮粳米及麦为酪，捣杏仁煮作粥。"醴是一种甜酒，酪就是今日所谓杏仁茶。

【《齐民要术》记载"醴酪"是寒食节的"寒食"，详细介绍了醴、酪的制作方法："煮醴法：与煮黑饧（麦芽糖）同，然须调其色泽，令汁味淳浓，赤色足者良。尤宜缓火，急则燋臭……煮杏酪粥法：用宿矿麦，其春种者则不中。预前一月事麦，折令精，细簸拣，作五六等，必使别均调，勿令粗细相杂，其大如胡豆者，粗细正得所。曝令极干。如上治釜讫，先煮一釜粗粥，然后净洗用之。打取杏仁，以汤脱去黄皮，熟研，以水和之，绢滤取汁。汁唯淳浓便美；水多则味薄。用干牛粪燃火，先煮杏仁汁，数沸，上作胅脑皱，然后下矿麦米。唯须缓火，以匕徐徐搅之，勿令住。煮令极熟，刚滑得所，然后出之。预前多买新瓦盆子容受二斗者，抒粥著盆子中，仰头勿盖。粥色白如凝脂，米粒有类青玉。停至四月八日亦不动。渝釜令粥黑,火急则燋苦,旧盆则不渗水,覆盖则解离。其大盆盛者,数捲亦生水也。"《荆楚岁时记》记载南北朝时期南方寒食节的节令食品是"饧大麦粥",也是醴酪。隋朝依然习惯吃这种食品,杜台卿说:"今人悉作大麦粥,研杏仁为酪,别以饧沃之。"】

"挑菜"也是寒食节期间的一项习俗。挑,"挖取"之意,寒食节期间挖取野菜生吃。

【杜公瞻注《荆楚岁时记》"寒食挑菜":"按如今人春日食生菜。"】

寒食节吃春饼,一种用鸡蛋和面粉制成的软质煎饼。

此外,贾思勰的《齐民要术》中还记载了一种特殊的寒食节用的环饼。"环饼,一名寒具,以蜜调水溲面",这应就是现在北京的民俗食品蜜麻花。

寒食节吃枣糕。宋代,除了街市上所卖的稠饧、麦糕、乳酪、乳饼等现成的食品,家里也自制一种燕子形的面食,称为"枣锢飞燕",即北京今日仍有的小吃——枣糕。

《诗话总龟》记载了另一种寒食节食品"青精饭":"杨桐叶、细冬青,临水生者尤茂。居人遇寒食,采其叶染饭,色青而有光,食之资阳气。谓之杨桐饭,道家所谓青饥饭。"寒食清明染青饭,是献给春神青神的祭品。此习俗在南方云贵地区仍较为流行。

《七修类稿》提到寒食节时南方人吃的"青白团子"。这种团子是在糯米中加入雀麦草汁舂合而成,馅料则多为枣泥或豆沙。放入蒸笼之前,先以新芦叶垫底,蒸熟后色泽翠绿可爱,又带有芦叶的清香。

唐代民间以桃花粥为寒食食品。以新鲜之桃花瓣煮粥,至明末此俗犹存。唐冯贽《云仙杂记》:"洛阳人家,寒食装万花舆,煮桃花粥。"孔尚任《桃花扇》:"三月三刘郎到了,携手儿下妆楼,桃花粥吃个饱。"无疑,在寒食节的特色节令食品中,桃花粥最令人青睐。此外,还有杨花粥、梅花粥等春日花卉入粥。

江南民间在清明节时常吃炒螺蛳。有"清明螺,赛只鹅"之说。

清明节这天，民间祠堂还要办社酒。同一宗祠的人家在一起聚餐。没有宗祠的人家，一般同一高祖下各房子孙在一起聚餐。社酒的菜肴，荤以鱼肉为主，素以豆腐青菜为主，酒以家酿酒为主。

【陆游的名诗"莫笑农家腊酒浑，丰年留客足鸡豚。山重水复疑无路，柳暗花明又一村。箫鼓追随春社近，衣冠简朴古风存。从今若许闲乘月，拄杖无时夜叩门"所写的就是清明时节的春社。】

此外，还有煮鸡蛋、寒食饼、寒食面、寒食浆、枣饼、春酒、红藕、香椿芽拌面筋、嫩柳叶拌豆腐等。宋元以后，寒食节虽然渐渐消亡了，但留下的这些特色食俗，却顽强地继续流传于各地。

七、寒食节中的玩乐游戏

"燕子来时春社，梨花落后清明。"

自南北朝起，寒食节就出现了从禁火寒食向娱乐化活动演变的趋势。这些娱乐活动的起源，则可能与上巳节的狂欢遗俗有关。

至隋唐以后，礼法化的中古中国已经不能容纳上巳节的自由两性娱乐。于是，传统的上巳节游戏遂转变为寒食节的娱乐活动而蔚为大观，包括踏青、插柳，《荆楚岁时记》记寒食节游戏还有斗鸡、镂鸡子、斗鸡子、打毬、秋千、施钩之戏。

据《荆楚岁时记》记："江淮间寒食日家家折柳插门。"柳者，撩也，留也。"昔我往矣，杨柳依依"，柳树自古就是招客和留客的象征。杨花柳木也是爱情的象征，应当也是古代上巳节的重要信物。

寒食节不仅流行门前插柳，而且流行头顶戴柳。寒食节时，孩子们将柳条编成环，戴于头上，以至明清有民谣云"寒食不戴柳，红颜成皓首"，"清明不戴柳，死后变黄狗"。

唐宋以来还流行寒食节踏青。孟郊《济源寒食》诗曰："一日踏春一百回，朝朝没脚走芳埃。"窦巩《襄阳寒食寄宇文籍》讲的是水乡的踏青:"烟水初销见万家,东风吹柳万条斜。大堤欲上谁相伴,马踏春泥半是花。"诗人杜甫也有踏青《绝句》曰:"江边踏青罢,回首见旌旗。"宋苏辙《踏青》:"江上冰消岸草青,三三五五踏青行。"

明代《帝京景物略》中记载京郊当年清明踏青时的场景:"……水从玉泉来,三十里至桥下,夹岸高柳,丝垂到水。绿树绀宇,酒旗亭台,广亩小池,荫爽交匝,岁清明日,都人踏青。舆者、骑者、步者、游人以万计。"此记述可以与北宋名画《清明上河图》的描绘相参照。

古代寒食节一个具有特色的著名游戏是荡秋千。据称,秋千本是古代山戎人用于练习身手轻趫的军训项目。到春秋时,齐桓公出兵远征山戎,秋千也随之向南流传,汉代后逐渐在中原地区流传,并从军训项目演化为寒食节期间的娱乐游艺。

【《荆楚岁时记》:"打毬、秋千之戏。"注记:"《古今艺术图》云:'秋千本北方山戎之戏,以习轻趫者。'后中国女子学之,乃以彩绳悬木立架,士女炫服,坐立其上,推引之,名曰秋千。"《汉武帝后庭秋千赋》称:"秋千者,千秋也。汉武祈千秋之寿,故后宫多秋千之乐。"《湘素杂记》称:"秋千,汉武帝后庭之戏也,本云千秋,祝寿之词也,语讹传为秋千。"也有说法认为,"千秋"在汉语中有生死之讳,故改为秋千。】

《开元天宝遗事》记,唐玄宗爱好玩秋千:"天宝宫中至寒食节,竞竖秋千,令宫嫔辈戏笑以为宴乐。帝呼为半仙之戏,都中士民因而呼之。"

宋人诗歌云:"一原风俗异衣裘,流落来从绵上州。未到清明先禁火,还依桑下系千秋。"(黄庭坚《观化十五首·其五》)

【唐宋诗歌多有咏寒食节玩秋千的。王维《寒食城东即事》曰:"蹴鞠屡过飞鸟上,秋千竞出垂杨里。"王禹偁《寒食》曰:"稚子就花拈蛱蝶,人家依树系秋千。"梅尧臣《梨花》曰:"月白秋千地,风吹蛱蝶衣。"文彦博寒食日过龙门,也有诗作曰:"桥边杨柳垂青线,林立秋千挂彩绳。"欧阳修《渔家傲》词:

"隔墙遥见秋千侣。绿索红旗双彩柱。"陆游诗:"秋千旗下一春忙。"元代散曲家卢挚《蟾宫曲》曰:"桑柘外秋千女儿,髻双鸦斜插花枝。"元代散曲家张养浩也在寒食途中作《中吕·十二月兼尧民歌》曰:"三四株溪边杏桃,一两处墙里秋千。"明代朱日藩《清明扬州道中忆王端公》句曰:"水国人家种杨柳,清明士女竞秋千。"】

寒食节的另一个著名游戏就是蹴鞠。蹴鞠,是足球运动的前身。

据宋人马端临《文献通考》:"蹴毬,盖始于唐,植两修竹,高数丈,络网于上,为门(球门)以度毬,毬工分左右朋,以角胜负。"

检索唐诗中,记述寒食节踢球活动的诗作很多。如王建《宫词》:"殿前铺设两边楼,寒食宫人步打毬。"韦应物《寒食后北楼作》:"遥闻击鼓声,蹴鞠军中乐。"白居易《洛桥寒食日作》:"蹴毬尘不起,泼火雨新晴。"

《荆楚岁时记》所记的寒食节游戏"施钩",即拔河运动。寒食拔河戏,据说由水上舟战"牵钩"演变而来,故至唐代已称"拔河"。

寒食节拔河之最,当数唐中宗导演、宰相及大臣集体参加的梨园拔河之戏。据《渊鉴类函》引《景龙文馆记》:"(景龙)四年清明,中宗(李显)幸梨园,命侍臣为拔河之戏,以大麻绁(绳子)两头,系十馀小索,每索数人执之。以挽六(力)弱为输。时,七宰相、二驸马为东朋,三相五将为西朋。仆射韦巨源、少师唐休以年老随绁而踣(倒),久不能起,帝以为笑乐。"

此外还有斗鸡、斗鸡卵的游戏。我国斗鸡习俗历史悠久,在《左传》中即有记载:"季、郈之鸡斗,季氏介其鸡,郈氏为之金距。"

《玉烛宝典》记:"寒食节,城市尤多斗鸡卵之戏。"在唐代,寒食节斗鸡也是皇宫中的娱乐项目之一。

《荆楚岁时记》记寒食节有斗鸡、镂鸡子的风俗。镂鸡子是寒食节的手工游戏。在春天新产的鸡蛋上雕镂刻画各种图案。这种春季的游戏活动起源很早,《管子》说:"雕卵然后瀹之,所以发积藏,散万物。"

人们雕镂鸡蛋,是为了顺应时气的变化。《荆楚岁时记》在记载寒食"镂鸡子"

之后，有一段按语，大约说是隋代的情况："古之豪家，食称画卵。今代犹染蓝茜杂色，仍加雕镂。递相饷遗，或置盘俎。"人们染画鸡蛋，以为相互馈赠的节日礼品。唐代仍有染画、镂刻鸡子的风俗，"寒食进毬兼杂綵鸡子"（《唐六典》）。

初唐诗人骆宾王《镂鸡子》诗更是生动地描画了当时镂画鸡子的情形："幸遇清明节，欣逢旧练人。刻花争脸态，写月竞眉新。晕罢空馀月，诗成并道春。谁知怀玉者，含响未吟晨。"清明刻画鸡蛋成为人们比试手艺的竞技游戏。

斗蛋也是寒食节的游戏。在寒食节期间，以煮熟的鸡蛋相互碰撞，看谁的鸡蛋坚硬不破。时至今日，在山东青州、湖北谷城等地，民间仍有清明节儿童斗蛋的习俗。

此外还有放风筝。《帝京岁时纪胜》记："清明扫墓，倾城男女，纷出四郊，担酌挈盒，轮毂相望。各携纸鸢线轴，祭扫毕，即于坟前施放较胜。"古人认为清明的风很适合放风筝。专家指出，在古人那里，放风筝不但是一种游艺活动，而且是一种巫术行为：他们认为放风筝可以放走自己的秽气。所以很多人放风筝时，将自己知道的所有灾病都写在纸鸢上，等风筝放高时，就剪断风筝线，让纸鸢随风飘逝，象征着自己的疾病、秽气都让风筝带走了。

八、近代清明节取代寒食节

上巳节在魏晋以后消失，而娱乐活动融入了寒食节的游春活动。

唐宋时期的寒食节，在明清被清明节取代。据《唐会要》，唐大历十二年二月十五日，朝廷曾经颁布一道敕令："自今以后，寒食同清明。"

隋唐宋时代寒食节的传统习俗主要有三项：禁火、扫墓、郊游。到明清时期，寒食节的风俗渐渐淡漠，寒食节的扫墓活动被清明节扫墓活动取代。

清明前的寒食节还是禁火的，因此只有在清明日改火后，才允许启用新火，人们才能到墓地上烧纸上供，所以祭墓之日就集中在清明这一天。

【沈复《浮生六记·浪游记快》云："清明日，先生春祭扫墓，挈余同游。"

明《帝京景物略》记："三月清明日，男女扫墓，担提尊榼，轿马后挂楮锭，粲粲然满道也。拜者、酹者、哭者、为墓除草添土者，焚楮锭次，以纸钱置坟头。望中无纸钱，则孤坟矣。哭罢，不归也，趋芳树，择园圃，列坐尽醉。"《钦定大清通礼》亦记："寒食或霜降节，拜扫圹茔……素服诣坟茔，执事者具酒馔，仆人备荑剪草木之器，主人周视封树，仆人剪除荆草。"】

元明以后，寒食节禁火食冷之俗渐衰。"寒食节"的名称自然越来越少被人提及，而本来是节气名称的"清明"则突显出来。上巳节戏水娱乐踏青的风俗，也被整合到后来的清明节游春习俗之中。清明节逐渐成为一个融合了上巳节、寒食节传统习俗的重要民俗节日。

唐人王维在《寒食城东即事》诗说："少年分日作遨游，不用清明兼上巳。"此诗句乃是寒食、清明与上巳三节在唐代即被认为一事的佐证。

清明节的许多风俗继承自寒食节和上巳节。但是古代的寒食节皆为冷食，而近代清明节的饮食则要宽泛许多，大量春日时新菜蔬，皆可入食，而不再问其生熟、冷热。

有趣的是，西方基督教地域的复活节，也定在寒食——清明节前后（春分后之月望后的第一个星期日），节中也有互赠彩蛋活动。复活节时期要举办篝火会。篝火点燃前，要熄灭全部灯与火，然后钻木取新火，点燃篝火。会后各家取篝火为火种。这个活动很像古代华夏的新春改火活动。基督教选定这个古老的迎春节日来纪念耶稣复活，也是为源自亚洲的这一古老旧俗充实了新意。

东西文化尽管不同，而寒食节、清明节以至复活节内容却如此相似，发人深思。

古案新解

"补天"神话与远古地质变迁考

在中国古代神话系统中，女娲是补天救世的和抟土造人的女神，化生万物的大地之母，人类之母，创世神、始母神和婚姻神。在汉代的神话中，女娲与伏羲是兄妹与夫妻，具有连体人首龙身以及近似鳄鱼、蜥蜴的形象。伏羲是太阳神，女娲是月亮神。女娲还是远古萨满教中一位法力无边的女巫。

关于女娲的神话中，最重要的是三个故事。

一是开天辟地，斩巨鳖以其龟壳为天（穹庐），以其四足支撑天地，建立支撑天地的四极（天柱）。

二是造世界和造人。女娲一日之中发生七十化变，创造了阴阳、星辰、山岳和动植物，最后以黄泥仿照自己抟土造人，创造人类社会并建立婚姻制度。

三是补天。由于水火之神大战（或说水神共工对女娲挑战），导致天崩地裂，洪水滔天，而后天塌地陷。于是女娲熔炼五色彩石以补苍天。补到西北方石头不够用，留下天门在西北，于是天空倾斜，以北极为中心旋转。留下缺口在大地东南，于是江河水向东流。

女娲故事见于先秦文献古籍《史籀篇》《楚辞》《礼记》《山海经》《淮南子》和秦汉以来的《汉书》《风俗通义》《帝王世纪》《独异志》《路史》《绎史》《史记》等史料。

古地质学认为：地质时代最新阶段，第四纪二分的第二个世，开始于20000年前至10000年前，持续至今。这一时期形成的地层称全新统，它覆盖于所有地层之上。

全新世与更新世的界限，以第四纪冰期一次亚冰期结束、气候转暖为标志，因此又称为冰后期。冰后期海面迅速上升，到距今11000年前由130米上升到60米位置，到距今6000年前，海平面接近现今位置，其后仅有轻微的变化。全新世时，人类已进入现代人阶段。

也就是说，距今 20000 年至 10000 年的更新世末期，是中国古陆经历剧烈地理变化的时期。在距今 12000 年以上的晚更新世时期，还属于地质结构上的低海面时期，海面要比今日海平面低 130 多米，以至黄海、东海北部大陆架出露，中国大陆与朝鲜半岛、日本列岛、中国台湾列岛土地相连。哺乳动物和人类可以从陆地自由迁移到今日沿海的岛屿上去。

进入距今 10000 年至 6000 年的全新世初期，气候普遍转暖，中高纬度的冰川大量消融，海平面迅速上升，大片陆地被海水淹没，这也就是史前大洪水传说的由来。

事实上，古地质学表明在更新世晚期以及全新世初期，中国大陆经历过多次大规模的洪水进退——海水浸润与后退。

值得注意的是，更新世以及全新世早期，也是中国大陆多火山活跃的时期。女娲炼石补天，实际就是火山喷发的神话意象。女娲火炼的五色石，就是流淌的火山熔岩的岩浆。

至于女娲以抟黄土造人的传说，则反映了更新世晚期到全新世时代，华夏先民烧制黄土制作陶器时代的开始。

中国南方不少新石器遗址出土了华夏先人的早期陶器，年代都早在更新世晚期。最具代表性的是江西仙人洞遗址出土的陶器为目前世界考古发现的最早陶器。据 C-14 年代准确测定仙人洞遗址出土陶器的年代，距今 20000 年至 18000 年。

女娲炼石的采石之山，据说就是横亘中原的太行山。北宋《元丰九域志》："皇母山，一名女娲山。其上有祠，水旱祷之。"顾祖禹《读史方舆纪要》说："太行山，一名五行山，亦曰王母山，又名女娲山。"

古地质学家认为，在距今 10000 年至 5000 年的全新世早期，海进现象确实曾经浸泡过太行山周边："对古海岸遗迹的科学研究，已表明距今 7400 年时，华北海岸线还位于保定—石家庄—邯郸—安阳一线的太行山麓。此时的古人如果登上太行山向东俯瞰，应当是凭海临风、汪洋无边的景象。而大约与此同时或稍后的仰韶文化遗址，还在黄河刚刚东出三门峡的南太行与伏牛山之间。而随着太行山山前平原的向东推进，文明的繁衍也向东扩展，在太行山东麓的河南安阳，出现了距今 3000

多年的殷墟遗址。距今约1800年前的东汉末年,曹孟德击败袁绍,扫平北方时,华北平原的天津至现今黄河三角洲的大片地区还在海中。"

太行山东麓有名的井陉雪花山玄武岩（N2-Q1）、汤阴黑山头玄武岩（Q1-Q2）等及河北平原内部黄骅附近的"小山"和无棣附近的"大山"为新生代以来火山活动的产物。在华北平原底部发现有4层玄武岩及火山碎屑岩夹层,说明在太行山的抬升和华北平原的下沉过程中,曾伴随多次火山岩浆喷出活动。

因此,"太行山的意义并不仅在于它本身,还在于自两百多万年以来的第四纪时期,正是由于太行山的强烈抬升,才有了太行山以东盆地的不断沉陷,太行山东缘大断裂造成的这种地形上的一正一负,才使得西边不断地削山移土,东边不断地填海成陆"[1]。

【附录】有关的传说资料

《淮南子·览冥训》《列子·汤问》等典籍记载:远古时代,四根天柱倾倒,九州大地裂毁,大火蔓延不熄,洪水泛滥不止。女娲不忍人类受灾,于是炼出五色石补好天空,折神鳌之足撑四极,平洪水杀猛兽,人类始得以安居。其他古籍记载有差别。《论衡·谈天篇》《史记·补三皇本纪》记为水神共工与火神祝融交战,共工用头去撞世界支柱不周山,导致天塌地陷。《淮南子·天文训》记为共工与颛顼之战。《淮南子·原道》记为共工与高辛氏之战。《路史·太昊纪》记为共工与女娲之战。

《太平御览》引《风俗通》:"俗说天地开辟,未有人民,女娲抟黄土作人,务剧,力不暇供,乃引绳于泥中,举以为人。"

《列子·汤问》:"故昔者女娲氏炼五色石以补其阙,断鳌之足以立四极。其后共工氏与颛顼争为帝,怒而触不周之山,折天柱,绝地维,故天倾西北,日月星辰就焉;地不满东南,故百川水潦归焉。"

《列子·黄帝》:"庖牺氏、女娲氏、神农氏、夏后氏,蛇身人面,牛首虎鼻。

---

[1] 参见范晓《太行山:高原向平原的转折很壮丽》一文。

此有非人之状，而有大圣之德。"

《绎史》引《风俗通》："女娲祷祀神祇而为女媒，因置婚姻。"

《淮南子·览冥训》："往古之时，四极废，九州裂，天不兼覆，地不周载，火爁炎而不灭，水浩洋而不息，猛兽食颛民，鸷鸟攫老弱。于是女娲炼五色石以补苍天，断鳌足以立四极，杀黑龙以济冀州，积芦灰以止淫水。苍天补，四极正，淫水涸，冀州平，狡虫死，颛民生，背方州，抱圆天。和春阳夏，杀秋约冬，枕方寝绳，阴阳之所壅沈不通者，窍理之。逆气戾物，伤民厚积者，绝止之。当此之时卧倨倨，兴眄眄，一自以为马，一自以为牛，其行蹎蹎，其视瞑瞑，侗然皆得其和，莫知所由生，浮游不知所求，魍魉不知所往。当此之时，禽兽蝮蛇，无不匿其爪牙，藏其螫毒，无有攫噬之心。考其功烈，上际九天，下契黄垆，名声被后世，光晖重万物。乘雷车，服驾应龙，骖青虬，援绝瑞，席萝图，黄云络，前白螭，后奔蛇，浮游消摇，道鬼神，登九天，朝帝于灵门，宓穆休于太祖之下。然而不彰其功，不扬其声，隐真人之道，以从天地之固然。"

《淮南子·说林训》："黄帝生阴阳，上骈生耳目，桑林生臂手，此女娲所以七十化也。"（东汉高诱注："黄帝，古天神，始造人之时，化生阴阳也；上骈、桑林，皆神名；女娲，王天下者也。七十变造化。"）

《淮南子·览冥训》："伏羲、女娲不设法度，而以至德遗于后世。何则？至虚无纯一，而不嚄喋苛事也。"）

《天中记》引《世本·帝系谱》："女娲命娥陵氏制都良管，以一天下之音；命圣氏为班管，合日月星辰，名曰充乐。既成，天下无不得理。"

《博雅》引《世本》云："女娲作笙簧。笙，生也，象物贯地而生，以匏为之，其中空而受簧也。"

《风俗通义》引《春秋运斗枢》："伏羲、女娲、神农是三皇也。皇者天，天不言，四时行焉，百物生焉。三皇垂拱无为，设言而民不违，道德玄泊，有似皇天，故称曰皇。皇者，中也，光也，弘也。含弘履中，开阴布刚，上含皇极，其施光明，指天画地，神化潜通，煌煌盛美，不可胜量。"

《礼记正义》："女娲之笙簧。"孔颖达疏引《帝王世纪》："女娲氏，风姓，承庖羲制度始作笙簧。"

《潜夫论》:"世传三皇五帝,多以为伏羲神农为三皇。其一者或曰燧人,或曰祝融,或曰女娲。其是与非未可知也。"

《水经注》:"庖羲之后,有帝女娲焉,与神农为三皇矣。"

《说郛》引《诗含神雾》:"含始吞赤珠,刻曰:玉英生汉皇,后赤龙感女娲,刘季兴也。"

《抱朴子·释滞》:"女娲地出。"

《春秋繁露》:"雨不霁,祭女娲。"

《路史·发挥一》罗苹注引《尹子·盘古篇》:"共工触不周山,折天柱,绝地维。女娲补天,射十日。""……乃有(女娲)炼石成霞,地势北高南下之说。"

《归藏·启筮》:"昔女娲……昭昭九州……平均土地。"上引:"……和合万国。"

屈原《天问》:"登立为帝,孰道尚之;女娲有体,孰制匠之?"王逸注曰:"传言女娲人头蛇身,一日七十化其体,如此,谁所制匠而图之乎。"

古昆仑：天堂与地狱之山

在中国传说中，有一座神秘的大山，这座山就是著名的昆仑山。

在中国神话中，昆仑山的地位可以同希腊神话中奥林匹斯山的地位相侔，它是一座上帝和众神所居的万神山。

"海内昆仑之虚，在西北，帝之下都。昆仑之虚，方八百里，高万仞，上有木禾……百神之所在。在八隅之岩，赤水之际。非仁羿（当校作羽人）莫能上冈之岩。"（《山海经·海内西经》）

"地部之位起形高大者，有昆仑山。广万里，高万一千里。神物之所生，圣人仙人之所集也。出五色云气，五色流水。其泉南流入中国，名曰河（黄河）也。其山中应于天，最居中。"（《博物志》）

在古神话中，昆仑山是黄帝——上帝和女神西王母所居的神山。

"黄帝游乎赤水之北，登乎昆仑之丘。"（《庄子·天地》）

"昆仑之虚，黄帝之所休。"（《庄子·至乐》）

"天子升于昆仑之丘，以观黄帝之宫。"（《穆天子传》）

"西王母梯几而戴胜，杖，其南有三青鸟，为西王母取食，在昆仑虚北。"（《山海经·海内北经》）

"昆仑之山……上有大鸟，名曰希有。南向，张左翼覆东王公，右翼覆西王母。背上小处无羽，一万九千里。西王母岁登翼上，之东王公也……其鸟铭曰：有鸟希有，碌赤煌煌，不鸣不食。东覆东王公，西覆西王母。王母欲东，登之自通。阴阳相须，唯会益工。"（《说郛》引《神异经》）

这种碌赤煌煌的稀有鸟，即鹫鸟，也就是凤凰。

据说，昆仑山上有各种奇珍异物。"西海之南，流沙之滨，赤水之后，黑水之前，有大山，名曰昆仑之丘。有神，人面虎身，有文有尾，皆白，处之……有人戴

胜，虎齿，有豹尾，穴处，名曰西王母。此山万物尽有。(《山海经·大荒西经》)

① 白虎；② 太阳；③ 若木；④ 螣龙；⑤ 飞廉；⑥ 建木；⑦ 凤凰；⑧ 扶桑；⑨ 鸾鸟；⑩ 乘黄；⑪ 杜衡。

图59 昆仑山上的奇珍异兽

图59摹自汉代一座墓砖壁画，描绘了昆仑山上的各种奇珍异兽。

昆仑山所在的地望，《山海经》及《淮南子·墬形训》均说，叫"都广之野"。"都广"在《太平御览》《艺文类聚》所引古本《山海经》中，均记作"广都"❶。而广、黄二字古通用。由此可知，所谓广都其实就是"黄都"，也就是"黄帝下都"。而黄都（广都、都广）之野，《山海经》《淮南子》均说位于天地正中心。

"建木在都广❷，众帝所自上下。日中无影，呼而无响，盖天地之中也。"

建木在昆仑山上，位于天地正中轴上。而昆仑山据张华说，"其山中应于天，最居中"，所以建木、昆仑所在的黄都——"都广"，当然也是天地之正中："都广在西南，其城为三百里，盖天地之中也。"

由于昆仑山位于天地正中，所以其山又称钟山（《淮南子·俶真训》："钟山之玉。"高诱注："钟山，昆仑也。"），钟即中也。

这里应注意一点，天地之中所在的陆地，古人又称作"齐""天齐"或"齐州"。《尔雅·释言》："齐，中也。""齐"，古文通作"脐"❸。脐是人体正中，所以天地之

----

❶ 昆仑山所在的都广之野，王念孙引古本均作"广都"，见《后汉书·张衡传》《艺文类聚》等。则古本实作"广都"。

❷ 建木，古籍中甚多见。张华注《神异经》："昆仑有铜柱焉，其高入天，所谓天柱也。"亦指建木。建木当作键木，即天盖运转之管键，即天枢也，又为天门之栓，后世华表（方表），实即本此而作。

❸ 王引之《经义述闻》："人脐居腹之中央，故谓之齐。脐者，齐也。"

中地称作"齐"（或天脐）。根据中国上古时代的天地四方观念，曾把齐州所在的齐鲁之地看作天地的正中区。齐通作"冀"。《山海经》郭注："冀州，中土也。"《淮南子·墬形训》："正中冀州曰中土。"高注："冀，大也。四方之主，故曰中土。"《列子》："四海之齐，谓中央之国。"《汉书·郊祀志》："齐所以为齐，以天齐（脐）也。"《汉书·郊祀志》师古注："如天之腹脐。"

《尔雅·释地》："岠齐州以南戴日为丹穴，北戴斗极为空桐，东至日所出为太平，西至日所入为太蒙。"

扬雄《法言》："中于天地者为中国。"《晋书·天文志》："天有五门：东太阳门，东太阴门，西太阳门，西太阴门，中有中华门。"参看图60所示古代中国人的地理观念。

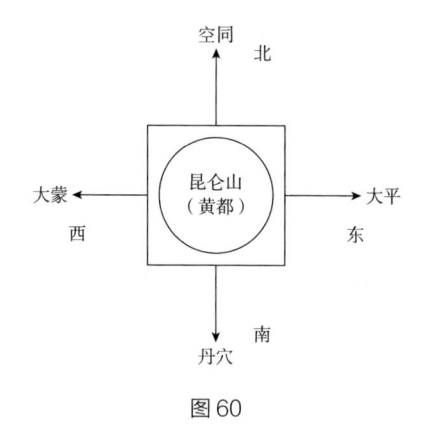

图60

由昆仑山和都广（黄都）所在是天地正中这一方位，我们也就可以判断出这座古大山的真相究竟是什么了。这座山实际上就是中岳——泰山。

吕思勉说："吾国古代，自称其地为齐州，济水盖亦以此得名。《汉书·郊祀志》曰：'三代之居，皆在河洛之间，故嵩高为中岳，而四岳各如其方。'以嵩高为中，乃吾族西迁后事，其初实以泰岱为中。"（《先秦史》）

吕说极确。"泰岱"也就是泰山。在中国人的古代观念中，泰岱及其所在的齐州，正居于天地的正中心，而这与昆仑山及其所在的都广之野恰相重合。又，"都广"即黄都，亦即黄帝之都。而史籍记载，黄帝都邑位在泰山之下的曲阜。由此又可确证，古昆仑山，实即泰山。都广之野，亦即黄都曲阜所在的齐州。由此又可见，就中国文化的整体来看，"中庸"或"用中"的观念，实起源于古人求天地正中而居的地理观念，后来方进而转化为一种伦理的观念。这种观念从古昆仑山地理位置的确立开始，可说是根深蒂固的。《史记》记汉武帝封泰山："泰山东北趾古时有明堂处，处险不敞……济南人公玉带上黄帝时明堂图。明堂图中有一殿，四面无壁，以茅盖，通水，圜宫垣为复道，上有楼，从西南入，命曰昆仑。天子从之入，以拜祠上帝焉。"此泰山古名昆仑之确证也。

由《山海经》所描述的昆仑山地理观念还可以看出，写作《山海经》的人居地应略偏于我国东北部地区。因此在作者的眼中，昆仑山和都广之野既在天地中心，又在他们的西南方向。而由后一点出发，汉晋以来对于昆仑山的所在地，就形成了一种积非成是的谬见。西汉以后人多把昆仑山看作中国西北高原今日的祁连山或昆仑山，但验诸古籍，这一看法不可能成立。就典籍中的记载看，中国历史上的昆仑山至少有三处：

1.《山海经》所记先秦人心目中的昆仑山，其地应在天地正中。

2. 西汉人心目中的昆仑山，其地在甘肃临羌西北酒泉市南，其山今称祁连山。祁连山界于甘、青两省之间，由汉代匈奴人所命名❶。

3. 唐代以后的昆仑山，亦即后人认为是黄河河源所出地的昆仑山，地点在新疆、西藏的交界处❷。

值得注意的是，这三座昆仑山显示了一种不断向西北迁扩的趋势。这种趋

---

❶《前汉书》："(临羌)西北至塞外，有西王母石室。"《后汉书》："临羌有昆仑山。"《史记三家注》："昆仑山在肃州酒泉县南八十里。"《晋书》："酒泉南山，即昆仑之体也。"今按，此山地望属今之祁连山也。山界于甘、青两省之间。此山名乃匈奴命名："祁连一名天山，亦曰白山。"（《史记三家注》）白山即玉山，祁连即昆仑。《前汉书》师古注："祁连山即天山也，匈奴呼天为祁连。"昆仑古音近祁连。

❷ 郝懿行《尔雅义疏》："和阗之西南曰密尔岱者，其山绵亘不知其终，其山产玉，凿之不竭，是曰玉山，山恒雪。"就是今日之昆仑山也。

势不但反映出古代中国人天地地理观念的不断扩大,还有极为重要的一点,这就是,在中国古人的心目中,昆仑山不仅是天地中心之山,而且是黄河河源所出之山。昆仑山的西北迁移,是与古人追索黄河之源的认识和实践的发展过程相一致的。

写此书时,我注意到历史学家何幼琦先生在《海经新探》一文中,根据对古昆仑山地理方位的考察,得出了和我相同的看法。他也认为古昆仑山就是今日的泰山。他指出:"《海经》讲的地区,中心是一座大山,名为昆仑虚。山的周围有几条大川,分别流入附近的几个大海。这该是探讨《海经》的关键。要想确认昆仑虚的具体地望,首先必须排除各种误解的干扰。由于《海经》有'河水出昆仑虚东北隅'的记载,曾引起一些误解:最先是汉武帝根据使者调查报告的错误理解,把于阗南山定名为昆仑。其后是历代探研'河源'的人,莫不把自己主观判断的河源之山,当作《海经》的昆仑。"❶

按,《海内西经》:"昆仑之虚……赤水出东南隅,河水出东北隅。"这实际上表明,在中国古人的地理观念中,曾经认为昆仑山——泰山是黄河的出源山。《淮南子·墬形训》中说昆仑山下有赤泉、黄泉,这显然也反映了古代人的地理观念。按,甲骨文中泉、源同字。赤泉、黄泉本义应是指赤水、黄河之源。但是在《淮南子》中,我们又可以看到,远古的这种地理观念,已经被汉人根据五行观念加以改变,所以又增益附会出了所谓"青、黑、白"三色泉❷。

但也应当指出,这种附会虽然出于五行观念,但就其深层结构而言,却并非全无根据。因为:"齐多甘泉,甲于天下。从地质构造看,泰山山区北部,在中上寒武系和奥陶系石灰岩分布的丘陵,特别是其边缘地带,源源泉水,纷纷涌露。这一带泉多水盛,皆为岩溶泉。"❸

---

❶ 见《历史研究》1985 年第 2 期。又《史记》:"汉使穷河源,河源出于寘,其山多玉石,采来,天子案古图书,名河所出山曰昆仑山。"此即于阗南山。
❷ 按《山海经·海内西经》所述昆仑虚周围,除河水、赤水外,尚有青水、黑水、洋水、弱水。疑《淮南子·墬形训》青泉、黑泉即指青水、黑水之源。又增益一白泉,以迎合附会中五行观念也。
❸ 参见徐本坚《东岳泰山》。

前引何幼琦先生不仅指出古昆仑就是今日泰山，而且试图以对泰山周围地理水文的考察论证这一论点。这是卓有见地的。因为实际上，这就为解开古昆仑所在地这一老大难问题提供了一个新的审视角度。

审读《山海经》所记昆仑山周围地理形势，有如下几点最须注意。

1. 昆仑虚东北有一大水，即黄河（"河水"）。东南有一大水名赤水。

2. 昆仑虚周围多流沙：

"流沙出钟山，西行又南行。昆仑之虚，西南入海。"（《山海经·海内西经》）

"流沙之滨，赤水之后，黑水之前，有大山，名曰昆仑之丘。"（《山海经·大荒西经》）

3. 昆仑虚周围多大泽。如西有丹泽（《淮南子·墬形训》），东有巨野泽❶。

4. 昆仑虚东南临近两个大海——渤海和南海："赤水出东南隅，以行其东北，西南流，注南海……河水出东北隅，以行其北，西南又入渤海。"（《山海经·海内西经》）

按，这种地理形势，与今日中国西北地区的昆仑山形势绝不相合，这是毫无可疑的（所言"流沙"实别有含义，非指沙漠，详见下论），但它与泰山周围的地理构造和形势基本相合。关于这一点，何幼琦先生文中已提出了一些重要的论据（特别是对于黄河河源问题，何先生做了精彩的解释）❷。

可以再做一些补充。徐本坚在研究泰山地理的《东岳泰山》一书中指出："泰山的位置，在山东省境内。山之北属古代的齐国，山之南属古代的鲁国。所以，'齐鲁青未了'也正好道出了泰山位置的特征。这里，离海很近，向东南约二百里遥，就是烟波浩渺的黄海。它的北面、西面和西南面，均为辽阔坦荡的黄、淮、海平原所环抱。源远流长的黄河，就在近处奔腾东泻。纵览我国东部沿海广大区域的地理形势，泰山独占鳌头，居高临下，成为万里原野上的'东天一柱'。"

---

❶ 参看何幼琦《海经新探》。

❷ 可注意的是，《诗经·鲁颂·閟宫》："泰山岩岩，鲁邦所詹。奄有龟蒙，遂荒大东。"荒大东，疑即《山海经·大荒东经》所说"大荒东"。

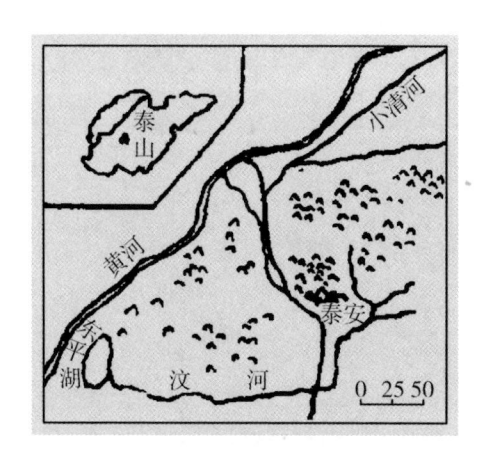

图61 泰山山区的地理位置

请看今日泰山地区的一张略图（见图61）。由图中可以看出，泰山水系分为两大脉络。北系汇于黄河、小清河——这就解释了古书中所说的河水出昆仑虚东北隅的含义。南系则汇于汶河，而"汶河沿泰山南麓西流，注入东平湖"（《山海经·海内西经》）。参照《淮南子·墬形训》中所说："赤水出其东南陬，西南注南海丹泽之东，赤水之东弱水出穷石，至于合黎，余波入于流沙，绝流沙，南至南海。"可以推断，古"赤水"应就是今日"汶河"，而古"丹泽"应是在泰山西南的今日之"东平湖"。

这里最可注意的一点是，昆仑虚周围多"流沙"，又有所谓"弱水"的问题。过去人们多认为，所谓"流沙"就是沙漠，所谓"弱水"也就是《大唐西域记》中所记的西弱水。这实际上是以后世的观念不自觉地误解古人的一个事例。而这一误解，长期以来却一直是支持古昆仑山位于大西北说的一个主要论据。实际上，《山海经》所记"流沙"的真相，是来自泰山山区所特有的一种奇特地理现象。这种地理现象，今日泰山人仍称为"沙河"。

徐本坚叙述："所谓沙河，是当地居民的一种习称。由于泰山地区降水集中，坡降陡峻，林木稀少，河流多属暴流性质，具有季节性的异常洪水和异常枯水的极端现象。每逢夏秋暴雨之后，河水猛涨，奔腾澎湃，汇为巨流，山洪挟带大量泥沙、砾石汹涌前进，但历时很短，水位即迅速下落，于是所携沙砾，也纷纷停积下来（此即所谓'流沙'）。而平时，只剩下涓涓细流，且往往潜流于河底堆积物中，在宽浅的河床上，唯有累累沙石。"

这种大面积的沙砾堆积物和涓涓细流，应就是古书中所记昆仑虚周围的"流沙"和"弱水"。而《淮南子·墬形训》中所记"弱水出自穷石，至于合黎，馀波入于流沙，绝流沙"，《山海经·西次三经》记"不周之山……东望泑泽，河水所潜也，其源浑浑泡泡"，《山海经·东山经》记泰山"又南水行五百里，流沙三百里，至于葛山之尾无草木，多砥砺"及兖州地方志：兖州，古名"沙丘"，又名"瑕丘"。由此可知，古代传说一直认为泰山周围有流沙，实际也就是枯水季节潜行沙下的河流。根据古书中所记的昆仑虚地理形势与泰山地理水文的以上比较，我们得出"古昆仑山就是今日泰山"的结论，可能并不算很孟浪吧？

那么为什么中国人会把泰山及其所在的齐鲁地区看作天地之中心呢？要回答这个问题，就不能不考察一下上古时代华夏民族活动的地理区域。

古华夏文明所肇源的地区，是一个扇面状的大三角平原地域。这一地域以中部的嵩山为顶点，东部面向黄淮河三大水系入海处（见图62）。

由图中可以看出，这个三角形北顶点在燕山脚下，南顶点到达长江入海处的杭州湾，东部拥有今日山东、江苏两省海岸线的全部，以

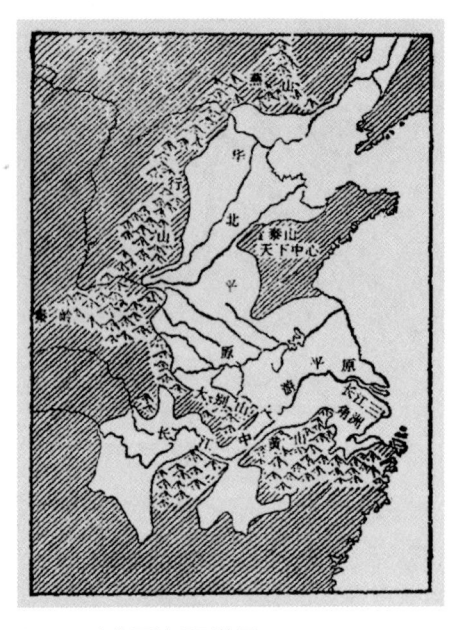

图62 古华夏地理形势图

及河北、浙江海岸线的一部分。西顶点位置靠近华山、嵩山和三门峡。其面积包括今日山东、河南、江苏的全部以及河北、安徽、浙江的部分。这个三角块，其周围几乎完全被山岳和大海所环绕——其北面有燕山，南面有伏牛山、桐柏山、大别山，西面有太行山、秦岭、大巴山，东面是山东丘陵和大海。这个大三角区域，就是中国古史上著名的中州——中原地区，亦即古代人心目中所谓"中国"的所在地。环绕中州的三面群山，加上矗立在山东半岛滨海东端的群山丘陵，就是上古史上著名的"四岳"之所在❶（《吕氏春秋·慎势》："古之王者，择天下之中而立国。"），也是"四渎"之所在❷。这块大平原的总面积约为三十万平方公里，中华民族的父母之黄河、长江纵贯其中。古华夏的民族和文化，就是在这块平原的怀抱中孕育而成的。在这块大平原的西北边缘，沿黄河上溯，穿过稷山、中条山口，可以进入一个曲折的狭长平原小区（图中未标出），此就是汾渭平原和秦晋高原（古周原）。其南侧为崤山山脉，西连秦岭，黄河傍有乾山。这里是中国古史上夏族（晋）和秦文化的孕育地，陇山、秦岭、吕梁、太岳、太行、泰山环居若屏障然。而由大平原的南顶点河南南阳出发，循汉水南下，穿过伏牛山、武当山、桐柏山、大别山诸山口，就可以进入又一块小平原区——江汉、两湖平原。这里正是中国历史上楚文化的孕育地。

从古地理学的观点看，这块大平原出现在距今约一亿年前，是由黄河、海河、滦河等河流的泥沙堆积而成。在整个呈三角状的大冲积平原上，地势均极为平坦。只有这个三角地域的中部略偏东北的地区，矗立着一座高山，这就是古称中岳，也被看作位于天地之正中的泰山❸——上古中国人心目中的昆仑山。

----

❶ 岳古字嶽，与圜（圆）、环字通。《周礼注疏》："圜，谓圜土也。圜土，谓狱城也。"古代所说四岳，就是指包围中国的四面环山。

❷ 四渎，也有一个演变过程。早期四渎是以泰山为中心的沂、淮、河、济四水（沂水古亦称江）。这反映了当时以邹、鲁、泗上（今山东中南）为中心，古山东居民对这一带水道的地理知识。长江后来成为四渎之一，反映晚周长江流域的开发及天下中心的南移。

❸ 《淮南子·墬形训》："中央之美者，有岱岳以生五谷桑麻，鱼盐出焉。"《尔雅》："中有岱岳。"关于泰山在五岳中的位置，《尔雅》中还有一种说法——"泰山为东岳"。《尔雅》是汉人搜集经传故训而成。这两种说法恰恰表明古人心目中泰山人文地理的变化。后一说法反映了秦汉时代华夏地理空间的扩大。

为什么泰山是昆仑山，对这个问题我们已从地理位置上做了论述。以下再从名称的考证和昆仑山——泰山在中国神话中的地位两个方面提出证明（古中原地势较今低，故泰山显得更高）。

古人称山为"岠"，《尔雅·释山》："小山岌大山，岠。"岠，转音即嶽（岳）。故泰山古称"大岳""岱岳"或"泰岳"。

《尚书》说"四岳"是岱宗、南岳、西岳、北岳，将泰山作为岱宗，列居众岳之首。《尚书注疏》引《风俗通》说："泰山，山之尊者。一曰岱宗。岱，始也。宗，长也。万物之始，阳阳交代，故为五岳之长。王者受命，恒封禅之。"

《史记》："二曰地主，祠泰山、梁父。""地主"即"地柱"。由此可见，泰山在中国古人的心目中具有一种非常神秘和神圣的地位。这一点也反映在它的命名上。

泰山，古又记作"太山"。太、大、天三字古代通用（太、大古音相同，而在甲骨文中，天、大通用），所以泰山就是大山❶，也就是天山。这个名称表示了它具有上通天帝的意义。

而"昆仑"二字，在古代也正是"天"的称号。

扬雄《太玄·法言》："昆仑旁薄幽。"注文说："昆仑，天也。"旁薄是双声联绵词，古称浩大为"旁薄"。幽，即玄远幽深。扬雄作《太玄》，好用古义僻字。在这里，他所使用的，显然也是"昆仑"一词的古义，即天。昆仑之所以是天的名称，是因为昆仑通作混沦，亦即混沌和浑沦。

岑仲勉《两周文史论丛》引王蒶友《侍行记》说："考昆仑者当衡以理，勿求诸语。上古地名多用方言，昆仑乃胡人语，译声者无定字。或称昆陵（东方朔《十洲记》）、混沦（郑康成《周礼注》）、祈沦（王嘉《拾遗记》）。要之为胡语'喀喇'之转音，犹言黑也。"按，此说甚确。《晋书》中有这样一句话："时后为宫人，在织坊中，形长而色黑，宫人皆谓之昆仑。"

《旧唐书》："自林邑以南，皆卷发黑身，通号为昆仑。"隋末称"茄"为昆仑

---

❶ 《庄子·大宗师》："肩吾得之，以处大山。"释文：大，音泰。《列子·天瑞》："孔子游于太山。"释文：太作大，大音泰。

紫瓜（连雅堂《台湾通史》）。由此正可以印证上说，并了解古昆仑一词的确切语义：形体高大而黑即称作昆仑。准此，则昆仑正与今语中的"混沦""混沌"或"浑沦"诸词意义相同。虽然混沦、浑沦一语的语源究竟何在，今已不可深考，但《庄子》《前汉书》及《帝王世纪》中均有"浑沌"。古人观念中常认为有天地之前的状态为"浑沌""混沦"。长沙马王堆出土西汉帛书《十六经》："无晦无明，未有阴阳。阴阳未定，吾未有以名。"《列子》描述天地开辟前的状态："万物相浑沦而未相离也。"屈原《天问》："遂古之初，谁传道之？上下未形，何由考之？冥昭瞢暗，谁能极之？"凡此所言，正是混沦—浑沌一词的原始语义。而混沌一团又是云气的写照。所以在古语中，混沌—昆仑也成为天体和云气的一种称号。《山海经》："南望昆仑，其光熊熊，其气魂魂。""魂"与"云"音义均同，故"其气魂魂"，亦即"其气云云"。在今日泰山岱顶有一巨大建筑群，系建于宋代，称作"碧霞灵佑宫"，所祀之神名"碧霞元君"，乃是传说中的泰山主神。对此神的来历，异说颇纷纭。实际上，碧霞元君也就是《山海经》中所说的云神"红光"。而由上述又可知，古人所称昆仑山，可能有三个意义。

1. 以"昆仑"象征这座山在天地未开混沌之时即已存在，形容其来历之古老。
2. 以"昆仑"象征此山顶天立地，云气缭绕（混沌）。
3. 以"昆仑"称颂其山之高。

《水经注·河水》："三成为昆仑丘。"郝懿行《山海经笺疏》："昆仑者，高山皆得名之。"《尔雅·释丘》："丘，一成为敦丘，再成为陶丘，再成锐上为融丘，三成为昆仑丘。"又《通典》引郑玄说："昆仑即是土地高著之称。"综上诸义，可以看出昆仑山的名号均与"天"和"大"有关。所以可确定，昆仑山的含义也就是天山和大同，而此与"泰山"一词的含义又正相切合。这当然不是偶然的。我们再来考察一下关于古昆仑山和泰山的种种传说，看看二者是否相合。

《水经注释》说："昆仑说曰：昆仑之山三级，下曰樊桐，一名板松；二曰玄圃，一名阆风；上曰层城，一名天庭，是谓太帝之居。去嵩高五万里，地之中也。"

《博物志》引《河图括地象》："地部之位起形高大者，有昆仑山，广万里，高万一千里，神物之所生，圣人仙人之所集也。出五色云气、五色流水。"

《山海经》:"昆仑之虚,方八百里……有九门,门有开明兽守之,百神之所在。"

《淮南子·墬形训》:"昆仑之丘,或上倍之,是谓凉风之山,登之而不死。或上倍之,是谓悬圃,登之乃灵,能使风雨。或上倍之,乃维上天,登之乃神,是谓太帝之居。"

由此可知,古人认为昆仑山是一座通天之山,是一座仙人所居的神山,是有天宫的上帝之山。而在古传说中,泰山也正是这样一座山。

《韩非子》:"昔者,黄帝合鬼神于泰山之上……大合鬼神,作为清角。"

《太山镜铭》:"上太山,见仙人,食玉英,饮澧泉,驾交龙,乘浮云,白虎引兮直上天,受长命,寿万年,宣官秩,保子孙。"

由上引诸文可见,在中国古代观念中,泰山乃是伏羲、黄帝及众神仙所住之山,是一座通天之山。而这正与昆仑山的神话相合。但是,古昆仑山不仅是一座通天的神山,而且是一座死神之山,是传说中的"下都"(幽都),即阴曹地府。

"昆仑之丘,是实唯帝之下都。神陆吾❶司之……司天之九部及帝之囿时。"(《山海经》)

"昆仑山北,地转下三千六百里,有八玄幽都,方二十万里。"(《博物志》)

《楚辞·招魂》:"魂兮归来,君无下此幽都些,土伯九约,其角觺觺些。"幽都,也就是地府、冥国。古人认为人死后所归之处在幽都。

又《淮南子·墬形训》说:"(禹)掘昆仑虚以下地,中有增城九重……是其疏圃。疏圃之池,浸之黄水,黄水三周复其原。"

此昆仑山地下之黄水泉,也就是古传说中所谓黄泉。

《左传》引郑庄公誓词云:"不及黄泉,无相见也。"杨伯峻注:"黄泉,地下之泉,此二句犹言不死不相见也。"以是可知,古以黄泉为死地,而黄泉正是位于昆仑山下。

----

❶ 陆吾,守天门者,是传说中的白虎神,又名"开明""启明"。"开明兽身大类虎而九首,皆人面,东向立昆仑上。"(《山海经》)启明又是天空中的金星,因此又名金神—蓐收。在神话中此神变形甚多,如"夏后启之臣曰孟涂,是司神于巴"。西方之地名巴。孟涂即神荼。孟荼当为荼之讹。孟、于古音通。孟荼即于菟。陆吾、开明、蓐收都是虎神,后演化为二十八宿中的"白虎"星座。

郭璞注《山海经》：玉山，《穆天子传》说是群玉之山；"司天之厉及五残"，指"主知灾厉五刑残杀之气也"。"残厉"是古代传说中的刑杀之神❶，而玉山也是昆仑山（详见后文）。据此可见，死神、杀神居住在玉山即昆仑山上。

此外前已指出，昆仑山是西王母所在之山。我们在关于女娲、西王母的讨论中已指出，在中国神话中，西王母正是一位死神。凡此皆可证，古昆仑山在传说中既是一座神山和通天山，又是一座鬼山和死神之山。值得注意的是，古泰山恰恰也是这样一座"主生又主死"的山，在中国古神话中，与昆仑山完全相同：一方面，泰山是天山、神山；另一方面，泰山又是鬼山，是阴曹地府所在之山。

马王堆出土帛书《十六经》中，记黄帝有臣名"太山稽"。按，"太山稽"即"太山姬"，亦即西王母，正是中国神话中的死神。

清人赵翼《陔余丛考·泰山治鬼》说："东岳主发生，乃世间相传多治死者……其实后汉时已有此语。《后汉书·乌桓传》：其俗谓人死，则神游赤山，如中国人死者魂归岱山也。又《许曼传》：曼少尝疾病，乃谒太山请命。干宝《搜神记》：胡母班死，往见泰山府君，为之致书于河伯。《三国志·管辂传》：辂谓其弟曰，但恐至泰山治鬼，不得治生人……《博物志》：泰山，天帝孙也，主召人魂，东方万物始，故知人生命。《古乐府》：齐度游四方，各系泰山箓；人间乐未央，忽然归东岳。是泰山治鬼之说，汉魏间已盛行。"

又，顾炎武《日知录》(卷三十)"泰山治鬼"条云："尝考泰山之故，仙论起于周末，鬼论起于汉末……自哀平之际而谶纬之书出，然后有如《遁甲开山图》所云：'泰山在左，元父在右。亢父知生，梁父主死。'《博物志》云：'泰山一曰天孙……主召人魂魄，知生命之长短者。'……《(后汉书)·乌桓传》谓：'中国人死者魂神归泰山也。'"

《史记·封禅书》记齐人所祀八神，其中有地主，祭于泰山梁父。"地主"应当就是《楚辞·招魂》中所说的治鬼之"土伯"，也就是后世所谓"土地爷"。

但这里应当指出：自顾炎武以下旧论咸以为泰山治鬼之说起于汉初，这是不对

---

❶ "厉主杀罚。"(《礼记注疏》)

的。殊不知此说实脱胎于昆仑山下有幽都、黄泉和西王母的神话。而考其起源，则可以追溯到古华夏文明的肇始之处。

《三国志》："中国人以死之魂神归泰山也。"

《白虎通义》："王者易姓而起必升封泰山，何教告之义也。"

《太平御览》引《五经通义》："王者受命易姓，报功告成，必于岱宗。"

《通典》引《博物志》："泰山，天帝孙也，主召人魂。东方万物始，故知人生命。"东方万物始者，犹言为万物母也。

所有这些，都记述了中国人所固有的所谓"慎终追远"的文化观念。而这种观念之所以集中在对泰山的崇拜上，又是具有深刻原因的。

从20世纪以来的考古发掘看，位于中国东部以泰山曲阜为中心的泰沂山区，乃是华夏古文明最重要、最集中的起源地之一。1965年以来，在沂源县土门千人洞，相继发现了旧石器时代人类活动的遗迹。1981年，此地又发现了距今四五十万年前的猿人头骨化石。1966年，在泰山东部新泰县乌珠台，发现了一颗少女牙齿化石，经鉴定，距今也已有五万多年的历史[1]。凡此均证明了，在泰沂山系地区，远在五十万到四十万年以前，就已有人类生存和活动了。至旧、新石器时代，此地的文化遗迹就更多了。20世纪初，在章丘龙山镇发现了著名的龙山文化遗址。龙山文化以其上承仰韶而不同于仰韶的独特文化风格引起了人们的注意。20世纪50年代以来，又相继在泰沂山系及其周围发现了著名的大汶口文化。其荦荦大者，如泰安凌阳河大汶口、日照东海峪、诸城前寨等，宛如群星辉烁。其文物之灿烂与文化发展水平之高，我国其他地域的同期文化遗址，盖无能望其项背者。而这一地域，却正是古传说中黄帝族起源的主要区域，也是在中国上古史上迸发出夺目光彩的殷商王朝崛起的重要根据地。

许多材料表明，崇拜太阳的黄帝族不仅起源于泰山地区[2]，而且把泰山看作他们

---

[1] 见1982年5月7日《人民日报》载《我国古人类考古又一大发现》，以及《古脊椎动物与古人类》第10卷第1期。

[2] "黄帝生于寿丘，在鲁东门之北……后徙曲阜。"（《后汉书》引《帝王世纪》）

本族的神山、天山——昆仑山。因此，他们也把这座大山看作祖先世代所居的圣山。由此遂产生了对中国文化影响至为深远的一种"木高千丈，叶落归根"的观念。无论在怎样的流离迁徙中死去，先民们也仍然怀有这样的心愿——把骸骨归葬于泰山下，使千秋万载后，魂魄归返于故园。

据古书中的记载，泰山有两座辅山：一为梁父山，一为长白山❶，其中的梁父（又作梁甫）是一座著名的古墓地。

《遁甲开山图》："亢父知生，梁父知死。"

陆机《泰山吟》："梁甫亦有馆，蒿里亦有亭。幽涂延万鬼，神房集百灵。"

诗中所说的"蒿里"，是泰山侧的另一座小山，也是一座古墓地❷。

汉刘伯平镇墓券："生属长安，死属大（泰）山。"一残镇墓券："生人属西长安，死人属太山。"

所以，在中国文化中，泰山具有不同于任何其他山的神圣意义。它被看作天地之中，历代帝王登基者都要到此朝拜、封禅，而封祭天就称作"升中"❸。至今泰山顶上有南天门和玉皇殿。而登泰山者向来有观东海日出之俗。根据我们的考证，这种习俗实际上可以追溯到黄帝时代的日神和泰山崇拜。其由来真可谓久矣！除此之外，泰山在古代又一直是一座死神之山，是中国人魂魄所归的故国家山。

《山海经》："帝尧、帝喾、帝舜葬于岳山。"

"岳山"或作"羽山"，据说夏祖鲧死于羽山。岳山也就是作为众岳之首的泰山。那么由此看来，中国上古史中的有虞、陶唐、夏、商、周之祖，竟无一不葬于泰山者。

归纳以上所论诸点如下：

1. 从语义学的角度看，泰山是天山，昆仑山也是天山。

---

❶《岱史》："梁父、长白二山，为泰山辅岳。"长白山亦即玉山。
❷ 蒿里山在泰安州西南三里，今山上有蒿里祠、森罗殿。《前汉书》："太初元年……禅高里。"颜师古注："高字自作高下之高，而死人之里谓之蒿里，或呼为下里者也。字则为蓬蒿之蒿，或者既见太山神灵之府高山又在其旁，即误以高里为蒿里。"
❸《礼记·礼器》："因天事天，因地事地，因名山升中于天。"

2. 从地理学的角度看，古人认为泰山位于天下正中，昆仑山也位于天地正中。

3. 从神话和宗教的角度看，古人认为泰山是神山、通天之山、成仙之山，昆仑山也是神山、通天之山、成仙之山。古人认为泰山是死神之山，是幽都——地府所在之地，昆仑山也如此。

我们当可确凿无疑地论定，古昆仑山其地望与今日西北的祁连、昆仑二山毫无关系。实际上，它就是华夏民族一直视为神圣之山的泰山。

由此我们还可以解开古史中的一个大疑谜，这就是黄帝所居的"轩辕之丘"的秘密❶。

其实，轩辕丘也就是昆仑山。轩辕古音 kuānglún❷，其对音正是昆仑。又昆仑山在《吕氏春秋》中记作"阮陀"❸。昆古音近川、犬❹，所以昆仑—阮陀—轩辕正是一声之转。

昆仑山又有别名叫"员丘"："员丘山上有不死树，食之乃寿。有赤泉，饮之不老。多大蛇，为人害，不得居也。"（《博物志》）而员丘也就是轩辕丘（今山东半岛有喻陀山，又有昆嵛山，疑皆是昆仑一语的变名）。又，从语音通转关系看，昆仑即浑沦，浑沦又是圆之连绵词（亦即今俗语中的"囫囵"）。所以浑沦丘—昆仑丘也可称作"圆丘"或"圜丘"。黄帝国号轩辕，此二字纯为象声词，历代注家从无认为其有实义者。而从史事考证，轩辕本字似当作"玄云"。"轩"通作"玄"。玄，天也。辕、员古通用。而古文中"员"字，也就是"云"字❺。

从古传说看，黄帝一生事迹，与"云"有极为特殊的关系（所以古祭神之尊器多饰云纹）。

------

❶ "黄帝居轩辕之丘。"（《史记》）"轩辕之丘，在轩辕国北。"（《山海经》）《说郛》引《淮南子》："禹治水时，自化为熊，以通辕辕之道。"辕、轩古音同，亦即轩辕山也。

❷ 据李宗侗拟音，见《史语所集刊》第 39 册。

❸ 《吕氏春秋》："伶伦自大夏之西，乃至阮隃（陀）之阴。"《前汉书》记此事，阮隃（陀）作"昆仑"。

❹ 古史中"昆夷"常记作"犬夷"、"串夷"，是昆、犬、串古音同的证据。

❺ 《尚书·秦誓》："若弗云来。"疏：员即云也。古本云作员。《诗经·出其东门》："聊乐我员。"释文：员一本作云。《诗经·玄鸟》："景员维河。"注：员，古文作云。释文：员音云，平声。这些文例均可证明，员、云二字古可通用。

《左传》:"黄帝氏以云纪,故为云师而云名。"

《史记》:"官名皆以云命,为云师。"集解引应劭语:"黄帝受命,有云瑞,故以云纪事也。春官为青云,夏官为缙云,秋官为白云,冬官为黑云,中官为黄云。"又引张晏语:"黄帝有景云之应,因以名师与官。"

据《山海经》,黄帝之国名叫"朝云之国"。而黄帝的音乐名叫"云门"之乐,又叫"云门大卷"之乐❶。

在古神话中,还有如下的说法:"华盖黄帝所作,与蚩尤战于涿漉之野,常有五色云气、金枝玉叶,止于帝上,有花葩之象。故因而作华盖也。"(《古今注》)文中的"金枝"显然是日光的意象,而"玉叶"则正是白云的意象。

古昆仑山和泰山,在传说中正是著名的"云山"。

《山海经·海内经》:"流沙之东,黑水之间,有山名不死之山。"郭璞注:"即员丘也。"郭璞另释"不死民"一词说:"员丘山上有不死树,食之乃寿,亦有赤泉,饮之不老。"

《山海经·海内西经》则说:"海内昆仑之虚在西北,帝之下都……不死树。"

说不死树长在员丘和昆仑山上。实际上,"员丘"即"云丘",亦即轩辕(玄云)丘,正是黄帝之宫所在的昆仑山。

而泰山与昆仑山一样,也是一座云山:"万物之始,阴阳之交,触石肤寸而合,不崇朝而遍雨天下,惟泰山乎!故为五岳之长耳!"(《后汉书》注引《风俗通》)

泰山山高多云,云形混沦,古人认为云就是天体。这可能是泰山、昆仑山得名的又一个原因。云絮色白如玉,所以在古人的传说中,泰山、昆仑山别名玉山,并且相传二山中多玉。至今日泰山侧仍有山名叫长白山。《山海经·东山经》:"又南三百里曰泰山,其上多玉,其下多金。"而昆仑山则别号群玉山❷。据说"其中多白玉,是有玉膏,其源沸沸汤汤。黄帝是食是飨"(《山海经·西山经》)——请看这里所说的这种能沸沸扬扬的"玉膏",不是白云,又是什么呢?

---

❶ 见《周礼》及蔡邕《独断》。
❷ 《山海经》记西王母所居昆仑山别名玉山。郭璞注:玉山,"《穆天子传》谓之群玉之山"。

在古书中，轩辕、昆仑、泰山常通用而不分。

《庄子·至乐》："昆仑之虚，黄帝之所休。"

《史记·五帝本纪》："黄帝居轩辕之丘。"

《韩非子》则称："黄帝合鬼神于泰山之上。"

由此足证，昆仑山、轩辕丘、泰山，实际是同一座山。

在古传说中，黄帝出生于山东寿丘，后迁河北涿鹿，最后还乡定居于曲阜。《帝王世纪》等书说，轩辕之丘"在鲁城（曲阜）东门之北"（《史记正义》引）。由这一地理位置看，黄帝故乡的"轩辕之丘"，也确实正是在今日的泰山之上。从考古学和文化地理学角度看，中国新石器时期文化遗址最为稠密的地区，当推陇山以东、陕西中部渭河流域、太岳山以南、山西西南汾河下游和中条山南北、嵩山西北、河南的伊洛河上游、太行东南、河北西南部和河南省西北以及山东济水流域。这个地区的地理因素和气象条件，今古差别甚大❶。现在河流稀少，湖泊绝迹。而在那时，河渠密布，湖海星列，仿佛今日江淮之间。地势平坦低下，气候潮润多雨，林木茂盛。平原中散布土丘，成为人口聚邑天然所在。河网无大水而有利于交通。这就是这块中原地域成为古代华夏文明中心的天然原因。

---

❶ 参见史念海《由地理的因素试探远古时期黄河流域文化最为发达的原因》一文。

长生殿与生殖神崇拜

【导读】

在本文中,何新指出史学前辈陈寅恪先生关于长生殿和长恨歌论说的一个重大错误(参阅陈寅恪《元白诗笺证稿》)。何新进而考证了唐代"长生殿"与秦汉"寿宫"、先秦"闷宫"的关系,指出此类宫殿实际是承自上古高禖女神神宫的一种特殊神殿。而此殿中供奉女神的女巫,实际是媚神的神妓。

一

白居易《长恨歌》中,有关于唐明皇与杨贵妃爱情故事的两联著名诗句:"七月七日长生殿,夜半无人私语时。在天愿作比翼鸟,在地愿为连理枝。"

这两联诗千百年来脍炙人口。但是,已故唐史家陈寅恪从典章礼制的角度对这两联诗提出质疑。他说:"此诗所咏乃骊山华清池长生殿。据《唐会要》此殿别名集灵台,是祀天神之斋宫。神道清严,不可阑入儿女猥琐。""据此,则李三郎(唐明皇)与杨贵妃于祀神沐浴之斋宫,夜半曲叙儿女私情。揆之事理,岂不可笑?"也就是说,他认为在长生殿这样一个庄严的神殿中做儿女私情活动,是绝不可能之事。

但为什么白居易会犯这个错呢?

陈寅恪说,这是因为唐代长安还有另一座"长生殿"。此殿在长安而不在骊山,乃是帝王寝宫。白居易写此诗时尚年轻,"不谙国家典故,习于世俗,未及详察,遂致失言"(《元白诗笺证稿》)。这一断案,看起来很有道理。以现代人而指出唐人咏唐代史事之错误,真是石破天惊,一举而发千古之覆!但殊不知,这一断案本身是错的。在这里，实际上蕴含着中国古代文化史上一个重大的秘密。

二

陈寅恪错在哪里，要从"长生殿"的由来说起。原来长生殿不是一种普通的宫殿。它在中国古代文化中具有一种特殊的功能。为了说清这一点，我们不能不先谈谈汉武帝时所建的一处宫殿——益寿馆。

《史记》记载，汉武帝有一座行宫名叫甘泉宫。甘泉宫中有一座神殿，名叫"益寿馆"。简称"寿宫"，又称"斋房"。馆前有一座台，名"通天台"。据《汉书》所记，汉武帝是一位非常迷信神仙之事的皇帝（"帝于淮南王之后，颇信鬼神事"）。而他所建的甘泉宫，既是他的行宫，又是他的祭神之宫。益寿馆和通天台，则是甘泉宫中最重要的建筑之一。

这座宫中供奉着一位女神名叫"神君"。据《史记》《汉书》，汉武帝经常在此斋戒、祓禊、停宿和迎候女神。据说女神每次降临都在深夜，到黎明时即飘飘归去。《史记》记这位神君，普通人"非可得见，闻其音，与人言等。时去时来，来则风肃然也。居室帷中。时昼言，然常以夜。天子祓，然后入。因巫为主人，送饮食……神君所言，上使人受书其言，命之曰'画法'。其所语，世俗之所知也，毋绝殊者，而天子独喜。其事秘，世莫知也"。

了解中国民间宗教和风俗的人不难看出，汉武帝寿宫中所使用的这种迎神方术，即所谓"画法"，其实就是中国民间流行颇广的降神扶乩巫术。法与符，是一音之转。所谓画法其实就是画符。据研究，其方法是：上支木架，下铺沙盘。在木架子上吊一根棍儿。以两童女扶架，让棍儿在沙盘上画出字句。此字句即神的指示。扶乩场称鸾堂或鸾台。降神巫师称鸾生或鸾童，多由妇女担任。

又据《史记》云，甘泉宫中多有女巫——晋巫、荆（楚）巫、梁巫、胡巫。女巫为汉武帝请下凡间的这位神君，究竟是什么人呢？此事未记著于正史，却广泛流传在汉代小说家的笔下。原来那位神君，就是著名的西王母。

"甘泉王母降。"（《北堂书钞》引《幽明录》）

"武帝接西王母，设珊瑚床，又为七宝床于桂宫。紫锦帷帐。"(《类林》杂注引《西京杂记》)

桂宫本是月宫之名。但在这里，它成了长安城中一座皇宫之名。据《汉书》，桂宫又名"飞廉桂馆"。飞廉，其实就是飞鸾，是中国神话中有名的通天使者，别名又叫青鸟，其真相有人说是凤凰，有人说是燕子，但也有人说是喜鹊。这两种鸟都是报春鸟，即春之使者，又是爱情的象征，在古代诗文中经常可以读到。但在另一些汉代小说中，汉武帝会见西王母的场所并非在长安桂宫，而是甘泉宫的益寿馆和通天台："武帝起寿灵坛……至夜三更，闻野鸡鸣，忽如曙，西王母驾云鸾，歌'春归乐'谒。"(《洞冥记》)

寿灵坛，就是益寿宫通天台的别名。更详细也更耐人寻味的两则记述如下。

"汉武帝好仙道……西王母遣使乘白鹿告帝当来……七月七日夜漏七刻，王母乘紫云车而至于殿西，南面东向，头上太华髻，青气郁郁如云，有三青鸟如乌大，立侍母旁……王母索七桃，大如弹丸……唯帝与母对坐，其从者皆不得进。"(《博物志》)

《汉武帝内传》则记西王母真美人也。容颜绝世。下车登床，武帝跪迎，命武帝共坐。王母赐仙桃。命随从女使歌舞。武帝请授长生之术，王母遣侍女告以秘术。至明旦，王母别去。

请注意，汉武帝与西王母秘坐"对食"，在古代乃是两性关系的隐语。

"对食"，又记作"唯姿"，是"姿唯"、"孳尾"的同一语。《汉书·赵皇后》引应劭注："宫人自相与，为夫妇之道，名对食。"

我们可以把汉武帝会西王母故事与《史记》中汉武帝会神君的史实，以及民间流传的扶乩降神术相互比照一下，不难看出，这三者的深层结构实际是相同的。

鸾，青鸟是使者，女巫是迎神人。下降者是一位女神。

女神传授于汉武帝的长生术究竟是什么呢？参照《史记》和《汉书》记述，我们可以断定，这种秘术其实就是"房中术"——中国古代流行的一种男女秘戏之术。行这种秘术时，往往还配有神秘的音乐，即《汉书》中所说的"房中乐"。"房中乐"别名又叫"寿人"之乐，由此可以进一步看出它与益寿馆的关系（见《汉书》）。据记载，这种房中乐是上古时代一种名叫"清庙"的神宫中的专用乐曲。

现在，让我们再回过头来看白居易的《长恨歌》和陈鸿的《长恨歌传》中所记述的唐明皇杨贵妃事迹。

不难看出，这个故事的原型，几乎可以说是汉武帝会西王母故事的翻版。

1. 时间相同，都是七月七日。《长恨歌传》："秋七月，牵牛织女相见之夕。秦人风俗，是夜张锦绣，陈饮食，树瓜华，焚香于庭，号为乞巧。"试问牛郎织女会于何处？民间传说为鹊桥。鹊桥是由喜鹊搭成的。而喜鹊却正是青鸟——鸾的一种变形。这不也是很有意思的事吗？

2. 地点相同，唐明皇杨贵妃幽会于骊山长生殿。不难看出，唐代长生殿其实就是汉代益寿馆的变名。最有趣的是，如果唐代长生殿有两处，一在骊山、一在长安，那么汉代益寿馆也恰有两处，一在甘泉、一在长安，亦即"桂馆"（我曾论证，西王母就是中国的月神，即牵合男女爱情的高禖神——月老。所以桂馆以月宫为名恐怕不是偶然的）。

3. 建筑布局相同，唐骊山长生殿前有"集灵台"，汉益寿馆前也有一座"通天台"。

由此看来，七月七日，唐明皇与杨贵妃谈情说爱于骊山长生殿前（无论是仅作为诗人的一种艺术想象还是真实的史实），不仅于典有证，而且完全合于长生殿这一特殊神殿的功能。因此诗人白居易并没有错。相反，倒是历史学家陈寅恪只知其一，未详其二。

三

然而，陈寅恪做出上述的断案，并不是偶然的。宋明以后道学家用他们的价值观来看待男女爱情特别是两性关系，把它视为一种伦理禁忌，一种可耻、不洁和渎神的人类行为，这种价值观是导致陈寅恪做出上述误断的原因。

殊不知，在中国上古以至秦汉，甚至直到隋唐时代，中国人的两性观念中，虽然存在着一些与神秘宗教观念有关的性禁忌风俗和族内婚的伦理禁忌，却同时流行着一种颇为开放的两性文化，对未婚男女来说更是如此。这种开放的两性文化，一方面体现在每年三月三日踏青和九月九日登高，这实际是两次盛大的男女野外节日（社日）。其间，"奔者不禁"。按，此奔训作朋，"朋者不禁"即未婚男女可以自由聚会和结合。另一方面，这种开放的两性文化，又体现在古代女神宫殿的通神幽会中。这种幽会，具有多方面的宗教文化含义，既是祈祷多子、祈祷丰收、祈祷风调雨顺的巫术，又是一种奇特的宫廷神妓制度。那些侍奉女神的巫——古书中称为"神女""尸女"或"女须"（胥、儒），她们在祭祀时以歌舞娱神（这种歌舞神妓乃是古代乐府妓乐制的真正起源）。同时，她们也是不仅能降神、代神传谕，而且可以作为神媒，行阴阳采补之术而赐人福寿的神妓。

唐代长生殿，不仅在名称上保留着古代"寿宫"的含义，在功能上，作为高禖女神宫，也具有祈多子和长寿的含义。而这种"寿宫"在先秦各国以方言不同而分别称作闷宫、秘畴、青（清）庙或春台。在晚近的宋元以后，则演变为各地的娘娘庙。当然，由于两性伦理和价值观的迁移，唐代以后的这种神宫已经越来越少有公开的神妓了。

《前汉书·地理志》："始桓公兄襄公淫乱，姑、姊、妹不嫁。于是令国中民家，长女不得嫁，名曰巫儿，为家主祠。嫁者不利其家，民至今以为俗。"并参见《春秋公羊传注疏》："齐俗，妇人首祭事。"

《战国策》记齐人曾向田骈言道："臣邻人之女，设为不嫁，行年三十，而有七子。不嫁则不嫁，然嫁过毕矣。"

此种以长女献于神庙为巫儿的风俗，实际就是一种神妓制度。

历史和典籍表明，中国古代的这种女神宫，只设有女性神主（寿君、瑶姬、西王母、碧霞元君或太阴神）。这位女神往往又是某一部族的女性始祖。例如《诗经·周颂》中"闷宫"一篇，就是祭祀和赞美周人姜原的颂诗。这种神宫的建制，往往采用"前殿后寝"的方式，因此既是神庙，同时又是寝堂、卧室（《吕览》高诱注）。正因为此堂中可以行男女交合之事，所以上古又名"合宫"。其实，《楚辞》中的巫山高唐（台）神女（名瑶姬，居朝云馆），应是楚国的这种神妓，而无论是帝喾之女吞燕卵生子的故事、楚襄王游云梦遇神女的故事、汉武帝会西王母的故事、曹植洛水遇宓妃的故事，以及唐明皇杨贵妃长生殿的故事，还有李商隐《无题》中的多首诗篇，作为一种古老的艺术作品，其事迹虽不必指实，但就深层结构看，所蕴含的都是相同的文化原型。

最后还应指出，这种女神宫由来之古老是惊人的。1983年至1985年，辽宁牛河梁红山文化遗址发现了一座5000年前的大型女神庙。据发掘报告记载：

> 庙址有一夯土大平台（长175米，宽159米）——这似乎是类同于通天台、神灵台或春台的台坛。平台南侧18米，有大型建筑残址，废墟中出土多个裸体着色的女神泥塑像，其形制与真人大小相仿。

如果我们说，属于新时期时代中后期的红山文化的这一女神庙，应是由先秦高唐（台）女神庙、宓宫、春台及春房，到秦汉的寿宫、益寿馆和唐代长生殿，以至宋元以下民间娘娘庙的宗教文化原型，庙中的诸女神，作为爱神、春神，就是中国的维纳斯——这一结论，恐怕未必很孟浪吧？

"中国"之名考古

中国之名，始见于周代文献。

学者王尔敏曾归纳先秦古书中"中国"二字的出现总数，共计一百七十二次[1]。统计其含义大致分为五类。

一、指京师。

如《诗经·大雅》："惠此中国，以绥四方。"

国之本义，有城郭、都邑的含义，所以"中国"可指中都——中央之都城，也就是首都、京师。

二、指国境之内，相当于"国中"。

如《诗经·大雅》"咨女殷商，女炰烋于中国，敛怨以为德"，所指即此义。

三、作为国号，指诸夏之邦。

如《尚书》："皇天既付中国民。"《墨子》："夫胡说中国之君子为而不已，操而不择哉。"《庄子》："计中国之在海内，不似稊米之在太仓乎？"

四、指中等国力之国。

如《管子》："以负海攻负海，中国之形也。"

五、指位于中央地区之国。

如《列子》："南国之人，被发而裸。北国之人，鞨巾而裘。中国之人，冠冕而裳。"

而在先秦典籍中，"中国"一名最多的意义是指诸夏之邦的中国。由此可见，早在秦汉统一以前，"中国"一名已成为华夏民族和地区的专称。追索"中国"一名的由来，其初义很可能是中央之城，进而演变为中都、中邦、中州，亦即位于中央之

---

[1] 参见王尔敏《"中国"名称溯源及其近代诠释》一文。

区的"中国"的概念。最后成为居住在这一区域的诸夏族的国号。在这一名称之后，实际上显示着一种文化和地理上的自豪感，即作为都邑之邦和天下中心的"中国"。此外，"中国"名号在先秦时代的出现，也表明了诸夏族在民族、文化以及地理上的一种认同感。对诸夏之邦冠以"中国人"的共称，表明了他们属于同一族类、同一文化，而具有类同的价值观念、生活习惯、语言文字与社会结构。

至于古代"中国"的地理位置，在先秦是指黄河中下游两岸至江淮地区的中原地域。而环列其外围的秦、楚、吴、越，当时尚都不在"中国"领域之内。至秦汉统一以后，随着新的大一统局面的出现，遂使"中国"的地理内涵大大地扩展了。不但秦治下的三十六郡均归入"中国"，而且东、南至于东海、南海，北至于长城山海关，西到流沙大漠，这一广大的区域，也都进入了秦汉人所说的"中国"范围。

图63 国宝何尊，制作于西周早期（距今3000年以上）。宝器通高38.8厘米，口径28.8厘米。1963年出土于陕西省宝鸡市宝鸡县贾村镇（今宝鸡市陈仓区）。

【附录1】

"中国"之名最早见于何尊

何尊是著名的西周重宝器，1963年出土于陕西省宝鸡市宝鸡县贾村镇（今宝鸡市陈仓区），是西周早期一名何姓贵族所制造的一件祭器。此器现在收藏于中国宝鸡青铜器博物院。

图64 何尊铭文

何尊内底有铭文十二行，计一百二十二字。所记述的是周成王要继承周武王的遗志，营建东都洛阳——成周之事。

此尊圆口，棱方体，长颈，腹微鼓，高圈足。腹足有精美的高浮雕兽面纹，角端突出于器表。体侧并有四道扉棱。造型浑厚，工艺精美。是国之重器，国宝级文物。

关于何尊的铭文，笔者综合前贤诸家对铭文的考释，并重新断句如下：

"唯王初迁，宅于成周。复秉武王，礼福自天。

"在四月丙戌，王诰宗小子于京室，曰：'昔在尔考公氏，克逨文王，肆文王受兹大命。'

"唯武王既克大邑商，则廷告于天，曰：'余其宅兹中国，自兹乂（驭）民。'

"呜呼，尔有叀（诸？）小子亡识（知），视（视，效也）于公氏，有愍（慎也，劳勉也），于天微（徽，美也）命，敬享哉！

"唯王恭（洪）德裕天，顺（训）我不敏。王咸诰何，赐贝卅朋，用作庚公宝尊彝。唯王五祀。"

笔者译文如下：

"当时成王开始迁都，建社宫于成周。复报武王，请求他从天上赐福。

"当四月丙戌日，君王诏命小宗子何到京师社宫，说：'过去你们祖先的公族，跟随文王，助文王承受了伟大的天命。'

"于是武王征服大商国，而后祭祀告于上天，说：'我的社宫要建造在中央之国，在此治理万民。'

"哎呀！你们这些小子还无知，应效法你们的公祖，敬慎努力，天会嘉勉好命，诚敬地享有它！

"全靠我们君王洪德齐天，训导我们这些不聪明的人。君王训示何伯，赐予三十朋宝贝，用以制作这个宝贵宗庙用的酒尊彝器。时在成王五年。"

据史书记载，西周成王时有营造新都洛邑一事。《尚书》："成王在丰，欲室洛邑。"《史记·周本纪》："成王在丰，使召公复营洛邑，如武王之意。周公复卜申视，卒营筑，居九鼎焉。曰：'此天下之中，四方入贡道里均。'作《召诰》《洛诰》。"

何尊铭文开头所说"唯王初迁，宅于成周"，这就证实周成王确实有营造新都洛邑（今洛阳）的事情。洛邑有两城，西为王城（王宫），东为成周（社宫），成周距王城十八里。移民工作是在成王七年（前1036）完成的，殷商族民全部居于成周周边，作为附庸以效力祀奉周宗社。

关于何尊铭文所提到的"中国"，许多现代人不知道这就是指"中国"。

《说文》："邦也。从囗从戈，以守一。一，地也。域，或又从土。"也就是说，"或"字的本义是城邦，也就是城国。甲骨文的"或"字是会意字，以戈象征武装力量，口字象征城国，而"一"字则象征土地。古文"或"字也就是后出的"域"字和"国"字的本来字。

图65 何尊铭文中的"中国"二字

所以，何尊所说的"中或"，亦即"中域"，也就是"中国"，指的是中央之国。洛阳成周，位置居华北平原中心位置，即所谓"天下之中"。故洛阳—成周在周代具有"中或（中国）"即"中央之城"的称号。

何尊作为西周的一件珍贵文物，在其铭文中第一次出现了"中国"这个名词。

此词在之后的历史中被不断引申、加强、诠释，最终从一个地理方城的概念，成为代表中华国家的政治概念，成为华夏民族和国家的代名词。这是一个重要的历史事件，值得考证。

【附录2】

何氏一姓起于何尊

关于何姓起源，目前主流说法以为"何"姓是源出"韩"姓之分支。"何，作为姓，源出于音讹，是'韩'的误读。"

据称，司马迁在《史记·韩世家》里记载，韩姓的先祖，出自西周王族、姬姓。西周成王的一位弟弟叫唐叔虞，他的一位后人被分封于韩原（现在山西省汾水以北，河津与稷山一带）这个地方，作为晋国的附庸。此人世称韩武子，名韩万。称韩是因其封地而命氏。至韩武子之三世孙名韩厥，自厥起，他和他的后代为韩姓。因此，韩厥是韩姓始祖，也是天下何氏第一人。

现在看，此谬说也。因为何尊的考释已证明西周之前早有以何为氏的公族（乃是姬姓的分族）。而小宗子何公，也就是何尊的作者，才是何姓的先祖。

海昏侯墓出土屏风新释

南昌西汉海昏侯刘贺墓出土的孔子屏风上有孔子图像及生平介绍文字。此次公布的孔子屏风局部照片上有六十余字,其中可辨认的有五十七字,分为五纵列,据有关学者释读如下:

"……字中(仲)尼,姓孔,子氏。孔子口(为)兒……

……也。鲁昭公六年,孔子盖卅矣,孔子……

……也,自口口(远方)多来学焉。孔子弟子颜回、子赣(贡)……

……六年,孔子六十三,当此之时,周室……

……南夷与北夷交,中(国不绝如缕)……"

这些语句虽不完整,但通过这些片段可以判断,整座屏风记载的是与孔子生平有关的内容,有些文字反映了孔子所处时代的背景。

有学者撰文认为,屏风上的文字披露了孔子的一些新信息。例如之前各种传世书籍都没有完整记载孔子的姓与氏,孔子屏风则明确写着孔子"字中(仲)尼,姓孔,子氏",将孔子的姓、氏、字完整记录。[1]

【编按,此说并不确然。何新著《孔丘年谱长编》:"孔丘乃殷商王族之后,子姓。孔父嘉封孔邑,故以邑为氏,孔是其氏而非姓。"海昏侯孔子屏风记孔子"姓孔,子氏",恰恰证实何说。】

更重要的是,考释认为,孔子屏风的第二列文字"鲁昭公六年,孔子盖卅矣"——"告诉了我们孔子三十岁时的准确纪年,由这一时间节点可以推算出孔子的

---

[1] 参见王楚宁《海昏侯墓孔子屏风浅释》一文。

图 66 海昏侯墓出土的孔子屏风

图 67 屏风上的这个字疑似"六"字或"廿"字

图 68 隶书"廿""六"形似，极易互讹

生年为鲁襄公七年（前566）。孔子屏风记载的孔子生年比《春秋公羊传》和《春秋穀梁传》记载的生年早十四年，比《史记·孔子世家》记载的孔子生年早十五年。"（此说并不确然。其实廿字可以写成一横两竖，隶体竖变撇捺，看起来就像六。孔子屏风书写者既有可能写的是廿，也有可能抄错成六。）

屏风上之原字我未亲见。但是隶体廿、六的形极近似，易互讹。而屏风所录语句"鲁昭公六年，孔子盖卅矣"，原文出自《史记·孔子世家》"鲁昭公之二十年，而孔子盖年三十矣"。按昭公二十年即昭公廿年，正如屏风将孔子之年三十记为年卅。

孔子屏风所记之"鲁昭公六年"当读为"鲁昭公廿年"，"六"乃"廿"之误读或者工匠讹写，绝非"六"也。

《春秋穀梁传》及《春秋公羊传》均记录孔子生于鲁襄公二十一年。《史记》则记录孔子生于鲁襄公二十二年。至鲁昭公廿年，孔子适值三十岁。如果认为鲁昭公六年孔子已经三十岁，那么《春秋》《史记》中的全部孔子纪事以及有关春秋纪事都将被颠覆了。春秋史以及《史记》中许多与孔子相关史事内容均应当推翻改写。岂有此理？！

【关于孔子出生日期最早的记录来自《春秋公羊传》：襄公二十一年"十有一月庚子，孔子生"。稍后成书的《春秋穀梁传》中记录孔子生年为：襄公二十一年"冬，十月庚辰朔，日有食之……庚子，孔子生"。而《史记·孔子世家》记"鲁襄公二十二年而孔子生"，还明确记载孔子三十岁的纪年："鲁昭公之二十年，而孔子盖年三十矣。"现存的几种孔子生年的说法不过相差一年（是由于太初历与先秦鲁国历法的转换讹算）。但若按照孔子屏风读廿为六的推算，则孔子的生年比所有史籍记载的都要早十四五年。这显然是说不通而且不可能的！】

马王堆帛画新释

湖南长沙马王堆汉墓（一号墓）出土的西汉帛画，是一件重要文物。图画形象地绘写了秦汉时代中国人的神话、宗教思想。但自出土以后，虽经多家考释，至今未见达诂。兹综合前人成果，参以己意，试作新释如下。

帛画自上到下可分作三层：天界（上）、人界（中）、地下世界（下）。

应当指出，这种空间结构的三分法，实际也是时间结构的三分法。地下界象征死亡和过去，人间世象征现实，而天界则象征未来。主司这三界的最高神就是在帛画中央最上方龙身蟠蜷的神——伏牺，也就是黄帝（旧或说为女娲，不确）。在他身旁可以看到作为《山海经》中称作"帝使"的两组鸾鸟。

由图69中我们可以观察到月牙上方有蟾蜍和兔子。在月亮之下，可以看到一位女性的月神，她乘于飞龙之上，而以双手捧月。

这当就是《山海经》中所说的"浴月"之神常仪，亦即嫦娥。嫦娥也就是女娲，她所乘的翼龙即应龙。（《说文》段注释"浴"："飞乍高乍下也。"）在伏牺的右方有太阳，太阳中有一只乌鸦。太阳之下有龙和开着花的"若木"——扶桑。龙是驾日的工具，而扶桑中隐有八阳，与天上的一阳和太阳神伏牺相并正好为十只太阳。

但值得注意的是，图中看不到与嫦娥相匹的至上神太一，这显然是因为至上神与作为太阳神伏牺，实际上乃是同一个神。伏牺身下有二神骑怪马，以手牵绳，绳系一铎钲。这二神应就是《楚辞》中所记的大司命和少司命。而铎钲，在古代是传令的乐器。他们所乘骑的怪兽，状似马而身有纹，据《山海经·海内北经》："有文马缟身、朱鬣，目若黄金，名曰吉量。乘之寿千岁。"

又《说文》："䮷，马赤鬣缟身，目若黄金，名曰䮷。吉皇之乘，周文王时犬戎献之。"

《逸周书》："犬戎，文马而赤鬣缟身，目若黄金，名古（吉）黄之乘。"

《山海经》:"有文马,缟身朱鬣,目若黄金,名曰吉量,乘之寿千岁,吉黄之乘。"

【何新按:文马即今日非洲草原常见的斑马。商周时代西北方的犬戎部落曾驯养此马,并带入中原。迨秦汉时已绝灭,人们只能凭想象作图。又,吉量实际上也就是麒麟,吉、麒、量、麟四字均叠韵双声,故相通。】

应当指出的一点是,"吉量"转音又可读作"吉黄"。此兽快奔如飞,故有"飞黄"的异名❶。而凰鸟亦称作"飞黄",这样一来,二者遂相混淆。

在帛画中我们可以看到,天堂与人世的分界之处,有天门。天门处有守卫者,这就是后世的门神❷和《山海经》中作为"帝阍"的虎神神荼和傀神郁垒。他们身后的虎豹,就是《楚辞》中"虎豹九关"的虎兽。而在天门之下,我们可以看到三只有角而面如狐的怪形凤鸟,这就是"飞廉"。《三辅黄图》卷五:"飞廉,神禽。能致风气者。身似鹿,头如雀,有角而蛇尾,文如豹。"

图69 马王堆汉墓出土帛画(全景)

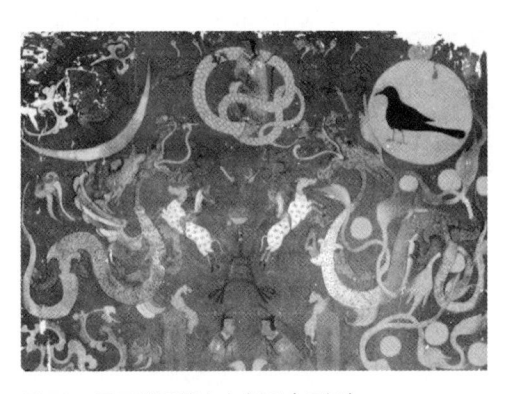

图70 马王堆汉墓出土帛画(局部)

---

❶ 《淮南子·览冥训》:"青龙进驾,飞黄伏皂。"高诱注:"飞黄,乘黄也。出西方,状似狐,背上有角,寿千岁。"
❷ 后世传说门神之制起于唐太宗时的尉迟恭、秦琼,甚谬。两汉魏晋墓中,墓门处早有立门神之制也。

按此所述飞廉神鸟之形，正是凤鸟、吉量（麒麟）的混合物。我们在讨论凤凰时曾指出，飞廉就是凤鸟，即风神（实际上，凤古音读如凡，正是飞廉二字的反切音）。而吉量本来是草原上所出的一种斑马，善奔。但后来其种灭绝，后人但知其名不见其形，遂据古传说而产生种种奇异的想象：

"有乘黄，其状如狐，其背上有角，乘之寿二千岁。"（《山海经》）

"乘黄者似骐，背有两角。"（《逸周书》）

"腾黄者，神马也，其色黄，王者德御四方则至。一名吉光，此马无死时。一名乘黄，亦曰飞黄，或作吉黄，或曰翠黄。一名紫黄，其状如狐，背上有两角。"（《龙乘》）在这里，作者不自觉地将古代神话中三种不同的灵物混淆在一起，它们是：（1）吉黄——斑马；（2）翠黄（翠凰、青鸟）及紫黄（紫凰、丹朱），均是凰鸟；（3）腾黄——腾蛇或腾龙❶。

关于后者，在出土文物中尚可见到一具实物，见图71：

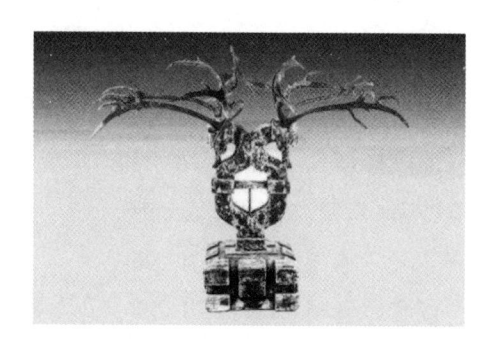

图71 江陵天星观1号楚墓出土的镇墓兽

这两个有鹿角的怪蛇，可能就是腾龙或腾蛇。

在吉量—飞黄—飞廉的演变故事中，麒麟一名属于最晚出的。《说文》："麒，仁兽也。麋身，牛尾一角。"值得注意的是，古代传说中凤凰的形象中亦常常混有鹿的特征："天老曰：凤之象也，鸿前麟后，蛇颈鱼尾……"（《说文》）

---

❶ 腾或作螣。

此说实际上正反映了吉量、飞黄和麒麟形象的大混合。理解了上述的演变过程，我们就不难解释在战国出土文物中，为什么常常能见到一种头上生有巨形鹿角（或独角、或双角）的鸾鹤或怪鸟了。

在中层画面上我们可以看到，墓主人及其侍者站在盘结的云气上，正在龙和虎的导送下，直升天门。在墓主人的下方是方盘形的大地（地法复盘），死者的遗属正在大地上奏乐祭祀。我们还可以看到，作为死神使者的句芒（人面鸟身神）、玄武（鸱龟）和土伯。土伯撑持着天地万物，站立在两条巨鳌之上，巨鳌显然是作为海的象征。土伯身下的两个羊角怪兽，应就是《韩非子》和《吕览》中所说的鬼怪"商羊"〔按，商羊或作望羊，亦即方良、罔两或魍魉（据《燕京学报》第36期《古汉语里的俚俗语源》），乃恶鬼之名〕。应就是古籍中所说的"獖羊"或"坟羊"。《国语·鲁语》："土之怪曰獖羊。"《淮南子》高诱注："坟羊，土之精也。"《广雅·释天》："土神谓之獖（坟）羊。"坟羊又称"商羊""常羊"（《韩非子》《吕氏春秋》）。或作"夷羊""冥羊"（《淮南子》高诱注："夷羊，土神，殷之将亡，见于商牧野之地。"）。（按："商羊"又可记作"望羊"，乃恶鬼之名。）所以《周礼》中说："大丧，先柩，及墓。入圹，以戈击四隅，驱方良。"所逐者正是此物。

唯当指出者，是商羊似与殷商族具有特殊的神秘关系。它在商代风俗中似被看作吉兽，故"吉祥"一词从羊，美、善二字亦从羊，而且商器物中纹饰常用羊纹。但在周秦以后，羊的吉祥之意却发生了转

图72　汉瓦当中的有角鸟及楚帛画中的有角鸟

图73 商铜器：双羊尊

图74 长沙楚墓帛画《龙凤导引升天图》

变，《史记》引俗谚有"狠如羊"的说法，旧释者多不知此正与羊为土怪罔两有关。

而最可注意的是，远古风俗中有以羊作占验和裁决神判一说，即所谓"神羊决狱"。

"觟䚦者，一角之羊也。性知有罪，皋陶治狱，其罪疑者，令羊触之，有罪则触，无罪则不触。"（《论衡》）

"解廌，兽也，似山牛，一角。古者决讼，令触不直。"（《说文》）

"解廌者，如羊而一角，青色，四足，性知曲直。"（《路史》）

综上述，对图74我们可以作出这样的解释：墓主人（图中贵妇）的灵魂正在众神的导引下升入天界，而她的遗属则在地面盛陈鼓乐为之祈祷。所以，此图我们可以名之为"导引升天图"。

值得注意的是，以导引升天为母题的帛画，目前已发现不止一幅。长沙还曾出土两张战国时代楚墓陪葬的绢画和帛画。画面中亦绘有龙凤导引死者夫妇升天的图像。由此可以看出，于死者棺部覆盖画图，乃是古代的一种葬俗。《南史》记古葬礼，有"复魄旌旐"一制[1]。复魄，即招魂复魄。在古汉语中，人体之形称"魄"，精气称"魂"。（《左传》："人生始化曰魄，既生魄，阳曰魂。"

---

[1] 参见《文史》第十七辑许庄叔《复魄旌旐考》。

《太平御览》引《礼记外传》："人之精气曰魂，形体谓之魄。"）古人认为，人死后精魂出离于形魄。又引《礼记·檀弓》："骨肉复归于土，命也。若魂气，则无不之也。"古人认为，人死后必须招魂归来返魄，方能埋骨地下，否则魂即成为游鬼。《太平御览》引《礼记外传》："形劳则神逝……故升屋而招其魂神也……气绝而收其魂，使反复于体也。"

考古代丧葬招魂之礼，大体分三步。

第一步建明旌。（《礼记·檀弓》："铭，明旌也。以死者为不可别已，故以其旗识之。"）明旌的作用在于标识死者的身份。

第二步在死者屋上及四野招旗呼喊招魂复魄。《礼记·礼运》："及其死也，升屋而号，告曰：皋某复。"《周礼》："以乘车建绥复于四郊。"

第三步以死者生前形象绘于招魂旗旌，即"复魄旌旐"之上，以象征所招回之魂。最后将其覆盖于死者棺柩之上，埋葬于地下。这也就是马王堆出土帛画及长沙楚墓出土绢帛画的由来和功用所在。

王羲之《兰亭集序》写错字了吗

王羲之书法《兰亭集序》中有名句："怏然自足，不知老之将至。"

"怏（yàng）然"二字，《古文观止》异文作"快然"。因此，有自作聪明而好事者乃谓王羲之写错了字，把"快然"写作"怏然"，因为"快然"是快乐，而"怏然"则是郁闷不快的意思。

"怏"字确有不快、怨怼之义。《说文》："怏，不服，怼也。从心央声。"《增韵》："怏，情不满足也。"

但是殊不知，汉语历来有反义为训的情况，"怏"字及"怏怏"一词，除了怨怼不快的语义，也还有快乐、得意的训释。

《一切经音义》："怏然，心不伏也。"

不伏，也就是《说文》的不服。不服并不是不服气，而是心气之不伏，即心情不平静。心情不平静有两种情况：一是兴奋得意，即扬扬自得；二是气愤怨怼，即郁郁不乐。

因此不可片面地把"怏"的训释单纯理解为怼然不快。故《五音集韵》谓："怏然，自大之意。"以声训求之，所谓怏怏自大，亦即洋洋自大，亦即洋洋得意，而"怏怏"与"洋洋"语词音声相通。怏怏通洋洋，也通扬扬。所谓喜洋洋，也作喜扬扬。李渔《风筝误》："一任他喜扬扬争先鼓噪。"怏怏、洋洋、扬扬文字不同，都是形容意气不伏、不服、不平的相通语族。

由此可知道《现代汉语词典》解释"怏怏"一词云："形容不高兴的样子：～不悦。形容自大的样子：～自足。"这两种貌似相反的解释和义项都是正确的。

【反义为训即反训，语言中同一字词有相反的含义，即古人所谓"美恶不嫌同名""美恶同辞"。《说文》："乱也。一曰治也。"《尔雅》："故，今也"。】

还应当指出,"快"字隶变之初,字形从"夬",古文作"叏",与"快"字所从之"央"截然不同。二者字形也区别甚大,并不相似,所以王羲之不可能写错字。

【夬即叏,本义为射箭钩弦用的扳指。】

因此,王羲之书法《兰亭集序》中"快然自足"的"快然"二字,不是错字。相反,多种异文本的"快然自乐",才是以讹传讹、妄改古人语的错字。

清代训诂学的最大成就,就是以语音和语言为本原而寻求字词的语源。不死抠而拘泥于文字的字形。因为文字是语言、言语和口语的记录,所以词义来源必须要从语源学寻求解释才可信。

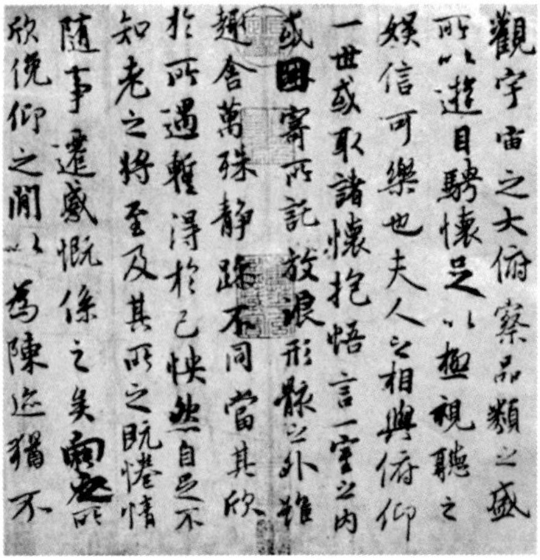

图75 《兰亭集序》局部

对"心"与"囟"字的千年误读

《说文》在唐、宋两代曾经经过李阳冰、二徐的大规模改编，故今日所见非汉代许慎的原本，许多文字解说早已偏离古意。

例如今人都以为"心"字的本义是人的心脏，就是指人体内主管血液循环的那个器官。

而孟子曾曰："心之官则思。"于是后人遂以为，中国古人不懂人体解剖和生理，竟然无知如此，不知道人的思维器官是在脑部而非胸膛里的心脏。

其实，发生这种误解的根源是秦焚书之后，汉代人对两个同音形近的字——"心"与"囟"发生了颠倒性的误读和误解。

据今本《说文》："囟，头会，脑盖也，象形。"此字的字义似乎是指人的头脑。

但是实际上，从囟字的古字形（见图76）看，这个字并不像人脑骨。这个字的古字形体与人的心脏很接近，可知"囟"字实乃人类心脏的象形字：

图76 "囟"字古字形

对比人类的心脏图（见图77），可知"囟"字的古字形以及字义，实际都是描写人的心脏。

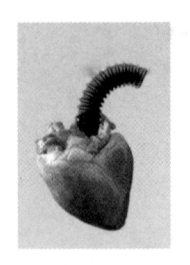

图 77　人类心脏图

而"心"字，今本《说文》则说："人心也。在身之中，象形。"

但比照"心"字的古字形，这个字完全不像人的心脏。对于这一点，历代文字学家早就发现，曾试图曲为之解，但都无法讲通。

其实，"心"字之象形并非人的心脏，而是人的头顶骨、脑部（字形像小儿的脑顶骨缝）。见图78：

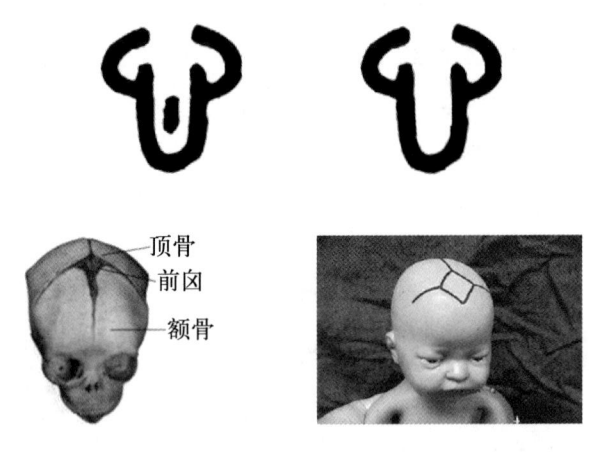

图 78

以故可知，《说文》所言"囟，头会，脑盖也，象形"是错误的，应当改为："心，头会，脑盖也，象形。"

而《说文》所言的"心，人心也，在身之中，象形"也是错误的，应当改为："囟，人心也，在身之中，象形。"

换句话说，"心"与"囟"这两个字的字形和字义在今本《说文》中被完全搞反了。

心、囟二字的读音相同、字形近似。因之很可能是在汉代文字由篆体隶变时，这两字的字形及字义发生错讹而相乱（类似情况《说文》中还有不少）。于是后人遂读本义为心脏象形字的"囟"为人的脑囟，以为囟部即脑部。如出于汉代的《素问》："头脑户痛，延及囟顶发热。"而本来是作为描写人类的头顶骨之象形字的"心"字，则被错读为心脏之心。

总之，孟子所说的"心之官则思"——本应当就是指人类头脑的官能是思维，心即心灵，在人的头顶上，乃是人之意识和灵魂之所在。

而"囟"字的先秦本义则是指主管血气输运的心脏，汉代以后，才变成脑的名称。

但是汉代以后的浅薄人则以为思维的器官也是心脏，由是遂发生了认为古中国人不懂生理而以心脏为思维器官的千古谬说。

错误的不是秦汉以前的古人，而是宋明以下不再懂得先汉古学的后人和今人。

被庸医误解多年的"肾"和"补肾"

古医学有两个关键字被误读千年。一为指人脑正中央的"囟"字,被误读为"心"。例如《孟子》语"囟之官则思"的篆书"囟"字,汉代隶变后错写为"心",因此被千年误读。以致汉唐以后国人发生荒谬误解,以为人类的心脏是思维器官——似乎人类是用"心"思考的。

另一个最荒谬的误读即为"肾"。中医常讲肾虚、补肾,这个"肾"字,或被说为一并无实体、子虚乌有,但神乎其神的神秘所在,或被实指为人体排尿器官之肾脏。古中医学说认为肾能生精,而与性能力有关。

而西医则认为此论纯系胡说,毫无道理,认为中医不懂解剖学。因为西医之所谓肾,是人体解剖学中所指的腰部双肾,即人体内的两个肾脏,这是纯粹的排水、排尿器官,与生殖系统和性能力毫无关系耳。

故西医认为,中医理论多有诸如此类概念混乱、定义不明、不知所云的形而上的混扯。

殊不知,古中医所说的肾,并不是排尿器官的两个肾脏,而是指"肾囊"即"阴囊"。对男子来说,肾器是指左右两个睾丸。

《素问》:"肾者作强之官,伎巧出焉。"所谓"作强",即指阴茎的勃起,所谓"伎巧",指做爱。

《礼记》:"孟冬之月……其祀行,祭先肾。"祭祀"先肾",谁也?就是祭祀生殖器之神。《礼记注疏》:"阴位在下,肾亦在下。"阴指阴气,肾位在人体下端,即睾丸所在也。

睾丸是男人最重要的性器官,它制造精子,分泌雄激素,是男人为男人的根本。所以古中医称睾丸为肾,亦称"肾元",其外包则称为"肾囊"(亦称阴囊)。

所以古人认为肾器能产生精液及精子,这是指睾丸所在的功能而非指排尿器官的肾脏。

从人体解剖学观点看："肾囊是一个皮囊，位于阴茎后面，有色素沉着，薄而柔软，中间有一隔将阴囊分为左右两室，每个室内有睾丸、附睾、输精管。"至于女性之肾，则指与男性睾丸、阴囊对应的卵巢、子宫。卵巢称"胞"（盖球状物，古语多称 bāo 或 pāo），子宫则称胞宫。

众所周知，生人始于精子与卵子，此即人之本元。而精子、卵子则出于肾府，即男性的肾囊与女性的胞宫。《素问》说："肾者主水，受五脏六腑之精而藏之，故五脏盛，乃能泻。今五脏皆衰，筋骨解堕，天癸尽矣，故发鬓白，身体重，行步不正，而无子耳。"又说："女子七岁，肾气盛，齿更发长。二七而天癸至，任脉通，太冲脉盛，月事以时下，故有子。""丈夫八岁，肾气实，发长齿更。二八，肾气盛，天癸至，精气溢泻，阴阳和，故能有子。"

由此可知古医学认为：肾，为男女生殖器官之本元，所以能聚"五脏六腑之精而藏之"，其功能则是"生子"。所谓"泻"，不是排泄，而是性交之隐语耳。

所谓"肾气"，则指与性激素（荷尔蒙）分泌有关的性能力。所谓"天癸"，指男性的精液与女性的月水。所以，"肾气盛，天癸至，精气溢泻，阴阳和，故能有子"。

今本《说文》云：肾，"水藏也"。（按，"水藏"二字的字义颇模糊，可以指作为精液所聚的阴宫，也可以指作为排尿器官的腰肾。）但是今日所见《说文》并非汉代古本，而是唐人改本。徐锴曰："按肾主智藏精，皆水之为也。"他已经将肾脏的排尿与睾丸阴囊的藏精两个功能相混淆。

三国刘熙的《释名》说："肾，引也。肾属水，主引水气，灌注诸脉也。"也是模糊之说。

倒是三国魏张揖的《广雅》解释肾字语源："肾，坚也。"肾元能主（生殖器）坚挺，尚不失古意。

综上述，古中医所谓肾，是指男性女性生殖系统的核心器官——睾丸与卵巢，而不是指人体内之排尿器官的肾脏。古中医有关肾虚以及补肾的说法，都与此有关。

然而，近百年以来，这个"肾"字被普遍误读和误解。

古经新考

《易经》及八卦爻辞的起源

一

　　《易经》是一本神秘之书。其神秘首先是由于其来源的神秘。

　　关于《易经》的起源,《系辞》中有一个重要的说法,认为《易经》起源于上古包牺时代的结绳记事:"上古结绳而治,后世圣人易之以书契。"又云:"古者包牺氏之王天下也,仰则观象于天,俯则观法于地……于是始作八卦,以通神明之德,以类万物之情。"

　　易辞中的这段话人们耳熟能详,但其真义,历代治《易》者未能解释。问题在于,所谓"结绳而治"——以及人们常说的"结绳记事",其究竟与《易经》以及八卦有什么关系?实际上,所谓"结绳而治",不是讲政治(以结绳治理国家,那是讲不通的)。所谓"治",乃是"志",志,记事也。结绳而治,即结绳而志,即结绳记事。

　　关于上古结绳记事之说,自古有之,但这里特别值得注意的是关于结绳记事的方法及其与《易经》及八卦的关系。《说卦》:"卦者,挂也。悬索以示人。"《易纬》言:"卦者,挂也,言悬挂物象以示于人,故谓之卦。"指出"八卦"的本源似乎来自结绳记事。但怎样记事呢?

　　郑玄解释为,在绳索上,有大事打个大结,小事则打个小结。"事大,大结其绳。事小,小结其绳。"(《周易注疏》)

　　这就是说,结绳记事的方法,就是悬挂绳索,以绳结为符号,象征物象而示于人。这挂起来的绳索,就是"卦"(挂)。通常有八条绳索,因此亦称作"八索"❶或

---

❶《尚书注疏》:"八卦之说,谓之八索。"《左传》云:楚左史倚相能读"三坟,五典,八索,九丘(九州)",皆谓上古之遗书也。

"八卦"。于省吾说:"古称绳为索,八索即八条绳子。"

但是,由此就有几个问题:

一是,这种八卦的绳索与占卜及政治有何关系?

二是,八条绳索的八卦,与《易经》中作为八种记号的八卦有何关系?

对这两个问题,历代治《易经》者均未能说明,这里尝试作一解释。

古人结绳记事的方法,今已失传。"礼失而求诸野。"柳诒徵《中国文化史》云:"欲知太古结绳之法,当求之今日未开化之人种……古今人类思想,大致相等,惟进化之迟速不同耳。美洲之秘鲁,亚洲之琉球,皆有结绳之俗。吾国古代之结绳,当亦与之相近。"

二

16世纪,西班牙殖民者初到南美洲,看到这个国家广泛使用结绳来记数和记事,方法是用较细的绳子系在较粗的绳上,有时用不同颜色的绳表示不同的事物。这种记事绳有一个专名叫作"基普"(Quipu),印加时代的基普有的还保留到今天。这种结绳制度在秘鲁高原一直盛行到19世纪。

在琉球的首里、八重山诸岛等地,至今还在使用这种结绳记数的古老方法。

学者林尹指出,我国上古之有结绳,是很可信的。据严如煜的《苗防备览》及若林胜邦的《涉史余录》记载,苗胞、琉球同胞也有结绳为记的风俗。在非洲、美洲,也发现土人有结绳记事的事实。我们可以说,世界各地民族在未有文字之前都有结绳助忆的阶段。

关于我国苗族与琉球及秘鲁结绳记事的方法,有关记载如下:"苗民不知文字,父子递传,以鼠、牛、虎、马记年月,暗与历书合。有所控告者,必倩士人代书。性善记,惧有忘,则结于绳。为契券,刻木以为信,太古之义犹存。"(严如煜《苗防备览》)

《涉史余录》指出,琉球所行之结绳,分指示及会意两种。凡物品交换,租税赋纳,用以记数者,则为指示类。使役人夫,防护田园,用以示意者,则为会意类。

材料多用藤蔓、草茎或木叶等，今其民尚有用此法者。

"秘鲁土人曾用一种最完全之结绳方法，名为结子。凡人民之统计、土地之界域、各种族及兵卒之标号、命令之宣布、刑法之制定，以及死者之墓志，莫不赖之。甚至由远省来者，无论观风进贡或宣战等，必须带结子以为通告之符信。其法以一主绳系有定距离之各色绳子。于各小绳上，因事之种类，而各异其结，且以各种颜色以代表等等事项。如红色代表军事及兵卒，黄色指明黄金，白色表明银及和睦，绿色象征禾谷等类。又单结表示十，双结为二十，重结为百，二重结为二百，馀类推。古秘鲁各城中皆有专门讲解结子之官吏，名为结子官。此种官吏对于结子讲解之技艺极为娴熟，惟须借口语之助，始能将意思达出，现今秘鲁南方之印第安人，尚有精通古代所遗留之结子者。"❶

概括而言，"结绳文字"的主要部分是一根粗绳，连着一些带有大结小结的细绳，细绳和结的数目、大小、位置和颜色都含有一定意义。例如，细绳不带色就用来记数或者用来记住有重大意义的日期，有颜色的细绳用来表示更复杂的信息。例如，黑色表示死亡、灾祸、战争，白色表示和平，黄色表示金子，绿色表示五谷。美国史学家 G.la Vega（其母出生于印第安）记印第安人的结绳方法谓："为了表示战争、徭役、贡赋，使用不同的结绳。每一种结绳有许多结并系有不同色线——红线、黑线、白线等。我们用不同方式把英文中的二十六个字母排列组合以表达不同音素时，能够分清它们的含义。印第安人如我们所做的一样，他们利用结绳的不同排列及不同颜色而表示不同的意义。"

据报道，结绳方法实际上遍及世界各地，不仅古代中国、印加帝国、希腊、波斯、罗马、中东地区都有记载或实物标本，和中国早期文明有渊源关系的古埃及字母及巴比伦楔形文字等亦与结绳有关。

由这些记载显示，人类在没有文字或者不知文字以前，关于生活中各方面的大

---

❶ 参见蒋善国《中国文字之原始及其构造》。《乾坤凿度》：☰古文天字，☷古壇地字，☴古风字，☶古山字，☵古坎字，☲古火字，☳古雷字，☱古泽字。但先秦古文字及甲金文、契刻符中均不见此类文字。高亨云："此以八卦为文字，汉人之说也。"纬书之说多存上古之义。此以二元符号"—""∧"组词即结绳符号，"—"为单结，"∧"为三结。单结三结，即天；双结之三，即地；其余可类推之。

大小小事情皆以结绳为记事方法，其作用与文字记事方法相同，俨然形成公认制度。先民生活在尚无文字或不知符号文字的岁月中，用结绳记事是公认的制度，亦即实质存在的习惯法（Customary law）。

值得注意的是，在进一步的演变中（由于结绳的复杂性及携带不便），印第安人的结绳方法后来逐渐演变为在木棍上契刻刻痕和记号的记事方法。所谓"上古结绳记事，后世圣人易之以书契"，书契就是在木棍上书写或契刻记号。

三

《易经》云："上古结绳而治。"唐李鼎祚《周易集解》引《九家易》："古者无文字，其有约誓之事。事大，大其绳。事小，小其绳。结之多少，随物众寡。各执以相考，亦足以相治也。"这说明以绳之大小及结之多少作为标记和符号，传递信息，记录事件。这种记事的方法，与印第安人的结绳记事方法非常相似。两相比照，可以使我们对于我国上古结绳而治有所了解。

殷之先人，有册有典。实际上，册与典都是结绳记事的产物。册，就是竹木简策。册、策、栅、筮（算）这几个字，在古汉语中音义相通。册的本义，是竹或木简，就是远古的记事工具，以细竹条或木条削成，连缀于一条绳索，事件则记于竹、木条上。竹策、典册显然是由结绳记事演进而来的。

《周礼注疏》："以简策书王命。"策，简也。

策、册字通，策（册）上所记之辞，就是史事。

《尚书》："史乃册祝。"

《尚书注疏》："史为册书祝辞也。"

杜预《春秋左传序》："大事书之于策，小事简牍（方板）而已。"释文：策，异本作册。

典字，字形为册在几上，书册陈布于几案，就是"典"。典其实就是远古的记事档案。《说文》云："典，五帝之书也。"

四

由册与典的由来，我们可以探知《易经》及卦爻辞的来源。

《说文》："索，草有茎叶，可作绳索。"索，即结绳也。每索系八结（结，古音与卦同），一结即一卦。八索，八卦也。每结与结间，系有六枚竹（木）简为记事，其辞即系辞，称为谣（歌谣），又称爻辞。爻字的本义，是绳索的绞接、绞索。爻、绞叠韵相通。绞编于绳索上的记事之辞，就是爻辞。

《左传》："启（继）以商政，疆（治）以周索。"周索，就是周易。"五帝时名八索。坤三索于乾而得三男，乾三索于坤而得三女，遂成八卦。八八相索，广生六十四。"（《广博物志》）

古结绳之法，今已失传，大体推测如下。

有两种结：一种结为单数结，称阳结；另一种结为偶数结，称阴结。

结自下端向上结扎。第一结称初，最上者称上。

8道索，每索上系8根绳，每绳上有6个结。

8×8=64

64×6=360+24=384爻（结）

在分为两组的8根（每组各4根）的绳子上，不打结代表阳爻，打结代表阴爻。后来有了象形文字，就把这种记事编码的图像刻画下来，此即"后世圣人易之以书契"的画卦。

应该指出，从信息论的观点来分析这种打结（∧）与不打结（—），实际正是一种二元编码系统。

莱布尼茨说，这恰恰是二进制算术，在这个算术中，只有两个符号：0和1。用这两个符号可以写出一切数字。阴爻就是"0"，阳爻就是"1"。

从信息论的观点看，莱布尼茨对《易经》符号的这种解释是非常有意思的，因为任何消息（事物）不管多么复杂，事实上都可以只用0、1这两个不同的符号组成编码序列来传输。只要在编码时将要传递的消息（事物）给定一个号码 i（$i=1, 2^n$）就可以了。因为0和1两个符号可以组合成无限大的任何数字。

在文字尚未发明的远古（传说中的包牺时代），先民采用这样一种编码组成的符号系统——结绳语言来传递和记录信息，并非不可能。

五

无文字时以结绳记事。所谓"记事"，首先是计时，悬绳为期，一事系一结汇集而成系。历法的本质是天文周期。天文周期即中国古代哲学所常说的"道"——天道。对这种天文周期的认识经历了不同的阶段。最早是结绳，后来是契刻，最后发展到观天象而计时。结绳的方法是最早的方法，从某一个夏天（或冬天）开始，每过一天在绳子上打一个结，一直到第二个夏天（或冬天）的来临。然后再从第二个夏天（或冬天）开始计算到第三个夏天（或冬天），如此等等，日积月累地做下去，人们就发现了一定的规律，那就是相邻的两个夏天（或相邻的两个冬天）其间所打的绳结数目差不多。这样，根据绳结的数目就可以大致预见季节的来临。这种结绳式的历法，甚至在20世纪初还被某些偏僻地方的民族采用。关于契刻，在19世纪末，在沙皇俄国的某些省份里，还流行着在木棍上砍记号的木制历法。当然，这种原始的历法是极其粗糙的，它所定年的长度与真正年的长度可以差到四五十天之多。

文字发明后，易之以书契，将记事契刻于竹木简片上，每日一记，所记即"日书"。以绳相连贯，将单片的竹木册（策），连之如栅（篱笆），其名即册。

一年而过，另置新绳。旧册撤去，置于几上，此即为"典"，所以世典亦可称世系。这就是典册的由来。每年编有一典，以一根经绳相系，系字别体记作"经"，又记作"继"。系、经、继是同源词。一典一经（系），这也就是经典的由来。所以经典起源于上古记事的竹册历史。《易经》经文也来源于记事之史。

六

20世纪以来，大批竹木简牍相继出土，一批古代历书及日书实物陆续呈现在世人面前。出土历书给研究工作提供了可信的第一手资料。

从编制形式来说，有学者曾将汉简历谱分为四种类型：单板横读月历谱、单板直读月历谱、单板直读简便年历谱、编册横读日历谱。形式不同，却都以实用为首要特征。其中编册横读日历谱恐怕最具代表性，如汉宣帝《神爵三年（前59）历谱》。这种历谱一般由31枚竹简编册而成，最右一枚从上到下连续书写一年的月份，其余30枚由右至左，顶端书写日期，每简一日，从一日到卅日，然后在各月该日内容中书写记日干支以及相应的历法（二十四节气、三伏、腊、建除、干支等），实际相当于一个表格，使用起来极为便利。敦煌石窟所出《北魏太平真君十一年（450）、十二年（451）历日》的形式，相当于汉简的简便年历谱。吐鲁番出土的《高昌延寿七年（630）历日》，其形式同前述汉简编册横读日历谱一脉相承。从现存材料看，汉至南北朝历日形制未起太大的变化。

七

由此我们即可以解开关于《易经》中遗留的一些重大疑惑。

关于爻及爻辞来源，《说文》曰："爻，交也，象易六爻头交形。"爻，初文乂。乂即结绳。绳结曰绞，"爻"正是绞绳的象形。爻辞又称系辞，即系于绳结上的记事之辞。

《系辞》："爻也者，效天下之动者也。"384是古年历法。360是整年日数，这种历数与古玛雅历法相似，为十月太阳历（1个月36日，10个月共计360日）。余24爻，或为闰，即殷甲骨文历法中之"十三月"。

古人云："上古结绳记事，后世圣人易之以书契。"可知最早记事的"史"是系于绳上。又参证以古文字：学，学习结绳（爻者，绕也，绞也）；教，教"子"结绳。所以《易经》正是系在结绳上的史事。

结绳记数，系辞记事，学即学习结绳，教即教授结绳。

结绳记事之终束法，即冬，即终，即穷，即尽（结）。

《史记》："《易》著天地、阴阳、四时、五行，故长于变。"

八

我们知道,《易经》的形成在传说中经历了三个阶段。

第一个阶段,伏羲—黄帝,太古历法天文八时(八节)计时及记事的时代。此即传说中的伏羲时代,结绳记事而作八索、八卦(经),这是起源。这种八索记事的方法,又经历"后世圣人易之以书契",将八索上的绳结符号转变为书面符号,刻之于竹简或木简的过程。这种刻符,是二元编码,即阳符为"—",阴符为"∧"。

第二个阶段,周文王时代,文王囚于羑里,以八卦为记日记之工具。很可能正是文王为记时日及大事的需要,而将八卦重叠为六十四卦,每卦六爻,共三百八十四爻。

64 × 6 = 384

384 = 360 + 24 (其中 360 是一年日数。24 是四季及二十四节气数。)

《史记正义》引古微书《合诚图》:"木火土金水各居一方,一岁三百六十日,四方分之,各得九十日。土居中央,并索四季,各十八日,俱成七十二日。"(此 360 日历法之遗迹,并见《管子》。)

爻数与历法数密合无间。一爻,一策,"策以记日",当与二十四节气(《夏小正》)同时代也。故三百八十四爻的出现,应设定于夏历二十四节气发明之后。

一爻为一日,并记其大事,占卜而预测。每日一卜,卜后则记其事以验之。记事即"史"["史"又为颁布月令(历)之吏]。这也就是各卦爻辞的起源。

第三个阶段,周公重新编录卦爻辞,并引进结合周初史事,以传教成王,使之学习历算,同时不忘历史。故《易经》中爻辞之来源盖有四类。

1. 古歌谣。

2. 结绳记事所系之辞,即为占验而作的记事(类如甲骨卜辞记事)。

辞系之于绳,以证验、占验结果。

3. 圣人加以重新编纂。

重新编纂者,一为周文王,二为孔子。

4. 系辞,亦即竹简之起源。

记事于竹木简片，一结一辞（一记事）。一结即一束，多束为一串绳结，称一系册，即一编，结即记。

九

《周易》的爻辞，即"谣辞"，皆是隐语。

沈括《梦溪笔谈》记："古之卜者皆有繇辞。《周礼》：'三兆，其颂皆千有二百。'如'凤凰于飞，和鸣锵锵''间于两社，为公室辅''……一薰一莸，十年尚犹有臭''如鱼窥尾，衡流而方羊。裔焉，大国灭之，将亡''……大横庚庚，予为天王，夏启以光'之类是也。今此书亡矣。"

易之爻辞，即谶辞（摇签）也。纬者，寓也。贞者，谶也，占也。二者皆为隐语、谜语。甲骨为史，周易为谶。纬书即寓言、谶书、预言。

筮起源于记事。古人认识到天道周期，认为人事当顺应天道之周期，记事成败系于日历，有事则考日历，而验其吉凶。日积月累，抽象之即"日书"及"月历"。在《礼记》则名曰"月令"。《礼记注疏》："名曰月令者，以其纪十二月政（贞／正）之所行也。"

卦辞、爻辞是周史官长期占辞的积薪式的记录。一卦或一爻中，辞义每不连属，叙述毫无通例。历时甚久，颇有断烂，故文字不免讹夺错误。

古代有卜筮资料存档制度。《周易》有"藏往知来""彰往察来"的功用。可见古人十分珍视筮辞——鬼神给人们的指示，每次占筮所得的筮辞，都由卜官谨慎地存档，每年年终还要把全年积累的筮辞整理一次，统计其应验情况，作为"察来"的参考。这种制度与商人对待卜甲卜骨的态度是一致的。时间越久，筮辞档案积累越多，人们为了参考方便，加以挑选编排，便形成《周易》的筮辞。这就是《周易》爻辞的形成途径。《易经》古有"三易"，《周易》之外的《归藏》《连山》，也可能是这样形成的。《归藏》之称明显地表示，其内容为所藏龟甲卜辞。

古代贵族进行卜筮，一般都留下记录以备考察。龟卜和骨卜的记录可以直接写刻在占卜用的龟甲和兽骨上（商周时代的"甲骨文"，绝大部分就是占卜记录），也可以另写在竹帛上。筮所用的工具应当是竹策，后来简化为蓍草等，但蓍草不适于书写，筮占的记录应该都是另写在竹帛上的。

《周礼·春官宗伯·占人》："凡卜筮，既事，则系币以比其命。岁终，则计其占之中否。"汉儒杜子春认为，"系币"是用帛记上古卜结果，"系之于龟"，郑玄则认为"币"指礼神之币，"命龟之事"和兆的吉凶，是另记在简册上而和币合藏的。《尚书·周书·金縢》记周公为武王疾病祷告先王，愿以身代武王，并为此进行占卜。占卜后，"公归，乃纳册于縢之匮中"。郑氏认为，周公所纳的册就是"命龟书"（龟书即《易经》）。

十

从湖北望山1号墓简文所记的占卜工具如"宝蓍""小筹"等来看，似乎当时主要是用筮或与筮相类似的方法来占卜的。龟卜大概使用得不太多，只是有时在筮过以后，再用"黄灵"重复占卜一次。《周礼》郑玄注只提到龟卜有册。《周礼》贾公彦疏补充说："即筮亦有命筮之辞及卦……不言可知。"这是正确的。望山1号墓竹简主要就是记录命筮之辞和卦的吉凶的。

这批竹简包含多次占卜的记录，可惜由于竹简残碎，没有一次占卜的记录是完整的。但通过残简的缀合以及对相关简文的参互比较，占卜之辞的格式大致可以看出来。通常最先记录筮问的日期，如"（郙客困）刍问王于栽郢之岁，荆尸之月，癸未之日"。不过并不是每次筮问都记年。例如简首完整的2号、9号简就不记岁名而只记月日。日期之后照例记某人以某种占卜工具"为××贞"。"贞"字以下是记所问事项之辞，即所谓命辞。以关于疾病的命辞为例，通常先举出病情，然后用"尚毋死""尚毋以其故有大咎"一类话结束。命辞之后是根据筮的结果判断吉凶之辞，可以称为占辞。占辞通常先说"占之吉"或"占之恒贞吉"，接着就讲"吉"的具体内容，如"不死""无大咎"等。绝大多数占辞还指出墓主仍然有祸祟，应该采取哪些措施加以禳除。

简文中有不少关于祭祀鬼神之辞，多数显然属于占辞，意思是说为了解除祸祟该用什么方法来祭祀哪些鬼神，或是说如果祸祟得以解除，应该如何答谢鬼神。但是其中也许有一些是祭祀鬼神的记录。

跟命辞紧接的以"占之吉"或"占之恒贞吉"开头的占辞，都不记占人之名。大概做出这种占辞的人就是问卦的人自己。有些占辞之后，又出现"某某占之曰吉"的话，这种占辞大概是由另一个人做出的。也有可能"某某占之曰吉"是"某某习之黄灵（或其他占卜工具）占之曰吉"的省文。

从现存竹简中的筮占日期看，这批简文似乎记录于分属两年的三个月份之中，即客问王之岁的刑尸之月（夏历正月）和爨月（夏历八月）以及齐客问王之岁的献马之月（夏历九月）。这两年估计是相次的。

根据贞问之事的内容，这批卜筮记录的内容大体上可以分为三类。

一类问走趋事王、大夫能否"得事"；另一类问"出入侍王"之事；还有一类问疾病的吉凶，这一类简文数量最多。

论《尚书》

【导读】

何新在本文中指出,《尚书》的"德政"与"亲民"思想,其实乃是原始的民主思想。民本、人权、民主和社会契约思想皆并非起源于西方,而是起源于中国。以现代政治学眼光观之,"德"就是社会契约。所谓"天德"就是自然法。而荀子以民本论置于君本论之上的观念,其实就是中国政治中原生态的民主政治思想。近代西方的立法、司法、行政三权分立理论,萌芽于先秦儒家理论。

一

《尚书》是我国古代政治文献中一部最古老的著作,包括公元前五千年到公元前两千年前间的许多政事记录和诰誓文令。其文献来源于华夏民族最古老的国家政典档案。

"子夏对曰:'《书》之论事也,昭昭然若日月之代明。离离然若星辰之错行。上有尧舜之道,下有三王之义。'"(《孔丛子》)

中国之成文史,以《尚书》记录为最始,因此其价值极其重要而珍贵。

先周时代,《尚书》本藏于王室宗社,包括所谓"三坟(藩/谱)、五典(政)、八索(绳)、九丘(州)"(《左传》)。先周之诸邦各国皆有本邦国的王室档案,即所谓"春秋""梼杌"(鳄鱼古名。以鳄皮为图经,即传说中之"龙图")、"乘"("册"之转语),是皆为各国之"尚书"。

春秋之际,战乱频仍,王室凌夷颠覆,周之王政亦不存,典籍档案失散。于是孔子将其收集整理,重新编辑,将一部分周王室所存的中央政治档案编为《尚书》,

将鲁之王室档案编为《春秋》，用以传授子弟。

《前汉书》："书之所起远矣。至孔子篡焉，上断于尧，下讫于秦，凡百篇而为之序。""左史记言，右史记事，事为《春秋》，言为《尚书》。"

故《尚书》之古本，与《春秋》《诗经》一样，都是孔子给予系统编纂的。

《史记》："周室微而礼乐废，诗书缺。追迹三代之礼，序书传，上纪唐虞之际，下至秦缪，编次其事。"

二

"尚书"名称的由来，旧说以为即"上书"，"上古之书"。《尚书注疏》曰："尚者，上也。言此上代以来之书，故曰《尚书》。"然此言实甚谬。若准此，难道《易经》不是"尚书"——上古之书？《诗经》不是"尚书"——上古之书？

愚意以为，《尚书》者，即太尚（宗社）所藏华夏先祖之史传政典文献也。尚，古堂字。太堂，即太尚，亦即明堂太室，是上古国家宗社之所在（明堂太室，夏商周称"太社"，秦汉称"太常"或"太尚"。亦为九卿职官之名，主司典章制度、宗庙祭祀、礼乐及选才考试）。因先王政典存录于此，故尚堂之书乃称"尚书"，即"太尚之书"，亦即国家宗社所藏之史典（太尚藏书，不仅政典。《墨子·非命》言"夏商王诗书"，以"诗书"连言。《墨子·明鬼》引《诗经·大雅》的"文王在上，于昭于天"，称为"周书·大雅"）。两千年间治《尚书》者，竟皆不得而明之。

值得注意的是，至秦汉时代，宫廷公文书，皆仍称"尚书"。敦煌武威汉简有"尚书臣"之称。汉制有"尚书令"之官职，与太史令、太乐令均隶属"太常"（汉称"太常"，秦称"奉常"）。《史记》："三月乙亥，御史臣光守尚书令奏未央宫。"《前汉书》云张安世"用善书给事尚书"。直到秦汉，仍以所谓"尚书"作为中央政治文件档案处之专称。秦汉法古制，下臣上奏皇帝之书称"上书"，皇家档案收藏之官文书则称"尚书"。此乃"尚书"之又一意义。

《前汉书》有"高祖传十三篇"，班固自注："高祖与大臣述古语及诏策也。"由此可知，古代本有记帝王古语及诏策一体裁，而《尚书》正是记录上古帝王"古语及诏策也"。

先秦著作引用《尚书》，多仅称为"书"。虞、夏、商、周四代之典，战国时总称为"书"，抑或称为"先王之书"。唯《墨子·明鬼》篇首见"尚书"一名，曰："故尚书，夏书，其次商、周之书。"清代王念孙说，此句文不成义，"尚"与上同，"书"当为"者"，言"上者为夏书，其次为商书、周书"。其说谬。此断句当如下，"故《尚书》夏书；其次商、周之书"或"故《尚书》，夏书，商、周之书"。

又，笔者颇疑《逸周书》原也属于《尚书》，是《周书》之逸篇。说明先秦时期已有《尚书》之名称。

三

秦始皇统一中国后，采纳李斯建议，焚烧民间私藏诗书，其中《尚书》和《春秋》被列为查禁之重点。但宫中档案则仍存（"中秘藏书"）。秦末人民起义，项羽占据秦都后火烧秦咸阳宫，多数宗社档案焚之一炬。

吕后时代汉惠帝除禁书令，民间收藏之《尚书》复出。

汉文帝时，年过九十的故秦"博士"济南伏生（名胜，山东邹平人）公开传授《尚书》。司马迁记述云："秦时焚书，伏生壁藏之。其后，兵大起，流亡。汉定，伏生求其书，亡数十篇，独得二十九篇，即以教于齐鲁之间，学者由是颇能言《尚书》。""伏生教济南张生及欧阳生，欧阳生教千乘儿宽。"（《史记》）

《前汉书》著录"经二十九卷、传四十一篇、欧阳章句三十一卷"，当系伏生后学传本。其经文用当时通行的隶书写定，后世称《今文尚书》。

汉景帝、武帝间，鲁共王刘馀拆除孔子旧宅，于墙壁间发现孔氏后人藏书。

按西汉末刘歆《移书让太常博士》云："鲁恭王坏孔子宅，欲以为宫，而得古文于坏壁之中，逸《礼》有三十九，《书》十六篇。天汉之后，孔安国献之，遭巫蛊仓卒之难，未及施行。"

班固《前汉书》著录大致相同："武帝末，鲁共王坏孔子宅，欲以广其宫，而得

《古文尚书》及《礼记》《论语》《孝经》凡数十篇，皆古字也。"

到汉武帝时代，又出现了几种不同的传本，并出现了以汉隶（"今文"）与先秦文字（"古文"）书写的两大系统不同传本，都陆续被收入中秘，列于学官，亦为民间学者所传习。

汉武帝年间，司马迁著《史记》称："孔氏有《古文尚书》，而安国以今文读之，因以起其家。逸《书》得十馀篇，盖《尚书》滋多于是矣。"司马迁尝从孔安国问故，"孔安国者，孔子后也，悉得其书，以考二十九篇，得多十六篇。安国献之，遭巫蛊事，未列于学官"（《前汉书》）。

西晋遭永嘉之乱（307—312年）后，王室倾覆，文物沦丧。"永嘉丧乱，众家之书并灭亡。"（《经典释文》）《尚书》亦再度亡散。

东晋政权南迁后，晋元帝时豫章太守梅颐（赜）将自己采录整理的《古文尚书》献给朝廷。此即《尚书》的今日传本（梅氏传本）。（陆德明《经典释文》："江左中兴，元帝时豫章内史枚赜（颐）奏上孔传《古文尚书》，亡《舜典》篇，购不能得，乃取王肃注《尧典》从'慎徽五典'以下，分为《舜典》篇以续之。"）

关于梅颐，《世说新语》注云："《晋诸公赞》曰：颐字仲真，汝南西平人，少好学隐退，而求实进止。《永嘉流人名》曰：颐领军司马。颐弟陶字叔真。"蒋善国曰："梅颐，据明袁氏嘉趣堂（刊）《世说新语》作梅赜，陆德明《经典释文·序录》作枚颐，《音义》作梅颐。朱骏声说：'古人名颐字真。晋梅颐字仲真，作梅赜者误。'"

但自《尚书正义》误作梅赜以来，清代学者多知梅赜，而不知梅颐。又云：梅颐传《古文尚书》和献《孔安国古文尚书传》的传授，是没有根据的。由郑冲把《古文尚书》传到梅颐，都在永嘉乱前，当时不但《古文尚书》传于民间，就是三家《今文尚书》，汉、魏《石经》，马、郑《书经》，都是极平常书。梅颐所献《古文尚书》计四十六卷（五十九篇），又附《尚书孔氏传》十三卷。其经文四十六卷，与壁古文相近，然内容殊异，实乃西晋学者收集当时传《古文尚书》经文暨《汲冢竹书》中有关文献（如《汉家周书》等），撰辑而成。

四

《尚书》体例，有典、谟及誓、诰、命五种（如"虞夏书"有"尧典""大禹谟""皋陶谟"。夏启伐益，有"甘誓"）。

典谟盟誓的时代，乃是华夏政治国家组织开始形成的滥觞时代。

"典"即政典，"谟"即谋议。"誓"，即盟誓约誓，是由自然法、神判法向刑法及刑罚演进的前身。誓有强制之义。誓体之演变，就是后世皇帝之"制"。蔡邕《独断》言"制书者，制度之命也"，亦即法令。这些文体一直传沿到秦汉以下。

"诰"是言教，是帝王的演讲、言告之词。秦始皇改诰为"诏"，诏者，教也，诫也。命者，名也，故封授曰"命"，册封王侯曰"命"。孔子之所谓正"名"，要正的就是这种代表等级与身份的"命"。

《荀子》云："诰誓不（言）及五帝。"誓、诰、命三种政治文体的形成，都在夏、商、周之际，标志着由神权国家走向政治制度化。

今传《尚书》各篇题下皆有短序。班固说，孔子"凡百篇而为之序，言其作意"。准此，则书"序"是由孔子所作。

传者，即训，指口传。"尚书"佚于秦火及秦末兵乱。今所见传世本的原型，都已并非原始文献，而是汉初朝廷向民间儒师征集记述之所得。但是，无论确有遗籍，或来之于口耳之传，或来之于汉晋间儒者纂辑之故典传说（难免有窜乱或附会己意），《尚书》中收录的材料都是具有深远来历的。虽未必全出之于三代旧典，但无一不有所渊源。

其实，《尚书》就是远古历史，包括两部分：一是古事传说，二是历史文献。司马迁著作《史记》时，充分使用了《尚书》中的史料。

汉初儒家以《尚书》为政治教科书。西汉初年两位最为杰出的政治思想家贾谊和晁错，都是治《尚书》之学出身。

对此书，汉武帝亦曾有所评论。元狩三年，武帝与倪宽论学，"上曰：'吾始以《尚书》为朴学，弗好。'及闻宽说'可观'，乃从宽"（《汉书》）。武帝开始重视此书，自此《尚书》深刻影响汉唐以下中国之政治意识形态的形成。

五

《尚书》所录文献表明，自夏商以来，中国已是文明灿烂，政教严整，法规明确，具有成熟、系统的宗教政治思想和礼仪制度。

孔子以《尚书》作为其政治理想、政策及政德的范本，用以教授生徒。在儒家五经中，《尚书》始终被置于至尊的地位。以故，《尚书》实际是儒家的大宪之典。

《尚书·尧典》所谓"克明俊德（身），以亲九族（家）。九族既睦（族），平章百姓（国）。百姓昭明，协和万邦（天下）"，即由身而家，由家而族，由族而国，由国而天下，正体现了儒家"修齐治平"即修身、齐家、治国、平天下的系统化人伦政治理想。

一部《尚书》，可以认为乃是儒家政治理想最完整和最系统化的体现。因此，自汉代以后，《尚书》既是历代帝王必须研习的基础政治教科书，又是从政的士大夫必读必遵的经宪大法。可以说，一部《尚书》，蕴含浓缩了作为中国五千年传统政治道德基石的一组核心价值。

贯穿整个《尚书》的核心理念，应该说主要有四：一是亲民，二是仁善，三是正德，四是中和。所谓亲民，就是相信国家兴亡系于民心。

"小民方兴，相为敌仇。今殷其沦丧，若涉大水，其无津涯。"（《尚书·微子》）

"民之所欲，天必从之。"（《尚书·泰誓》）

"天视自我民视，天听自我民听。"（《尚书·泰誓》）

"民，神之主也，是以圣王先成民而后致力于神。""国将兴，听于民；将亡，听于神；神，聪明正直而壹者也，依人而行。"（《左传》）

仁即善美与博爱。德即正行与正心。和即多元兼容的协调与统一。仁的思想后来为孔子所发挥而成为儒家之中心价值。"和而不同"的思想则被用于治国追求的理想境界。"德"，一是天德，二是民德，三是政德。《尚书》主张为治者必以德而不能依恃于暴力。认为天命无常予，暴力不足恃。有德则兴国，无德必失国。这是贯穿《尚书》德教的基本理念。

实际上，社会契约论或曰民约论的思想，民本、民（人）权与民主的思想，皆并非起源于西方、起源于罗马,而是起源于中国、起源于《尚书》。以民为本的政德的理念,就蕴含在《尚书》的亲民与正德之理念中。后来荀子概括说:"天之生民,非为君也。天之立君,以为民也。"(《荀子·大略》)

六

伊尹、周公是商周政治统治经验的系统总结者,华夏政治文化的两位最初传道者。

周公用"以德配天"说在中国历史上首创了"天人感应论"。

周公第一次把天的好恶与地上君主的行为联系起来,倡导"修人事以应天命"。他一方面承认天是监临下民、赏善罚恶、公正无私的人格神:"我亦不敢宁于上帝命,弗永远念天威。"(《尚书·周书·君奭》)"敬之敬之,天维显思,命不易哉。无曰高高在上,陟降厥士,日监在兹。"(《诗经·周颂·敬之》)

周公还强调"敬德""保民"可以感动上天,使天命得以长保。周公是用"敬德"改造了早期宗教的天命论。德者,循也。循即规范。规范植规,即私德。私德来自修养,即修德。天之规范曰道。人群之规范曰循。个人之规范曰德。

"非予自荒兹德","予亦不敢动用非德","式敷民德,永肩一心"。(《尚书·盘庚》)

"曰命曰天,曰民曰德,四者一以贯之。"(《观堂集林》)

"民惟邦本,本固邦宁","皇天无亲,惟德是辅"。(《尚书》)为了长治久安,必须使百姓有一个良好的生产生活条件。周公最早提出"敬天保民",要求国君"知稼穑之艰难","闻小人之劳"。

"君者,舟也;庶人者,水也。水则载舟,水则覆舟。""故君人者,欲安,则莫若平政爱民矣。"(《荀子》)

七

以现代政治学眼光观,所谓"德"就是社会契约。"天德"就是自然法。

这些思想，在崇信暴力、以武力征服天下的秦始皇时代被抛弃。但秦亡后，汉初政治家总结暴秦速亡的历史教训，发现必须予以重申和重视。故以治《尚书》出身的贾谊论安国之道为九个字，云："民为国本"，"民治则国安"。

贾谊在《新书》中指出：

"闻之于政也，民无不为本也。国以为本，君以为本，吏以为本。故国以民为安危，君以民为威侮，吏以民为贵贱。"

"闻之于政也，民无不为命也。国以为命，君以为命，吏以为命。故国以民为存亡，君以民为盲明，吏以民为贤不肖。"

"闻之于政也，民无不为功也。故国以为功，君以为功，吏以为功。国以民为兴坏，君以民为弱强，吏以民为能不能。"

"闻之于政也，民无不为力也。故国以为力，君以为力，吏以为力。故夫战之胜也，民欲胜也；攻之得也，民欲得也；守之存也，民欲存也。"

"故自古至于今，与民为仇者，有迟有速，而民必胜之……民者，万世之本也。"

关于刑杀（暴力）与德治之关系，董仲舒则提出，"天之任德不任刑"（《前汉书》），"国之所以为国者，德也"（《春秋繁露》）。

中国古典时代的帝王政治，原则上奉行君轻民重的治国原则。所谓"唯以一人治天下，岂能天下奉一人"即此义也。除秦皇、隋炀、朱温等少数被称为"独夫民贼"的暴君以外，中国帝王政治非常不同于中亚、西亚及罗马的暴君专制政治。笔者以为其根本原因，就是奉行了《尚书》所总结的治国治民原则。

"立法、司法、行政"三权理论，西方近代首先由孟德斯鸠表述，但在先秦儒家理论中已经萌芽。

荀子论"五道"（治国之道），提出了礼、乐、刑、政的"四达"。这"四达"中，礼即"制度"，相当于立法权；刑即"司法权"；政即"行政权"；乐（"乐文"）不单指音乐，"乐以宣情"，指的是控制人心、情感的意识形态。"礼、乐、刑、政，四达而不悖，则王道备矣。乐者为同，礼者为异。同则相亲，异则相敬……礼义立，则贵贱等矣。乐文同，则上下和矣……"（《礼记》）礼以别贵贱，乐文以沟通人心。

荀子政治思想，是儒家与法家的综合。儒以礼乐为本，而法以法制为具。其根源，皆来自《尚书》。

从尧、舜、禹、汤、文、武、周公以来，中国远古之政治中已总结出如此成熟的一套政治理念。

中国远古政治历史中能形成数千年一系相承的华夏帝统，出现周汉唐宋明清这样数百年统一文明稳定的伟大帝国，中华文明能百折不磨慎终追远而弘扬光大至今，显示出发达成熟高度的政治智慧，其奥秘也在于此。

八

在传世的古代典籍中，以《尚书》之纠纷为最多。历史上围绕《尚书》的文体及经义解释，围绕着其来源出处（所谓"真伪"）及传承问题，曾发生过若干次重大的学术论争和辩论。其中影响至大的即是汉代的"今文""古文"学派之争，以及宋、明、清以来关于其书"真伪"及"疑古"之争。

这种学术论争，都不单纯是学派或学术之争。意识形态之争实际反映着不同利益集团和不同阶级围绕实际政治和经济利益的斗争。在这种论争的表层语言现象背后，贯穿着为主导国家主流政治意识形态而发生的重大竞争。

一般来说，古文学派具有崇尚古典主义的贵族价值倾向，而今文学派则具有崇尚庶民本位的平民价值倾向。宋元明清以下，随科举取士建制及学术的普及，《尚书》之学乃由皇家贵族所垄断的官学，下降为世俗士民共享的经世之学，由之也发生了质疑其圣经地位的辨伪思潮。

九

在西晋永嘉年代天下大乱之后，今文、古文《尚书》均告失散。

直到东晋之初，豫章内史梅颐向朝廷献孔安国传述的《古文尚书》计四十六卷五十八篇。其中三十三篇内容与汉伏生旧传今文二十八篇略同，唯从"尧典"分出

"舜典",从"皋陶谟"分出"益稷"。"盘庚"篇则一分为二。又从"顾命"篇分出"康王之诰"。此外另有二十五篇也与汉传本有所不同。

梅氏所献之《孔传古文尚书》,当时即被国家视为瑰宝,立于学官。唐初孔颖达受太宗诏命为之作注,此后遂颁行天下。这个传本一直流传至今。

随着地下典籍大量出土,20世纪初盛行的疑古主义思潮本身也已受到怀疑和批判。(1996年笔者在《诸神的起源》新版序中,最早点名批疑古思潮。后来有影响的考古学者李学勤《走出疑古时代》也提出了这样的主张。)学术界对保存于各种典籍中的《尚书》片段与梅氏传本作严密对勘比较,发现其中大部分篇章是可靠的。因此,疑古者认为梅氏《尚书》纯粹出于梅颐伪造这种说法,被多数人认为是一种武断的臆测,现在已经很少有人重视了。

笔者认为,梅颐在古《尚书》久已失传之际,汇辑、保存了这批古籍材料,使当时久已失传的《尚书》得以再现,乃是他的重大历史功绩,而绝非罪过。

李友仁认为,孔子用作教材的《尚书》是西周时规范整理过和新撰写的《尚书》,到孔子时又有不合当时语文规范之处,孔子又作规范整理,才用作教材,故有孔子整理《诗》《书》之说。秦火之后,《尚书》不存,是儒生凭记忆背诵记录而成的,因用的是汉代文字,称为"今文尚书";后又在孔宅发现孔子所用《尚书》,因是孔子时文字,称为"古文尚书";东晋梅赜又另献《古文尚书》,因是孔子时文字,称为"古文尚书"。今传《尚书》为《今文尚书》和伪《古文尚书》的合编,而真《古文尚书》反而失传。可见这是因为真《古文尚书》是春秋时的语文,已不合汉代以后的语文规范,难以阅读理解,梅赜做了规范整理,和《今文尚书》接近了,所以能和《今文尚书》合编流传至今。但后人却对梅赜的《古文尚书》冠以"伪"字,未免太轻率了。梅赜若无所据,岂能伪造一两千年前的历史文献?今人不是也在整理古籍,一两千年后原古籍不存,或存而不能阅读理解,或只能一知半解,对照书名或某些内容,多有不合,不也可以给整理之作冠以"伪"字?历史文献有民间传说和文物古迹可以参证,不要轻易冠以"伪"字,真正的伪作只有小说、戏剧,大家明知其伪,反而不言其伪,愿言其真,追求其生活的真实性,人的思维就是这样奇怪。今人都说《尧典》《舜典》《大禹谟》《皋陶谟》《禹贡》《洪范》等是后儒补充进去的。有关尧的传说和古迹不多，有关舜的传说和古迹不少，有关禹的传说和古迹几乎遍天下。传说的可靠性较差，但古迹的命名却是可靠的，因为地一旦命了名，叫开了，就会世世代代这样叫，即使统治者为了某种原因改了名，老百姓还会叫很长时间，而且在历代正史的《地理志》中有沿革记载，所以，地名，特别是古迹地名，多数是古代人物历史的有力佐证。❶

梅传本《尚书》与西汉孔安国传本有所不同。这种不同的产生原因是可以研究的。究竟是古事古典在流传中自然产生的变异，还是梅氏向壁虚构的捏造？现在看来，只能是前者。近世商周彝鼎金文大量出土，其文体用语与梅传《尚书》非常相似，一些史料互相印证，更证明了这一点。

朱熹虽对梅氏《尚书》存有疑虑，但也指出："对《书》中可疑诸篇，若一齐不信，恐倒了六经。"

朱彝尊说："是书久颁于学官，其言多缀辑逸《书》成文，无大悖理。譬诸汾阴汉鼎，虽非黄帝所铸，或指以为九牧之金，则亦听之。"（《经义考》）

王懋竑说："东晋所上之《书》，疑为王肃、束皙、皇甫谧辈所疑作。""盖汉、魏时，古书多在，疑作者采撷缀辑，无一字无所本，特以词气多不连属，于事体多不对值，知其非古文，而古圣贤之格言大训多在焉，有断断不可废者。"（《白田杂著》）

纪晓岚说："梅赜之书行世已久，其文本采掇佚经，排比联贯，故其旨不悖于圣人，断无可废之理。"（《四库全书总目》）他们都在力争梅氏《尚书》作为一部经典的不可废弃。

总之，梅氏本虽然不是真正的孔壁古文，但实际可以看作古文《尚书》在西晋时代的一个汇纂辑逸本。其中有些章节也的确传自晚周，另一些则为两汉经师的转述，皆自有传承之源，绝不能称为伪作。

---

❶ 参见李友仁《易学通解》。

十

宋代以后学术界怀疑主义思潮兴起。南宋吴棫著《书裨传》，开始怀疑梅氏献本《尚书》为伪作。南宋名儒朱熹亦表示疑惑。其立论的主要根据，是今、古文词句深浅难易似有不同。朱熹说："孔壁所出《尚书》，如《禹谟》《五子之歌》《胤征》《泰誓》《武成》《冏命》《微子之命》《蔡仲之命》《君牙》等篇皆平易，伏生所传皆难读。如何伏生偏记得难底，至于易底全记不得？"（《朱子语类》）

明代梅鷟著《尚书考异》，分析《孔传》和"晚出尚书"（简称"晚书"）的内容，从汉人记载的关于古文《尚书》传授情况、"晚书"的篇数、文体和来源等方面，推测此书应是魏晋间人所述作。

清代阎若璩在梅鷟论证的基础上，写《尚书古文疏证》，从《孔传古文尚书》中提出一百二十八条证据（今存九十九条），条分缕析。自其以后，《孔传古文尚书》并非汉儒孔安国原始传本这一结论得到了定案。20世纪初，胡适、顾颉刚的疑古学派兴起，梅氏《尚书》受到严重质疑，以至直指梅氏本为所谓"伪书"。

但20世纪中叶以后，现代学者根据考古材料及出土金文，对梅氏《尚书》做了重新研究，有了新的结论和认知。

陈梦家认为，梅氏《孔传古文尚书》五十八篇中有三十三篇确是伏生所传述，"晚书"二十五篇则来源或有可疑。《孔传》并不是西汉孔安国所传，而是东晋另一位治《尚书》的学者恰好也叫孔安国者所传。（此说详见陈梦家《尚书通论》。）

故利用《尚书》进行上古史研究，第一要明辨各篇来历，第二要分析著作时代，第三要理解经文意义。这是《尚书》研究中的一些基本工作。

十一

从西汉到近代，通过两千多年学者由怀疑到考实的反复研究，对于《尚书》之传授纂辑的演变过程已可以形成如下结论。

1.《尚书》来自周王室所藏先周政典文献。春秋末孔子重新编纂并命名为"尚书",列入五经用以传教子弟。

2. 遭秦火书劫后,《尚书》一度亡佚。西汉初期(高、文、景时代),济南的儒师伏生把这部书中之二十九篇口授记录保存下来。因为使用当时通行的汉隶书文字做记录,伏生这一系统传述的《尚书》,称"今文尚书"。

3. 汉武帝时代,悬赏征民间藏书,于是发现了《尚书》的几种古代写本。这几种文本都用先秦篆体古文书写,因而称作"古文尚书"。其中著名的如曲阜孔氏本、王朝中秘本、扶风杜林本等。

在古文当中,又有汉代东莱张霸伪造的"百两篇"本,已逸失不传。

以上《尚书》今文、古文的两系传本,虽然内容大同小异,但形成了讲授《尚书》的两大传统和学派,即今文学派与古文学派。

4.《尚书》的传述中,各篇著作时代先后,有些是肯定明白的,有些则仍需要考证研究,如《尧典》《皋陶谟》《禹贡》等篇,记载夏代以前的上古史事,但都不是当时的作品,实际是商周以后人纂辑、综述的古事传说("曰若""稽古")。

5. 伏生口授流传下来的《今文尚书》,经过历代传写,文字多有讹误,甚至渗入一些后世才有的观念。因之后世之好卖弄聪明者,每每专挑剔于此类枝节,而指之怀疑其真伪。

6. 以古文传写被称为"隶古定"的《尚书》,祖本已多异同,内容亦有讹误。

于是,东汉熹平年间,朝廷将全部今文传本刻成"熹平石经"。曹魏正始年间,朝廷又将古文传本刻成"正始石经"。但这些石经多已不存,今日都已难窥全豹。

7. 永嘉之乱前,《尚书》仍有多种传本流行于世。既有汉代立于学官的"今文尚书"本,又有魏时立于学官的"古文尚书"本,还有河间献王本及杜林的漆书本。

王国维认为,到梅颐时,这些传本在民间至少仍有若干残篇在周转流传[1],因此,梅氏本的编纂者不会不参考它们。西晋初年汲郡出土的《汲冢周书》和《汲冢周志》,是记载周代历史的真实资料。梅氏本的编写者也不会不重视、利用这些史料。

8. 大小盂鼎、毛公鼎的金文铭文,与梅传本《周书》诸诰的语法相类似。

---

[1] 参见王国维《汉时古文诸经有转写本说》一文。

1976年陕西出土"利簋",其铭词确证了武王伐商的"甲子"日期,与《尚书·武成》所记时日准确相符。而"武成"一篇,清儒以来疑古者多曾指其为"伪书"。可见被他们认为"伪书"的,内容实未必伪。

十二

关于梅氏本所附"孔传",清儒及近世学者因多疑其非西汉孔安国所作,常诋其曰"伪孔传"。唯陈梦家先生考证指出,自汉至晋有两个为《尚书》作传的孔安国:一是西汉名学者孔安国,一是东晋学者孔安国。

宋清疑古诸儒不知道存在两个传治《尚书》的孔安国,因此列举证据指责梅氏《尚书》中的"孔传"并非汉孔安国所传,而诋之为"伪孔传"。殊不知孔传就是孔传,只是另有晋人孔安国,所以仍非所谓"伪孔传"也。

梅氏传本《尚书》复出后,徐邈为之注音,东晋之末行于民间,南北朝时立于学官,唐初立为国(官)学。

唐初陆德明、孔颖达将东晋孔安国与西汉孔安国及二者所传古文《尚书》相混讹。(《尚书正义·序》:"古文则西汉亦所不行,安国注之,时遭巫蛊,遂寝而不用。"言汉孔传本并未在世流行。)所以,梅氏的孔传本,也并不是什么"伪孔传"。

东晋孔安国,字安国,会稽山阳人,少孤贫,以儒素见称,历侍中,太常、尚书,迁左仆射。受诏缀集古义,纪纲古训,传古文《尚书》。❶陈说考证翔实,是20世纪《尚书》及其传述系统研究的重大发现。但至今似未被学者重视,一些人仍在沿袭清儒关于"伪孔传"的旧说。

实际上,宋清以来,所谓"伪"书之断案多属可疑及武断。疑古者的立论,往往是根据作者与成书年代的考查来否定书中内容的可信性。其实这两者在逻辑上并无必然之关系。作者之托名或成书年代之早晚,并不能证成书中内容之必然不可信。好辨伪者其所攻讦指摘不过只言片语。但其结论往往大而无当,在方法上惯用

---

❶ 参见陈梦家《尚书通论》。

攻其一点，不及其余之术，片面性是极大的。而20世纪初叶在胡、顾一派所倡导的疑古风气下风靡一时的主观辨伪的结论，现在多数已被证明是靠不住的。如《六韬》一书，《前汉书》中不见此书名，而《隋书》中则有此书名，撰写者为吕尚。但《前汉书》"儒家类"有《周史·六弢》的书名，多数学者不同意《六弢》就是《六韬》，有人指出《六弢》出于秦汉人之手，也非吕尚所作，清代学者姚际恒等人肯定《六韬》乃伪作，因为其文字内容俚鄙、浅薄，根本不相信它是先秦人的著作。还有《尉缭子》一书，过去也有很大争议，《前汉书》"兵形势家"类有"尉缭十三篇"，过去大部分学者均不相信《尉缭子》是先秦的著作。由于上述许多古籍真伪和时代问题得不到解决，所以对思想史中兵家著作和兵家思想的研究进展不大。但是，银雀山一号汉墓出土竹简中出现了《六韬》和《尉缭子》等书。经过研究，人们发现竹简《尉缭子》和《六韬》同现行本基本上是一致的，而竹简中的内容就是现行本中的一部分。过去被认为是俚鄙、浅薄的文字，恰恰是先秦的作品，这一事实给那些以主观想象评价先秦诸子的人一个教训，也是对疑古派的有力反驳。❶王莽追溯其系谱，谓王氏出陈（田）虞，乃黄帝之后。顾颉刚著《五德终始说下的政治与历史》，以为王说纯出托古之伪造。20世纪30年代出土齐威王时铜器陈侯因齐四器，上有铭文称田陈"绍从黄帝"，证明王莽此说非其伪造。

徐中舒说："丁山先生谓，'古帝王世系，必渊源有自，绝非晚周诸子所得凭空虚构'；则实为不可摇撼之说。商周以前的古史，大概都可认为传说。传说中固有许多错误、重复、分化、演变种种；但传说总有若干史实为素地，绝不能凭空虚构。顾颉刚先生谓，中国古史系层累的造成。中国古史确有时代愈后，所传古史愈古的情形。此盖中华民族逐次同化其邻近民族所致。凡一民族必有一民族之传说，其被同化者，又将其固有之传说携入，因此，此民族遂并此被同化民族之传说传给其子孙，其子孙当然不须再为别白，孰为本所固有，孰为后来携入。此如女子既嫁之后，既捐有妆奁，复承受夫产，合两家资产，遗其子孙，其子孙亦当然不须再为别白，孰为父祖遗产，孰为外家妆奁。因此之故，中国古史乃由并行的传说，演为直系的

---

❶ 参见林剑鸣《简牍概述》。

系统。在长期的演进中，其同化愈后者，其在古史统中，转愈高而愈远。似此演成之古史，真既非是，伪亦不能。"

十三

实际上，疑古者之所谓"伪书"，不过是后代人所辑纂、编著的前代史传而已。若据疑古派所订之真伪标准，则今人纂著关于前代之史书（如宋史、明史，包括"古史辨"派自身所著之先古史），皆可定为"伪作"，可谓天下无书不伪矣。

"伪书"考证之结果，不过能证明成书年代之真伪，却不能证明书中内容之真伪。例如唐尧之典非唐尧史官之所撰，但并不意味着其所记述之内容非唐尧时代事迹之传说也。疑古辨伪之妄，在于根本方法的错误，即以成书年代及作者之考辨，连类推证书中内容之应当摒弃否定。于是，抹杀否定了上古及古代众多极有价值之史籍、著作。

20世纪以来，地下出土的实物、甲金文，不断提供考古实证，不仅表明华夏文明之源远流长，而且为《尚书》等古史文献提供了其内容记述之可信性的坚实佐证。

20世纪初，以胡适为代表的疑古者的主观目的，无非证明华夏文献文明至商代以前都不可靠，认为中国之文明史没有传说中那样久远。然而现代的考古发现则证明，华夏文明之传统，实比《尚书》所记久远得多。

总而言之，梅氏传本《尚书》并不是什么伪书。今日所见《尚书》传本，是东晋学者梅赜所收集和纂辑、东晋学者孔安国所序传的。应该说，梅赜及晋儒孔安国对此具有重大历史功绩。如果没有他们为我们保存了这个晋代纂辑及序传本，华夏民族的这部伟大而重要的古代经典则早已失传。

从纯学术的角度看，虽然晋之《孔传》并非汉儒孔安国所著，但自有重要的价值。清儒焦循在《尚书补疏·序》中就曾对此《孔传》与"郑玄注"进行具体比较，他认为《孔传》在许多方面优于"郑注"。

焦循曾质疑当时（如崔述一类）的疑古者曰：《孔传》即使"论其为魏晋间人之传，则未尝不可与何晏、杜预、郭璞、范宁等先后同时。晏、预、璞、宁之传注可存而论,则此传亦何不可存而论?"

金德建在《司马迁所见书考》中指出,《史记》所录虞夏商周古史,多直接取自《尚书》,与梅氏传本可以互相参证。证明其书确有本源,绝非晋人向壁虚构之作。

十四

《尚书》历来号称难读。故韩愈曾说:"周诰、殷盘,佶屈聱牙。"(《进学解》)

汉代以来,注家甚多。如清代江声、王鸣盛、孙星衍、王先谦之俦,博引旁征,汪洋浩瀚。前贤用功虽勤,其难读则如故。近世妄解古书风气大盛,笔者见到一些《易经》《尚书》《楚辞》《诗经》之今译本,信口开河,令人齿冷。

杨树达说《尚书》文字古奥,读者每苦其难通,深求其故。实以通假之多,不易得其本字者。苟得其字,未尝不明白其解也。如《大诰》"用宁王遗我大宝龟绍天明"即"用文王遗我大宝龟兆天命"。

王国维言:"以弟之愚暗,于《书》所不能解者殆十之五,于《诗》亦十之一二。此非独弟所不能解也,汉魏以来诸大师未尝不强为之说,然其说终不可通,以是知失儒亦不能解也。"(《观堂集林》)

笔者解读《尚书》,大体采取以下方法:"流览成说。覆之以诂训,衡之以语法,求之以史实,味之以文情。去粗取精,惬心贵当。犹有未明,则益以私说。"在许多方面,彻底打破了对古传古家法的迷信,从而发现了一片新的天地。

解读古书难义的根本方法是训诂学。训诂,《汉书》记作"训故"。《前汉书》:"汉兴,北平侯张苍及梁太傅贾谊、京兆尹张敞,大中大夫刘公子皆修《春秋左氏传》。谊为《左氏传》训故,授赵人贯公。"

训者,传也。诂古有"句"音,与讲、教音义相通。训诂即"传教""传讲"之古语,此为初始本义。后乃引申为传教古语故言。《说文》:"训,说教也。从言川声。"又,"诂,训(传)故言也。"

训诂学实际是一种语源学(Etymology),又是一种解释学,是中国上古文献的解译之学。其解译的主要方法是,根据古同音及古近音文字的类属线索,结合各种文献证据和历史证据，寻找其通贯的语文异义和歧义，从而打破古文献表层文字的直示意义之谜团，理解其真正的历史和文献的语言意义。

十五

训诂学的发明者是孔子。孔子向其弟子训授上古经典时，首先采用这一方法。汉代今古文经师如孔安国、郑玄均采用这一方法。

魏晋以后，学风转入主观，何晏、王弼一派玄论兴起，学者不屑于费力探求古书之本义，而主张"六经注我"，训诂学遂入衰微。

宋明以后，束书不观，游谈无根之风气大盛，导致经典古义几乎全部失传。钱大昕谓：宋后之儒者，"其持论甚高，而实便于束书不观，游谈无根之辈。有明三百年，学者往往蹈此失"（《潜研堂文集》）。

明末顾炎武倡导"实学"（"实事求是"之学）以纠其弊，清初戴震、钱大昕、高邮二王、程瑶田、郝懿行诸大儒出，训诂学吸纳了语音学、古音学、古地理学及历史学的成果，复兴而发展到了一个面貌一新的阶段。

近代章太炎、黄侃、杨树达、沈兼士在方法论上承继清学而有所归纳突破。王国维、闻一多则以之为方法考史及解读上古文献，多启人新思之见。

但郭沫若、董作宾一派乃是 20 世纪上古史中的主流派，对训诂学基本忽视。他们解甲骨文、金文专注字形之比较，而解释文字造义则常趋主观。至康殷一流所谓"文字形义学"更陷入望文生义、走火入魔之以字形说妄义的符图障。

总体而言，20 世纪后半期之训诂学，虽有陆宗达、徐复、刘又辛、王宁等黄派弟子沿守其绪，但其学始终未能入于研治古经、古史学方法之主流。此学殆未得到治上古史者应有之重视。

十六

中国古之训诂学相当于西方古典时代之语源学（Etymology）以及近代之语义学

（Semantics）。语源学亦称本义学（希腊语 Etymon 意本真，Logos 意语义）。汉代的古文经学家将单纯的语源追索扩展到历史文化的求索，从而使之成为文化语源学或解释学。西语解释学（Hermencuties）赫尔蒙斯之学，得名于赫尔蒙斯（Hermens），希腊神话中宙斯之传信使者。中古以后指《圣经》历史意义之诠释及分析方法。

狄尔泰认为解释学从属于生命哲学，是研究人类文化历史，获取生命意识的途径。他认为解释活动就是通过解释者自身的生命体验，从作为客体的历史文献和历史过程中，重现人类的文化历史体验，从而寻找赋涵意义的普遍形式（meaning-full forms）。

笔者把训诂解释学看作从古典文献中提取、筛滤有效历史文化信息最根本的解读方法，透过语言去发现藏在语言背后的历史文化存在。这就是笔者所运用的新训诂学方法，笔者称之为文化语义训诂学的任务。

笔者对《易经》《楚辞》《尚书》《诗经》《老子》等先古著作的研究发现，如果通解训诂，找到正确的同位语义，会看到先古汉语与现代汉语事实上并没有人们想象的那样巨大的差别。

在语义深层结构上，今古语言基本相同。而许多表面上似乎晦涩已死的语词，至今仍在口语中被使用。屈原《橘颂》中的"橘徕服兮"，其"徕服"就是"斓斑"，义即"橘色杂驳斑斓"，至今仍为习用之语。而旧之解屈者，不解于此，乃对"徕服"二字之表层文义，始终莫知所云。《诗经》首篇"关关雎鸠"四字，历代异说奇出。殊不知"关关"即"咕咕"或"呱呱"（俗语"刮刮叫"）之语转。雎、姊古同音。鸠古音与归通。雎鸠即姊归，即子规，即杜鹃，乃历代诗词中习见而用以象征爱情之报春鸟也。

十七

笔者研读《尚书》，常惊讶昔贤对《尚书》读解之肤浅，不能说解而妄解之怪奇。而有些至关重要之问题，则实皆不得其确解。盛名如清治《尚书》之硕儒孙星衍，近世疑古派之主帅顾颉刚晚季亦以治《尚书》名世，亦皆不能破其蔽。兹略举数例以明之。

《尚书·大诰》中，周公自称"我幼冲人"，今人或谓此乃古周之怪语。按，"冲"，古从中音，读若"钟"，即今语"童"也。"幼冲"，即"幼童"，今仍习用之语也。

又如"予不敢不极卒宁（文）王图事"，旧解者多不通训诂，以"极卒"为奇怪语，浪说奇出。殊不知"极卒"即孔明所言"鞠躬尽瘁"之"尽瘁"语转，其义谓周公不敢不"尽瘁"于文王之霸图大业。"尽瘁"/"极卒"一语，至今仍为习见之语也！

《尚书》中周初文告，诸王（武王、成王、周公）皆常自称"予小子"，旧解或以为"小子"即"小人"。但《康诰》周公称康封为"小子"（小子封），诰中又言"民情大可见，小人难保"，"小子"与"小人"何别？殊不知，小子之意上古与今完全不同。"子、好"在商周都为美称。贵族男性称"子"，妇女称"好"（音子，即姊本字，如殷商之名媛有妇好）。小，肖也，孝也。"小子"即本宗嫡子，即肖子，亦即"孝考"之"孝子"。旧说又或以为少年之称，亦非。

周公所作之"大诰""康诰"，篇中周公言多记"王曰"，篇首则称"王若曰"。"王若曰"与"王曰"究竟有何区别？王本有公意，"王曰"即"公曰"，亦即周公言语。而所谓"王若曰"，若，古音与"言"通，王若曰，即"王语曰"。王之代表说教，或代表周王说教，即其真义也。周公言告所称王，多可训为公。

十八

"盖古人制字，义本于声，即声是义，声音训诂，固同出一原也。夫文字孳生，声从其类，故今曰文字声音训诂，古曰字读，读即兼孕声音、训诂二事，盖声音即训诂也。"（黄侃《尔雅音训》卷首黄焯序）故凡以声音相训者为真正之训诂，反是即非真正之训诂。

杨树达说，语源存乎声音，《说文解字》载了九千多字，形声字占七千多，占许慎全书中一个绝大部分；所以研究中国文字的语源，应该拿形声字做对象，这是必然的。前清乾嘉以后，学者们盛倡义存乎声之说，高邮王氏念孙引之父子多所发明。一曰形声字中声旁往往有义。二曰文字构造之初已有彼此相通借的现象。三曰意义相同的字，它的构造往往相同或相类。四曰象形、指事、会意、形声四书的字往往有后起的加旁字。"

清儒王念孙言："诂训之旨，存乎声音，字之声同声近者，经传往往假借。学者以声求义，破其假借之字，而读以本字，则涣然冰释。如其假借之字而强为之解，则诘鞫为病矣。"（王引之《经义述闻·序》）

信然！沈兼士曾概括杨树达所发明之训诂方法，将其规律约之为三：形声字声中有义；声母同者相通假；字义同，源于名称来源同。

郭沫若怀疑训诂学因声求义的方法。其理由是："如子丑之同音字有一百，则可有一百种异说成立。"（《甲骨文字研究》）

郭氏此论是站不住的。杨树达云："读古书当通训诂，审词气，二者如车之两轮，不可或缺。"（曾星笠《尚书正读·序》）

近儒吴国泰说，学者敬明此理，则于讨治古籍之道思过半矣。虽然，欲明古字之假借，又岂苟而已哉！有以双声而为假借者，有以叠韵而为假借者，有假借之字古音同而今音则异者，有假借之音此地合而彼地则否者，有假借之字后人不识而讹为他字遂愈不可解者，有假借之字失其本义，一旦明之而人不识反讥其立异者，其他复有种种，尚难一二更数也。呜呼！此所以古籍之义日湮而世之真能读古籍明古义者日少也！

这是深明训诂奥义的精覈之论。

论《诗经》

一

经典之所以是经典，就是因为它是永恒的。《诗经》正是汉语中一部永恒的作品。

这些诗篇的原型作品，产生于距今 3000 年至 2500 年前。这个年代数字令人眩目。但是这些诗篇中所表达的意境、感情、感受、意识却极具现代性。在将其用现代语言进行重新诠释后，我惊讶地发现，它们仿佛仍是今天的作品。如《诗经·国风·召南》中的《野有死麕》：

> 田野上有一头獐鹿死了
> 我为它裹上白茅
> 有一个少女春情动
> 美健少男忙去引诱
> ——树林中有小树婆娑
> ——田野中有死去的獐鹿
> 解开缠裹的白茅
> 那少女美白如玉
> 舒松地脱得光光
> 不要弄破我的围裙
> 不要招惹那长毛狗乱叫哇……

诗中描写一个青年猎人与一个少女在郊野幽会和野合。寥寥几十个字，用一种含蓄的象征笔法，将心情与情境描写得淋漓尽致。而这种自由的、以感受为至上的性爱抒情，谁能相信它是出自宗法主义（或说为奴隶制）的古典西周时代呢？《诗经》中诗的表现形式，有写实主义，有象征主义，前人论诗之所谓"兴"，"先言他物以引起所咏之词"，其实就是象征。以一物喻一物，形态有所相似，谓之"比"，或"比喻"。如某人形瘦，谓其像一根竹竿，这是比喻。以一物喻一物，形态毫无相似而存在意设的联系，即"兴"或"象征"。如"昔我往矣，杨柳依依"喻离别之相思。这种相思在形态上与杨柳并无任何相似关系，但以其飘摇之态喻己之情思，仅存在赋予和设定意义的联系，这就是象征。《诗经》中多用象征之描写。可以说，象征主义诗体是起源于《诗经》的。有结构主义，也有印象主义。其多样性，使现代人的多数诗篇为之失色。

而对这些诗篇的重新解读，会使我们意识到，对远古中国的文化与文明确实需要有一种全新的解读和再认识。

二

《诗经》是如此著名，但是正如《易经》与《尚书》，几千年来基本上没有得到真切透彻的解读。

严格地讲，诗是无法翻译和诠释的。例如《东山》一诗，描写一个战士在久历沙场后回到阔别多年的家乡。原作仅用了十六个字描写当时的气氛：

> 我徂东山
> 慆慆不归
> 我来自东
> 零雨其濛

我将其译成：

> 我出征去东山

遥遥不得归来

我自东方归来

天上细雨蒙蒙

  我已无法将其更加简化，字数比原文多了几乎一倍。但是原诗中的一个"徂"字，包含着到达、阻滞、滞留的多层含义。这个字在现代汉语中几乎找不到第二个可以替代之而同时兼容这样一种复杂语义结构的词。

  又例如"零雨"二字，包含着冷雨、碎雨、细雨、雾雨的多种含义。"濛"字包含着"雾气""水气""迷茫""雨雾交集"的复杂意象。

  在这种复杂意象之下所呈示的，是一个远征回乡的战士，在故乡土地上所嗅到的包括泥土气、雨湿气甚至青草气和粪土气在内的全部乡土气息，以及由此而唤起的全部情思，包含了忧思、喜悦、哀愁、悲凉相混杂的层层情绪、心理和意象。所有这些，是任何现代译者无论如何也无法以同位的现代语形式全面转达出来的。的确，好诗无法翻译。

  就这一意义说，我是对《诗经》这部伟大经典进行一种主观的现代诠释。我解译和诠释的目的是为读者提供一道桥梁，或希望提供一种正确的向导而非误导——之所以如是说，是因为就我已读过的多种现代译本来说，那种不求甚解或一知半解却极其勇敢而浅妄的误导、误释及误译，实在是太多了。王国维承认："《诗》《书》之不可解者十之二三。"胡适承认自己"还未到读经的水准"，此皆实事求是之言。

  主流历史学家给我们描绘的商周时代是一个阴郁、黑暗、压抑的，所谓人吃人的"奴隶制时代"。然而在《诗经》中，我们看到的是与此完全不同的图景，那是一个完全不同的自由、浪漫且充满诗情画意的时代。

  这些诗篇，可以使现代人重新发现和体味。3000年前至2500年前，即"周礼"和《诗经》那个时代的华夏民族，曾经有过多么活泼、多么清新、多么浪漫、多么自由、多么勇敢、多么幽默、多么智慧而又多么美丽的感情和抒情。

三

《诗经》是上古诗歌之总集,亦是中国最古老之个性化的自由文艺创作。其书包括十五国风(二南及十三风)、大小二"雅"、三"颂";共计 305 篇诗歌。这些诗歌,产生于距今 3500 年前至 2500 年前,亦即西周至春秋中期的 1000 年间。

这 305 篇诗歌,被分为三体,即"风"(十五国风)、"雅"(小雅、大雅)、"颂"(商、周、鲁三颂)。

朱熹云,凡《诗》所谓风者,"民俗歌谣之诗也"(《诗集传》)。"风"多数来自民间,是上古的情歌与民歌。"雅"是贵族士君子的献诗。"颂"则是歌颂先祖的史诗。

孔子云:"《诗》言志。""志之所至,诗亦至焉。"《诗序》申释其义云:"诗也者,志之所之也。在心为志,发言为诗。"《周礼》言诗有六体:风、雅、颂、赋、比、兴。

风,民歌。雅,正歌。颂,朗诵。直言曰赋(放言直抒),比言曰比(借此言彼曰比喻),征言曰兴(以此兴彼,托物寓言曰兴,象征也)。

风者,放也,赋也。直言抒情曰"赋",放情赋歌谓之"风"。"风"其实主要都是各国的民间歌曲。雅者,谣也,吟哦也。"雅"中多是贵族君子的创作。小雅多叙事抒情,大雅多论政议事。又雅者,正也,政事也。《毛诗序》:"'雅'者,正也,言王政之所由兴废也。"雅诗多咏政事。约略观之,小雅叙小政,大雅叙大政。

雅者,咏也,咏言。咏者,独歌。贵族之歌曰雅。大雅,诸侯之咏。小雅,家臣大夫之咏。"《大雅》之变,作于大臣,召穆公、卫武公之类是也。《小雅》之变,作于群臣,家父、孟子之类是也。《风》之变也,匹夫匹妇皆得以风刺,清议在下,而世道益降矣。"(《困学纪闻》)

颂者,讼也,容也。讼者,群言。容者,舞容,表演也。颂就是史诗与上古之歌剧。《诗序》:"颂者,美盛德之形容,以其成功告于神明者也。"此言是对的,"颂"中主要是于国家宗庙祭祀赞颂先祖的史诗,具有宗教性的神圣意义。

从时代内容看,"风"多数为东周春秋时诗。对孔子而言,"风"是现代诗。

"雅"则是近代之诗。"颂"则是古诗及史诗。

四

传说古代先王之政有"采风"的制度。周代设有"酋人"("游人")或"行人",到民间去采诗。《汉书·食货志》记古代族社聚居:"孟春之月,群居者将散,行人振木铎徇于路,以采诗,献之大师。比其音律,以闻于天子。"

《国语》中亦记有公卿列士献诗、太师陈诗的说法。《礼记·乐记》云:"天子五年一巡狩……命太师陈诗,以观民风。"当时大量的民歌和贵族的诗篇,正是依靠王朝国家这种采诗献诗制度而保存下来。然后,由"太师"(大司乐)将其编纂成集,选择而教授学子。故《周礼·春官》中说,太师"教六诗:曰风,曰赋,曰比,曰兴,曰雅,曰颂",又说大司乐"以乐语教国子"。《周礼》一书,基本资料出自周代,但改纂之则为王莽、刘歆。

《诗经》中今存的305篇诗歌,则是孔子从当时周王官及鲁太师(乐官)所保存的3000余篇诗歌和民歌中筛选编纂的。《史记·孔子世家》记:"古者《诗》三千余篇。及至孔子,去其重,取可施于礼义,上采契、后稷,中述殷、周之盛,至幽、厉之缺。始于衽席,故曰'关雎之乱以为风始,鹿鸣为小雅始,文王为大雅始,清庙为颂始。'三百五篇孔子皆弦歌之,以求合韶、武、雅、颂之音。"

今存的305篇的内容,归纳一下,大体分为三类。

第一类是民间歌谣:

1. 恋歌。例如《关雎》《静女》《将仲子》《溱洧》诸篇。
2. 婚姻之歌及祈子歌。例如《桃夭》《螽斯》《芣苢》诸篇。
3. 哀歌及悼亡之歌。例如《蓼莪》《绿衣》诸篇。
4. 农事歌曲。例如《七月》《甫田》《行苇》《既醉》诸篇。
5. 时事讽刺歌曲。例如《新台》《伐檀》《狼跋》诸篇。

第二类是贵族诗人咏怀之创作。

例如《东山》《节南山》《正月》《十月之交》《崧高》诸篇。

第三类是宗庙（閟宫）及宴会乐舞歌（所谓《升歌》）：

1. 宗教乐舞歌。例如《文王》《下武》诸篇。
2. 颂神祭祝乐舞歌。例如《思文》《云汉》诸篇。
3. 宴会乐舞歌。例如《庭燎》《鹿鸣》诸篇。
4. 田猎舞歌。例如《常武》《兔罝》《驺虞》诸篇。
5. 军旅之歌。例如《击鼓》《无衣》《破斧》诸篇。
6. 教诲之歌。例如《鸤鸠》诸篇。

五

近世疑古者无事不疑，蔑称商周文明为所谓"巫术文明"（张光直）、"巫史文明"云云。有人因此而怀疑上古文明中是否真有这种采诗及诗教之制。其实此事见诸典籍，毫无可疑。《国语·周语》及《史记·周本纪》中记有如下一件史事，可为参证。

周厉王时，王行暴虐侈傲。"国人谤王。召公谏曰：'民不堪命矣。'王怒，得卫巫，使监谤者，以告则杀之。其谤鲜矣，诸侯不朝……王益严，国人莫敢言，道路以目。厉王喜，告召公曰：'吾能弭谤矣，乃不敢言。'召公曰：'是障之也。防民之口，甚于防水。水壅而溃，伤人必多，民亦如之。'是故为水者决之使导，为民者宣之使言。故天子听政，使公卿至于列士献诗，瞽献典，史献书，师箴，瞍赋，矇诵，百工谏，庶人传语，近臣尽规，亲戚补察，瞽史教诲，耆艾修之，而后王斟酌焉，是以事行而不悖。'民之有口也，犹土之有山川也，财用于是乎出；犹其有原隰衍沃也，衣食于是乎生。口之宣言也，善、败于是乎兴。行善而备败，所以产财用衣食者也。夫民虑之于心而宣之于口，成而行之。若壅其口，其与能几何？'王不听。于是国人莫敢出言，三年，乃相与畔，袭厉王。厉王出奔于彘。"

召公指出，"为水者决之使导，为民者宣之使言。故天子听政，使公卿至于列士献诗"——古代先王之所以采诗于民间，正是为了察民意、知民心、料民情，以防止国家政治由于民怨壅积而突然在一个早晨崩溃。

采诗察民，即通过歌谣观测民心、民意、民情，实在是行之于上古的一种高明政治措施。

六

上古乐官本源于先秦宗庙闷宫中以职业歌舞而娱神者。男歌吟（讲史）者往往用"瞽人"或"瞽矇"，即盲人。《周礼》："瞽矇，掌播鼗、柷、敔、埙、箫、管、弦、歌，讽诵诗，世奠系，鼓琴瑟。"郑玄注："讽诵诗，主诵诗以刺君过……以戒劝人君。"女乐舞者则为"巫"，或"倡"（娼）或"尼"（妮）。上古乐官亦名"乐正"。正者，政也。乐政，乐官也。乐官即儒师之本源，《周礼》称"乐胥"，《论语》称"太师"，师胥者，儒也。

《礼记·王制》云："乐正崇四术，立四教，顺先王《诗》《书》《礼》《乐》以造士。春秋教以《礼》《乐》，冬夏教以《诗》《书》。"又《礼记·经解》："孔子曰：入其国，其教可知也。其为人也：温柔敦厚，《诗》教也；疏通知远，《书》教也；广博易良，《乐》教也；絜静精微，《易》教也；恭俭庄敬，《礼》教也；属辞比事，《春秋》教也。"

采诗之制，后来汉武帝立"乐府"而仿效之。

《前汉书·礼乐志》记："至武帝定郊祀之礼……乃立乐府，采诗夜诵，有赵、代、秦、楚之讴。以李延年为协律都尉，多举司马相如等数十人造为诗赋，略论律吕，以合八音之调，作十九章之歌。"十九章，即今传汉（古）诗十九首。

《前汉书·艺文志》："自孝武立乐府而采歌谣，于是有代赵之讴，秦楚之风，皆感于哀乐，缘事而发；亦可以观风俗，知薄厚云。"

但是，"乐府"一名，并非武帝始创。1977年陕西临潼秦始皇墓附近，出土秦代编钟上有秦篆"乐府"二字。《通典·职官》："秦汉奉常属官，有太乐令丞，又少府属官，并有乐府令丞。"乐官之制，其来已久，殷有"瞽宗"，周有"大司乐"，秦有"太乐令""太乐丞"，皆掌乐之官也。然"乐府"之名，则始见于秦。乐府之立为专署，应始于武帝。《两都赋·序》："大汉初定，日不暇给。至武、宣之世，乃崇礼官，考文章。内设金马石渠之署，外兴乐府协律之事。"

汉武帝刘彻行事好仿古制。其制度多仿前秦与西周。刘彻博学多才，喜诗爱赋，其早年两位老师赵绾、王臧都出自当时传授齐派《诗经》之名儒申公门下，所以汉武帝立乐府而恢复了古代采诗之制。

七

《诗经》中篇幅最多的是情诗和抒情诗，这些诗篇主要集中在"国风"中。这种情诗，后世之道学家往往视之为"淫"。如清儒江永说："夫子未尝删诗，诗亦自有淫声。"而孔子当年则不以为然："《诗》三百，一言以蔽之，曰：思无邪。"可见孔子并不是不食人间烟火的禁欲先生。

"国风"的作者不一，有的是民间男女，有的是王家乐师，有的是贵族君子。

朱熹关于"诗"也有一段高明之讲论，说："或有问于余曰：'《诗》何为而作也？'余应之曰：'人生而静，天之性也。感于物而动，性之欲也。夫既有欲矣，则不能无思。既有思矣，则不能无言。既有言矣，则言之所不能尽，而发于咨嗟咏叹之馀者，必有自然之音响节奏而不能已焉，此《诗》之所以作也。'"（《诗集传》）

孔子曾以《诗》为教，说："诵《诗》三百，授之以政，不达，使于四方，不能专对，虽多，亦奚以为？"（《论语·子路》）

又说："小子，何莫学夫《诗》？《诗》可以兴，可以观，可以群，可以怨。迩之事父，远之事君，多识于鸟兽草木之名。"（《论语·阳货》）

"人而不为《周南》《召南》，其犹正墙面而立也与？"（《论语·阳货》）

又说："不学《诗》，无以言。"（《论语·季氏》）

八

《论语·子罕》记："吾自卫反鲁，然后乐正，《雅》《颂》各得其所。"

西周《诗经》藏于乐官，为乐官所用之曲调名及所歌诗之底本。徐中舒先生说:"故易必出于大卜,书必出于大史,诗必出于大师。《汉书·艺文志》论诸子之学无不出于王官,其事与此先后实同一例。"❶《诗经》三百篇本来都是有乐调而配唱的,实际本来都是"歌"。《左传》记述季札至鲁观乐,鲁乐之所奏诸曲,其曲名皆《诗经》之诗名。《左传》谓周礼尽在鲁,当时诸侯都至鲁观殷周古礼。而且,《国风》中的有些作品似乎是根据固定曲牌所填写的歌词,如《扬之水》《羔裘》,在同一曲牌下都有多首不同歌词。春秋时代,各国士大夫交往必要以诗导言,所以孔子云"不学《诗》,无以言",不熟读《诗》,就不能说话。

徐中舒云:"春秋之世去古未远,歌唱之风犹甚发达。《左传》载当时诸侯卿相宴飨会盟之际,犹以赋诗为交际上必需之仪节,如不答赋,则为失礼。如《左传·文公四年》云:'卫宁武子来聘,公与之宴,为赋《湛露》及《彤弓》,不辞,又不答赋,使行人私焉。'此因不答赋,而以为失礼。又如《左传·昭公十二年》云:'宋华定来聘,通嗣君也,享之。为赋《蓼萧》,弗知,又不答赋。昭子曰:'必亡!宴语之不怀,宠光之不宣,令德之不知,同福之不受,将何以在?'此以不答赋而以为国有必亡之征。由此可知,古人对诗乐与政治关系之重视。"

由此可知,在周代,《诗》乃是贵族士子于青少年时代启蒙教育的必修课目。

当时各国贵族子弟自小即习诗、唱诗,所以成年以后,才能在各种交际场合,以诗代言赋志达情。

九

综合古典典籍的记载,可以推知《诗》在春秋时代大概有以下用处。

1. 宗教仪式——举凡祭祀神明、破除灾殃、丧葬等仪式,都有专门的诗歌诵唱。
2. 日常交际——祭祀、盟誓、射箭、宴宾、乡饮酒等重大聚会,都要诵唱诗歌。
3. 外交礼仪——"行人"之官(外交官)出聘国外,往往赋《诗》以寄言。仅据《国语》《左传》记载,这一类的赋《诗》在春秋二百多年中即有二十八次。可见

---

❶ 参见《徐中舒历史论文选辑》。

当时的外交官都是精通于《诗》的。孔子所谓学《诗》则能"使于四方",就是指此而言。

4. 以《诗》代言——春秋时之"君子"喜欢引用《诗》以代言。如果一个人不会引《诗》,一般人便会讥笑他不会讲话。所以孔子说:"不学《诗》,无以言。""《诗》可以兴,可以观,可以群,可以怨,迩之事父,远之事君。"

古代人们进行个性化之创作,似以《诗经》所录为最古。故孔子云"诗言志",志者,识知也,记忆也,抱持也(追求也)。诗之作者,一为贵族及士君子,一为民间游吟者。十五国风中主要是民歌,作者多为不知名之民间游吟者。

十

就《诗》学的传授而言,汉儒都说是由孔子传之于子夏,子夏传曾申,申传魏人李克(悝),克传鲁人孟仲子,孟仲子传牟根子,牟根子传赵人荀卿(前213?—前238)。荀子以下,《诗》学分为四脉。

1. "赵诗",荀子传鲁人大毛公即毛亨,大毛公传小毛公即毛苌。二毛传述《诗诂训传》,即"毛传",这一系统流传的诗,于西汉首先流行于赵地(河间献王好之,乃私立毛苌为河间国之诗博士)。故所谓"毛诗",实即"赵诗",属于经学的古文学派。《前汉书》仅谓"毛公,赵人也。治《诗》,为河间献王博士"。此毛公《后汉书》称毛苌。郑氏《诗谱》云"鲁人大毛公为《故(诂)训传》于其家,河间献王得而献之,以小毛公为博士"。此较《前汉书》多出一大毛公,郑氏或别有所据。《毛诗注疏》则谓"亨为大毛公,苌为小毛公"。《毛诗注疏》引《六艺论》:"河间献王好学,其博士毛公善说《诗》,献王号之曰《毛诗》。"是毛诗博士为河间献王所私立。

2. "鲁诗",也为荀子所传。荀子传《诗经》于齐人浮丘白,浮丘白传鲁人申培公。申培公传赵绾、王臧,赵、王曾为汉武帝刘彻师傅。

3. 此外,又有韩婴之"韩诗",也是源于荀子。

4. 还有辕固生的"齐诗",也是荀子所传。

总之，溯其总源，以上"赵诗""鲁诗""韩诗""齐诗"诸家，皆本于荀卿。而荀子所传之《诗》义，则上承于子夏、孔子。

韩、鲁、齐三家诗，属于西汉经学中的今文学派。今文学派的《诗经》传授，在汉初特别是汉武帝时代，列于国家之官学，居于显学主流的地位。

西汉末王莽始崇古文之学。他将赵派之《毛诗》列入学官。王莽篡国失败，到东汉光武帝时，复将王莽时被列入学官的《毛诗》罢止，但民间传授则仍未中断。

要之，西汉时诗学盖有四传：韩、鲁、齐传及赵（毛）传。韩鲁齐三家属今文学派，赵（毛）传属古文学派。西汉时流行今文三家，东汉以后古文兴，三家诗说皆逐渐衰亡，"毛传"反而成为独传。

十一

在汉代，由于《诗经》成为国家圣学之经典。于是将《诗经》伦理化、神学化，成为一时风尚。本来《诗经》之作者，多是民间不知名之游吟者，但当时有说者硬要将作者一一考实，附会于贵族，以寄托所谓政治或伦理礼教之"微言大义"。于是诗解往往望文生义地攀缘比附政治史事，臆测诗中莫须有的伦理政治含义。其最妄诞者，即为托名"子夏""毛公"所撰的伪《诗序》。

托名毛传之《诗序》来历不明。后人或言"毛亨与子夏合写《诗序》"，事实上，子夏与毛亨相距数百年，何以能合写？《诗序》有"大序""小序"之分。所谓小序、大序，以字数之多寡言，字数少，故称"小序"；字数多，故谓"大序"。后人之所谓小序者，郑玄则称为大序；后人之所谓大序，郑玄则称为小序。他不是以字数定大小，而是以内容定大小，序的内容讲政教伦理者曰"大"，讲历史背景者曰"小"。郑玄说：出于子夏者为"大"，成于毛公者为"小"。

《诗序》作者的用心，是要防止人们以真情读《诗》，而要以《诗》设伦理礼教之"教"。

因此，《诗序》将《国风》中所有爱情诗篇，几乎无一例外地一并归结为对治国者政教之讽喻，成为一种关乎伦理政治的意识形态。如《关雎》大序云："国史明乎得失之迹，伤人伦之废，哀刑政之苛，吟咏性情以风其上。"《静女》序："刺时也。卫君无道，夫人无德。"《桑中》序："刺奔也。卫之公室淫乱，男女相奔，至于世族在位，相窃妻妾，期于幽远，政散民流而不可止。"《氓》序："刺时也。宣公之时，礼义消亡，淫风大行。"《溱洧》序："刺乱也。兵革不息，男女相弃，淫风大作，莫之能救焉。"

总之，每一首诗都有礼教的教诫用心，此即所谓借序以明《诗》教。

关于《诗序》的作者，郑玄说是子夏（"作大序"）和毛公（"作小序"）。但实际上这是明显伪托之说。子夏其人，生动活泼，富于权变，孔子曾诫子夏"毋为小人儒"。子夏绝不是孔门礼教的原教旨主义者。相反，子夏是战国初期首先援儒入法的重要人物，是一位站在时代变革潮流前列的人物。子夏弟子之一是魏文侯，乃是战国时第一位发起变法改革的国君。此外，吴起、李悝、商鞅皆出子夏之门。因此，《诗序》中那种种僵化迂腐的伦理说教与实用主义的子夏大不相合。

十二

自宋代以来，《诗经》学之研究得到了重大突破。首先是欧阳修、朱熹突破《诗序》及汉儒传诗之家法，提出"以诗解诗"，寻求《诗》之本旨，从而摧陷廓清了《诗序》强加给《诗》的许多伦理枷锁。

北宋时，欧阳修在其《诗本义》中对《诗序》提出疑义，继而有苏辙的《诗传》、郑樵的《诗传辩妄》，及至南宋大儒朱熹在其《诗序辩说》中，对《诗序》之伪妄揭露殊多。

兹举一例。《诗序》中多用"后妃"一词，多数诗篇"小序"皆认为诗义乃是宣教所谓"后妃之德"，如"《关雎》，后妃之德也"，"《葛覃》，后妃之本也"，"《卷耳》，后妃之志也"，"《樛木》，后妃逮下也"，"《螽斯》，后妃子孙众多也"云云。

按"后妃"一语，非两周习用之语。"后妃"一名，据笔者所见，先秦书中始见于《吕氏春秋》，乃战国晚期儒家之言也。春秋时，诸侯君后称"小君"或"夫人"，不称"后妃"。春秋以前之所谓"后"有君后、君主（男性）之意，而非专指君主之妻妾。《礼记注疏》："群后，公及诸侯。"而"妃，配也"，其实，妃即仆也、伏也，妇（执帚洒扫者）也。《左传·成公八年》："士之二三，犹丧妃耦。"《左传·昭公三十二年》："体有左右，各有妃耦。"《左传·隐公元年》："惠公元妃孟子。"疏："妃者，匹配之言。"妃耦即今语配偶，盖普通之言也，则是男性主君之附庸。《左传·文公十四年》杜注："妃音配，本亦作配。""妃"指君主从婢，与母后地位不可相提并论。故"后妃"联言，非西周、春秋习用之语。

西汉一朝，后党与君党一直有激烈的政争。支持皇帝的君党人士欲贬抑母权、后权，故将"后"与"妃"连称为名，同沦于男权附庸之地位。"后妃"连称，正表明"母后"地位之沦降。《诗序》中常以"后妃"联言，仅此用语，已足可表明其产生当在汉世以后，故《诗序》不可能是孔子所传、子夏之作。

十三

所谓《诗序》的真正作者，其实在《后汉书》中有明确记载，乃是东汉之儒家原教旨主义者卫宏。

《后汉书》记："卫宏字敬仲，东海人也，少与河南郑兴俱好古学。初，九江谢曼卿善《毛诗》，乃为其训。宏从曼卿受学，因作《毛诗序》，善得风雅之旨，于今传于世。"又记："中兴后，郑众、贾逵传《毛诗》，后马融作《毛诗传》，郑玄作《毛诗笺》。"

由此可知，《毛诗序》乃卫宏托毛氏之名的伪作。

至于《毛诗传》即毛诗训诂，则传自卫宏的老师谢曼卿，以后又传于郑众（先郑）、贾逵及东汉之大儒马融。

《毛诗传》多采先秦"故训"。解释《诗》的文字用语，常可与《尔雅》（孔子、子夏所传）相发明，可能确与子夏、大小毛公所传授有所渊源。而《诗序》，则完全是卫宏伪托之作。

西汉自吕氏、窦氏以母权干政，政治中常现母后及外戚干政的阴影。在西汉末及东汉中晚期，儒家士大夫所拥戴之男系君权与外戚母权之党争十分激烈。因此东汉士人乐言后妃之女德（如西汉成帝时，外戚王氏一家"凡九侯五大司马"。宗室刘向上书斥王氏乱政，希望成帝远外戚，正女德。成帝任之为中垒校尉，掌控北军，以与王氏相制。刘向曾作《列女传》，讲述后妃之德）。而《诗大序》多从后妃女德角度曲解诗意，此实明显反映东汉人之价值观念也。故《诗大序》必为卫宏所作，而与春秋战国时代的孔子、子夏及秦汉之际之毛公毫无关系。

从《诗序》看，卫宏几乎完全读不懂或故意曲解《诗经》的诗义。其《大序》从其礼教伦理的立场，几乎对每一篇诗作的主题都作了妄诞的附会和曲意说解，其中一些序文与诗之本毫无关系。难怪连朱熹都要斥之为"妄"。尤可憎者，乃卫宏伪托子夏、毛公之名，竟使其谬种流传达两千年。

故读"毛诗"，必须将其"序"（"毛序"）与"传注"（"毛传"）离异分别。传注中多存古训诂之义，而《诗序》则皆系卫宏根据东汉礼教伪造，一无是处。

十四

朱熹云："吾闻之，凡《诗》之所谓风者，多出于里巷歌谣之作，所谓男女相与咏歌，各言其情者也。"（《诗集传》）

朱熹认为，《诗》中之风，多出于民间创作，是自由抒情之民俗歌曲，这是使《诗经》返璞归真的革命性见解。汉儒往往把情诗说成王者"思贤若渴"，宋儒则揭开了这个面纱，指出情诗就是情诗。正是由于勇敢地摒弃《诗序》，才开辟了理解《诗经》的正确途径。

明代学者陈第、顾炎武又提出读《诗经》当知《诗经》之古音，从而以语言学的突破，逐渐寻求到《诗经》之义的重新阐释。

陈第著《毛诗古音考》指出："时有古今，地有南北。字有更革，音有转移。""以今之音读古之作，不免乖剌而不入。""魏晋之世，古音颇存，至隋唐渐尽矣。"因此读诗，首先应当寻辨古音和文字的本来语义。

到清代，新汉学兴起，诸儒进一步发明音韵之学。戴震继承顾炎武音学真谛，提出："疑于义者，以声考之。疑于声者，以义正之。"后钱大昕及高邮二王亦用此法解经，遂卓有发明。20世纪以来，则有章（太炎）黄（侃）之学复传其道。

以此方法解读《诗经》，常有出人意表之心得。兹举一例。

《诗经》首篇《关雎》诗句"寤寐思服"之"思服"二字，千古难解。而陈第考古音曾指出，"服古音当读为逼"。

【按："逼"即"彼"也，"彼"在汉以前古语中有第三人称之"他/她"意，如孙子名句"知己知彼"，彼即他也，对方也。则"思服"，即今语"思彼""思伊"（吴语"伊"即"她"）——在寤寐之中也思念她，其意义乃豁然贯通。】

20世纪以来，通过王国维、郭沫若、闻一多、孙作云等先贤的工作，将《诗经》研究纳入考古、历史、天文历法、民族学及人类学、语言学的广阔视野，从而开拓了前所未有的诠释境界。

《论语》及"四书"都非孔子所作

把《论语》以及四书（《大学》《中庸》《论语》《孟子》）当成孔子以及儒家的代表作是个很大的谬误。但是今人认知普遍如此。自南宋朱熹以来，谬种流传，可谓积非成是。有必要正本清源，予以澄清。

一、《论语》不是孔子的著作，更不是儒家思想的代表作

《论语》不是孔子的著作，而是孔子生前与门人，以及门人之间互相对话的言论汇编。此书不是孔子本人的著作，今本《论语》是汉代以后的人编纂的，成书时代与孔子生活时代相距数百年。

《汉书·艺文志》对此讲得很清楚："《论语》者，孔子应答弟子、时人，及弟子相与言，而接闻于夫子之语也。当时弟子各有所记。夫子既卒，门人相与辑而论纂，故谓之《论语》。"

也就是说，《论语》乃是孔子与弟子，以及弟子与弟子谈话的语录。该书会集孔子关于政治、文化、历史、人生、哲学、宗教等问题的一些支离破碎的观点，不能认为是反映孔子思想的代表作。

《论语》一书的编撰者，并非一人。《经典释文·叙录》引郑玄说认为，《论语》是"仲弓、子游、子夏等撰"。而汉代的纬书《论语崇爵谶》则说《论语》乃子夏等六十四人所会撰。汉末赵岐《孟子题辞》则谓："七十子之俦，会集夫子所言，以为《论语》。"

据《汉书·艺文志》记，西汉时至少曾流传三种《论语》文本，每种篇数不同，内容也有所不同，即"鲁论语"二十篇，"齐论语"二十二篇，"古论语"二十一篇。

"齐论语"据说为子张所传；"鲁论语"据说为思孟（曾参、子思、孟子）一派

所传;"古论语",则可能为卜商子夏所传。三种《论语》传承各有自,重点殊不同。

汉代儒家区分为今文、古文两大学派,斗争激烈,势同水火。汉武帝支持的董仲舒属于今文学派,倡导的是子夏、荀子一派外儒内法、古为今用的学说。

而在西汉后期,反对汉武帝搞大一统的刘姓贵族、阴谋篡汉的王莽及附庸文人刘向父子则支持古文学派。魏晋以后,古文儒学兴盛至于隋唐,齐鲁皆为古文学派大本营。故汉代后期以传习"鲁论语""齐论语"者居多。子夏一派的"古论语",则随同今文学派而式微,后来失传。

西汉末期,安昌侯张禹以"鲁论语"为主,采择"齐论语",汇纂而成《张侯论语》。这个版本即今本《论语》之由来。

到东汉后期,郑玄以《张侯论语》为底本作《论语注》,《张侯论语》遂成为东汉以后《论语》的通行本。

孔子生前的代表作是他亲手编订并向弟子传授的五经体系,即《诗经》《书经》《礼经(包括乐经)》《易经》《春秋经》。

孔子生平"述而不作",以五经学术传授弟子。五经才是孔子与先秦儒家关于学术及道统的代表作。

二、四书与五经的意义不能并列

所谓四书,即《论语》《孟子》《大学》《中庸》。这四部书也都不是孔子所作。

四书与五经的意义完全不能并列。五经传授可以溯源孔子以及先秦;而四书,则是南宋时期由朱熹所编撰。四书中的《大学》《中庸》,摘自汉代以后出现的《礼记》(并非孔子所传之《礼经》),传说是孔子的孙子子思的著作。

【按,孔子门下有两个子思,一位是原宪字子思,一个是曾参弟子、孔子嫡孙孔伋字子思。出自哪个子思,历代也有异说。】

《论语》《孟子》也都是汉代以后的人编撰之书,皆不能列于先秦之儒家经典。

可信之先秦儒家经典只有五经体系。

韩非子说孔子身后儒分为八，思孟学派只是八家中之一而已。

孟轲在汉唐时代并不具有与孔子并列的地位。汉武帝独尊儒术，尊的仅仅是孔子之道，而绝对不是孔孟之道。

孟子的抬头始于晚唐的韩愈。韩愈著《原道》，祖述儒家道统称："尧以是传之舜，舜以是传之禹，禹以是传之汤，汤以是传之文、武、周公，文、武、周公传之孔子，孔子传之孟轲，轲之死，不得其传焉。"

到了南宋，这一道统得到朱熹的弘扬，据此而编著"四书"。但是孟子正式被朝廷封为"亚圣"而得以与孔子并列，则在明嘉靖九年（1530）。此时，距孟子去世已一千八百多年了。

在此之前，孟子只是先秦诸子之一，一位平民思想家。也就是说，所谓"孔孟之道"，从来不曾流传两千多年，其形成以及存在，至今也不过四五百年。

三、儒家历史的重新分期

孔子死后，其弟子散诸四方而传其学。韩非子说"儒分为八"，荀子则著文批评"十二子"，特别批评同属儒家的子思、孟轲。

实际孔子身后儒学脉络对后来影响巨大的大概有三派：鲁阙里之学（曾参、子思、孟子）、魏西河之学（子夏、吴起、魏文侯）以及晚出的齐稷下之学（荀子，师承于子弓及子夏）。

齐国贵族田常曾与孔子交往，好儒术。其专政齐国后，重用孔子弟子子贡、颜涿聚、宰我等。田氏篡齐后，至后齐桓公（田午）乃造学宫兴起稷下之学。荀子曾为稷下学宫祭酒，因而形成讲述五经的齐鲁派儒学。到汉初，通过贾谊、晁错、董仲舒而深刻影响了当时的政治。

我认为，在孔子身后，历史上的儒家思想大略可分为以下三期。

第一期是子夏西河传经，到荀子主持稷下学宫，再到汉武帝用董仲舒独尊儒术，这一阶段的儒学主流是今文派儒学。

第二期是西汉后期特别是王莽时期，以刘向、刘歆父子为代表而倡导兴起的古文儒学，直到唐初唐太宗编订《五经正义》，综合南北、杂糅今古文两派学术，是以古文派为儒学主流的时期。

第三期则始自晚唐韩愈著《原道》开始提倡孟子，将孟子作为孔子的嫡系传人。此论在南宋为朱熹所弘扬而编撰四书取代五经。至明、清，此论得到国家的正式承认，遂以四书为主题而立八股取士制度，于是形成以四书为主体的所谓"孔孟之道"的道统。

"中庸"新考

《中庸》一书,是孔子嫡孙、曾参弟子子思所传述,宋代以来被视为儒家重要的修身之典。

《中庸》所记述的中心是"中庸之道"。然而所谓"中庸"二字,究竟是什么意思,则历来失解。传统代表性的解释是朱、程之说。朱熹云:"中者,无过无不及之名也。庸,平常也。"程颐曰:"不偏之谓中,不易之谓庸。"

此二说,可谓庸易而糊涂。宋儒经学,一无可观,此为代表之论。因此,有必要重诂而新解之。

【按:《中庸》原是《小戴礼记》中的一篇,作者为孔子后裔子思,后经秦代学者修改整理。在先秦儒家五种经典中,没有《中庸》和《孟子》。《孟子》与《中庸》都是被宋儒提到突出地位上来的。宋代探索中庸之道的文章不下百篇,北宋程颢、程颐极力尊崇《中庸》。南宋朱熹又作《中庸章句》,并把《中庸》和《大学》《论语》《孟子》并列称为"四书"。但是何谓中庸,却从来没有考证清楚。】

一

孔子曾对曾参说:"曾参啊,我的道术可以用一个基本原理来统贯。"曾子说:"是啊!"

曾子的弟子听不明白,问:"你们所谈的'道'是什么?"

曾子回答:"夫子之道,归根结底就是两个字——'忠恕'。"

这一段对话很有意思,孔子认为,"忠恕"之道,是君子立身的根本和一贯之道。

【按：曾参是孔子的弟子，而曾子之下又有门人，表明儒者之内部组织是存在层级的。孔子弟子有七十二贤人，门下弟子三千人，则贤人相当于班级之长也。】

而在《论语·雍也》中，孔子又说："中庸之为德也，其至矣乎！"

孔子还说过："中庸，其至矣乎！民鲜能久（久应读为就，即至）矣。"

一曰忠恕，一曰中庸，孔子认为这是君子的根本之道。故我以为，忠恕之道其实质就是中庸之道。这一点，古今言儒家及中庸之道者，出于语言训诂的原因，皆未明之。

"恕"从"如"得音。"如"者，"容"也，一音之转。庸，古字与容、融通用（黄侃、杨树达均有说）。

【按：古语言如音通容音，而容音通庸音。例如《庄子·胠箧》中的"容成氏"，《资治通鉴外纪》引《六韬》作"庸成氏"。《荀子·修身》中的"庸众"，《韩诗外传》引为"容众"。《国语》中的"祝融"，《路史》注引《山海经》作"祝容"及"祝庸"。】

故所谓"中庸"，即"中容"［所以先秦火神仲容（祝融）亦写作仲庸］。从语源训诂学看，中庸与"忠恕"字本相通。所以孔子所言的"中庸"之道者，亦即"忠恕"之道也。

二

孔子不止一次谈论"忠恕"之道，他认为这是君子立身的根本之道。

例如，《风俗通义》引孔子曰："君子之道，忠恕而已。"

《论语·里仁》："子曰：'参乎！吾道一以贯之。'曾子曰：'唯。'子出。门人问曰：'何谓也？'曾子曰：'夫子之道，忠恕而已矣。'"

《论语·卫灵公》:"子贡问曰:'有一言而可以终身行之者乎?'子曰:'其恕乎?'"

"一以贯之",即今语"一贯"。王弼云:"贯,犹统也。"皇侃说:"道者,孔子之道也。贯,犹统也。譬如以绳穿物,有贯统也。孔子语曾子曰:吾教化之道,唯用一道以贯统天下万理也。"

《东塾读书记》:"宋儒好讲一贯,惟朱子之说平实。"《朱子语类》云:"尝譬之,一便如一条索,那贯底物事,便如许多散钱。须是积得这许多散钱了,却将那一条索来一串穿,这便是一贯。'"

"道也者,不可须臾离也;可离,非道也。"在孔子看来,中庸之道是儒者的根本做人之道。

三

从训诂看,"中"有三解。

一曰中,两极之间曰中。不偏不倚为中,中道也就是正道。持中道,即守乎中道。

《礼记·大学》说:"所恶于右,毋以交于左。所恶于左,毋以交于右,此之谓絜矩之道。"絜矩之道,就是方方正正之道。

《礼记·中庸》引孔子论曰:"舜其大知也与?舜好问而好察迩言,隐恶而扬善,执其两端,用其中于民。""从容中道,圣人也。"

还应当看到,"中"对于儒家是重要概念,不仅是取其中正之义,还有含蓄内敛(藏中)以及协调中和之义。

《中庸》说:"喜、怒、哀、乐之未发,谓之中。发而皆中节,谓之和。中也者,天下之大本也。和也者,天下之达道也。致中和,天地位焉,万物育焉。"

中的第二语义曰致诚。中字从心,即忠。忠者,诚心诚意也。《中庸》说:"诚者,天之道也。诚之者,人之道也。""诚之者,择善而固执之者也。"

中的第三语义曰尽情尽力。皇侃《论语义疏》引王弼云:"忠者,情之尽也。"

顾炎武《日知录》："元戴侗作六书故，其训忠曰：'尽己致至之谓忠。'"

所谓"恕"的语义，即"宽恕"、宽容。

王弼云："恕者，反情以同物者也。"《六书故》训恕曰："推己及物之谓恕。己欲立而立人，己欲达而达人，施诸己而不愿，亦勿施诸人。"

孔子重视"恕"道。子贡问曰："有一言而可以终身行之者乎？"子曰："其恕乎！"仲孙何忌问于颜子："一言而有益于仁。"颜子曰："莫如恕。"

总括上面的讨论：孔子以"智、仁、勇"为君子之三达德，而以中庸、忠恕为立身之大道。

综上论："中心为忠，如心为恕。"守中曰忠，"以德报怨"而容物，即"恕"也。《中庸》说："忠恕违（为）道不远：施诸己而不愿，亦勿施于人。"

【按：此句历来失解。难点在于"违"字。违者，非违反之义，而当读成"为"。所以违道不远，不是远离道义，而是说忠恕之道离我们不远——只要做到己所不愿，勿施于人。】

儒家修身，主张内心守中持正，做事情尽责，对人宽容，此美德曰"忠恕"，也就是中庸之道。所以孔子说："君子，中庸；小人，反中庸。"中庸者，守持中道而大度宽容也。

总而言之，中庸之道者，即忠恕之道也。中庸、忠恕，是谓儒者之达德，亦即孔子所主张君子要"一以贯之"而奉行的立身之道、君子之道。

《九歌》新论

一

宗教崇拜有两大起源。

其一，太阳崇拜（自然与人）——与经济生产、畜牧和农业有关。

其二，生殖崇拜（人与人）——与人的生产、繁殖有关。

太阳与生殖的合一，即自然与生命的合一，其创造与主宰者，就是神灵和上帝。宗教活动包括两大领域：一是体验和实践的领域，一是超越即思辨的领域。前者的典型升华物是宗教性艺术，后者则演化为哲学（"形上学"）和科学（"形下学"）。

古代祭神之礼，概而言之，可有四大要素：

1. 献纳活动（交换），古称祭、献。
2. 性活动（模拟），古称交（郊）、祀（上巳）、御。
3. 艺术活动（赞赏、暗示、操纵），古称祝观巫（舞）。
4. 叙述与记录（绘画、记事），古称祠、誓、志。

赞美诗、歌、舞蹈、音乐，以及人体装饰，可以看作艺术的起源。在这个意义上，艺术起源于宗教。

在古代中国，生殖神常被寄托于几种神秘动物身上，以之作为生命图腾：鳄鱼、龟、鸵鸟、羊、蛇。

二

《九歌》，即樛歌、酒歌，又称郊歌（郊祭之歌），即祭祀之歌。古又称"升歌""登歌"，本为明堂祭天神的古代礼仪。

九字通纠。(《庄子·天下》："禹……九杂天下之川。"注：九读纠，纠合错杂也。) 纠，交也。故《九歌》又可释为交歌——郊祀之歌与交会之歌。所以九歌即乐府古歌，九歌起源于与神灵交通之歌。

升歌、登歌，升、登，蹈也，即舞蹈而歌。古音韵的研究表明，九古音有高音。高古音与京、城、登、升可相通转，故九歌亦即升歌也。

《礼记·明堂位》："升歌清庙。"《尚书大传》："古者帝王升歌清庙。"《礼记·祭统》："夫大尝禘升歌清庙，下而管象朱干玉戚以舞大武，八佾以舞大夏，此天子之乐也。"《礼记·文王世子》："天子视学……登歌清庙。"

这里所谓"登歌""升歌"，亦即"九歌"。

三

古《九歌》是祭祀太阳神、太阴神和四季神之歌舞。《周礼·大司乐》："以乐舞教国子，舞云门、大卷、大咸、大韶、大夏、大濩、大武……以六律、六同、五声、八音、六舞、大合乐。以致鬼神示，以和邦国，以谐万民，以安宾客，以说远人，以作动物。"

古印度教有不止一位太阳神，中国亦然。中国的四方神，即四季神，也就是东西南北的四位太阳神，其配神则是四位季风之神（四太阳神，阳性。四风神，阴性。）

东君青阳，配神雨神伏羲。

湘君赤阳，配神火神祝融。

少司命白阳，配神霜神蓐收（黎母）。

山鬼黑阳，配神冰神（夜神）（玄冥）蚩尤。

李嘉言指出："原始社会对于神及性的信仰，根本分不开。《汉书·地理志》说楚地信鬼，重淫祀，其根即在此。人神恋爱是人祭的变相。河伯娶妇是人神恋爱，又是人祭。"其说甚是。《九歌》的功能，是人与神的会合，其会合的方式是音乐，是诗歌与性活动。在中国古代宗教中，"礼乐"二字至为重要。所谓"礼"，履也，而履的本义是舞蹈。

"若乐六变，则天神皆降……若乐八变，则地示皆出……九变，则人鬼可得而礼。"(《周礼》) 这段神秘语言的奥秘，即在于暗示了伴随音乐歌舞之后的人神恋爱。

四

九歌演奏之地在清庙，即宓宫、太庙、明堂、辟雍、大社坛（春台、桑台）。亦即汉代所谓乐府（大司乐之所主）。所谓"秘馆"，其变名又称宓宫、春宫、春台。

山洞溶岩喀斯特常被看作自然形成的宓宫，悬挂着天然形成的石钟乳。因此"郊宗石室"——神秘山洞，被古人看作汲取天地自然灵气的处所。石室修道被认为是能获取自然生命的所在。

汉儒或曰，宓室得名于闭门。然《吕览·慎大》曰："周明堂，外户不闭，示天下不藏也。"《史记》："……上黄帝时明堂图。明堂中有一殿四面无壁，以茅盖，通水，圜宫垣为复道，上有楼。"这表明宓室并不神秘，并不封闭。

古代祭祀，一曰郊，交也，"与神交通"。《太平御览》引《史记》："皋陶曰：吉而必同，与神交通。""吉"即喜，"同"即通，是古代性活动的通用隐语。《文选·甘泉赋》李善注："祭天曰郊。郊者，神交接也。祭地曰祀。祀者，敬祭神明也。"（祀通祠、饲、司也。以血肉贡神之祀，曰祭。）这种与神交接，是通过女巫师进行的，女巫师即神女，其所居称阳台、春台，亦即乐府，正是后世秦楼、楚馆、青舍的起源。从《楚辞》与《史记·封禅书》的内容看，直到西汉，祭神活动中仍然包含着性的活动。这是极可注意的一种古文化现象。❶

---

❶ 例如，《周礼·地官》："中春之月，令会男女，于是时也，奔者不禁，若无故而不用令者罚之。司男女之无夫家者而会之。"《礼记·月令》载，季秋之月，"是月也，申严号令，命百官贵贱不务内，以会天地之藏，无有宣出"；仲冬之月，"是月也，命奄尹，申宫令，审门闾，谨房室，必重闭，省妇事，毋得淫，虽有贵戚近习，毋有不禁"。

五

屈原所作《九歌》，承袭古"九歌"传统，但已运用战国后期出现的"五方十神"天文哲学观念。

《太平御览》引《尚书帝命验》："帝者，承天立府，以尊天重象，赤曰文祖，黄曰神斗（北斗），白曰显记（纪），黑曰玄矩，苍曰灵府。"注曰："天有五帝集居，太微降精以生圣人，故帝者承天位五官之府，是谓天府"）

《史记三家注》引《尚书帝命验》："五府……皆祀五帝之所也。文祖者……文章之祖……周曰明堂。神斗者……四行之主……周曰太室。显纪者……法也……周曰总章。玄矩者……法也……周曰玄堂。灵府者……周曰青阳。"《素问》引《五运行大论》："黄帝坐明堂，始正天纲，临观八极，考建五常。""夏曰世室，商曰重屋，周曰宗庙（明堂）。"世室，王国维说即大室、重屋，即神屋。

《太平御览》引《礼记·明堂阴阳录》："明堂阴阳，王者之所以应天也。明堂之制，周旋以水。水行左旋，以象天内。有太室，象紫宫。南出明堂，象太微。西出总章，象五潢。北出玄堂，象营室。东出青阳，象天市。上帝四时，各治其室。"

六

宓宫神庙是女神主之所居也。"姜嫄履大迹，感神灵而生后稷。"是周之先母也（称"巫先"，舞仙），周立庙而后稷为始祖。"姜嫄无所配，是以特立庙而祭之，谓之宓宫，宓神也。"（宓，匕，妣也）

古代巫觋，可称"巫祝"。巫皆舞女，祝即诵祝（咒），诵诗者也。侍神庙之男性，称阉寺（被宫刑者）与神女。此即寺人（侍者）、宦官之起源。中国远古的帝王起源于大巫祝，故其居所在"乐府"，侍者为宦官。侍神之女性，或称神君（君，尹也，即化神画符、扶机者）。《汉书》记："神君者，长陵女子。产乳（子）而死。见（降）神于妯宛若。宛若祠之。"

寺宫中设有火坛，拜火，称"祠社"。

《通典》:"帝师少翁,求仙,始亲祠灶。少君言上曰:祠灶即可致物。物,鬼也。致物而丹砂可化为黄金。"(此表明炼丹术起源于拜火之古教。)

又《史记·封禅书》记武帝设"五帝祠",皆有圣火之坛。

七

《九歌》文辞优美,虽然古今爱之者多、注释者多,但实际上存在的问题亦很多。基本尚未得到真正合于古义的解释。

晋王逸论《九歌》起源谓:"《九歌》者,屈原之所作也。昔楚国南郢之邑,沅湘之间,其俗信鬼而好祠(一作祀),其祠,必作歌乐鼓舞以乐诸神。屈原放逐……出见俗人祭祀之礼,歌舞之乐,其词鄙陋,因为作《九歌》之曲。"

此说有三点值得注意。

1. 认为《九歌》起源于楚地民歌。
2. 是为祭祀鬼神之用。
3. 经屈原改造之。

众人多赞同王说中的第一、第三两点,而摒弃其第二点。宋朱熹则以为:"楚俗祠祭之歌,今不可得而闻矣。然计其间,或以阴巫下阳神,以阳主接阴鬼。则其辞之亵慢淫荒,当有不可道者。故屈原因而文之,以寄吾区区忠君爱国之意。"(《楚辞辩证》)

此说中有两点可注意。

1. 暗示《九歌》来源中有原始两性关系的含义,"或以阴巫下阳神,以阳主接阴鬼"。此说甚具灼见。这种人神恋爱,亦即古人所谓"神媒""神妓""神交""野合"。
2. 指出屈原在改编《九歌》时寄托了忠君爱国的思想。

第一点,从文化人类学角度看是令人饶有兴趣的。

第二点,我们从《九歌》的内容中可以体会:对楚人先祖的崇敬(《东皇太一》),对战场死难烈士的崇敬(《国殇》)。

由王、朱之说中,可以找到《九歌》的三层意义。

1. 民俗人文意义。

2. 宗教哲学意义。

3. 政治意义。

朱熹指出："篇名《九歌》，而实十有一章。盖不可晓。旧以九为阳数者，尤为衍说。或疑犹有虞夏《九歌》之遗声，亦不可考。今姑阙之，以俟知者。"

《九歌》之名，我们可以从三层意义上确切解释。

1. 九，交也，交变之歌。九歌歌诵十神，五男性五女性，交错为诵，故可称交歌。

2. 交，通作郊。郊天神之祭祀歌舞，名曰九歌。

3. 九，九天宫。九歌十神是九宫之神，九宫神歌，故称九歌。

其名皆与其篇数无关。后人凡以九附会者，皆谬说也。如闻一多以为有衍篇，亦误。

八

由上所论，九歌，实即楚国之"房中乐"。"房中乐"别称享神歌。

魏侍中谬袭奏："（元旦）祭祀娱神，登堂歌先祖之德，下堂歌咏燕享，无事歌后妃之化也。自宜依其事以名其乐，改安世歌曰享神歌。"

《汉书·礼乐志》："房中祠乐，高祖唐山夫人所作也。周有房中之乐，至秦名曰寿人❶……孝惠二年使乐府令夏侯宽备其箫管，更名曰安世乐。"

"歌咏燕享"，《礼乐志》作"神来燕娱"。师古注："娱，戏也。言庶几神来燕戏听此乐也。"

《周礼·大司乐》："一变而致羽物及川泽之示，再变而致裸物及山林之示，三变而致鳞物及丘陵之示，四变而致毛物及坟衍之示，五变而致介物及土示，六变而致象物及天神。"又云："若乐六变，则天神皆降，若乐八变，则地示皆出……九变则人鬼可得而礼。"此皆言礼行于明堂。

---

❶ 寿人，即仇人。仇，古训偶也，与寿音通。

明堂闭雍之所有桑林，又有蚕室，此在古代是一种女子秘密会社。(《通典》)

《逸周书》："王不革服，格于庙，秉语治庶国，籥人九终……癸酉，荐殷俘王士百人。籥人造。王矢琰秉黄钺，执戈。王奏庸，大享，一终。王拜首稽首，王定，奏其大享，三终。甲寅，谒我殷于牧野，王佩赤白旂，籥人奏，武王入进，万献明明。三终。乙卯，籥人奏'崇禹生开'三钟终，王定。"

"终"通成。箫韶九成，即九终、九钟，九鼓也。九歌，明堂乐、"房中乐"，又称合欢之乐舞。

《后汉书》："古者合欢之乐舞于堂，四夷之乐陈于门。"合欢之乐，即古乐府中相和歌之体，亦可证"九歌"即交歌之义。

以上的考证，虽只引证了不完全的资料，但已可以揭示《九歌》的真正性质。这个问题的破解，关乎中国古代文化的研究极大。

论经学乃传统文化之本

一直以来，汉代学术中最重要的一大问题，就是今古文经学的分歧和斗争问题。这个问题从来没被学者真正弄清楚究竟是怎么回事。钱穆论过（《两汉今古学评议》），金德建也研究过（《两汉今古学考》），都以为这个问题只是文字分歧而导致的学派门户之争。殊不知，这场纷纭两汉数百年的思想斗争，其实质仍然是政治的斗争。

战国时期子夏、荀子一派儒者援儒入法。其实，李悝、商鞅、吴起、韩非、李斯这几位战国最著名的法家政治家，都是出自子夏或荀子的门下。这一派援儒入法、外儒内法的儒学，是战国后期直接与政治接轨的显学。秦始皇焚书坑儒，也并未废荀子之学。

当时一代历史学家包括郭沫若、冯友兰这样的大家，没有一个人指出战国法家实际皆出自孔子的儒门。钱穆于20世纪30年代写的《先秦诸子系年》中，对儒法相交的这一谱系有所注意，但也考索不深。

秦汉之际，子夏、荀子一脉的传人有一家公羊氏父子，他们父子就是后来董仲舒、公孙弘的师公。其实汉武帝所推崇的儒学，并不是曾子、子思、孟子一派的人格主义学说，而是子夏、荀子、公羊高、贾谊、晁错、董仲舒一派为政治服务的国家主义儒学，外儒内法的儒学。其著作都用当时通行的隶书文字书写、传述，因此又称"今文儒学"。

汉武帝一朝是一个大变革的时代，政策辩论激烈，意识形态斗争也异常激烈。当时不仅有汉初曾居主流的黄老学派，反对汉武帝、董仲舒所提倡的这种新儒学，还有刘姓贵族亲王积极扶持的另一种弘扬周礼和周公之道的古文儒学兴起。

古文学派宣称，他们找到了秦始皇时代由于焚书坑儒而被学者暗藏在墙壁里的古经书。这些经文都用上古蝌蚪文（甲骨文、金文、篆文等）书写。他们说，这些古经不仅比朝廷所奉行的今文经典更正确，而且其中含有更多的微言大义和致太平的道理。因此，应当以这些古文经典作为治理天下的大法，而废弃那些旁门左道的今文经书。

如果简括言之，除了书写文字的不同，今文经义与古文经义最主要的区别，第一是古文派用周公以及《周礼》的儒道之祖，来贬低孔子、子夏、荀子的后儒，第二是用《周礼》中的分封制来反对孔子的大同和大一统学说。这就是今古文经学在当时政治上分歧的实质。

然而汉武帝要独尊儒术，他所尊的并不是愈古愈好的古法，而是子夏、荀子一派鼓吹大一统、尊王和攘夷，为他削弱诸侯、加强帝权，攻击匈奴提供理论根据，从而能够古为今用的儒学。

当时，对武帝的这些政策大为不满意的一些诸侯王，如河间王刘德，竟然不识时务地也不管是真的还是假的，收集了一大批古书，来进献给朝廷，要求汉武帝取法。

其中最重要的一部书，就是主张实行分封制的《周礼》。刘德的意思似乎是：你刘彻不是依托于孔子的经义而变先帝之法吗？好，我刘德就献给你更有资格的古书，比孔子还老，是周公写的；书里讲的是封建、分封制度，资源权力应该让王者与贵族共享。

刘德是武帝刘彻的异母兄弟，刘彻奈何他不得。但这种做法也把刘彻气得不行，于是他对刘德说："不错，原来你要学周公、文王！好！你努力！周文王靠六百里土地最终得了天下，你今日的封地可不止六百里，你好好努力！"这话暗含了对刘德的严重警告——你是不是有野心要篡位啊？！结果把刘德吓了一跳，他献书回国后不久就病死了。他死后，汉武帝赏赐他一个谥号——河间献王，其实是在讽刺他。

因此在汉武帝时代，古文学派只是在分封的各诸侯国中流行，中央则不予承认，也不感兴趣。终武帝一代，古文学派一直备受压制，抬不起头来。武帝把各地送来的古文经也一概束之高阁。

到后来西汉末王莽时代，王莽要改变汉制，取代汉统而别立新统，于是通过刘歆使古文《周礼》之学复活翻身。后来在东汉时代，古文学派开始在贵族中流传，并且不断试图与今文学派争夺成为主流和正统的地位。于是今古学派之争愈演愈烈。

东汉末，马融、郑玄开始调和今古学派。三国人物中，刘备属于马、郑弟子，但曹操的思想则是外儒内法，接近今文学派。

司马懿父子当权，反对曹操的一套，就扶植王肃所代表的古文学派，压抑儒表法里的今文学派。当时要当官必须熟悉古文经义，于是同情曹氏政权的知识分子就不再谈儒学，也不愿出来做官，而扭头玩山水，当隐士、谈玄学去了。

大体而言，古文经学有贵族主义的倾向，是保守的学说；而今文经学主张应世变法，是与时俱进的实用儒学。唐代经唐太宗以后，规定儒学成为国教，古文经学注重统一经义逐渐占了上风。清初，所谓汉学几乎是古文学派一统天下。直到魏源、龚自珍、康有为、廖平，倡导经世致用、应时变法，今文学派成为变法的思想武器。日本明治时代，主张变法的学者也多是深受魏、龚影响的今文学者。

其实，什么是国学？国学的主干就是经学。由于汉代的古文经书都是用上古的文字书写的，要想读得懂，就必须精通古文字学，所以汉代的古文派学者，也多是古文字专家，最著名的如写《说文解字》的许慎。古文字学当时人称作"小学"，所以古文学派的副业就是研究"小学"。后来在清朝，康熙皇帝提倡汉学复兴，结果又出了一批提倡复古主义的古文派经学者和文字学家，如戴、钱、段、王诸辈。

还原真实的孔子

你所不知道的青年孔子

【导读】

孔子贫穷、勇敢、智慧、幽默，能收服黑道人物，善于理财经商。

"孔门"是一个抱有救世宗旨的政治社团。

一、子曰："吾少也贱"

各种史料记载均表明，孔子的少年、青年时代"贫且贱"。

孔子曾经自述说："我幼年生于贫贱，不得不自谋生活，所以会做许多下等人才做的事，而士君子就不可能去做这么多事。"

孔子幼年家境贫贱，所以他很早就领悟了人生及世态。

据儒家经传，周代极为重视贵族子弟的培养和教育，建立了成熟的学官制度。周礼规定：贵族子弟八岁入小学，十五岁入大学。但是少年孔子没有入这种贵族之学的资格。

孔子成年以后曾回忆说："吾十有五而志于学。"所谓"志于学"，就是有志向往学习。但由此可见，在十五岁以前，孔子没有机会接受当时贵族子弟必经的成为"君子"的正式启蒙教育。

事实上，如果说孔子"十五志学"仅仅是向往学习，那么直到十七岁，孔子才发愤苦学和外出游学。将这种励志过程同孔子的出身联系起来，可以看出如下的因果关系：孔子幼年无父，少年丧母，十七岁时由于出身微贱而遭受鲁国贵族季氏的管家阳虎的羞辱。于是孔子明白了自己虽似乎有贵族之血脉，但身为私生子并没有作为贵族嫡脉子弟的"士君子"的资格，出身血统也不能得到贵族社会的承认。此后，孔子立志要自我修养，学习本领。孔子曾经说自己"三十而立"，也就是到三十岁乃学有所成，形成独立的人格。

《史记》说孔子身材高大，"长九尺有六寸，人皆谓之'长人'而异之"。荀子说："仲尼之状，面若蒙倛。"（《荀子·非相》）可知孔子之头颅特大，有如戴着面具。

总之，孔子仪容魁伟，相貌与众不同。那么世俗所传鞠躬佝偻、谦和平庸之孔子像，盖多失真矣！

二、"多能鄙事"

孔子在少年及青年时期，为谋生计，曾从事过多种卑贱的职业，即所谓"鄙事"或"贱事"，以至备受社会的侮辱和歧视。所以成年后的孔子曾对弟子们这样说："吾少也贱，故多能鄙事。"

此语中所谓"贱"，就是指社会身份的卑贱。所谓"能"，有耐受之义，也有技巧之义——多技曰"能"，善忍曰"能"。所谓"鄙事"即卑贱之事。

孔子还曾经说自己"吾不试，故艺"。《说文》："试，用也。"《诗经·小雅》："私人之子，百僚是试。"《传》："试，仕也，职事也。"艺者，才艺也。这话的意思以今语解之即："我因为未被起用当官，所以有多种才艺。"试通仕，即当官。

由先秦两汉留下的许多传说资料看，孔子确乎有多种谋生应变的本领（"艺"）。传说孔子平生的生活别具一格，既能享受珍馐美食，"食不厌精，脍不厌细"，也能忍受清贫生活，"饭疏食，饮水"，吃粗粮、喝凉水，而且"乐在其中"。如果困乏了，孔子可以弯起胳膊当枕头入睡。《礼记》说孔子的爱犬死了，按当时的习俗，至少也应该找一张旧车伞盖把狗的尸体包裹埋掉，可是孔子很贫穷，没有车，连一张旧伞盖也没有，只好用一条破席子卷着把死狗埋掉。

由于自幼从事体力劳动，孔子锻炼得力气很大，据说能用双手折断城门的门闩。孔子奔跑起来速度很快，据说能追上狡兔。但孔子并不以自己的力气大作为炫耀之资，"孔子之劲，能拓国门之关，而不肯以力闻"（《列子·说符》）。

孔子青年时代曾经为贵族季氏管理粮仓和牧场，所以懂得牛羊之习性，也就是说孔子少小时候可能做过牧童。传说孔子"善御",善于驾御马车,会使用弓箭等武器,也会弹奏各种乐器。孔子箭术很精,曾演射于矍相之圃(地在今山东曲阜孔庙西侧),"观者如堵墙"(《礼记·射义》)。

孔子故乡的达巷党人曾讽刺孔子说:"大哉孔子,博学而无所成名。"意谓大而无当的孔子,号称博学却没有一术精通成名。孔子听说以后,对他的弟子说:"吾何执(执,艺也)?执御乎,执射乎?吾执御矣。"意思就是,究竟什么是我所擅长的呢?驾车还是射箭?我认为我善于驾车。

此外,孔子精通乐理,善鼓琴,而且知音律。据说孔子甚至能从妇女的哀哭声中会意,协拍出曲调的格律。

三、圣人无常师

从十五岁至三十岁这十五年间,即孔子的整个青年时代,正是他学习知识、培育理想以及形成人格的重要时期。可惜,史料中有关这段时间里孔子事迹的记载,近乎空白。我们只能根据前人留下的若干片段记述,对此作出一些推测。

孔子自言,他是从十五岁起,开始励志自学。后世说孔子学无常师。他自己也说其师无所不在,"三人行,必有我师焉"。这实际意味着,孔子毕生都坚持着励志自学,博采多师,自我修养。

卫国大夫公孙朝曾经问子贡:"孔子究竟自哪里从学?"

子贡回答:"文武之道并没有丧失。因此,高明者自能习得大道,不高明者也能学习小道。孔子在哪里学习?难道非要有专门的老师吗?"公孙朝是卫国的高门贵族,他提出这个问题颇有挑衅性。而子贡的回答十分智巧——"大道自在,无所不能学"。但其实这只是一种遁词。既然大道自在,人人都可以通过自学而领悟文武之道,那么你子贡又何必拜孔子为师呢?

事实上,孔子平生曾参拜过许多私淑之师,见诸文献的如郯子、子产、老聃、孟苏夔、苌弘、靖叔(乐)、师襄子等,皆为当世之达人,是当时贵族阶级中的佼佼才俊及有德者。

据《史记·孔子世家》说:"孔子之所严事:于周则老子,于卫蘧伯玉,于齐晏平仲,于楚老莱子,于郑子产,于鲁孟公绰。数称臧文仲、柳下惠、铜鞮伯华、介山子然,孔子皆后之,不并世。"又说孔子:"学礼于老子,学乐于苌弘,学琴于师襄子。"

然而,有一点是重要的:孔子并不是贵族出身,所以少年时没有资格进入当时各国为贵族子弟("国子")所专设的国立学校,即所谓"泮宫""泮宫""辟雍"。孔子一生,主要都是依靠刻苦自学而转益多师,最终成为一位大学问家的。

四、丰富的人生体验

孔子年轻时是一个非常社会化的人物,而不是一个只会向隅苦读的书呆子。这种经历和阅历,使他成年后能应对三教九流,甚至能同社会上的无赖之徒乃至各种小流氓打交道。实际上,孔门学团诸弟子的社会来源和成分是颇为复杂的。

楚人东郭子思曾问子贡说:"你们孔门内三教九流之徒都有。为什么孔子什么人都肯收留呢?"

子贡回答:"木匠门前多杂木,名医门前多病人,智者身边多愚氓。"

孔子听说这个问答后回应说:"我以大道教诲天下,什么样的人都不拒绝,所以人员自然很杂啊!"

当时有一位著名的侠盗颜涿聚(子路之妻兄)横行于鲁、卫之间,孔子也曾经收之于门下而作为弟子。

孔子一生曾经历各种艰难困苦的环境,仍然经常保持着乐观的心态和坚强的人格力量。这种耐受力显然都是从他早年的艰苦生涯中磨炼形成的。

孔子认为做人必须具有原则,这个原则一是"仁",二是"义"。根据孔子对"仁"的诠释,"仁"的原则就是利人、爱人、助人。而"义"者,仪(表)也。义的原则就是仗义,坚守准则——要敢于承担责任。

【据孟子诠释:"义者,宜也。"所谓"宜",即"应然",即"当然"。略相类于德国近代哲人康德所谓"道德理想"之"责任感"。"义",就是坚守准

则、承担责任。】

孔子认为，若违背仁与义的原则而贪求富贵，还不如一无所有地系身于清风白云。

从《论语》《礼记》《说苑》的记述中可以看到，孔子对于人生甘苦具有极其深刻的感悟和体验。孔子留下了许多警句格言，后来成为历千百年而不朽，至今仍家喻户晓的至理名言。例如，"一死一生，乃知交情。一贫一富，乃知交态。一贵一贱，交情乃见。一浮一没，交情乃出"，"良药苦于口，利于病；忠言逆于耳，利于行"云云（均见《说苑》）。

这些格言警句的提炼，显然与孔子复杂丰富的人生经历有关。

孔子晚年曾说："先知道礼乐的是野人。后知道礼乐的是君子。如果讲实用，则我追随野人。"（"先进于礼乐野人也。后进于礼乐君子也。如用之，则吾从先进。"）这一段话两千年来未得到经学家正确读解。只有了解孔子之上述贫贱的出身背景，我们才能理解孔子何以以"后进礼乐"来贬抑"君子"，反而愿意追随有"实用"价值、"先进于礼乐"的"野人"。

【附注：杨伯峻《论语译注》译此为，先学习礼乐而后做官的是未曾有过爵禄的一般人，先有了官位而后学习礼乐的是卿大夫的子弟；如果要我选用人才，我主张选用先学习礼乐的人。杨氏译文乃本清人刘宝楠《论语正义》之说略有取舍。说多曲解，不可据。《论语注疏》曰："先进、后进，谓仕先后辈也。礼乐因世损益，后进与礼乐，俱得时之中，斯君子矣；先进有古风，斯野人也。"则略可参证。】

五、孔子称管仲拯救了华夏

管仲是齐桓公的国相，是春秋时最杰出有为的政治家及思想家。以今日的观点观察之，管仲实际也是一位政治改革家。

管仲，名夷吾，颍上（今安徽阜阳东南）人。管仲出身卑微，曾经经过商，而商人是当时贵族所看不起的贱业。年轻时，管仲曾三次求仕为吏，都被官府拒于门外，认为他不具备仕的资格。管仲曾三次被征役去打仗，但他都临阵脱逃，因此管仲被当时的人们看不起。

管仲有一个朋友，是齐国宗室贵族鲍氏家族的公子鲍叔牙。鲍叔牙是公子小白的家臣，他知道管仲很有本领。

齐国国君死后，公子小白与其异母兄公子纠争夺君位的继承权。结果是公子小白获胜，即位即齐桓公。而在争夺王位的这场政争中，管仲是公子纠一方的人。公子纠试图发动反对齐桓公的政变失败，支持公子纠的管仲也被囚禁。

于是，鲍叔牙营救管仲，而且将他推荐给齐桓公。齐桓公释放管仲，起用管仲担任齐国之国相。管仲执政后，对齐国内政进行了一系列重大改革。管仲在内政上削弱贵族，将公社井田土地划分于私家，承包给农民。

西周晚期，中国周边大陆地区发生持续性的旱灾，导致北方、西北及东北草原的荒漠化，草原地区的游牧民族戎狄东迁南进于中原，压迫周王朝以及中原地区的华夏各国。

周幽王时，周王朝在戎狄的压迫下，放弃都城长安而东迁洛阳，建立东周。

春秋四百年间，蛮夷戎狄大规模入侵中原，当时其人数及军事力量都强大于华夏诸国。自东迁以后，周王室本身已经没有军事能力率领诸侯对抗北方戎狄和南方蛮族（包括楚、越民族）的入侵。

在这种严峻的外部形势下，管仲最重大的国策，就是扶助齐桓公打出了"尊王攘夷"的旗号。所谓尊王，即尊周天子，借周天子号令联合统领华夏列国；所谓攘夷，就是率领华夏族联合起来抵御周边蛮族及夷狄的入侵。

在管仲的辅佐下，齐桓公组织率领华夏族联盟，存卫救邢，伐戎拒楚，打退了进逼威胁中原的蛮夷戎狄，使中原华夏族各国免于被蹂躏。

因此孔子高度评价齐桓公、管仲的"尊王攘夷"政策，"微管仲，吾其被发左衽矣"，若不是有管仲，我们现在都要披头散发改穿蛮族的服装了。

孔子曾经批评齐桓公有"不仁"之行，但他认为那只是私德之小节。而"管仲相桓公，霸诸侯，一匡天下，民到于今受其赐"，这才是政治之大节。

孔子以同样的历史观念评价管仲。

子贡曾经与孔子论史，子贡认为管仲不是好人，因为他背叛了旧主人公子纠，又反过来辅佐旧主人的仇人齐桓公。

孔子回答说："正是由于管仲辅佐齐桓公，使齐国称霸于诸侯，挽救了天下，使我们至今受其恩惠。如果不是由于管仲，我们现在可能都披散头发、前襟左掩（指穿夷狄之服），成为夷狄之属民了。"

孔子在评论管仲时还阐述了他关于"仁"作为政治价值的独特见解。

孔子批评管仲富拟公室，筑"三归之台，塞门，反坫"。他认为，根据周礼，这些都是诸侯才享有的待遇，而管仲僭越了。所以孔子说，管仲不知"礼"。"若管仲知礼，孰不知礼？"但是，孔子说管仲知"仁"，管仲是"仁人"。

司马光在《资治通鉴》中就此评论说，孔子之所谓"仁"，是一个极其重大的价值观念。对门人子路、冉求、公西赤以及令尹子文、陈文子等一时贤达，孔子都不曾称许其为"仁"。只把"仁"的评价授予管仲，这就是因为管仲辅佐了齐桓公，救援了生民百姓。

孔子对管仲的这种评价，许多弟子感到不理解。子贡就曾经与孔子辩论说："管仲不能算仁者吧？他做了不少坏事！"（"管仲非仁者与？桓公杀公子纠，不能死，又相之。"）

但是孔子回答说："如果连管仲这样的政治家都不能算仁者，那么世间还有谁能算仁者呢？因为管仲施政大济天下苍生，救万民于水火，为生民立命！他的大仁是千秋万代的楷模！"

六、孔子反对世袭世亲制度

西周之宗法制，是一种世亲制。官爵父子相承，并且只能传给嫡长子，出身贵族而非嫡长子的庶子没有官爵之继承权。

东周以后，社会上非出身贵族嫡系的庶子人数大量增多，他们要求在政治上与贵族中的嫡长子分享权力。由此发生了"用贤"与"世亲"的政治之争。

在孔子就此与齐景公的谈话中，实际反映出"选贤制"（禅让的本质）与世亲世贵的"世袭制"两种制度（家天下、私天下）的对立。反映出用贤与世官制的对立，即庶民民主观念与贵族世袭体制的对立。

七、智者乐水，仁者乐山

在青年时代的浪游生涯中，孔子曾登临齐鲁之境的雄伟山岳——作为五岳之首的泰山。

泰山雄伟拔起于华北平原之上，东临沧海，北饮黄河。

泰山在上古被视为天山、圣山——昆仑山。泰山地区是黄河流域华夏古文化的重要发祥地之一。泰山古称岱岳、太岳，被尊为"五岳之首"。传说自神农时代即以泰山为神山——东部的"昆仑"（通天之山）。《史记集解》记："天高不可及，于泰山上立封禅而祭之，冀近神灵也。"古代中土帝王登基之初，多来泰山举行封禅（祭祀社坛）的大典，昭告天地。先秦时期有七十二位君主到泰山封禅。泰岳主峰海拔一千六百米，故"孔子登泰山而小鲁"。

事实上，孔子一生对自然山水之美都有极深刻的感悟。他曾说："智者乐水，仁者乐山。"曾经有弟子问孔子："为什么智者喜欢看水？"孔子答："水顺缘地势而行进，遇高则止、向低而流，好像水有智慧会进行选择。水流动中，不会遗漏任何缝隙，好像智慧无所不通。那么水啊，不正是智慧的象征吗？"弟子又问："那为什么说仁者喜欢看山？"孔子答："山体是那么博大，包容着草木千万种。大山让各种不同的飞鸟、走兽都生育于其间。那么山啊，不正是仁善者的象征吗？"

有一次孔子游泰山时，遇到一位名叫荣启期的隐士。这是一位老人，年事已高，孤独行走于野外，穿着鹿皮衣服，边走边敲打着乐器吟唱，一副悠闲快乐的样子。

孔子好奇而问："老先生您这么大年纪了，怎么还这么快乐啊？"——难道您不知道自己已经面临死亡吗？

老人回答说："天生万物，唯贵于人。而我能做人，这难道不是快乐之事吗？男女有别，以男为贵，而我作为男人，这不也是快乐之事吗？"

老人又说:"不知有多少婴儿,生下来还没见到太阳、月亮就已死在襁褓之中。而我今已行年九十五,仍然健康地生活着,这不是第三件快乐之事吗?

"我很贫穷。但人生下来本来就一无所有,贫穷不是正常之事吗?每个人总有一天会死,死亡是一切人生命的终结之点。我以守常之道而自然走向归宿,有什么理由不感到快乐呢?"

老人的话使孔子受到感悟,孔子感叹地说:"您讲得真好,做人就应该活得像您这么快乐啊!"

八、用智慧收服子路

在年轻时代的这次漫游期间,孔子一个重大收获是收服了他最重要的一位门徒——子路。

孔子一生招收了数千名弟子,其中上百位人物因有名望或建立功业而传世,然而其弟子中最著名者则当数子路、颜回、子贡、子夏、冉有、曾参等十数人。而从年轻时代到晚年追随相伴孔子的,则唯有子路。

子路,或作季路(子、季通),名仲由,史书中无记其姓氏(仲是排行),表明其出身非显贵之族。传说子路原是卫、鲁边境卞邑的一个"野人",后人即以其地望为氏,所以或称曰卞氏。春秋时所谓"野人",有横行狂野之义,也有出身夷野(夷狄之族)之义。

子路之妻兄弟名颜涿聚,是一位横行于卫、鲁、齐之间的著名侠盗(后来也师从于孔子)。

子路比孔子小九岁,在孔子诸弟子中,年龄应属于较大的。子路认识孔子时二十来岁,当时孔子三十岁左右。

子路出身似非华族。春秋时,山东半岛乃是华夷多种文化及不同种族杂居之地。其中有姜姓夷(羌族之莱、黎分支),又有山戎、羽夷及燕狄诸异族。

《史记》说:"子路性鄙。"鄙,古音通"强",强悍也。《史记》又说子路"好勇力,志伉直",即好勇斗狠,喜欢使用暴力,性格强悍执拗。

据《史记》描写，年轻的子路穿戴着夷狄之人的奇装异服，把公鸡毛插在头上，身着猪皮制作的古怪衣裤——当时这都是非华夏族的"夷人"之装束。

孔子是在旅途中与子路偶然相遇的。子路看不起孔子，于是就找碴儿欺负（"陵暴"）孔子。但是孔子巧妙地设下了一些圈套，最终以智慧征服了子路。

究竟孔子是如何驯服子路的？史无详记。但是，据说在子路年轻时，他所崇拜的人是当时齐国一位著名的大力士、勇士孟贲。

孟贲以勇力著称，据说其猛力能同时搏倒两只斗牛。还有传说谓："孟贲，古之勇士。水行不避蛟龙，陆行不避豺狼。发怒吐气，声喝动天！"

《淮南子》中有一段记述谓孔子曾与勇士孟贲比武。孟贲竟走捷步如飞，快得超过野兔，而孔子巧妙地胜过了他。孟贲与孔子较量力道，他用尽蛮力也打不开城门，而孔子用计谋使紧闭的城门关锁折断。这次比武的结局使孟贲羞愧难当。

有理由把上面这两个故事联系起来。可能正是由于孔子与孟贲的比武折服子路，于是子路服气，乃改装易服，甘愿追随孔子成为门徒，向其学习智慧。

子路喜爱剑术，经常佩负一柄长剑。而孔子则不以为然，要子路摘掉。

子路不同意，说："腰佩长剑，何其雄哉！"

孔子说："长剑之雄，不过只敌数人。剑术不如学术，因为唯学术之利，方能贯穿千万人之心。"

于是子路领悟，表示："敬而受教！"

后来《史记·项羽本纪》记项羽不愿学剑，愿学兵法为"万人敌"，与此故事则如出一辙。

九、"上士杀人用笔头"

但是事情多有反复。据汉人刘向《说苑》记，子路跟随孔子后不久，大概忍受不了孔子的许多束缚，因为他失去了往日横行草野的自由。子路后悔，想摆脱孔子，甚至想杀死孔子。

《冲波传》记载有这样一个故事。

在浪游的旅途中,一天,孔子命子路去山泉汲水,子路途中遇到一只老虎。子路力大,倒提虎尾,杀死了老虎。他将死虎的虎尾扭下,揣在怀里,提水回来见孔子,告诉孔子自己的遭遇和杀死老虎的事。

但孔子对他说,这样杀死老虎并不算高明。这话令子路非常不高兴,以致怀疑孔子是明知山涧处有虎,还让他去打水;又不让他杀死老虎,也许其实是要害自己。

于是子路就问孔子:"那么你认为该怎样杀老虎才算高明?"("上士杀虎如何?")

孔子说:"上流之士杀虎,必须斩断虎头。"

子路又问:"那么中流之士该怎样杀老虎?"("中士杀虎如何?")

孔子说:"中士杀虎提虎耳。"

子路再问:"那么下流之士该怎样杀老虎?"("下士杀虎如何?")

孔子嘲弄说:"下士杀虎捉虎尾。"

这话大概气坏了子路。于是,子路将虎尾丢向远处,偷偷捡起一块磻石(大石头)自言自语:"夫子知虎在水边,而使我取水,是欲杀我也!"

子路回来又问孔子:"那么您可知道上士是怎样杀人的吗?"("上士杀人如之何?")

孔子说:"上士杀人用笔头。"("上士杀人用笔端。")

子路又问:"那么中士杀人如之何?"

孔子说:"中士杀人用嘴巴。"("中士杀人用舌端。")

子路再问:"那么下士杀人如之何?"

孔子说:"笨蛋杀人才用大石头。"("下士杀人怀石磐。")

子路被孔子说破心事,便将大石抛向山涧,转身向孔子施礼谢罪。

孔子笑了,称赞子路勇于改错,"闻过则喜":"错,就不要怕改。"("过,则勿惮改。")

十、孔子认为德行须以利益为基础

关于孔子与这位颇具个性魅力的弟子子路,还流传着许多有趣的逸事,表明在孔子与这位学生之间，实在有一种特别深厚的友情交流关系。

例如，有一天是晴日，孔子要出门，让子路备齐雨具。出门后，果然遭遇了大雨。子路问孔子：夫子何以知道今天将会下雨？孔子告诉他，昨夜有乌云将月亮和毕星连在一起。

过了几天，子路在晚上看天象，月亮和毕星又被乌云连在一起了。而第二天孔子正好要出门，于是子路就为他备齐雨具。但出门时，孔子说不需要带，后来天果然没有下雨。于是子路感到困惑，请教孔子。

孔子回答："那一天，毕星是在月亮的阴侧，所以第二天会有雨。而昨夜，毕星是在月亮的阳侧，所以虽然也有乌云，却不会下雨。"

事实上，孔子也许是想使子路明白，同样的道理，要视乎不同的具体情境才能成为有效验的真理。

另有一则逸事。有一天，子路穿了一身新衣服来见孔子。孔子说："子路啊，你怎么这么骄傲啊？看长江之水，从源头上最初流出，好像还浮不起一个小酒杯。等它流到入海口，没有大船，就别想横渡。为何如此？不就是因为不断有新的水流汇入到江中吗？而你穿着这么亮丽的衣服，神情骄傲，天下还有谁敢与你做朋友呢？"

于是，子路回去换了衣服，谦卑地来见孔子。

孔子说："仲由，你记住！我要告诫你：出言应谨慎而不可轻发议论，行动应谨慎而不可轻于表现。扬扬得意，乃是小人之态！"

"君子对知道的事就说知道，不知道的事就说不知道，言语要诚实。能做的事说能做，不能做的事就说不能，行为要诚实。像盗跖那种人，虽然名望很大，但君子不会尊重他，因为他的行为不循于礼义啊！所以君子不侥幸而行事，不取巧而言说，不虚伪以求名，正如《诗经》所说，'不争竞也不怯懦，不骄傲也不卑微'，一切都要做到恰如其分！"

盗跖是当时啸聚山林横行于东方的一位著名大盗。孔子特地向子路提及他，劝子路不要效仿他，可能因为子路本来是很崇拜盗跖的。

子路的水性很好。有一次，子路跳入河中，救起一位落水者。那个人为报答救命之恩而赠送一头牛，子路却不想收。孔子说："收下吧，给他人做个榜样——做了好事会有好的回报,这样,鲁国人以后就都会乐于助人!"

若干年后,子贡也救助了一个人,那人赠金酬谢,但子贡拒绝了他。孔子知道后说:"这样很不好。因为助人却没有利益,以后就不会有人愿意主动助人。"

这两则逸事表明,虽然孔子说过"君子喻于义,小人喻于利",但是孔子并非一个空讲道德的伪君子或者道德绝对主义者,他也是深深懂得实际利益对于人类行为具有诱导作用的。

子路虽然刚强粗鲁,却是一个心地坦率直爽的人。他追随孔子近四十年,成为孔子身边一位最忠诚的卫士,也是孔子最亲近的友人、兄弟和门徒。孔子曾感叹道:"衣衫褴褛立于达官贵人的珠光宝气之中而能不亢不卑、坦然自处、依然故我,无欲无求所以也无所畏惧,这就是子路!这就是即便面对千万人也敢于特立独行、我行我素的子路。"

十一、观海羡东夷

孔子浪游中途经泰山,还曾经遭遇这样一件事。

在深山中行进时,一个妇人悲痛的哭声,引起了孔子的注意。他从车上站起来,扶着车栏仔细听,命子路停车下去看一看。子路在山坳中看到一个妇人在一座新坟前哭祭。子路问她何人去世,家里发生了什么不幸的事情。妇人悲切地说,坟里埋葬的是她年轻的儿子。她家从远方迁居此地,但此山有凶猛的老虎,以前她公公被老虎咬死,后来丈夫也被老虎咬死,现在她的儿子又死于虎口。

子路问:"那为什么你们不离开这里呢?"

妇人说:"因为只有这深山老林中,才没有官府的苛捐杂税啊!"

子路回来,把妇人的话告知孔子。孔子心绪久久不能平静,对弟子们说:"你们要记住这件事,苛政凶猛过于老虎啊!"

在浪游的旅途中,孔子还曾遇到一个有趣的捕雀人。孔子发现他捕到的都是一些黄口小雀,就问他:"为什么你只抓黄口小雀,却不抓大雀?"

捕雀人回答说:"大雀易惊而难被抓,黄口小雀贪饵而容易被诱惑。"

孔子又问:"那么难道始终抓不着大雀吗?"

捕雀人答:"若是黄口小雀跟从大雀,就都不易被抓。若是大雀跟着黄口小雀,那它就好抓了。"

孔子听后对子路说:"君子好比黄雀。如果跟错了人,也会身陷罗网的。"("君子慎所从。不得其人,则有罗网之患。")

在齐国游历时,孔子曾前往海滨,眺望东海。面对苍茫无际的海洋,孔子赞叹说:"沧海何以能大?是因为它身居于下位啊!"("大哉河海乎,下之也!")

孔子在胶东半岛上隔海遥望海对面的"东夷"(朝鲜)。殷商王朝亡国后,商朝的王子箕子逃亡到朝鲜,许多贵族中的贤者也追随箕子前去,所以当时人们都说"东夷多君子"。

孔子眺望远方,说:"我也想到九夷去住。"

有弟子说:"听说那里很穷!"

孔子说:"只要有君子住在那里,穷不穷又有什么关系?"

孔子还说:"如果在中国不得志,我宁愿乘船漂流于海外,那时只有子路仍会跟随我吧!"

子路很高兴,扬扬自得。于是孔子揶揄他说:"可惜子路你虽然很蛮勇,却没有别的本事!"

十二、私学的兴起

在经历了四五年的浪游之后,鲁昭公二十四年(前518)前后,三十四岁的孔子回到了鲁国。

孔子三十岁左右即开始立学收徒。清末章太炎以来有一种看法以为,唯孔子首创"私学",从而打破"学在官府"的传统,"变畴人世官之学而及平民,此风气实孔子开之"。

其实,私人讲学之风气,并非始创于孔子,至少在春秋中后期,私人授徒已成风气。这种风气发生的社会基础,是西周以来,贵族世袭制度之外,各国有自民间举胥吏用为下层文官之制度。国人中处于庶子身份的年轻人，通过这种举荐可以走入仕途。对于士族子弟，西周各国原本有官学、公学进行教育（这种官学即"学宫""辟雍"）。

东周以后，王政衰微，官学在各国衰落，社会中有学识的士人遂招徒讲学，培养势力，于是各国有所谓"私学"的兴起。

晋国大夫叔向的门下弟子众多，因其势力强大，以至于已投拜其他人门下做弟子者，许多也改投叔向之门下。

郑执政大夫子产年轻时曾经从师多人，任郑国相之后，他去见老师时，仍和其他同门按年纪排座次，传为一时美谈。

又据《吕氏春秋·离谓》，郑国的大夫邓析收徒学打官司，只要交纳一定财物作报酬，就可以到他那里学习。"与民之有狱者约：大狱一衣，小狱襦袴。""民之献衣襦袴而学讼者，不可胜数。"

孔子时鲁人有王骀，是个刑徒，因犯罪被砍掉一只脚，但是追随他的信徒众多，"从之游者，与仲尼相若"，"与夫子中分鲁"。

因此，孔子的学生常季问孔子："王骀是个被砍去了一只脚的人，而在鲁国跟从他学习的人却和先生的弟子相当。他站着不能给人教诲，坐着不能议论大事；弟子们却空怀而来，学满而归。难道确有不用言表的教导，身残体秽，内心世界也能达到成熟的境界吗？他是个什么样的人呢？"

孔子回答说："王骀先生是一位圣人，我的学识和品行其实都不如他，只是还没有机会前去向他请教罢了。我都愿意把他当成老师，何况学识和品行不如我孔丘的人呢！何止鲁国，我将引领天下的人向他学习。"

后来战国时代兴起诸子百家，百家争鸣，春秋时代的私人讲学风气实已开其先河。

十三、授徒讲学建立儒党

孔子是一个杰出的组织者。从三十五岁到五十岁这十五年的困顿生涯中，孔子以极少的社会资源，奇迹般地聚集了一大批与他同样不得志、无背景的年轻人追随于他，从而组织起了一个被后世称为"儒党"的社团。

孔子创学之初是没有名分的。只是在昭公二十四年以后，孔子才被鲁公任命而具有了宗社师儒的正式名分。孔子自周归鲁后门徒增多，可能与这一任命有关。因为此时孔子作为鲁宗社之胥相，已经有官禄可食，也有正式名分可以传习礼教，聚徒讲学。《周礼》中的宗社司祭兼职就是学官，负责教授贵族子弟书写、计算及礼仪制度；而宗社中的社田，其收租正可以养育这些入籍的子弟。

孔子讲学的目的，是培养"士君子"，也就是培养未来的从政者、政治家、演说家（言语者）、外交家和祭司（胥相）——"学而优则仕"。

孔子门下的这个学团，绝不是一种简单的收而教之、教而别之的收费性学校，而实际是一个具有政治宗旨（"克己复礼，令天下归仁"）、共同的价值观念（仁、义）、共同的理想和追求，且有严密的系统和组织，甚至具有某种人身隶属性（"一日拜师，终身为父"），人数颇为众多，而且有内部层级划分（领袖七十二，所谓七十二贤人，总人数三千）的雏形政党组织。

在孔子死后，他的许多弟子自立门户，也纷纷在各地招徒讲学，于是形成了战国时代诸子百家争鸣之势。

十四、孔子为"君子"之称号赋予新意义

孔子对学生的教育重点，在于培养学生的主体意识。孔子之教，在社会制度方面，是兴礼主义，以礼齐民即以伦理为教化。在个人方面，是倡导君子人格主义。孔子建树了以"君子"之道为规范的人格理想。孔子认为这种完美人格的建立依赖于君子的自我修养。后来，这种儒家的人格主义在曾参和孟轲的学说中得到了更充分的阐扬。

孔子学团中所招收的，主要是当时的贵族学宫中拒收的庶子。

所谓庶子，别称即"竖子"。竖子在战国秦汉时代已成为一个骂人语，其意义略相当于"小人""野人"或者"杂种"。

依据宗法制度，多数出身贵族之家的庶子得不到爵位和资产的继承权，所以庶子无恒产。孔子曾经说：无恒产则无恒心。所以宗法贵族嫡脉视自己为"君

子"——君贵之子,却视诸庶子("竖子")为"游士"(即"氓",无业无归者曰氓,今语所谓"流氓"),而甚为鄙视。

但是孔子针锋相对地提出了被赋予一种新的道德含义的词语——"君子"。

在周文化中,"君子"本来专指君之子——贵族之嫡脉,是一种尊贵的社会身份,唯有公侯贵族子弟方可以称为"公子"或者"君子"。然而孔子之所谓"君子",则不是特指身份和出身,而是指学养和道德。

在孔子看来,无论任何人——即使出身小人、野人,身份是"庶子"或者"竖子",也有教无类。只要修养有德,则这种人也可以成为"彬彬君子"。孔子使"君子"成为一种道德人格的美称,换句话说,单凭血缘关系、宗嫡身份并不能保证贵公子成为"君子",成为"士人"。

《论语·宪问》篇中,有这样一段对话。

子路问:什么人能成为君子?

孔子说:只要严肃地修身。("修己以敬。")

子路说:这就够了吗?("如斯而已乎?")

孔子说:不但修养自身,还要关怀他人。("修己以安人。")

子路问:这就够了吗?("如斯而已乎?")

孔子说:不但修养自身,而且能安抚好老百姓。只要能做到这样,就可以超越像尧舜那样的圣人了。("修己以安百姓。修己以安百姓,尧舜其犹病诸?")

换句话说,士君子就是怀抱远大理想的志士仁人,不但修持自身而具有美德,而且能治国安天下。因之在孔子的理念中,士君子之道体现着一种具有至善美德的人格理想。曾子后来这样阐述这一理想:"士不可以不弘毅。任重而道远!仁以为己任,不亦重乎?死而后已,不亦远乎?"(《论语·泰伯》)

"堕三都"与政治变革的失败

一

孔子"堕三都",乃孔子一生中最大的事件之一,但此事之始末始终考辨未明。

周代实行贵族采邑分封制("封建"),各国大夫都有自己的采邑。这些贵族身居国都,采邑委派家臣(邑大夫)管理。家臣的家族在采邑繁衍发展。家邑中兵农合一,数代以下,家臣便成为采邑权力的实际控制者,以致发生"陪臣执国命"的情况。

周初诸侯封邑及采邑,本有建筑之定制。城不过高,池不过深。但东周以后,战乱频仍,邑城建筑纷纷逾制。不仅诸侯,连大夫之采邑也都筑有高城、深池,具有防御力,从而成为坚固的军事要塞。鲁国权卿"三桓"的三座私邑——叔孙氏的郈邑、季孙氏的费邑、孟孙氏的成邑,都是这样的坚固要塞。在鲁昭公时,季氏的费邑发生过南蒯、阳虎的叛乱。在孔子任鲁司寇前后,叔孙氏名下的郈邑又发生叛乱。

二

堕三都的起因是叔孙领地郈邑的叛变。

郈邑位于今山东东平县后亭村境内,乃叔孙家族的采邑。鲁定公时,邑宰(邑大夫)为叔孙氏家族中的庶子叔孙若。

叔孙若名貌,字公若(若公)。鲁定公十年(前500),叔孙氏的家主叔孙昭子死。昭子立下遗嘱,要立叔孙武叔做叔孙氏的继承人,而若公表示反对。但武叔还是继昭子之后而成为叔孙氏的家主。

武叔继位后，因叔孙若不肯服从他，就授意叔孙氏的另一个家臣南公暗杀若公。南公派人发暗箭欲射杀若公，若公逃过此难未死。

南公是叔孙家族的马正（家司马）。武叔这次阴谋失败，怕若公知觉后对自己不满，为了安抚若公，就派若公做郈邑的邑宰（邑大夫）。

但是，武叔又暗中授意郈邑的马正侯犯再次暗杀若公。侯犯不干。最后，叔孙指使侯犯手下的御夫（马车夫）暗杀了若公。

若公死后，郈邑就落入侯犯之手，被他控制，不再听武叔的召唤。

于是武叔调集族兵，联合孟氏（无忌）去攻击郈邑，欲驱逐侯犯。结果却攻不下来。因郈邑位置在齐鲁边境，武叔、南公就向齐国借兵攻打侯犯，但还是没有攻下。

于是，叔孙武叔秘召郈邑的工师（司空）驷赤（名壤驷赤，孔门弟子），说："郈地反叛，不仅是我叔孙家族的忧虑，也是鲁国的祸害。您看该怎么办？"

驷赤说："我的心意就如同《扬之水》诗中之所写。"

【《诗经·扬之水》："既见君子，云何其忧？我闻有命，不敢以告人。"意思是：我见到了君子，还有什么忧虑？我已领受命令，绝不敢告诉他人。】

驷赤回到郈邑，对侯犯说："郈邑地处齐鲁之间，独立是不可能的。既然叛离了鲁国，就要设法归顺齐国。"

于是侯犯派人将郈邑的户口图册送到齐国，请求齐国来接管。而驷赤对邑人说：如果齐人来接管郈邑，就会把本邑人外迁到齐国。于是郈邑人心都不安起来。

结果，当齐国派使者到来后，邑人发生哗变而骚乱。侯犯遭受邑人的群起而攻之，因害怕而弃城出走，逃亡到齐国。

<h1 style="text-align:center">三</h1>

齐国人知道自己也无力控制郈邑，就把郈邑地图户口名册交还鲁国。武叔于是

重新收回郈邑，为此亲自到齐国聘问致谢。

齐君（景公）见到武叔，一语双关地威胁他说："叔孙子啊！如果郈邑在别的地方，我是无能为力的。但它正好是在齐鲁边境上，所以只有我才能为你解忧，把它交还给你。"

武叔回答："我并不是贪恋这块田地。只是如果没有封疆子民，就无法为君侯服务了。我很抱歉为家奴（原文'家隶'）的事给您添了大麻烦（暗指齐人参与侯犯之乱）。但造反的叛臣为天下所不容，您不会后悔帮助我们吧！"

在郈邑事变之后，叔孙武叔并没有真正取得郈邑的治理权，郈邑的邑人仍然不听叔孙武叔的使令。

鲁定公十二年（前498），孔子以大司寇"行摄相事"，主持鲁政。由于郈邑叛变方得平定，这年夏，孔子就向鲁君及三桓建议，削降三家封邑——郈、费、成等三邑的城池。因按照周礼的规定，大夫私邑的城墙应当低于国都的建制。

这就是所谓"堕三都"。季、孟、叔三家认为此举会有利于削弱他们的家臣的地位，所以都同意了。

四

孔子任鲁国的大司寇后，使用一批弟子参政。

因子路勇武，被荐任季氏家总管。孔子委派子路去实施"堕都"之事，首先要削降的是郈邑。

叔孙武叔表示支持。他委派子路去担任郈邑宰，试图借助子路的力量重新控制这块反叛的领地。

于是叔孙武叔、子路率军队进入郈邑，将郈邑城墙削降了三尺。

在收复这个领地后，武叔任命驷赤担任了郈邑宰。

在削降郈成邑功后，孔子的下一个目标是削弱季氏的领地费邑以及孟氏的领地成邑。

这两座城邑分别由季氏的家臣公山不狃和孟氏的家臣公敛处父控制。

叔孙家有一个庶子叔孙辄曾与阳虎、公山不狃结盟。在郈邑被削降后，叔孙辄即前往费邑。公山不狃与叔孙辄密谋后决定先发制人——从费邑发兵，偷袭国都曲阜。

鲁定公和季桓子、武叔等人对此没有防备。费邑兵来后，他们匆匆逃到季氏府中避难。

鲁君登上府中的季武子之台。费人的军队攻进府中，追至台下包围而强攻。敌兵发射的乱箭，一直射到鲁定公身边，情况十分危急。

孔子命弟子申句须、乐欣率弟子部下反攻费军。孔子亲自站在阵前指挥，终于把费人击退。

曲阜城内忠于鲁君的国人这时也拿起武器参战，乘势反击，将费人赶出曲阜，最后在姑蔑（曲阜鲁城以东约九十里）打败了费人。公山不狃、公叔辄兵败后，逃亡到齐国。

这次战役，是孔子生平中一次重要的军事实践活动。

五

人们通常以为儒家柔弱，不习武事。其实，孔子出身武士家世（父孔叔梁纥是著名武士），早年强健善武，精于射、御之道。在《礼记》中，孔子论述儒道，主张尚武、复仇。

在任鲁国代理国相部署与齐国君主的郏之会前，孔子就曾经对鲁君说："有文事者必习武备。"郏会上，当莱人进逼要挟鲁君的时候，孔子奋身而上，召集武士，捍卫鲁君，转危为安。

在后来流亡列国时，孔子也曾经多次身临险境，都能临危不惧，从容应对。孔子完全不是世俗所想象的一个柔弱书生。所以，孔子论《易》的名言是："天行健，君子以自强不息。"

费人的叛乱被平定后，季桓子、孟无忌（懿子）派子路率师去"堕费"——拆除了违制的城墙。

下一步，就是拆除孟氏家领地成邑的城墙了。

六

实际上，孔子与阳虎、公山不狃诸家臣的关系一向十分微妙。

多年来，鲁国政治混乱，鲁君虚位，并无实权。国政、军政操在三桓家族手中，而三桓家族的家臣，又控制着三桓家族。

阳虎政变失败前，阳虎即与叔孙辄、公山不狃结为死党。阳虎兵败逃亡，公山不狃仍盘踞费邑。鲁定公八年，公山不狃曾派人邀孔子去费邑。当时孔子很想去，但子路表示反对。孔子说："周文王、武王兴起于丰镐，而王天下。费邑虽小，也许能成为做大事的根据地。"（"盖周文武起丰镐而王，今费虽小，傥庶几乎？"）

孔子又说："我不是要去给他当仆从，而是要劝他追随我，复兴东周啊！"

但孔子最终还是没去。这件事情，十分微妙地表明孔子五十岁前后政治立场的变化。

此前的孔子，是以庶民、庶子身份为立场的孔子。当周天子失败、各诸侯国内陪臣执国政、礼崩乐坏之际，孔子并非站在世袭贵族一边，而是站在阳虎、公山不狃、田成子等新兴势力一边。所以他对齐国的田氏、鲁国的阳虎、公山不狃一辈，政治上持同情态度，甚至不反对与他们合作。但是，孔子在鲁国任中都宰、大司寇后，立场转变为拥护鲁君、反对家臣、主张"克己复礼"的保守主义者。

七

成邑是孟氏的领地，位于鲁国北境（今山东省宁阳县北），这里距齐国边境不远。

这座城的邑宰，是孟氏家族的家臣公敛处父。此人头脑机敏、聪明能干。在阳虎叛乱时，他支持家主孟氏，协助平乱有功，因此深受孟氏器重。

但是，公敛处父不同意拆除成邑的城墙，他对孟懿子说："拆毁成邑之城墙，意味着为齐人进入鲁国打开北方国门。成邑是孟氏家族的基地。没有成邑，也就没有了孟氏。绝对不能拆除成邑的城墙！"

孟无忌说："但策划指挥此事的是我的老师孔子，我该怎么办？"

公敛说："你不必出面，我不理睬他们。"

结果，孟氏的成邑不理会孔子削城的命令。

孔子找孟无忌，孟无忌避而不见。

孔子只好请示鲁君出动军队，包围了成邑。

鲁定公亲自督军，包围了这座城，但是许久也打不下来。

鲁国内乱，齐国高兴。齐军屯集边境，蠢蠢欲动。鲁君害怕了，于是撤回了攻击成邑的军队。

八

拆除费邑后，子路担任了季氏的家臣总管，取代了昔日阳虎的地位。他还推荐孔子的另一个弟子子高担任费邑宰（城大夫）。而此前，孔子的弟子驷赤已担任郈邑宰。

这样一来，孔子通过子路、子高（羔）和驷赤，实际已控制了鲁国的这两座大邑。孔子集团俨然已成为除三桓贵族以外，鲁国最强大的一支政治势力。

此举当然会引起三桓家族的戒心，特别是在攻击孟氏的成邑失败之后。

鲁大夫公伯寮趁机对季桓子进言，说："你的家邑现在已在子路、孔子手中。难道他们不比阳虎更可怕吗？！"

于是，季桓子免去了子路的家大夫职务，不再让他担任季氏的总管。

攻击成邑失败后，鲁君对孔子也避而不见了。

孔子生病了，躺在床上好多天不能下地。这时鲁君来看他，也许是来探探孔子的虚实。孔子勉强撑起身子，似乎已经虚弱得不能施礼，只能将上朝的礼服披在身上，面朝国君行拜礼。

季桓子闻讯，也派鲁大夫子服景伯来窥看孔子。子服景伯特意向孔子提到公伯寮对子路进谗言这件事。

子服景伯试探孔子说："我看季大夫也许只是受了公伯寮一时蒙蔽。我要想办法把这背后说坏话的家伙杀掉，然后抛尸示众。"

孔子回应说："我的政治主张能实行吗？如能，那是命运。如不能，那也是命运。难道公伯寮能改变天命吗？"

拆除三都的失败，是孔子平生政治活动最重大的失败。经历此次失败后，他和他的弟子在鲁国实际已陷入被孤立和监视的政治险境。

鲁国举行大祭，祭礼没有邀请孔子。而按照传统的规矩，祭祀之后国君会把祭品分给大夫们分享。孔子对弟子说：等等吧，看他们会不会给我送来。结果，鲁君没有把祭品分配给孔子。孔子知道自己在鲁国已经不能再待下去了。

不久，孔子就离开了鲁国，开始了长达十四年的流亡生涯。

"天下归仁"：革命性的政治理想

"仁"这种思想，始终是孔子政治追求的核心理念。孔子毕生以"仁"作为改革的目标，实践了"克己复礼，天下归仁"。

一、三代核心价值不同

孔子政治伦理理念的核心价值，是关于"仁"的思想。"仁"这一观念，并非孔子所发明，却是孔子将其提升为一种高境界的道德理想、政治理念和社会伦理。在记录孔子言论区区万字的《论语》中，言"仁"者五十有八章，"仁"字凡百有六见。

儒家以仁政作为规诫政治掌权者的首要要义。

在此之前，夏商两代所注重的核心理念，是与宗教相关的"命"与"天"，即天命的观念。殷商王朝重视天命、信仰天帝和命运。周人的核心理念是保德与敬天。"德"的字根和词源是直与循。保德的意义是贵族及君主要正直、守持、责任。而天，则是宇宙、历史和人世的主宰。

孔子罕言命，少言德，不言帝，慎言天，他所提倡的核心价值理念是"仁"——仁善。

"命"与"天"的概念都是人生及宇宙之主宰者的概念。人在天与命之下，是被动者。

"德"与"仁"的概念，则是关乎人性的概念。但"德"引入的是外部社会的评价——循规蹈矩、正直之行为，强调的是个人的责任以及社会舆论的评价。"仁"则不同，"仁"是指个人的人格修养以及心性的自我净化。

"仁"是纯爱之心，主张要爱利他人。"仁"就是宋明以后儒者所讲的良知、纯善之心，乐利他人与社会。

爱有私爱与博爱之别。私爱者，主观之爱，所爱其实非对象而是自我。博爱者，超越自我之爱也，乃客观之爱，所爱乃社会、世界而非仅仅自我。孔子认为私爱非仁，仁是博爱。

爱出自本心，无可伪饰。由博爱之心而升华为博爱他人和有利他人之行为，不是为了取得人们的好评，也不是为了换取他人的回报，不需要援入任何外在的正直标准，这种"仁爱"才是道德理想的至善之境。

二、仁的本义

"仁"字从"人"、从"二"（二人合体），是六书中的会意字，本义是男女的性爱。

《说文》："仁，亲也。从人二。"《说文》："亲，密至也。"人二，即二人。密至，亲昵也，即性爱也。《中庸》："仁者，人也。"郑玄注："人也，读如相人偶之人。"所谓"相人偶"就是男女性爱。段玉裁说："按人偶犹言尔我亲密之词。独则无偶，偶则相亲。故其字从人二。"也隐晦表述了此义。

仁与妊、娠均叠韵音通。妊娠，怀孕育子也。仁与妊、娠亦为同源字。故"仁"字的引申义，则是慈爱、关怀、仁善。

所以《论语》云："樊迟问仁。子曰：爱人。"《孟子》也说："仁者爱人。"仁的本义和引申意义，都是爱人。只是性爱、爱情，以及亲子之爱，都仅仅是个人之所爱，小爱也。而孔子、孟子所言的爱人之仁，则是对人类之爱、对百姓之爱。

"仁"之另一脉古音（古代也有方言之不同，所以许多文字，同字而有异音），读音近"善"。郭店楚简之"仁"字为"身心"合体（上身下心），音从"身"得，身、善音近。

古语"怀孕"曰有身（有娠）。"身"字是孕妇的象形字，与善一音之转。《说文》："善，吉也。"美味曰善（膳），吉喜亦曰善。

在秦汉典籍中，仁、善二字几乎为同义字。《论语》中仁、善二字可以互换，"仁人"就是善人，凡言"仁"，就是言"善"。

孔子对"仁"的定义，第一意义是爱人、博爱（仁爱，广义的人类之爱，而非私情之爱）。第二意义就是仁善。道德上的自我修养至于完成，止于至善曰仁，达到这种境界的即"仁人"。追求实现仁善的，就是"志士"。孔子说："志士仁人，无求生以害仁，有杀身以成仁。"（《论语·卫灵公》）

三、周代存在的野蛮奴隶制度

要理解孔子仁爱思想对于时代的超越性和伟大性，必须结合当时的历史环境来观察——春秋时代的中国，还是对人本身的价值极其轻贱、蔑视的野蛮文化时代。对人道的蔑视，不仅表现在奴隶制度的广泛存在，还表现在以奴隶和战俘为人牲献祭，以及以贱民、奴隶为贵族殉葬的制度上。

关于周代的社会性质是否是奴隶社会的问题，史学界已争论了多年，一直没有定论。

但是，周代社会中存在大量奴隶及奴隶制度，则是毫无疑义的。奴隶制度不仅表现于经济奴隶和家役奴隶的大量存在，还表现在以人为祭品的人牲和血祭制度的存在，以及以人为君主和主人殉葬的人殉制度的存在。

包括鲁国在内的"泗上十二诸侯国"，位于今山东南部及东南部。这里是东夷民族的旧地，从殷商以来一直流行人牲及人殉的野蛮习俗。[1]

到孔子生活的东周（春秋）时期，这里仍然是人牲、人殉文化高度流行的地区。《左传》记录了邾国国君杀死另一个小国鄫国的诸侯，用之祭社的事件。

《左传·僖公十九年》："夏六月，宋公、曹人、邾人盟于曹南。鄫子会盟于邾。己酉，邾人执鄫子，用之。"

关于这件事，《公羊传》《穀梁传》也都有记述。《左传》所记尤详："夏，宋公使邾文公用鄫子于次睢之社，欲以属东夷。司马子鱼曰：古者六畜不相为用，小事不用大牲，而况敢用人乎？祭祀以为人也，民，神之主也，用人，其谁飨之？齐桓

---

[1] 参见黄展岳《古代人牲人殉通论》。

公存三亡国，以属诸侯，义士犹曰薄德，今一会而虐二国之君，又用诸淫昏之鬼，将以求霸，不亦难乎？得死为幸！"（杜预注："此水次有妖神，东夷皆社祠之，盖杀人而用祭。"）

四、孔子时代鲁国、齐国的人祭和血祭制度

鲁国是春秋时期的大国，它也经常对邻近的莒、邾等小国侵凌掠夺，俘其国君，杀祭于社坛。终春秋之世，杀人祭祀的恶行在号称文明之邦的鲁国不断发生。

《左传·昭公十年》记："秋七月，（鲁季）平子伐莒，取郠，献俘，始用人于亳社。"（杜预注："杀人祭殷社。"）

《左传·哀公七年》："（鲁季康子伐邾）师宵掠，以邾子益来，献于亳社。"（杜预注：益，邾隐公也；亳社，以其亡国与殷国。）

除了献俘祭社，当时还流行血祭神灵和焚尪求雨的活动。

《管子·揆度》记述齐国的法律："《轻重之法》曰：自言能为司马不能为司马者，杀其身以衅其鼓。自言能治田土不能治田土者，杀其身以衅其社。"

鼓是大社中雷神的象征，衅鼓，就是用人血祭祀社鼓，也就是血祭社神。

"焚尪求雨"，早在殷商时代就非常流行。尪，即巫师，烧烤巫尪，现奉雨神，这种巫术活动称为"炊祭"。

《左传·僖公二十一年》记："夏，大旱，公欲焚巫尪。（杜预注：巫，女巫也，主祈祷请雨者。）臧文仲曰：'……巫尪何为？天欲杀之，则如勿生，若能为旱，焚之滋甚。'公从之。"

《左传》记录的鲁国这次焚尪求雨事件，虽然遭到大夫臧文仲的反对而没有实行，但其作为一种制度和风俗，一直到战国时代都长期存在。

五、春秋时期的人殉制度

众所周知，以人殉葬之俗大盛于殷商。但是在孔子生活的东周中后期，人殉制

度在列国中仍广为盛行。

考古学者黄展岳说:"齐国、鲁国及胶东、鲁南东夷诸国,早在殷商西周时期就已经存在人牲人殉习俗,至东周时仍相沿不衰。考古发现的齐国殉人墓及殉人数均居东方列国首位。殉人墓大多发现在临淄齐故城附近的齐王室墓或其他高级贵族墓中,年代大多在春秋末至战国早期。主要有郎家庄1号墓,国家村1号墓、2号墓,齐鲁石化乙烯厂4号墓、5号墓、6号墓,淄河店2号墓,田齐王族墓,章丘女郎山1号墓。"

见于记载的人殉,还有齐桓公墓和齐宣王后无盐氏墓。齐桓公墓曾经使用人殉,见《史记正义》引《括地志》:"齐桓公墓在临淄县南二十一里牛山上……一所二坟。晋永嘉末,人发之,初得版,次得水银池,有气不得入。经数日,乃牵犬入,中得金蚕数十薄,珠襦、玉匣、缯采、军器不可胜数。又以人殉葬,骸骨狼藉也。"

齐宣王后墓也使用人殉,见明万历时沈德符《野获编》卷二十九《叛贼·发冢》条:"嘉靖八年,山东临朐县有大墓,发之,乃古无盐后陵寝。其中珍异最多,俱未名之宝;生缚女子四人列左右为殉,其尸得宝玉之气,尚未销。"

春秋时期,不但人殉制度大量存在,还有士人对君主的自动从死风气。公元前548年,齐大夫贾举、公孙敖等十一人集体为齐庄公殉死,就是惨烈的一例。《左传·襄公二十五年》记:"夏五月(崔杼弑齐庄公)……贾举、州绰、邴师、公孙敖、封具、铎父、襄伊、偻堙皆死。祝佗父祭于高唐,至,复命,不说弁而死于崔氏。申蒯侍渔者,退谓其宰曰:'尔以帑免,我将死。'其宰曰:'免,是反子之义也。'与之皆死。崔氏杀醢蔑于平阴。晏子立于崔氏之门外。其人曰:'死乎?'曰:'独吾君也乎哉,吾死也。'曰:'行乎?'曰:'吾罪也乎哉,吾亡也。'曰:'归乎?'曰:'君死,安归?君民者,岂以陵民?社稷是主。臣君者,岂为其口实?社稷是养。故君为社稷死,则死之;为社稷亡,则亡之。若为己死而为己亡,非其私昵,谁敢任之?且人有君而弑之,吾焉得死之,而焉得亡之。将庸何归?'门启而入,枕尸股而哭,兴,三踊而出。"

齐国政变,诸臣为齐庄公殉死,引起了晏婴的议论。晏婴是当时的政治家,也是孔子的老师之一。而他认为,如果国君为社稷而死,那么人臣应该从死牺牲。如果国君为身家私利而死，其亲眷应该从死，人臣则不一定要从死。也就是说，晏子并不反对臣下为君主殉死。由于齐庄公之被杀是死于私利，所以晏子认为臣子不必为他殉死。

与晏子不同，孔子明确反对一切以人为死者殉葬的制度。不仅如此，连用俑人（假人）代替人去殉葬，孔子都表示反对。

《礼记·檀弓》记："孔子谓'为明器者，知丧道矣'，备物而不可用。哀哉！死者而用生者之器也，不殆于用殉乎哉？其曰明器，神明之也。涂车刍灵，自古有之，明器之道也。孔子谓'为刍灵者善'，谓'为俑者不仁'，不殆于用人乎哉？"

孔子认为，不论是用人为殉还是用人俑为殉，都是"不仁"即反人道的。孔子有一句诅咒以人俑殉葬制度的名言："始作俑者，其无后乎？！"那些制造俑人为人殉葬的，他们一定断子绝孙了吧？尽管如此，事实上，在孔子身后，以人为殉，特别是人俑殉葬的制度，仍然存在了数百年。

在孔子的时代，鲁国贵族中也流行以人为殉的野蛮制度。《左传·哀公三年》记："秋，季孙（季桓子）有疾，命正常曰：'无死。南孺子之子，男也，则以告而立之；女也，则肥也可。'"（杜预注：正常，桓子之宠臣，欲付以后事，故敕命勿从已死。南孺子，季桓子之妻。言若生男，告公而立之。肥，康子。）

这个记录表明，季桓子临死，本来应该让家臣正常殉葬。但是他因为身后有事要托付家臣办理，所以免去了这个家臣的从死。但如果没有这个嘱托，此家臣从死就是注定的。

殉人习俗在春秋时代开始遭到社会舆论的反对。秦穆公用三名武士（三良人）为其殉葬，秦民哀之，为死去的"三良"作悲歌《黄鸟》。此诗被孔子收编入《诗经·秦风》：

交交黄鸟，止于棘。谁从穆公？子车奄息。维此奄息，百夫之特。临其穴，惴惴其慄。彼苍者天，歼我良人！如可赎兮，人百其身！

交交黄鸟，止于桑。谁从穆公？子车仲行。维此仲行，百夫之防。临其穴，惴惴其慄。彼苍者天，歼我良人！如可赎兮，人百其身！

> 交交黄鸟，止于楚。谁从穆公？子车针虎。维此针虎，百夫之御。临其穴，惴惴其慄。彼苍者天，歼我良人！如可赎兮，人百其身！

诗中悲呼，青天在上啊，为什么要杀死这些好人？如果可以赎身，有成百人愿意代替他们！但是这种呼声也表明，当时的人们只是同情被殉葬的死者，而并非反对殉葬的制度本身。

《礼记·檀弓》也有关于齐国大夫、孔子的弟子陈子亢和陈尊己制止用人殉葬的两件事。

"陈子车死于卫，其妻与其家大夫谋以殉葬，定而后陈子亢至，以告曰：'夫子疾，莫养于下，请以殉葬。'子亢曰：'以殉葬，非礼也；虽然，则彼疾，当养者孰若妻与宰，得已，则吾欲已，不得已，则吾欲以二子者之为之也。'于是弗果用。"

"陈乾昔寝疾，属其兄弟，而命其子尊己，曰：'如我死，则必大为我棺，使吾二婢子夹我。'陈乾昔死，其子曰：'以殉葬，非礼也，况又同棺乎！'弗果杀。"

前一则故事记齐大夫陈子车死，其妻及家大夫谋划用人殉葬，他的兄弟陈子亢则认为"殉葬非礼"。"如果非要有人去地下陪伴父亲，最合适的人就是他的妻子及其家大夫。"子车之妻及其家大夫自己当然不愿意去死，所以只好作罢。后一则故事记陈尊己违抗父命，不以父亲的爱妾殉葬。子亢、子车都是孔子的弟子。这两个反对殉葬的事例，被收录在孔门弟子编撰的《礼记》中。这里值得注意的是，孔门弟子认为殉葬这种制度是坏的——殉葬非礼，不符合礼制的精神！

这显然是孔子的思想。

六、孔子以仁爱的理念对抗野蛮文化和奴隶制度

对于孔子来说，天地之间最高贵的存在就是人。孔子最早提出以人为本、尊重人类的思想。他认为"天生万物，唯人为贵"（《说苑》）。因此"仁者，人也"，"仁者，爱人"。"仁者爱人"——对人的关怀与爱，也就是近代所说的人道主义——对于孔子来说，是高于一切的理念。仁，也是孔子教育弟子的核心理念。

《论语》记录孔子勉励弟子的言论说:"如有王者,必世而后仁。""无终食之间违仁,造次必于是,颠沛必于是。"

孔子认为,博爱人类和大众,以及"以民为本"的思想,应该构成一切"礼义"制度的终极旨归。因此,孔子将仁善与用仁的理念,贯穿在他编撰的《尚书》《诗经》《春秋》等五经著作中。

在周代及春秋时期仍然存在以人为牲口的奴隶制度,以及大量存在人祭、血祭、人殉的野蛮文化的背景下,孔子提出"人为贵""仁者爱人"的思想,对当时种种反人道的野蛮制度与文化,具有显而易见的反抗性和极其伟大的历史进步意义。这一点,却一直未被论孔子及研究仁学者所重视。

诸子研究

老子哲学中的活东西与死东西[1]

老子的《道德经》(或云《德道经》)，是古代道家的一部经典著作，也是早期中国哲学史上罕有的一部关于宇宙本体论的思辨著作。

全书不过区区五千言，而千百年来对其研究和解释则不下百千万言。这足以令后起的研究者却步——我们对于老子，是否还能讲出任何新东西呢？

然而，尽管考虑到这一点，笔者还是相信这一工作有必要从头做一下。为什么？

对于老子哲学，多年来许多研究者都把精力集中于争论一个问题——老子是唯物的还是唯心的？实际上，老子就是老子——远古一位在学术上独树一帜而极具创造性的思想家。说他是唯物的，并不能抬高他；说他是唯心的，亦不能贬低他。真正的研究只应当理解他——这就意味着：要揭示出老子哲学的基本原理。事实上，只要能找到这个主要原理，笼罩于老子哲学之上的种种神秘烟雾，就可以烟消云散了。

本文的基本目的，就是试图揭示老子哲学中起决定作用的这个主要原理，亦即它所谓"玄之又玄，众妙之门"的"道"，看看它的具体内涵究竟是什么。

一、老子一书源于口授

正如他的神秘哲学一样，老子其人也是一个谜。关于他的生平，历史上有过太多的说法，其结果却是：没有一种确凿无疑、可资凭信的说法。

现在大致能相信的，只有关于他的这样一些事迹。

---

[1] 此文是何新早期的一篇哲学史研究论文。原发表于《学习与探索》(1981年第3期)，收入本书时作者有所修订。

老子名聃。春秋末期楚地人。曾在东周宫廷中任守藏史（这个职位是世官世职，即世袭），掌管天文及文书档案。晚年周王室衰弱，乃去官，赴秦国。过函谷关时，为关尹子口述作书，即《道德经》。其后不知所终。

现在所见《道德经》的最早文本，是1973年出土于长沙马王堆汉墓中的两种帛书，即帛书甲本与帛本乙本。就内容看，两种帛书本与原通行于世的西汉河上公本，具有一些重要的差别。

传世本老子一书有《道经》《德经》两部分。在通行本中，《道经》居前，《德经》在后。两帛书本则次序相反，因此也被称为"德道经"。

通行传世本分全书为八十一章，帛书本则不分章。

通行传世本中作为语助词的"兮"字，在帛书本中一律写作"呵"。如"渊兮，似万物之宗"写作"渊呵，始万物之示"。

帛书本中多用假借字。同时同地出土的甲、乙二本，也常有不同的借字。如，写"谓"作"胃"，写"其"作"元"，写"冲"作"中"等。又如河上公本六十一章"常以靖胜"一句，在帛书甲本写作"恒以靓胜"，而乙本则写作"恒以静朕"。

由上述差别可以做出两点重要推测。

其一，帛书甲、乙本之间以及它们与传世本存在如此显著的差异说明，直到西汉初年，《道德经》一书尚无统一的定本。

其二，"呵"与"兮"相比，似更接近口语。联系帛书甲、乙本中借代字极多、借音字互不同，并且不分节的事实可以想见，《道德经》一书实源自口授的记录。

本文对老子哲学的引证，以通行的河上公本为据，同时参用两种帛书本。

道与德，是老子哲学的一对基本范畴。关于"道"的语词含义，前人诠释甚多，此不赘述。值得一提的是黑格尔的见解。他在讲论老子时指出，"道在中文就是道路、方向、事物的进程"，因此也就是"一世事物内在的逻辑"。参证于老子所说"道者，万物之奥也"（六十二章），可见他对道的这一理解，是正确的。

"德"，古字书中有两种含义："德，得也，得事宜也"（《释名》）；"德，外得于人，内得于己也"（《说文》）。

也就是说，能抓住事物之根本，从而"外得于人，内得于己"，是谓有"德"。

老子说："孔德之谷，唯道是从。"（二十一章）这里指明了德对于道的依存关系——道为本体，德为器用。

老子所谓道，"天之道"也，是指事物发展、变化、运动的总规律；相当于希腊哲学家赫拉克利特所说的"宇宙中永恒的逻各斯"。而老子所谓德，则是人之道，即人世上祸、福、兴、亡、成、败相互替易变化的规律。如果说《道经》是老子的自然哲学和方法论，那么《德经》就是老子的历史哲学和政治论。

由此也就可以理解老子一书为什么有《道德经》与《德道经》两套写本了。看来是这样的：要向老子一书中寻求帝王治国之术的汉初政治家所重视的是《德经》，所以马王堆西汉贵族墓中所掘出的两种帛书均以《德经》居上篇；后世的玄学家更重视的却是老子的形而上理论，所以西汉后期的另一种传本（河上公本）便把《道经》置于上篇了。

《前汉书·艺文志》说："道家者流盖出于史官，历记成败存亡祸福古今之道，然后知秉要执本，清虚以自守。卑弱以自持，此君人南面之术也。"所谓"君人南面之术"，即治国之术、政治哲学。又说："及放者为之，则欲绝去礼学，兼弃仁义，曰独任清虚可以为治。"

在这里，班固所说的"君人"与"放者"，看来亦即指政治家与玄学家对老子哲学的两种不同态度。

其实，老子既是一位高深的思辨玄学家，又是一位有权术的政治谋略家。因而在两千年的中国历史上，《道德经》一书既是后来很多思辨玄学理论的发源之地，也是许多政治家、军事家乃至阴谋野心家从中汲取斗争策略、数术权谋的秘本珍籍。其原因，盖于此也。

二、道的二律背反

老子研究中的一个争论不休的问题，即老子的道究竟是物质实体抑或是精神实体的问题。

其实，完全没有必要陷入这种经院式的循环辩论中，而应当深入分析"道"的真实意义。如果打破老子思想的神秘外壳，通而观之，那么老子的全部哲学可以提纲挈领地概括为三句话，即：

太初有道。
其道一为"变"，二为"反"。
圣人用之：明道，通变用反。

老子说："道可道，非常道。名可名，非常名。"（一章）这两句话是《道经》的开篇之首，对于老子全书具有提纲挈领的意义。它以思辨的形式，道出了规定与否定、有限与无限的辩证关系。

斯宾诺莎曾经提出一个著名的命题："规定就是否定。"斯氏的这个命题所提示的是这样一个道理：对于具有无限性的实体来说，在质上对它的每一种确定，都必然意味着对其无限性的限制，因而意味着否定。

斯宾诺莎曾经把无限性比作一个圆圈。因为当一条线段构成封闭的圆圈时，它既无起点也无终点，因而在质上是无限的（尽管它在量上是有限的）。而其他任何一种开区性的线段，则无论在量上可以延展多么长，但在质上总是受到起点和终点的规定，因而是有限的（正是在同样的意义上，黑格尔把"绝对理念"也比作圆圈）。

"道可道，非常道。名可名，非常名"这个命题，与斯宾诺莎的"规定即否定"这个命题具有相同的含义。老子认为，道本身无起点亦无终点，"绳绳兮不可名"（十四章），是不可规定的无限实体。但老子又认为，道也不是栖身宇宙之外的一个超越物，它存在于宇宙中，存在于事物中。

在这里，老子实际提出了一种蕴含矛盾结构的命题。
一方面：道不可道，不可名。"道可道，非常道。名可名，非常名。"（一章）
道无形，无象。"是谓无状之状，无象之象。"（十四章）
另一方面：道可道，可名。"吾不知其名，字之曰道，强为之名曰大。"（十五章）
"自古及今，其名不去，以圆众甫。"（二十一章）
道有形，有象。"其中有物"，"其中有象"，"其中有精"。（二十一意）

在这里，我们看到了康德所谓"二律背反"，也就是逻辑上的所谓"悖论"。

黑格尔曾指出："东方的哲人每每称神为多名的或无量名的……因为有限的名词概念，不能满足理性的需要。"（《小逻辑》）老子视道为不可道，不可名，其原因盖也在于此。

老子认为，驾驭着超越千万年之上的道，乃是万物所生的本根。"夫物芸芸，各归其根。"（十六章）由这一观点中，他引出反感觉论的认识论。他说："天下有始，以为天下母。既得其母，以知其子。"（五十二章）"不出户，知天下。不窥牖，见天道。"（四十七章）"其出弥远，其知弥少。是以圣人不行而知，不见而名，弗为而成。"（四十七章）

宇宙中的万物纷纷纭纭，而"道"是它们的总体、本根。由于万物形态及现象的多样性，所以任何感官的把握都只能达到片面的局部。只有理性的思辨才能把握万物的总体实体和本体——"道"，从而做到"不行而知，弗为而成"。

老子贬低感性认识的原因，是因为他从宇宙现象和人世经验的流动不居中，意识到感性认识的表面性、片面性、偶然性、主观性。黑格尔指出："对那些断言感官对象的实在具有真理性和确定性的人，可以对他们说，他们最好是回到那最低级学派的智慧……因为对于那些了解了这种神秘的人，不仅仅达到了对感官事物的存在的怀疑，而且甚至对于它们的存在感到绝望。他们一方面否定了感官事物，一方面也看见感官事物否定其自身。"（《哲学史讲演录》）

老子正是从对感性事物的这种否定中，走向对感性知识的怀疑和否定。他要求越过感性现象而直接深入对宇宙实体——"道"的认识。他认为只有通过对这种普遍规律的认识才可以推导出对各种特殊事物的先验性的认识。所以老子这种反感觉论的认识论，实质乃是中国古代哲学中一种尚处在萌芽形态的理性主义。

三、"道"的含义

那么，"道"的具体内容又是什么呢？老子认为，道的法则可以归结为两点：道者，变也；变者，反也。

他用这样三个字概括道的内容："……曰逝、曰远、曰反。"（二十五章）

逝者，消逝。远者，遁远。逝与远，都是指事物之发展变化。反者，物极必反也。

为了真正理解老子，这里有必要研究一下老子哲学中的一对重要范畴——有与无。

老子说："天下万物生于有，有生于无。"（四十章）

"常无，欲以观其妙；常有，欲以观其徼。（于省吾《诸子新证》云：'徼者，归也。'）此两者同出而异名。同谓之玄。玄之又玄，众妙之门。"（一章）

应该指出，对"有"与"无"这一对范畴的辩证分析是哲学史上（希腊、印度、中国）一切早期哲学的出发点。黑格尔的《大逻辑》和《小逻辑》亦都从"有论"开始。

在魏晋时代，玄学家也对这一对范畴甚感兴趣。然而，这一对范畴，却被王弼、何晏等一班玄学家解得玄之又玄，以致完全变成了不知所云的离奇神话。实际上，老子命题所蕴含的道理是简单的。

尝试考察一个事物在历史进程中的形态正化，即可发现这样的规律：某一事物，起初呈现为一种存在形态，而在后来的发展中逐渐变为完全不同的另一种新存在形态（例如，一粒微小的树籽，通过不断的发育变化，最终长成一棵高大的树木）。

如果对事物的这种形态变化作抽象分析，就可以指出这乃是一个二重化的过程：一方面是事物原有的旧形态通过变化过程而消失，即由有转化为无（种子），另一方面是先前潜在的事物新形态逐渐生成出现，即由无显现为有（大树）。

例如大树先前是无，在树籽的无化中转化为有；树籽原来是有，在大树的形成中消失于无。（参见列宁《哲学笔记》："正在开始的东西还不存在，它只是走向存在。从非存在到存在，非存在同时也就是存在。"）

由这种分析就不难引出如下的结论。

1. 事物新形态是从"无"中发生的。因此，无是本原。"天下万物生于有，有生于无。"（四十章）

2. 事物之旧形态是向"无"转化的，因此，无是归宿。"夫物芸芸，各归其根，

归根曰静。"（十六章）

这就是老子哲学最基本的原理。实际上，老子关于道的其他一切命题，都或者是导向这个原理的前提，或者是由这个原理中引申出的结论。

老子认为，事物由不存在（无）走向存在（有），然后积小而成大、积弱而变强，以至于全盛，最终达到顶点。再一变而为走向反面，终至灭亡而消失。如是生生不已，这就是宇宙中一切事物生生灭灭、存在发展所普遍遵循的永恒之"道"。

在老子书中，以大量的事例对道的这一原理作了具体生动的说明。他说："物壮则老。"（三十章）"强梁者不得其死。"（四十二章）"天之道，其犹张弓与？高者抑之，下者举之。有馀者损之，不足者补之。"（七十七章）"人之生也柔弱，其死也坚强。万物草木之生也柔脆，其死也枯槁。故曰：坚强者死之徒也，柔弱者生之徒也。"（七十六章）"有无相生，难易相成，长短相较，高下相倾，音声相和，前后相随。"（二章）"曲则全，枉则直，洼则盈，弊则新，少则得，多则惑。"（二十二章）

四、老子的治国之术

正是由这一原理出发，老子引出了他的治国、平天下之术，也就是他的政治哲学、历史哲学、军事哲学和伦理学。对于老子的这一部分思想，可以归结为以反求正之术。用老子自己的话说，即"玄德深矣，与物反矣，乃复至于大顺"（六十五章）。

实际上，老子的逻辑是极其简单的。既然一切事物总是要向相反的方向发展——大者，将变为小；强者，将变为弱；贵者，将变为贱——那么为了使大者常大、强者常强、贵者常贵，就应该反其道而求之：处大而若处小、处强而若处弱、处贵而若处贱，即自觉地、主动地使自己经常处在小、弱、贱的地位上。这样，按"道"的规律发展，结果则恰恰是相反的，即转化为大、强、贵。

至此，我们可以把老子的这种策略思想概括为以下：

处大若小

处贵若贱

不争而争

无私而私

正言若反

……

唐代以后，有人认为老子书是兵书。老子书中确实包含军事哲学的内容，但这种军事韬略并不是著于哲学的主干，而只是老子"以反求正"策略思想的副产品。

作为用兵之道，老子主张以不战制战、以退制进，甚至以败制胜。他说："以道佐人主者，不以兵强于天下……善有果而已，不敢以取强。"（三十章）"兵者不祥之器……不得已而用之……胜而不美……胜以丧礼处之。"（三十一章）"用兵者有言，曰：吾不敢为主而为客，不敢进寸而退尺。"（六十九章）

但如果根据这些观点以为老子是反对一切战争的和平主义者、是非攻非胜的失败主义者，那就大错特错了。老子并不反对战争，而是以非战作为作战的战略方法。老子也并非反对胜利，所谓"胜而不美"者乃是以胜为不胜，从而不断求胜以达常胜之术也。

这种以反求正的策略思想推广于"政治斗争"，则可以产生一套设阱害敌、阴谋制人的权谋术数。故老子说："将欲歙之，必固张之。将欲弱之，必固强之。将欲废之，必固兴之。将欲夺之，必固与之。是谓微明。"（三十六章）又说："古之善为道者，非以明民，将以愚之。"（六十五章）"绝圣弃智，民利百倍。绝仁弃义，民复孝慈。"（十九章）"是以圣人处上而民弗重也，处前而民弗害也……以其不争，故天下莫能与之争。"（六十六章）

这种权谋术略构成老子政治哲学中阴险的一面，亦成为后世许多政治、阴谋家张权制敌的法宝。所谓"君王南面之术"者，实即指此。

五、老子的伦理哲学

还是从"以反求正"的原理出发，老子提出了他的伦理哲学——一种独特的人生价值观点。

第一，老子依据"相反者相成"的原理，认为人类行为的善与恶、美与丑的观念都不是绝对的，而是相反相成、互为依托的。没有绝对的美，亦没有绝对的善。美和善，是与丑和恶的观念相对比较而存在的。他说："天下皆知美之为美，斯恶已。皆知善之为善，斯不善已。"（二章）又说："唯之与阿，相去几何？美之与恶，相去若何？"（二十章）

第二，由这种善恶相反相成的价值观出发，老子抨击西周晚期儒家的礼义观念。他说："大道废，安有仁义。智慧出，安有大伪。六亲不和，安有孝慈。邦家昏乱，安有忠臣。"（十八章）"夫礼者，忠信之薄而乱之首也；前识者，道之华而愚之始也。"（三十八章）

第三，既然美和善总是相伴着丑和恶，智慧总是相伴着诈伪，礼义总是相伴着堕落，总而言之，既然人类在文明形态上的每一种进步，都总是伴随着道德与淳朴人性的堕落，那么，对人性最根本的改革，就是彻底地放弃对美、善、智慧、礼义道德和社会物质文明的追求，而回归于原始淳朴、无知无欲的人性中去。所以老子主张："小邦寡民，使有什伯之器而不用，使民重死而不远徙。虽有舟舆，无所乘之。虽有甲兵，无所陈之。使人复结绳而用之。甘其食，美其服，安其居，乐其俗。邻邦相望，鸡犬之声相闻，民至老死不相往来。"（八十章）

后一段话，体现了老子的最高社会理想。这种理想与儒家的大同理想（《礼记》）是非常不同的。基本上，老子是反对物质文明，反对科技与工艺，甚至反对理智性和知识的。他说："为学日益，为道日损。损之又损，以至于无为，无为而无不为。"（四十八章）"圣人处无为之事，行不言之教。万物作焉而不辞。生而不有，有而弗恃，功成而弗居。"（二章）"为无为，事无事，味无味，大小多少，报怨以德。"（六十三章）"为者败之，执者失之。是以圣人无为故无败，无执故无失。"（六十四章）"是以圣人之治，虚其心，实其腹，弱其志，强其骨。常使民无知无欲，使夫知者不敢为也，为无为，则无不治。"（三章）

应该指出，老子这种社会理想，表面看是一种反人性、反文明、反理性、反道德的荒谬思想，但这正是哲学史上对于人类异化所发出的第一次抗议呼声。

根据这种无为而治的人生哲学，老子阐述了他所理想的圣人模式。这种圣人"自知不自见，自爱不自贵"，"不敢为天下先"，"知其白，守其辱"，"专气致柔"——无知无欲无为如同初生的"婴儿"。

如果把老子的伦理学观点与先秦德家的伦理学观点作一对比，就会发现这两种价值观念在许多方面是相反的。

儒家主张用世，老子主张避世；儒家主张进取，老子主张无为；儒家主张"爱人"、行仁政，老子主张"绝圣弃智"；儒家重人事，老子尊天道；儒家主张"走私"，老子主张"成其私"。儒家崇奉西周礼治，主张克己复礼，实际上是以颂古的形式非今，抨击时政，主张改革政治。而老子根本摒弃礼治，认为"礼"是忠信之薄而乱之首"，主张使社会彻底退到氏族时代去。

孟子曾这样描述他所理想的政治家形象："居天下之广居，立天下之正位，行天下之大道，得志与民由之，不得志独行其道。富贵不能淫，贫贱不能移，威武不能屈，此之谓大丈夫。"（《孟子·滕文公》）

而老子所理想的圣人形象却是："微妙玄通，深不可识……豫兮若冬涉川，犹兮若畏四邻。俨兮其若客，涣兮其若冰之将释。敦兮其若朴，旷兮其若谷。混兮其若浊。"（十五章）

无棱无角，无欲无争。随器赋形，与物同化。无不变之则，无必循之径。但求遗世独立，何问世之清浊？

老子这种拒绝承担伦理责任的人生哲学有其消极的一面。这种消极方面后来在庄子、列子一派的战国后期道家伦理学中得到更为极致的发挥。这种消极的道家伦理在认识论上发展到彻底的怀疑主义、相对主义，在价值论上则是彻底否定生存的责任和意义。不是使人敢于面对历史，面对社会的挑战，勇敢地承担自己的责任和使命；而是使人缩入个体生存的蜗壳，以个人的生存得失作为人生的最高价值。因此，后期道家实际是一种十分自私的苟生哲学。黑格尔曾批判中世纪基督教的"圣徒"观念说："假如这样的一批人要组成一个国家，那么他们的羔羊式的善良，他们那种只知关切自己个人、自己爱护自己、自己永远看到和意识到自己的优点的虚荣心就必须扫除干净。因为那普通的生活和为别人而活并不需要那种怯懦的善良，而正需要一种强毅的善良——不要求只关心自己和自己的功罪，而要求关心公众和怎样为公众服务。"

这一批评完全可以用在后期道家身上。人类降生于地球上，是担当着责任和使命的。人应该面对历史改造世界，力求有所作为，而不是逃避、无为。人应该有勇气坚持自己认为是善的原则，为一种理想做斗争，不论这种斗争使人遇到什么样的痛苦。两千年来，道家哲学中这种逃避人生责任的"无为"哲学，对我们民族的精神、性格和历史发展都造成了有害的影响。不少政治家由于受这种人生哲学的影响，在所谓"功成身退""急流勇退"的借口下，为了全身保家而逃避自己的历史责任。请看一些人生谚语如："危邦不入，乱邦不居。天下有道则见，无道则隐。""勇于敢则杀，勇于不敢则活。""刚易折，白易污，巧易拙。""事事求全无可乐，人非看破不能闲。""红尘白浪两茫茫，忍辱求和是妙方。""聪明难，糊涂更难。由聪明而糊涂最难。"

诸如此类，所反映的正是这种无为与逃世的人生态度。

老子这种无为哲学的消极面，后来与儒家哲学中那种重等级、明尊卑、贵古贱新的哲学相结合，遂成为维系两千年停滞的中国封建制度的两大精神枷锁。如果说，在儒家的人生哲学中尚包含着积极进取、尊民轻君、正视人生、正视人的社会责任等人道主义成分（事实上，封建时代一切在历史上有所作为的仁人志士，正是被积极进取思想陶冶过的），那么作为一种伦理学和人生哲学的老子思想，则是不足取的。

结　语

黑格尔指出："每个人都是时代的产物，哲学也是这样。"老子的哲学，也是他那个时代的产物。春秋时代乃是古代中国史上一个天旋地转的大时代。在整个中国的土地上，从南到北、从东到西，社会的经济、政治、道德伦理和意识形态，都正在进入一个旧结构解体和新因素重新组合的过程。诸侯起来了，天子失势了；卿大夫起来了，诸侯又没落了。短短二百四十年间，大小战争二百九十七次，弑君三十六，亡国五十一。无数世家公侯或陵夷废灭，或降在皂隶，而昔日的贱臣庶人纷纷登上政治权力的角逐舞台。一切传统的典章制度，都在动摇着、颠倒着、扫荡着，变革的观念深深浸润人心。当时有一位历史学家总结这种历史进程说："社稷无常奉，君臣无常位，自古以然。故诗曰：高岸为谷，深谷为陵。"(《左传·昭公三十二年》)

老子的哲学思想，是这个历史时代中的一位贵族知识分子对于当时正在发生的历史进程所做的哲学概括，也是他对于时代向他的阶级所提出的严峻挑战，所给予的理论回答。如果说，老子以物之"必交，必反"来概括时代的运动乃是深刻的，那么，他以为可以以反求正、以无为达有为，以不变之术来抗拒宇宙历史必变之流，则是貌似机智而实则愚蠢的。

作为一个哲学思想体系，老子的思想具有深刻的内在缺陷，老子的逻辑方法是有严重缺陷的。

第一，从老子书中可以看出，他的哲学命题都是作为一种先验的公理，以直言判断的形式独断地给出来的。

例如他说：道可道，非常道。为什么如此？这个命题是如何推知的？老子全然没有说明，在他看来，这个命题乃是公理，是不证自明的。然而，像这种直接给出而未经逻辑论证的思想，只能是真假值尚有待验明的命题，而根本不是什么真理。

老子哲学缺乏一个严密的逻辑系统，使老子的许多命题虽然貌似有理，实际却经不起严密的推敲。

例如老子的全部哲学都是从"反可求正"这一原理出发，认为弱小必能战胜强大，柔弱必能战胜刚强。

但实际上，这个命题只有在作为或然判断时才有真实性；若作为必然判断，就是很荒谬的。因为虽然世界上凡强大者都曾经过弱小阶段，却绝非凡弱小者必能发展为强大。

另外，何谓"柔弱"，何谓"刚强"？这些概念在老子哲学中都没有严格的定义。诚然，新生事物发轫之初常是柔弱的，然而垂死事物在走向灭亡时也是渐趋衰弱的。逻辑的这种不严密性使老子不得不在论述中借助大量的表象和实例，并使他不得不以无内在结构的散文诗的形式表述思想。

因此，老子哲学的缺点，并非如有人所说具有过于深奥的思辨性，而恰恰是整体上的缺乏思辨性。那种散文诗的外在形式，也绝非老子哲学的优点，而恰恰暴露了它在逻辑方面的致命弱点。

第二，从内容看，老子哲学所反映的乃是辩证法的否定一面。马克思曾指出："辩证法对现存事物的肯定理解中同时包含对现存事物的否定理解，即对现在事物的必然灭亡的理解；辩证法对每一种既成的形式都是从不断的运动中，因而也是从它的暂时性方面去理解。"

在这里，马克思所指出的，即是历史辩证法的否定特征。

生活于春秋那样一个变动的时代，老子对于历史辩证法的这种否定运动是有着深刻认识的。这一点在他的哲学中可以看得十分明显。

然而老子没有认识到，在历史的辩证否定中，同时发生着社会形态的更新即肯定运动。新的、更高级的社会文明正孕育在旧文明的破坏中。

黑格尔在论述辩证法的这种肯定运动时深刻地说道："为了争取科学的发展……唯一的事就是要认识以下的逻辑命题，即否定的东西也同样是肯定的。"

然而，这一点却恰恰是老子认识不到的。他所看到的只是旧事物、旧制度的崩溃灭亡，却看不到新的社会组织、新生活的强大萌芽。这也正是老子对人生、对历史采取那种极为悲观、消极、无为观点的原因。

悲剧时代产生悲剧的人物，而悲剧的民族总是产生悲剧时代。一个积极地、主动地寻求自我变革的时代是悲剧性的。春秋正是这样一个时代，而老子则又是这个时代的一位悲剧人物。总的来看，在理论上，老子是一个失败者，他的社会历史哲学和伦理学是反自然和反历史创建之流的。但在思想史的影响上，老子是一个成功者：他的政治哲学为历史上许多帝王将相所宗法；他的玄学思辨原理不但影响了中国两千年的自然哲学，而且后来发展成为一种宗教；他的伦理学至今还可以在现代中国人的某些处世方式中看到痕迹；在几千年的历史中，老子始终被看作最深奥、最丰富的古代思想家之一。然而，这正是中国文化史的悲剧。因为只应该是哲学思辨之起点的地方，却被后人看成了终点。老子哲学被视为古代思辨哲学的最高产物，成为后代无数思想家不断追溯的理论源泉。甚至直到现在，我们仍可以看到被不断重复的某些老子哲学命题。

　　黑格尔曾批评老子以"无"为本体的原理说:"在纯粹抽象的本质中,除了只在一个肯定的形式下表示那同一否定外,即毫无表示。假若哲学不能赶超出上面那样的表现,哲学仍是停在初级的阶段。"这一批评是深刻的!

儒的由来与演变

以孔子为宗师的儒家，曾给予中国传统学术文化以巨大影响垂二千年。但是，在春秋以后的战国秦汉社会中，这种"儒"的出现仿佛是一个十分突然的现象。在先于孔子的上古典籍如《尚书》《易经》中，既没有"儒"的名称，也找不到关于儒这种人的记载。《前汉书·艺文志》追述"儒家"学派的来源，仅谓"盖出于司徒之官"，然遍索《周礼·司徒》之目，却并不见称儒之官。因此，关于"儒"的名源以及来源的问题，一直是古代文化史中的一大疑案。近世自章太炎、胡适以来，学术界对此问题作过不少探索，然迄今未给予圆满解决。故笔者不揣浅陋，钩索典籍，并借助近人研究成果予以综合，草此短篇。或能补前人所未逮，而为治史者进一新解欤？

一

章太炎《原儒》一文，谓"儒"的名称有三种含义。

其一，广义的儒，指一切方术之士。（《汉书·司马相如传》注："凡有道术者皆为儒。"）

其二，狭义的儒，特指古代通六经（《易》《礼》《乐》《诗》《书》《春秋》）的学者。

其三，专义的儒，则仅指孔子以后的儒家门徒。

章氏所列儒的三种义项，颇为精复。就"儒"的本名而言，已无可增补。唯对于儒之何以称儒，又"儒"之一名何而能兼有三种不同的义项，则未能给予解答。故其后胡适撰《说儒》一文，试图解决这个问题。

【按：古之所谓术士，不外乎六类：文、史、星、历、卜、祝，凡此皆

儒也。】

胡文引《说文》中儒字的训诂，谓"儒"有柔弱、懦弱的含义。因而乃是周族人对于殷商遗民的蔑称。殷商士人入周后多沦为执丧礼的傧相，并因懂礼制而成为周人的教师。所以"儒"遂成为周社会中此类有文化术士（包括孔子在内）的专称。胡氏此说多出臆测，"大胆假设"，却缺乏"谨慎求证"。郭沫若作《驳〈说儒〉》辟之谓，秦汉以后术士称儒，那是儒名的滥用，并非古之术士素有儒称。从而胡文之说遂不能成立。（刘节先生亦有类似于胡适的说法，谓"儒"乃墨家对儒家的蔑称。其根据亦在《说文》训"儒"为柔弱的训诂。但《说文》此训实不确当，详论见下文。故刘说亦难成立。）

二

由上述可见，为了解决这个问题，需要从两方面入手。即首先应解决"名"的问题，因此就必须讨论儒这个字的字源语义及其语义层次的演变。第二是"实"的问题，即必须研究儒这种人的历史身份及其演变过程。

先来考虑第一点。

《说文》："儒，柔也。术士之称。从人，需声。"

从语义上说，这里对儒给出了两个义项：儒，指柔弱；儒，指术士。

极为明显的是，这两个语义并无逻辑的必然关联。因此，从逻辑上分析，它们之间的关系是析取的关系，而非合取的关系。

认清这一逻辑关系非常重要。因为由此即可以形成一个重要的看法，在儒所具有的这两个并列的语义中，可能有一个含义并非本义，而是由别处窜入的。这个假设是否可以得到证实呢？

回答是肯定的。因为在汉字中，恰有一字之形义与"儒"极为相近，此字即"偄"（今通写为"软"）。《说文·人部》："偄，弱也。从人从耎。""偄"字只有一义，即柔弱，而其篆形与"儒"极其相似。

这就不能不使人怀疑，所谓"儒"的义训"柔弱"，是否是古人因"儒"与"偄"形近而致混并且互相讹用的结果呢？这个假设在古典文献中确能得到证实。例如在汉代的《鲁峻碑》中，"学为儒宗"四字中的儒字，正书作"偄"。这是古代此二字相混的例证。

故朱骏声《说文通训定声·需部》"需"字条下注谓："古耎旁、需旁字多相乱，盖篆书形近。"又"偄"字条下注谓："弩弱也，从心、需声……段氏玉裁谓即偄字。按耎、需偏旁古多相乱，莫能定也。"

今按，朱说"莫能定也"不确。儒字本形作需（音亦反之），而需字本训无柔弱之义（说见下节）。儒字训诂中之所以掺有柔弱的义训，肯定是由于在小篆及隶书中，"儒"与"偄"（软）二字因形近而致淆的结果。

三

在《周礼》中，有一种最为常见的官吏，其名为"胥"，或书为"谞"。《周礼注疏》谓："案，《周礼》之内称胥者，多谓若大胥、小胥、胥师之类，虽不为什长，皆是有才智之称。"

但就"胥"这个字的字形及本义看，它既非人的称谓，也不是某种职官的称谓。《说文》："胥，蟹醢也。从肉，疋声。"《释名》："蟹胥，取蟹藏之，使骨肉解之，胥胥然也。"可见胥的本义乃是供食用的蟹糟。但在礼经中，"胥"是一种极其重要而常见的官名。对典籍中"胥"字的训诂做一下归纳，其含义盖如下。

1. 知数记事、有才智技艺者称"胥"，通于"谞"。《说文》："谞，智也，从言胥声。"朱骏声说："经传中多以胥为之。"《仪礼·燕礼》注：胥，"谓其有才知为什长"。

2. 主事官吏称"胥"。《仪礼·大射礼》注："宰胥，宰官之吏也。"《周礼·地官》注："胥皆长也。"

3. 宴会司礼、祭祀主祭，丧礼傧相称"胥"。《尔雅·释诂》："胥，相也。"《方言》："胥，辅也。"《仪礼·燕礼》注："胥，膳宰之吏也。"

4. 司乐之官称"胥"。《礼记·表大记》注："胥，乐官也。"《礼记·王制》注：

"小胥,大胥……皆乐官属也。"

5. 古代乐官亦即乡校中之教师,故胥是乐官亦兼是学官。俞正燮《癸巳存稿》谓:"大司成,小司成,乐胥皆主乐。周官大司乐、乐师,大胥小胥皆主学……通检三代以上书,乐之外,无所谓学。"

6.《前汉书》曰:"胥迎女巫李女须,使下神祝诅。"颜师古注:"女须者,巫之名也。"《左传·昭公十年》有占星术士名申须。凡此诸须,实即需、儒也。

总而言之,在周代社会中,"胥"乃是乡族基层官吏中一种极其重要的人物。《周礼》论闾胥之职称:"闾胥各掌其闾之徵令。以岁时,各数其闾之众寡,辨其施舍。凡春秋之祭祀、役政、丧纪之事,聚众庶。既比则读法,书其敬敏任恤者。"由此可见,"胥"乃是乡间中主持礼乐、祭祀、行政、教育、文化,集诸任于一身的一种重要人物。然而"胥"这个字的本义却与其所担任的这些职事毫无关系。很明显,胥是一个借声字。然而从职能上看,"胥"这种人,与甲骨文中的"需",以及春秋以后出现的"儒",以至《周礼》中曾一见名的"师儒",均极其相似。而胥、需两字音类相近确可通转("胥"字音在心母鱼韵三等平声,需字音在心母虞韵三等平声;相通)。这样,从语音以及"胥""需"所担任的司礼、司乐、司教、司文的职能上,都有充分理由断定,《周礼》中称"小胥""大胥"的"胥",即后世的"小儒""大儒"和"师儒"。

四

孔子年轻时,正是从"胥"出身。《史记》记孔子幼时"年少好礼","嬉戏常陈俎豆,设礼容",及稍长,又尝为季氏族任小吏以及助祭和傧相。这正是孔子出身"胥"这个阶层的确切证据。又孔子一生,以博学多知、诲人不倦著称于当世,而这又正符合"胥"(谞)的另一个语义:"胥,有才智之称也。"《论语·宪问》记孔子言论谓:"文之以礼乐,亦可以为成人矣。"孔子一生事业,所务在"克己复礼","唯礼乐之用所先"。儒家之学,独传在六经六艺,而重点则在礼乐。前已论证,胥是商周时的礼官、乐师,兼为传授六经六艺的教师。由此可见,孔子所创的儒家,所继承的其实正是古代"胥"（需）的文化。所谓"儒"，实来自"胥"，亦即需。（关于这一点，还可以引为旁证的，是儒、需、胥三字，在古代典籍中均音义连通。例如，李善注《文选》左思《魏都赋》引《庄子》："尹需学御。"而《吕氏春秋·博志》作："尹儒学御。"此是需、儒同字之例。又《周易·彖传》："需，须也。"《周易·归妹·六三》"归妹以须"一句注引郑玄语："须，有才智之称。"则须与胥通，因之亦与需通。）

综上所论，需在商代乃是一种礼官和祭师。而在周代则是礼官、乐官、祭师，又兼学师。在《周礼》中，需以近声字被假借作"胥"。而在春秋以后的文学变迁中，需增"人"旁，又书为儒。所以商代的需、周代的胥，就是春秋以后"儒"与"儒家"的前身。他们在社会中属于特殊的地位。其职业的特殊使他们沿袭有特殊的装束，亦即所谓"儒冠、儒服"。其特征是"逢衣浅带，解果（形容高也）其冠"（《荀子·儒效》）。即宽大恢宏的衣袍与崔嵬高耸的礼帽。

同时，胥又是周代社会中广义的有才智之士，即知识分子的美称。所以春秋以后形成的诸子百家，凡有道术者，皆可在这一意义上称为"儒"，即"术士"。（详见章太炎《原儒》）但是儒的本义则始终是礼乐之师。"儒以道得民"（《周礼·天官》），"儒，诸侯保氏有六艺以教民者"（《周礼·天官》贾公彦疏），"古之儒者，博学乎六艺之文"（《前汉书·儒林传》），乃是正统意义上的"儒"。孔子所开创的以礼乐为教的儒家，正沿循着"儒"的这一语义发展而来。

又，班固《前汉书》谓"儒家者流，盖出于司徒之官"。司徒之"徒"字在金文中均作"土"（参见郭沫若《〈周官〉质疑》）。司即司社。其职乃负责邦国之农政、社祭与学政。而里社中之群胥正隶属司徒之官。所以《汉书》所言，亦非无根之谈耳。

"克己复礼"并非复古

孔子一生之追求，可以概括为八个字："克己复礼，天下归仁。"

理解孔子，首先须理解其时代。所谓"礼"，即"周礼"，主要含义是周代社会四大基本制度。

1. 以血亲氏族为核心的贵族宗法制

这一制度确立父系家长制及嫡长子继承制。但是，随着贵族家庭内人口之繁衍，逐渐产生贵族家族内之非嫡系子弟（诸"庶子"及"庶族"）无合法继承权问题。

庶子、庶族由贵族地位降为国人（庶民）地位，他们要求权利，要求任贤不唯亲，冲击贵族宗法制。

2. 以周天子都城为宗王中心的多城邦拱卫封建制

这种制度由盟邦制度演变而来。周天子居王城（都城），名义上领有全国，实际控制区则只有王城周边土地及人口。诸国以封邑为中心，领有周边领地及农奴公社。

只是多数封国之间并不直接接壤，其外围土地仍为周天子所领有，即"普天之下，莫非王土；率土之滨，莫非王臣"（宾者，天子之宾客也）。各城邦有较完整之政治主权，有军事力量（贵族武士制），经济自给自足，将经济剩余物作为贽礼对周天子朝贡。（各国诸侯领地之疆界及属民都已于分封时划定，突破即违制逾限，违盟背誓，将受天子及贵族盟主的共同惩罚。）

西周亡于游牧民族犬戎之东迁。长安失落后，周天子所在之中心迁至洛阳，人口武力大大削弱，宗主地位仅徒具虚名。自保且无力，遑论征伐不臣？

而春秋以后，各国在人口增殖压力下，其族部纷纷冲出旧封地，辟地拓疆。各强国争相兼并小弱之国，臣虏其人口。这实际是土地、人口资源的重新分配。

3. 周代社会组织的基本单位为井田制公社

周代之农业经济基本制度是井田制公社。公社是姓族公社，一姓之族组结为一社。公社有两种。

（1）国人姓族公社，是自由人公社，族众是具自由身份之武士。武士除战时为宗主编军作战外，作为贵族阶级之成员，具自由之人身，无须向宗主贵族服役纳贡。

（2）被征服者的姓族公社，是农奴公社。社员在人身身份上是集体性农奴。社员无自由迁徙权，承担对宗主之沉重役赋。

【按：春秋以后，私家农奴大量出现。见于记载的"隐民""私属徒""宾萌"和"族属"，就是贵族的私属农奴。"民"和"徒"在以前都是奴隶的称呼，"萌"也是称呼奴隶的。但"隐民""私属徒"及"宾萌"却具有新的含义。"宾萌"系指外来的依附农民，与后来的隶农相类似；而"隐民"和"私属徒"是隐匿托庇于贵族豪门之下的被庇户，即依附农民，亦即农奴。"族属"是依附贵族的农奴。】

4. 奴隶制度

春秋时期的社会中，有各种不同名目、不同等级的奴隶。楚灵王建章华宫的时候，曾经将逃亡的奴隶纳入其中服役。楚国担任芋尹的无宇，其"阍人"也逃奔章华宫，无宇到宫中将其抓获，章华宫的管理者却不让无宇将"阍人"带走。无宇于是向楚灵王讲了一番道理："《诗》曰：普天之下，莫非王土；率土之滨，莫非王臣。天有十日，人有十等。下所以事上，上所以共（供）神也。故王臣公，公臣大夫，大夫臣士，士臣皂，皂臣舆，舆臣隶，隶臣僚，僚臣仆，仆臣台。马有圉，牛有牧，以待百事。"（《左传·昭公七年》）

所说的皂（造）、舆（车工）、隶（力）、僚、仆、台、圉、牧，都是奴隶。

东周以后，上述周礼之四大基本制度——宗法制、封建制、井田公社制以及奴隶制均面临崩坏，礼崩乐坏。因此，孔子提出"克己复礼"。理解这个口号，关键在于理解这个"复"字。复有归复、重返之义，也有履践、奉行之义。

按照前义，则孔子是一个复古主义者，他想使变革中的社会重返于古代淳朴的贵族礼制。

但是，孔子并无真正的贵族家世背景，而是出身要求变革的庶子族群。返复古礼，并不是孔子的真正追求。实际上，当时复古主义思潮的代表人物是属于世官贵族阶层的老子，而非出身名分不正的孔子。

孔子所谓"复礼"，复者，履复也，履践、实施也。

所谓克己复礼，即约束自己、实施礼制，即"克己奉礼"，天下归仁，即使天下归向仁善。

而孔子要履行的这种礼制，也是一种新的礼制，并非效法周公而复古之礼。关于孔子的这种新礼制的内容，就需要另作专论了。

子夏与"西河学派"

在先秦思想史上，子夏卜商乃是一位承前启后的重要思想家，也是中国思想史上一位长期被忽视的人物。说他被忽视，一是因为其学说主要靠口耳相传，所遗留者秦代以后多散佚，二是因为现在通行的中国哲学史、思想史书中，一般都没有关于子夏的记述。

实际上，卜商子夏是春秋战国之际孔门中由儒学礼治思想过渡到法家政术思想的一位枢纽人物，名震当时、学泽后世，是孔子经世思想的嫡传弟子，是法术政治思想的先驱，也是中国古代思想史中一位不能被忽视的人物。

一、子夏生平

在孔门弟子中，子夏属于晚辈。孔子卒于公元前479年，子夏少孔子四十四岁。孔子卒时，子夏年方二十八。孔子生前已注意到其才干，曾称赞子夏"博学而笃志，切问而近思"（《论语·子张》），是好学深思有志务实的人。综合秦汉史料记述，子夏之生平大略如下。

子夏，卫人，出于殷商遗族。子姓，夏氏。善卜，名商，故又称卜商。约生于公元前507年，相传子夏老寿，晚年失明。古以七十为老，则子夏卒年应晚于公元前437年（据钱穆说）。子夏出身贫寒。孔子说："商之为人也，甚短于财。"《荀子·大略》也说："子夏贫，衣县鹑。"

子夏曾有从政经历，中年曾经出仕担任鲁国莒城父宰。孔子死后，子夏去鲁到魏，被魏文侯延请为师。晚年子夏聚徒讲学于魏国故卫地之西河。

【按：西河地有异说。或说乃战国时魏之西河，地约略在今陕西韩城周边，乃吴起戍秦之地。然此说不足信，盖战国时韩城周边是秦、魏激烈战争之战场要冲，不可能使子夏安居讲学数十年也。

子夏乃温县人，温县境内平皋即古之邢丘。周初于邢丘封温国。僖十年，狄人灭温，温子奔卫。汉时，温县属河内郡。其地春秋属卫，战国属魏。汉之河内，即殷商之朝歌。朝歌，晋称汲郡，今称淇县，古称沫邑，即商之牧野。殷虚即安阳。安阳乃秦建郡名，战国时称邺邑。商王庚自奄（曲阜）迁殷虚（今安阳小屯）。朝歌是商之牧野牧场。魏文侯七年，建都于邺。邺，即殷（古音衣）之音转。周初封康叔于朝歌。齐桓公时狄人灭卫，桓公徙卫都于楚丘，后又迁濮阳。朝歌遂并于晋，战国属魏。《史记》谓"右太行，常山在其北，大河经其南"。其地要居天下之中也。黄河自温县、淇县西南方向东北流去，故古称河内，亦称西河。又，战国初之谋略家鬼谷子亦温地人。我颇疑"鬼谷子"或即子夏别号，"鬼谷"者，"诡谲"也。】

子夏讲学于魏国之"西河"，即殷虚安阳，古之邺城也。其地乃南北要冲，东接齐鲁，西倚太行，北濒赵燕，南临黄河，怀抱中原。西河学派，即创立于此。

从子夏学者有三百多人，其中人才辈出。《史记》记："如田子方、段干木、吴起、禽滑釐之属，皆受业于子夏之伦。"战国时一批著名政治家、军事家如李悝、吴起及商鞅，也直接、间接出其门下。而荀子、李斯、韩非则是其隔二代或三代的再传弟子。其门风之盛，使当时许多人甚至误以为子夏就是孔子。这个西河学派既传授儒家经典"六艺"，也是法家政术思想的先驱。

子夏是一个有操守和气节的人。有人劝他出仕做官，他回答："诸侯之骄我者，吾不为臣。大夫之骄我者，吾不复见。"子夏晚年丧子，由于悲痛导致目瞽而双目失明。

二、子夏的政治思想具有法家倾向

在孔门弟子中，子夏并不像颜回、曾参辈那样恪守孔子之道。他是一位具有独创性因而颇具有异端倾向的思想家。他关注的问题已不是"克己复礼"（复兴周礼），而是与时俱进的当世之政。因此，子夏发展出一套偏离儒家正统政治观点的政治及历史理论。

"子夏曰：'君子有三变：望之俨然，即之也温，听其言也厉。'"（《论语·子张》）由此可见，子夏心目中的君子是知权术、有心计的君子，已不再是孔子倡导的那种"温文尔雅""坦荡荡"的醇儒。这些观念，体现出法家察势和用权的精神。与儒家主张恪守礼义、一以贯之的君子之道显然相悖，因而被儒家正统学派认为是投机。子夏的再传弟子荀子也曾说子夏城府深沉："正其衣冠，齐其颜色，嗛然而终日不言。"（《荀子》）但吴起、商鞅变法，都首先采取示民以信的政治策略，显然源出子夏之术。子夏注重君王用权之术，认为君王必须注意研究政治历史，言："有国家者，不可不学《春秋》。"（《春秋繁露》）"善持势者，蚤绝奸之萌。"（《韩非子·外储说》）主张治国者要学习《春秋》等史书，汲取历史教训，消除危机于萌芽状态，防止失权乃至政变。

三、子夏是儒学经典的主要传授者

汉代学者多认为子夏是大部分儒家经典的主要传授者。《后汉书·徐防传》记："《诗》《书》《礼》《乐》定自孔子。发明章句，始于子夏。"

《诗经》一书自孔子之后至汉代有两派传人，一是毛派即"毛诗"，一是韩派即"韩诗"。而这两派的始传者都是子夏。据汉儒徐整云，子夏授高行子，高行子后三传至大毛公，大毛公授小毛公，为河间献王博士。则毛派《诗经》实为子夏所传。汉代流行的另一种说法则谓：子夏传曾申，曾申传李克，再二传至荀子，荀子传大毛公。其源头也是子夏。此外韩诗也是子夏首传。

子夏尤精于《春秋》历史之学。汉代讲授《春秋》经义有三种主要传本，即《公羊春秋》《穀梁春秋》和《左氏春秋》。传述《公羊春秋》和《穀梁春秋》的公羊高与穀梁赤，均为子夏门人。

四、子夏传述《左氏春秋》

《春秋》传本中，最著名的是"左氏传本"。汉儒刘向附会"左氏"为《论语》中所提到的左丘明，但自唐宋以后学者多疑之。

因《左氏春秋》书中记有战国时事，而左丘明乃春秋时人也。那么"左氏"究竟是谁？其实，"左氏"乃是卫地都邑名（有说在今山东定陶），《左氏春秋》之"左氏"，可能是地名借为人名。那么，这个"左氏"之真人究竟是谁？这个问题一直是个谜。

战国时之一代名将、子夏弟子吴起也是"卫左氏中人"。因此章太炎、钱穆曾推测"左氏"即吴起。近代学者卫聚贤在《〈左传〉的研究》一书中，则认为《左传》作者是子夏。他说："子夏居西河，为魏文侯师。时晋都在魏所辖，子夏得晋国史稿而著《左传》，故《左传》记晋事特多。"子夏讲述《春秋》，多引录史事。其门弟子（可能主要是吴起）纂其所述，经历数代成书，即《春秋左氏传》。这些推测不无根据。

"左氏"即左邑，又称左丘，故地在卫，可能是子夏故里（子夏与其弟子吴起可能是同邑之人）。上古以地为氏号，因此左氏、左丘很可能是子夏的别号。后来被汉儒刘向误会而混淆于春秋时代另一个学者"左丘明"。

司马迁说："左丘失明，厥有国语。"钱穆说："子夏居西河，晚年失明，疑左丘失明，或自子夏误传。"

王树民说："《左氏春秋》的作者虽难确定，而有一定的迹象可循。如其书好作预言，凡在战国中年以前者多验，涉及其后者多不验，可知其书之编撰应在战国中上期，而不能更晚。其书记事止于知伯灭亡，并称及赵襄子之谥号，是其成书已在诸事之后。又其书中于魏之先世多用美誉之词，明示作者与魏国有一定的关系。"

我们知道，子夏氏"卜"，可能出于占卜者的世家。子夏精于易术，有《子夏易传》传世。这与《左氏春秋》中常以易术论未来可相印合。故徐中舒也认为，《左传》作者即使非子夏，也可能就是在子夏门下编写成书的。

综合汉儒所论及上述，《左氏春秋》的传授来源大约如下，鲁之瞽史左丘明传

《春秋》于孔子（汉儒说），孔子传《春秋》于子夏，子夏传之吴起，成《春秋左氏传》。

五、子夏创立"西河"儒学

据司马迁关于孔门弟子的记载，子夏少孔子四十四岁，为孔门中较年少者。"孔子既没殁，子夏居西河教授，为魏文侯师。"（《史记》）王树民认为，子夏本为学习历史颇有成就者，居魏之时间已在战国初年，从时间和地域等方面观之，《左氏春秋》的作者通过子夏受到孔子的影响，是无可置疑的，其书中多取孔子之言，也就不是偶然的了。(《曙庵文史杂著》)

孔子死后，子夏讲学于魏地西河，向弟子传授六经，对《春秋》的讲授尤为注重。这是子夏本人经世致用的学术观点所决定的。

子夏传《春秋》，将历史学导入政治。他所最注重的首先是"微言大义"，后来传授于公羊学派，形成对汉初政治影响极大的《春秋》公羊之学。汉代大思想家董仲舒即是这一派的传人。

晚清时代改革派思想家魏源、龚自珍、康有为，也都属于公羊学派（今文学派）。魏、龚主张经世致用、变古适今的政治改革思想，当时流传到日本，对明治维新时期日本的政治思想产生了重大影响。另外，子夏也极其注重春秋时代的史事故实，此在《左氏春秋》中保存最多。此外，子夏也注重于训诂之学，这一学派即《穀梁春秋》。

以现代学术的观点看，可以说"公羊学"注重于政治意识形态和历史哲学。而《左氏春秋》注重于史料和政治历史，《穀梁春秋》则偏重于语言分析哲学。如果说《春秋》之学开创于孔子，则子夏正是将其学说发扬光大而形成上述三大学派的最早传承者。

法家之学源出儒家

战国时的儒法两家其实共出于一源,其学说最初都是来自孔子所开创的儒家。这个问题,对于中国学术及政治思想史关系甚大,因此有必要略加考述。

一、儒分为八,汇聚于二

韩非子说,孔子死后,儒分为八,即子张之儒、子思之儒、颜氏之儒、孟氏之儒、漆雕氏之儒、仲良氏之儒、孙氏之儒、乐正氏之儒。

历战国秦汉的大变迁后,儒家的这八个学派中,真正使儒家在秦汉以后仍能薪火相传的,只有三家,即子思之儒、孟氏之儒与孙氏之儒。

孟氏即孟轲(孟子)。其学术出于曾参、子思之门,子思是孔子之嫡孙。

孙氏即孙卿,亦即荀子。荀子之学,则师承于孔子弟子子张与子夏。

子思和孟子一派儒学,一方面仍坚持孔子的礼制思想,另一方面提出"内圣"之学,即人格主义的儒学。唐宋以后演变为韩、程、朱之理学。

而荀子之学,则源于子张和子夏,主要是"外王"之学,亦即辅助王侯用权与法术之学(故有所谓"小人儒"之讥)。战国中后期的法家一派,实际主要源自子夏学派。

孔子死后,孔门晚期弟子子夏受魏文侯之弟魏成子邀聘,晚年讲学于魏国之西河,在这里建立了子夏学派。这个学派就是战国兴起的三晋法家之祖,其门生首先是魏文侯。

《史记》说:"文侯受子夏经艺。"其弟子中包括李悝、段干木、田子方、吴起。

战国初的魏国,是为寻求富国强兵之道而率先变法的国家,而魏文侯则是这一变法的推动者。

魏文侯以礼贤下士闻名于历史。他也是战国初期第一位招客讲学养士的诸侯。《史记》中记："秦尝欲伐魏。客曰：'魏君贤人是礼，国人称仁，上下和合，未可图也。'文侯由此得誉于诸侯。"子夏及其诸门生都受到魏文侯高度礼遇，"以师礼事之"。

曾从子夏问学的李悝与吴起，后来都成为一代变法者、政治家、军事家。《吴子兵法》："吴起以兵法见魏文侯。"可见其确出儒门，儒门亦传兵学。子夏之西河学派，实开后来齐稷下学派之先河。

子夏之学后来为荀子有所批判地继承。而思孟及夏荀两派，在战国末世，成为儒学中并立的两大流派。

二、李悝之学受自子夏

李悝一向被认为是战国法家的开山鼻祖，而李悝的老师则是子夏。

实际上，战国法家是针对贵族政治而出现的政治学派。法家的法治思想主张法律平等主义，"齐贵贱"，在法律面前人人平等，王子犯法与庶民同罪。法治与传统的礼治思想鲜明不同。礼治主张正名，严分尊卑等级制度。"刑不上大夫，礼不下庶人。"因此礼治的本质是贵族主义的等级分层制度，是一种特权制度。礼法之争，是战国时之一大争也。

李悝一名，典籍中或记为李克，是同一个人。其生平时代约在公元前455年至公元前395年（据钱穆说）。据《前汉书·艺文志》班固注，李悝从学于子夏。《前汉书·儒林传》又记子夏传《诗经》之学于曾申（曾参之子），曾申传魏人李克。《前汉书·艺文志》有"李克"著书七篇，编次在儒家。又有李悝所著《李子》三十二篇，列于法家之首，当由其门人所撰集（班固认为李克、李悝是两人）。魏文侯时，李悝先任中山相，后来又做过国相。班固说："悝相魏文侯，富国强兵。"

在中国法制史上，李悝（克）是一位有开创意义的人物。战国初期，魏秦两国先后进行了变法，对此后中国政治经济之变革与发展影响深远。

魏文侯任用李悝为相，目的是变法图强，其政策一是重农主义，"尽地力之教"，二是法治主义，以法治取代礼治。变法使魏文侯时代的魏国成为战国初的头号强国。

李悝曾审订诸国旧法，著成《法经》六篇。李悝《法经》为秦、汉以后历代法典之所本，因而李悝一向被公认为战国法家之始祖。

三、商鞅学术源出李悝

商鞅学术源出李悝。《史记》记商鞅携《法经》（李悝著）由魏入秦，被秦孝公用为国相，以《法经》作为秦国变法的理论指导。

商鞅本为魏国贵族公孙痤之养子。公孙痤是魏文侯之子、魏武侯兄弟、魏惠王之叔父。痤曾任国相，惠王尊其为"公叔"，故又称"公叔痤"。商鞅本是卫人，因此本名卫鞅（值得注意的是，子夏、李悝、吴起也都是卫人）。魏国兼并了卫地。商鞅入继公孙痤为中庶子，故改宗从公孙氏，又称公孙鞅。入秦后受封于商，故以"商鞅"知名于世。

商鞅法术源于李悝《法经》，其少年时代可能从学于李悝。《史记》记载："鞅少好刑名之学，事魏相公叔痤为中庶子。公叔痤知其贤，未及进。会痤病，魏惠王亲往问病，曰：'公叔病有如不可讳，将奈社稷何？'公叔曰：'痤之中庶子公孙鞅，年虽少，有奇才，愿王举国而听之。'王嘿然。王且去，痤屏人言曰：'王即不听用鞅，必杀之，无令出境。'"但魏惠王藐视年轻的卫鞅，没有听信公叔痤的遗言，既未重用，也未杀害。当时秦孝公新就秦君位，图谋变法，招贤于天下。因此卫鞅于公孙痤死后入秦，被秦孝公重用，而于秦国实施李悝的变法。

商鞅以李悝《法经》为指导，依照秦国实际，在秦两度变法。推行县制，统一度量衡制，从而统一法令，发展自耕农经济，使国富兵强，奠定此后秦统一中国之基础。

王充谓："商鞅相孝公，为秦开帝业。"（《论衡》）

秦孝公去世后，商鞅虽遭杀害，其变法新制度则仍被贯彻执行而有效。变礼治为法治的法术学派，在有秦一代成为主流政治思潮。而由以上所述简略脉络可知，实际上，法家政治学说的确演变而源于儒家，是儒家政治思想"与时俱进"的产物。

值得注意的是，战国法家之集大成者韩非，是历史上最早尊孔子为"圣人"的人之一。他说："仲尼，天下圣人也……而为服役者七十人。"

四、先秦法家皆与孔子有关

法家是周礼的破坏者。商鞅说："圣人苟可以强国，不法其故。苟可以利民，不循其礼。"（《史记·商君列传》）

法家之学最早在春秋时期源于管仲和子产。孔子一生崇敬管仲，而早年曾从子产问学。

法家代表非贵族的"庶子"的政治思想，根本主张是"齐贵贱"，要求平等而反对贵族的特权制度，主张"选贤"，用贤人，而反对"世亲世贵"的世袭制度。

概而观之，先秦法家可分三大流派。

1. 刑名法家

这一派法家出现较早，是法家的先驱，先于孔子或与孔子同时，代表人物包括邓析、子产、赵简子。他们主张以法代礼，"循名责实"，"不法先王，不是礼仪（荀子论邓析语）。"

子产，郑国名相，是孔子的老师之一。子产在郑国变法，是春秋法家最早的代表人物，邓析是其盟友。子产执政后即铸刑鼎，将法条录之于鼎铭。邓析作"竹刑"，将全部法条录之于竹简。

向社会公布法条，明正典刑，是由习惯法向成文法的制度性转变，是对贵族领主口含天宪、随心所欲设法施刑传统的冲击。

邓析（前545—前501），是一个平民之士，先开私家讲学之风。以现代观点看，邓析也是律师之祖师。他帮人打官司，并且收取酬谢物。他聚众讲学，教平民论辩术，"从之学讼者不可胜数"。

邓析是辩士、诡辩家，也是名家的先驱。"操两可之说，设无穷之辞。""持之有故，言之成理。"他发明了桔槔，利用杠杆从井中取水。邓析通过讲学，主导郑国社会舆论，影响政局，"与民之有狱者约，大狱一衣，小狱襦袴。民之献衣、襦袴而学讼者不可胜数"。

《吕氏春秋》曰："子产治郑，邓析务难之……以非为是，以是为非，是非无度。而可与不可日变，所欲胜因胜，所欲罪因罪。郑国大乱，民口欢哗，子产患之。于是杀邓析而戮之。民心乃服，是非乃定，法律乃行。"

但是据《左传》，杀邓析的人不是子产，而是当时的执政大夫驷歂。公元前501年，执政大夫驷歂将邓析杀死。虽然杀死了邓析，但是他的竹刑并没有废除。"郑驷歂杀邓析而用其竹刑。"左丘明评论说，君子谓"故用其道，不弃其人"，"苟有可以加于国家者，弃其邪可也。"

当子产发动变法时，孔子也在郑国从学于子产。《左传》这种看法应也反映了孔子的观点。

2. 术势法家

第二种法家是辅导人主励行变法，用权强国的政治法家，代表人物是商鞅。政治法家的特点是反对西周传统的贵族民主制度，而主张推行君主集权专制。商鞅的思想，有《商君书》传世，云："权者，君之所独制也……权制独断于君，则威。"

战国初年此派法家开始得势，如李悝、吴起、商鞅、慎到、申不害等都属于此派。子夏，就是三晋此派政治法家的宗师。

3. 礼法家

此流派是结合孔子礼学与法术思想的成熟法家学派，反映战国后期儒法汇合的思想，以荀子、韩非子为代表。此派法家形成了外儒内法，即外礼内法、礼法兼用的成熟政治思想。

墨学源出孔门

【导读】

前人论墨子、墨学，多着眼于墨家与儒家思想之对立。何新此篇研究则指出墨家实际脱胎而独立于儒家之思想渊源，并分析揭示了儒墨学派思想对立的真实本质。何新认为，从学术思想和现实行动看，墨子其实是中国历史上最早的一位平民思想家、博爱主义者和民主主义者。

一、墨子的姓氏

春秋战国交替之际，中国思想界影响最大的学派，除儒家外，就是墨子所创立的墨家之学。《韩子·显学》："世之显学，儒（与）墨也。"孟子云："杨朱、墨翟之言盈天下。天下之言，不归杨，则归墨。"孟子乃儒门弟子。可见在战国后期，墨学的影响甚至一度在孔学之上。

墨子，先世本宋人，后迁鲁。子姓，名墨翟。故《墨子》书中称墨子为"子墨子"。故墨子与孔子系出殷商同族。

顾颉刚对墨子的姓氏有过考证，其略曰：

> 按《史记·伯夷列传》索隐引应劭说："（孤竹）盖伯夷之国，君姓墨胎氏。"又《周本纪》正义引《括地志》："孤竹……殷时诸侯孤竹国也，姓墨胎氏。"是知伯夷姓墨胎。《通志·氏族略》引《元和姓纂》说墨氏"孤竹君之后，本墨台氏，后改为墨氏……战国时宋人墨翟著书号《墨子》"，则以墨子为孤竹君之后，由墨台（胎）缩短为墨姓的……又考《史记·殷本纪》殷后有

目夷氏。《潜夫论·志氏姓篇》以目夷氏为微子之后。《广韵·六脂》"夷"字注云："宋公子目夷之后，以目夷为氏。"则公子目夷之后为目夷氏，这个目夷氏又作墨夷氏，《世本》说："宋襄公子墨夷须为大司马，其后有墨夷皋。"（《广韵·六脂》及《姓氏急就篇》引）"宋襄公子"当是"宋襄公兄子"的传讹……《左传·僖（公）八年》载宋太子兹父与公子目夷互相以仁让国，兹父说"目夷长且仁"，目夷说"能以国让，仁孰大焉"……墨子是伯夷之后，实在就是公子目夷之后。

据此，墨子确是殷人之后，与孔子一样为子姓，墨乃是其从氏。

清代学者俞正燮说："墨以殷后，多感激不法周而法古。"童书业说："墨子实为目夷子后裔，以墨夷为氏，省为墨也。"杨向奎说："'目夷'也作'墨夷'，而'翟'与'夷'古音可以通假，因之，我颇疑'墨翟'即'目夷'的别写。"

二、生年

据近世学人方授楚所考，墨子生年约在周敬王三十年（前490），即孔子死前十余年。死于周威烈王二十三年（前403），活了八十多岁。

墨子之学，源出于孔门。但墨子改革了儒党之学，从而新创了自己的一派学术。

《淮南子·要略》："墨子学儒者之业，受孔子之术。以为其礼烦扰而不悦。厚葬靡财而贫民，服伤生而害事，故背周道而用夏政。"

钱穆谓："盖墨子初年，正值孔门盛时，故得闻其教论，受其术业，非谓墨子亲受业于孔子也。""墨子幼年，正当孔子晚节，或竟不得与孔子并世。"

墨子精通儒家经典。这些典籍在春秋晚期几乎失传，全赖孔子拯救、绍述和传承。墨子书中对儒家经典《诗》《书》《春秋》多所引述，博学而精通，表明墨子确曾受教于儒门。

所以，墨子思想多出于孔子的儒门。例如，尚贤而反对世亲世贵，本于孔子；尚同而主张平等，本于孔子"有教无类"。但儒家思想中自身存在矛盾，如其用周礼、主张亲亲尊尊，与"尚贤""无类"之思想相抵牾。墨子则将孔子思想中的平民主义贯彻到底，而自成一派新学说——墨学。

墨子生活之年代，约略与子思、子夏同时。

三、墨家思想源于儒家《礼运》

金德建曾指出，墨子之学，其社会理想源于子思一派的《礼运》之学。墨家思想大致的基本要点，确实与《礼运》思想可相印合。

1. 兼爱

兼爱是整个墨子思想的重心所在。《礼运》中也同样主张兼爱。《礼运》说："故人不独亲其亲，不独子其子，使老有所终，壮有所用，幼有所长，矜寡孤独废疾者，皆有所养。"这种主张和孟子说中"老吾老，以及人之老；幼吾幼，以及人之幼"，有些区别。孟子说中主张先己后人，《礼运》则要求破除己身、己家的观念。这是主张兼爱的墨子同样有的观念。

《墨子·兼爱下》说："吾不识孝子之为亲度者，亦欲人爱利其亲与！意欲人之恶贼其亲与！以说观之，即欲人之爱利其亲也。然即吾恶先从事即得此？若我先从事乎爱利人之亲，然后人报我爱利吾亲乎！意我先从事乎恶人之亲，然后人报我以爱利吾亲乎！即必吾先从事乎爱利人之亲，然后人报我以爱利吾亲也。"这种论调，亦即《礼运》的"不独亲其亲，不独子其子"。

《墨子·兼爱下》又说："今吾将正求与天下之利，而取之，以兼为正。是以聪耳明目，相为视听乎！是以股肱毕强，相为动宰乎！而有道肆相教诲。是以老而无妻子者，有所侍养，以终其寿。幼弱孤童之无父母者，有所放依，以长其身。"这种论调，实际等于《礼运》的"使老有所终，壮有所用，幼有所长，矜寡孤独废疾者，皆有所养"。

2. 尚同

墨子主张尚同。《礼运》亦主张"大同"。《礼运》说："大道之行也，天下为公……是谓大同。"

所谓"天下为公"和"大同"，实际就等于墨子所谓"尚同"。

3. 天志

墨子以"天志"论破商周的"天命"论。《礼运》里也有类似观念："是故夫礼必本于天，淆于地，列于鬼神，达于丧祭、射御、冠昏、朝聘。""故圣人参于天地，并于鬼神，以治政也。""故人者，天地之心也……故圣人作则，必以天地为本。""以天地为本，故物可举也。"诸如此类，《礼运》里"本于天"的观念，实际和墨子所说的"天志"意思相当。

墨子思想中拿"天"做衡量一切事物的标准。例如《墨子·天志中》说："天之意也，上将以度天下之王公大人为刑政也；下将以量天下之万民为文学出言谈也。观其行，顺天之意，谓之善意行，反天之意，谓之不善意行。"

其中所谓"度""量"云云，都可以看出是拿天的意志来做标准的一种讲法。《礼运》所说"礼必本于天""政必本于天"云云，所谓"本于天"，自然也是拿天来做标准的意思。《礼运》所说"故圣人作则，必以天地为本"的"作则"，与墨子的观念都极其相像。

4. 明鬼

孔子儒家的思想本来看鬼神是若有若无。例如《论语》说："祭如在，祭神如神在。""敬鬼神而远之。""子不语怪、力、乱、神。"只有墨家才彻底地讲到明鬼（崇鬼）。而《礼运》也以鬼神并列为说："列于鬼神。""致其敬于鬼神。""并于鬼神。""鬼神以为徒，故事可守也。""山川所以傧鬼神也。""事鬼神之大端也。""所以养生送死，事鬼神之常也。"可见墨家明鬼的思想与《礼运》也相似。

5. 尚贤

道家反对贤人政治，主张"不尚贤"。但《礼运》则主张尚贤，与墨子主张相同。《礼运》说："选贤与能。""选贤"当然就是尚贤的意思了。墨子所称"尚贤"具有民主"选贤"之意。例如《墨子·尚同上》说："是故选天下之贤可者，立以为天子……又选择天下之贤可者，置立之，以为三公……又选择其国之贤可者，置立之，以为正长。"这种民主选君、选王公、选官吏的思想，在战国时唯见于墨子和《礼记·礼运》。墨子认为自己是法先王、用夏政的。孔子的早期儒家主张法后王，但子思一派儒家则主张崇古法先王。

6. 节用

墨子主张节用、节欲。《礼运》说："大夫具官，祭器不假，声乐皆具，非礼也，是谓乱国。""故礼之不同也，不丰也，不杀也，所以持情而合危也。"这些和墨子崇尚朴实俭约的宗旨也相符合。

7. 非攻

非攻也是墨子学说的要点之一。《礼运》却也同样主张非攻。例如说："讲信修睦。"这就是要国与国之间保持友好，使战争不致发生。又说："城郭沟池以为固。"墨子非攻学说，本来也着重在防守的一方面；《墨子》里就有《备城门》等多篇，专门讲究防守城池。《礼运》所说固守城池，与之正合。又说："冕弁兵革，藏于私家，非礼也。"私家不许收藏兵革武器，当然就是要避免发生斗杀，其实这也是与墨子非攻的主张相似的。

从上面分析看，《礼运》的各项主张，都与墨子思想相合。墨子时代与子思约略同时，其思想可能具有相同的来源，即孔子。

四、墨子是手工业工匠的政治代表

《汉书·艺文志》论述墨家源流说："墨家者流，盖出于清庙之守。茅屋采椽，是以贵俭；养三老五更，是以兼爱；选士大射，是以上贤；宗祀严父，是以右鬼；顺四时而行，是以非命；以孝视天下，是以上同；此其所长也。"

这一段论述墨家的源流，主要是出自臆测。但我们注意到：

第一，《汉书·艺文志》所谓"清庙之守"指古时候掌管郊庙之礼的官守。《吕氏春秋·当染》说："鲁惠公使宰让请郊庙之礼于天子，桓王使史角往，惠公止之。其后在鲁，墨子学焉。"《吕氏春秋》和《汉书·艺文志》都主张墨家的来历出于清庙之守，以为墨翟当时曾经学过郊庙之礼。清庙之守，先秦称胥或相，也就是祭师，实际就是孔子之儒的源出由来。

第二，所谓"清庙"其实是指周代的明堂制度。蔡邕《明堂月令论》说："取其宗祀之貌，则曰清庙；取其正室之貌，则曰太庙；取其尊崇，则曰太室；取其乡明，则曰明堂；取其四门之学，则曰太学；取其四面之周水，圆如璧，则曰辟雍。异名而同事，其实一也。"所谓墨家出于"清庙之守"，也就是"明堂之官"。

第三，《汉书·艺文志》论述墨家源流，还有可以注意的就是所谓"养三老五更，是以兼爱"。

"三老"即社老、闾老、里老。"五更"则前人无确说，我以为，"五更"即五工，亦即所谓清庙之官。周礼明堂之制设五工之官，就是工匠之官。工商食官，五工之官也归于清庙之守（大司空，即大司宫、大司工）。

墨子出身卑贱，自称"贱人"。方授楚云："周时所谓贱人，与后世良贱之分不同。凡士以下之庶民，皆贱人也。"其说甚是。按，"贱人"即所谓"小人"。

先秦制度，士以上为贵人，士以下为庶人、贱人。贱人即小人，但是身份高于奴隶，是自由民。百工、商贾、农夫皆属贱业，小人也。《左传》所谓"庶人力于农、稽、商、工、造、隶，不知迁业"者。

孔子自称"吾少也贱"；商汤之贤相伊尹，曾操庖厨之业，亦被目为贱人。

墨子也是贱人出身，其世业其实就是木工。据说墨子木艺之巧，可以争胜于当时的名匠鲁班（公输般）。惠施曾称赞他："墨子大巧，巧为𫐓，拙为鸢。"（鸢，即雁，见《韩非子·外储说》）所以当时贵族君子认为墨子之说是"役夫之道"。

墨子出身工匠，其学风颇朴实。韩非子言："墨者，显学也，其身体则可，其言多而不辩。"墨子引《诗》《书》，常改之以适合当代口语。

墨子主张尚贤、尚同、非攻、兼爱（爱人）、交利（利人）、节财、薄葬、卑服、非乐（反对享乐）、生产（强节），此皆手工业者之价值观念也。

所以笔者以为，墨子之学，乃共工氏（工官）之学。共工氏一族，世官世业。墨子相信果报和宿命，他说"爱人利人者，天必福之。恶人贼人者，天必祸之"（《墨子·法仪》）。

五、墨者也是一个政党

与儒家相似，墨家之学团并不单纯是一个学派，而是一个组织严密的政治团体——雏形政党。

可以认为，墨子学习孔子，将自己的学派组织成为一个有政治主张的团体，其内部组织之严密、纪律之严格甚至过于儒党，有似一秘密会党。而且其内部具有共财（共产）、平等（尚同）的原始共产主义倾向，要求成员过一种禁欲式的生活，与希腊之毕达哥拉斯学派相似。

【何新按：毕达哥拉斯建立了一个据称抱有伦理、宗教和政治目的的社团。他的理想是要在其门徒中间发扬政治品德，教诲他们要为国家的利益而活动，使自己服从整体。为了实现这个目的，他强调道德训练的必要性：个人应该懂得约束自己，抑制情欲，使灵魂旷达；应该尊重权威，尊重长者、教师和国家的权威。这个毕达哥拉斯社团似乎是一个实际的公民训练学校，在这里试验毕达哥拉斯的理想。它的成员培育友爱的美德，训练自我检查的习惯以提高其品性。他们形成一个公社，像一个大家庭那样同吃同住，穿同样的衣服，专心从事艺术和工艺，又研究音乐、医学，特别是数学。通常它的成员都要经过一段学徒时期，格言是先倾听后理解。这个社团最初可能是当时出现在希腊，大规模流行的宗教复兴的一种形式，其目的在于纯净生活，使全民参加礼拜，特别是参加所谓神秘宗教仪式的礼拜。这种神秘宗教的教义，指出灵魂未来的命运取决于人们在尘世生活中的行为，而且为掌管他们的行为制定了一些规章。】

墨者这个政治组织的领袖称为巨子。巨子，就是执掌规矩者。

《淮南子·泰族训》云："墨子服役者百八十人，皆可使赴火蹈刃，死不还踵，化之所致也。"

《庄子·天下》记："以巨子为圣人，皆愿为之尸（死），冀得为其后世。"

此所谓巨子，又记为钜子。"钜子"就是墨家之首领。墨者须绝对服从之。又，所谓"冀得为其后世"一语，殊可注意。冀者，皆也。厉进者，继承人也。墨者内部是平等的，成员皆有资格以选贤成为候选之继承人。

六、墨者多苦行

《墨子·公输》:"子墨子曰:'公输子之意,不过欲杀臣,杀臣,宋莫能守,可攻也。然臣之弟子禽滑釐等三百人,已持臣守圉之器,在宋城上而待楚寇矣,虽杀臣不能绝也。'"

此可见墨子弟子三百人,还是一个具有一定战斗力的准军事团体。若非平时训练有素,有人组织之、指挥之,而徒激于一时之义勇,断难如是步伐整齐矣。

不仅全体墨者必须绝对服从钜子,钜子也必须绝对服从团体内之纪律。《吕氏春秋·去私》云:"墨者有法。"此种墨者之法,森严如铁,违之则罚,以致处死。唯革命团体与秘密社会之所谓纪律庶几似之。

不仅墨者之死生大故,固受钜子之干涉,即普通出处及生活亦由钜子指挥。

据《墨子》书中记,墨子不但对子弟传教学术,而且为弟子安排职业(孔子也曾如此,如安排子路为季氏宰)。墨子本人虽然未仕,却曾安排其子弟出仕。

《墨子·鲁问》记:"子墨子使胜绰事项子牛。项子牛三侵鲁地,而胜绰三从。子墨子闻之,使高孙子请而退之曰:'我使绰也,将以济骄而正嬖也;今绰也禄厚而谲夫子。夫子三侵鲁,而绰三从,是鼓鞭于马靳也。'翟闻之:'言义而弗行,是犯明也。'绰非弗之知也,禄胜义也。"

由胜绰之事观之,如果出仕的弟子有悖于墨子之道,则给以免职"退之"的处罚。

墨家组织之严密如是,加以墨子之才,好学而博。《庄子·天下》言"摩顶放踵,利天下为之"之牺牲精神,及"席不暇暖,突不得黔"之勤劳状态,宜其倡之遂成显学也。

墨子过的不是贵族的生活,他和他的学生所过的是当时"贱人"的生活,"量腹而食,度身而衣","以裘褐为衣,以跂蹻为服;日夜不休,以自苦为极"。有的学生"短褐之衣、藜藿之羹,朝得之,则夕弗得"。完全是贫民。同时墨家懂得工技,墨子就是个大技师,会制造武器等手工品,他和他的弟子至少从事一些手工业劳动,并不完全脱离生产。墨子经常步行,丝毫没有贵族架子,表示是庶人的身份。

《淮南子》言墨子用"夏政"。所谓夏政，即大禹治水，十年不入家门，苦行之道也。

《墨子·贵义》云："必去喜、去怒、去乐、去悲、去爱、去忍，而用仁义。手足口鼻耳目，从事于义，必为圣人。"

七、墨子相信"天人感应"

墨子主张"天志"，天志就是天之意志。志，知也，天志即天智，天有智知；志，择也，天志亦即天择，谓天有意志，有选择。天志，天意也。

总之，墨子认为天是有智知、感情、知觉、意志，能主动作为的天。而人本于天，墨子以天志否定孔子所信仰的天命。命者，定也。天命论是必然论、决定论。天数已定，则人力无能为。天志论是选择论、反决定论，是主张存在先于本质的存在主义。所以墨子说："奚以为治法而可？故曰莫若法天……以天为法，动作有为，必度于天，天之所欲则为之，天所不欲则止。然而天何欲何恶者也？天必欲人相爱相利，而不欲人相害相贼也。"（《墨子·法仪》）

墨子相信鬼神也有意志："有天鬼，亦有山水鬼神者，亦有人死而为鬼者。""今若使天下之人，偕若信鬼神之能赏贤而罚暴也，则夫天下岂乱哉？"（《墨子·明鬼》）

墨子这种以天为有意志之天、以鬼神为赏善罚恶者的思想，后来被董仲舒吸收改造，融汇入西汉儒家的"天人感应"论中。

因此，墨子以"天志"论，否定了孔子天命不可改变的"天命"论。他认为："在于商夏之诗、书曰：命者，暴王作之。""执有命者不仁。"（《墨子·非命》）

传统的"天命"论是一种本质先于存在的宿命论。认为人生一切都有定命，人当安于所命，放弃努力和选择。这实际是商周世官世业、世工世守的种姓制度的意识形态反映。

墨子认为，存在先于本质，选择决定生活，是历史中最早的"存在主义"者。"在乎桀纣，则天下乱，在乎汤武，则天下治……岂可谓有命哉！"（《墨子·非命》）

历史中并没有不改的天命，只有随时赏善罚恶的天志。没有承受天命世官世守的贫卑富尊，而应当以善德为标准，让贤人（哲学家）成为统治的君王。这就是他主张的"尚贤"论。他说："执有命者之言曰：命富则富，命贫则贫；命众则众，命寡则寡；命治则治，命乱则乱；命寿则寿，命夭则夭；命虽强劲，何益哉？上以说王公大人，下以驵百姓之从事。故执有命者不仁。"（《墨子·非命》）

八、"天命"论与"天志"论的对立

墨子所批评的天命思想，也是直接针对孔子的。孔子崇天信命，谓"获罪于天，无所祷也"（《论语·八佾》），"不知命，无以为君子也"（《论语·尧曰》），"道之将兴也与，命也。道之将废也与，命也"（《论语·宪问》），认为"死生有命，富贵在天"（《论语·颜渊》）。后来孟子阐发孔子说："莫之为，而为者，天也。莫之致，而致者，命也"（《孟子·万章》）。孔子认为，"志于学"，最终目的是"知天命"。因此，孔子是宿命论者。

"天命"论是一种决定论，限制人类的作为。而墨子主张人可以有为，行为的结果取决于行为的价值本身。天的意志体现于人类自身行为的结果中。因此善则有善报，恶则有恶报，人应当趋善避恶，这就是墨子反对天命而主张"天志"论和"明鬼"论的实质。

实际上，这是墨子用他的学说来改造当时的政治。我们可以把它叫作"托神改制"。这就是墨子的"天志""明鬼"学说在当时的现实意义。后来，墨子的这种思想被融合到荀子、孟子所代表的今文儒学的思想中。

墨子对统治者说："在乎桀纣，则天下乱；在乎汤武，则天下治……岂可谓有命哉！"（《墨子·非命》）

这就是说，你们如果主张有"命"，那么你们的赏、罚，也就不需要行了。而且暴王的时候天下乱，圣王的时候天下治，这就可以证明"命"是没有的。

墨子又对被统治者说："昔上世之穷民，贪于饮食，惰于从事，是以衣食之财不足，而饥寒冻馁之忧至，不知曰'我罢不肖，从事不疾'，必曰'我命固且贫'……"（《墨子·非命》）

这就是说：你们如果相信有"命"，不好好从事生产，你们就要受到饥寒的痛苦，这是你们自作自受，并不是什么天命。

九、墨者重视实践

墨子主张以神鬼之道设教而教民。因此，墨子相信不仅存在鬼神，并且在冥冥之中有一双眼、一颗心，能够赏善罚恶。

"子墨子曰：古之今之为鬼，非他也，有天鬼，亦有山水鬼神者，亦有人死而为鬼者。""今执无鬼者曰：'鬼神者，固无有。'且暮以为教诲乎天下，疑天下之众……是以天下乱。"（《墨子·明鬼》）

但是，墨子又是一个理性主义者。他是中国学术史上最早研究形式逻辑的人。他提出了"三表法"：本→原→用三段论的归纳推理形式。

"何为三表？子墨子言曰：有本之者，有原之者，有用之者。于何本之？上本之于古者圣王之事。于何原之？下原察百姓耳目之实。于何用之？废以为刑政，观其中国家、百姓、人民之利。此所谓言有三表也。"（《墨子·非命上》）

墨子主张以实践（行）来检验理论："子墨子曰：言足以复行者常之，不足以举行者勿常，不足以举行而常之，是荡口也。"（《墨子·耕柱》）

先秦诸子百家中，只有墨子、荀子、名家注意过逻辑问题。但名家注重的是语言中的逻辑问题，流于诡辩；墨子所注重的则是认识中的逻辑问题，几乎构成了一套有系统的逻辑学。孔子已开始注意语言和语意的问题，但对逻辑问题则缺乏反思，他的言论述而不作，多是宣谕式的直言命题，很少证明与推论。墨子反对儒家这种模糊不清的思维方法。

"子墨子问于儒者：何故为乐？曰：'乐以为乐也。'子墨子曰：'子未我应也。今我问曰：何故为室？曰：冬避寒焉，夏避暑焉，室以为男女之别也。则子告我为室之故矣。今我问曰：何故为乐？曰：乐以为乐也。是犹曰何故为室，曰室以为室也。'"（《墨子·公孟》）

他说：我问儒者为什么要造房屋，他们本应说明，冬天用房屋来避寒，夏天用它来避暑，同时也用它来分别男女的住所。他们却回答我：什么是房屋？房屋就是房屋，那不是等于白说吗？

同义反复，确是常见于儒家思维。

墨子在实践中，也以非常强的逻辑理性为指引。例如："子墨子北之齐，遇日者，日者曰：帝以今日杀黑龙于北方，而先生之色黑，不可以北。子墨子不听，遂北，至淄水，不遂而反焉。日者曰：我谓先生不可以北。子墨子曰：南之人不得北，北之人不得南，其色有黑者，有白者，何故皆不遂也？且帝以甲乙杀青龙于东方，以丙丁杀赤龙于南方，以庚辛杀白龙于西方，以壬癸杀黑龙于北方；若用子之言，则是禁天下之行者也，是围心而虚天下也，子之言不可用也！"（《墨子·贵义》）

十、以"兼爱"反"私仁"

儒者主张"仁"，但"仁"是有等级亲疏远近之施取的。墨子反对这种"仁"。他说："今天下之君子之名仁也，虽禹汤无以易之，兼仁与不仁，而使天下之君子取焉，不能知也。故我曰：天下之君子不知仁者，非以其名也，亦以其取也。"（《墨子·贵义》）

在墨子看来，这种"仁"不是真正的"仁"，因为它不是兼爱，而是偏爱。尽管儒家说得很漂亮，要"博施于民而能济众"，但是实际做起来，主要还是"亲亲"，这样儒家的"仁"就很难越出贵族阶级的范围。

墨子认为，儒家的"仁"，仅仅是从爱己出发的，为爱自己，推广一步，就爱自己的父亲、兄弟、子女，这便是所谓"亲亲"；再推广一步，才爱到其他人。所谓"亲亲而仁民，仁民而爱物"，所谓"修身齐家治国平天下"，都是这个意思。

儒家这种以"孝悌"为本的"亲亲"的"仁"，墨子认为并不是真"仁"，而只是"专爱"和"私爱"。他反对"孝"，而主张均爱于天下，博爱一切人。

因此墨子认为，必须倡导用"兼爱"代替"仁"；不但要"兼相爱"，而且要"交相利"。只有"交相利"，"兼相爱"才有实际的内容。只有"兼相爱"，才能体现真正的博爱天下之大"仁"。

儒家主张复活周礼,恢复尊卑有秩的等级阶级制度。墨子则主张打破等级身份的界限,实行阶级身份平等(尚同),主张破除私爱(孝、悌)和专爱(仁),而实行博爱(兼爱)。

"子墨子言曰:以兼相爱,交相利之法易之。"

孔子主张君子不言利,墨子则是一个务实的功利主义者。墨子认为讲义,就要讲利,"义者,利也"。在这里,墨子是使用了声训,义借为益。有益,就是今语所谓"好"。好事就是给人带来利益之事。不但于己有利,而且于众人、社会有利,方为"大益"大义也。

十一、"尚同"即民主

什么人能给众人带来大利益呢?墨子认为,只有贤人。所以墨子主张推举贤人执政。值得注意的是,通过"选贤"的方式,墨子提出要求回到古代民主选举制的思想,这就是"尚同"。所谓"尚同",就是尊重众意之"同",多数决定政治,墨子是中国古代一位真正的民主主义者:

"是故古者圣王之为政也,言曰:不义不富,不义不贵,不义不亲,不义不近。……故古者圣王之为政,列德而尚贤,虽在农与工肆之人,有能则举之,高予之爵,重予之禄,任之以事,断予之令。……故当是时,以德就列,以官服事,以劳殿赏,量功而分禄。故官无常贵,而民无终贱,有能则举之,无能则下之。……故古者尧举舜于服泽之阳,授之政,天下平;禹举益于阴方之中,授之政,九州成;汤举伊尹于庖厨之中,授之政,其谋得;文王举闳夭、泰颠于置罔之中,授之政,西土服。……夫尚贤者,政之本也。"(《墨子·尚贤上》)

"故古者圣王甚尊尚贤,而任使能,不党父兄,不偏贵富,不嬖颜色。贤者举而上之,富而贵之,以为官长;不肖者抑而废之,贫而贱之,以为徒役。……古者舜耕历山,陶河濒,渔雷泽,尧得之服泽之阳,举以为天子,与接天下之政,治天下之民。"(《墨子·尚贤中》)

实行这种民主选举制的前提,是必须打破等级身份制度的礼制,首先承认一切人在身份上的平等，这就是所谓"尚同"。墨子说：

> 古者民始生，未有刑政之时，盖其语人异义……是以人是其义，以非人之义，故交相非也。是以内者父子兄弟作怨恶，离散不能相和合，天下之百姓，皆以水火毒药相亏害，至有馀力不能以相劳，腐臭馀财不以相分，隐匿良道不以相教，天下之乱，若禽兽然。
>
> 夫明虖天下之所以乱者，生于无政长，是故选天下之贤可者，立以为天子；天子立，以其力为未足，又选择天下之贤可者，置立之，以为三公。天子、三公既以立，以天下为博大，远国异土之民，是非利害之辩，不可一二而明知，故画分万国，立诸侯国君；诸侯国君既已立，以其力为未足，又选择其国之贤可者，置立之，以为正长。
>
> 正长既已具，天子发政于天下之百姓，言曰：闻善而不善，皆以告其上；上之所是，必皆是之；所非，必皆非之；上有过则规谏之，下有善则傍荐之；上同而不下比者，此上之所赏，而下之所誉也。意若闻善而不善，不以告其上；上之所是，弗能是；上之所非，弗能非；上有过弗规谏，下有善弗傍荐；下比不能上同者，此上之所罚，而百姓所毁也。上以此为赏罚，甚明察以审信。
>
> 是故里长者，里之仁人也。……乡长者，乡之仁人也。……国君者，国之仁人也。……察天下之所以治者何也？天子唯能壹同天下之义，是以天下治也。
>
> 天下之百姓，皆上同于天子，而不上同于天，则灾犹未去也。……是故子墨子言曰：古者圣王为五刑，请以治其民，譬若丝缕之有纪，罔罟之有纲，所连收天下之百姓，不尚同其上者也。（《墨子·尚同上》）

值得注意的是，墨子的这一国家起源论与近代霍布斯的利维坦理论颇为相似。

因此，墨子主张建立层层选择的制度，由下对上进行监督，重新组建一个理想的国家，连国君也由民选的仁人、贤人来担任。

过去许多人没有读懂墨子的"尚同"，以为"尚同"就是儒家的"大同"即大一统，甚或以为是主张建立中央集权制，这完全是荒谬的误解。同者，通也。尚者，等也。尚同即上下通，是主张众意选举、上下通气的民主制。

墨子说："古者上帝、鬼神之建设国都，立正长也，非高其爵，厚其禄，富贵佚而错之也，将以为万民兴利除害、富贵贫寡（富贫众寡）、安危治乱也。"（《墨子·尚同中》）

墨子还是一个反对战争（非攻）的和平主义者。

但是，墨家不反对一种战争，就是所谓讨伐不义的"征诛"之战。墨子说："……昔者禹征有苗，汤伐桀，武王伐纣，此皆立为圣王。是何故也！子墨子曰：子未察吾言之类，未明其故者也；彼非所谓攻，（所）谓诛也……"（《墨子·非攻下》）

十二、儒墨对立的根源

从学派渊源说，墨家是出于儒家的。但由于立场不同，墨家从儒家分离出来以后，就成了儒家的对立物。

儒墨两家的思想斗争，是先秦各学派中思想斗争最激烈的。差不多整个战国时代，儒、墨两家并峙为两大政党、两大学派。墨子脱离儒家创立自己的学派后，对于儒家一直进行激烈的思想批判（现传的墨子书中有《非儒》，据说就是后期墨家的作品）。

"子墨子谓程子曰：儒之道，足以丧天下者，四政焉：儒以天为不明，以鬼为不神，天鬼不说，此足以丧天下。又厚葬久丧，重为棺椁，多为衣衾，送死若徙，三年哭泣，扶后起，杖后行，耳无闻，目无见，此足以丧天下。又弦歌鼓舞，习为声乐，此足以丧天下。又以命为有，贫富寿夭，治乱安危，有极矣，不可损益也，为上者行之，必不听治矣；为下者行之，必不从事矣，此足以丧天下。"（《墨子·公孟》）

这里墨子攻击儒家四点：一、不信天鬼；二、厚葬久丧；三、弦歌鼓舞；四、相信天命。

儒墨的思想斗争其实是阶级斗争。"儒者曰：亲亲有术，尊贤有等，言亲疏尊卑之异也。"所以墨家反对这种思想，归根结底，是反对儒家以等级身份制（礼制）为核心的贵族宗法思想。

"儒者曰：君子必服古言，然后仁。应之曰：所谓古之言服者，皆尝新矣，而古人言之服之，则非君子也。……又曰：君子循而不作。应之曰：……然则今之鲍、函、车、匠皆君子也，而羿、伃、奚仲、巧垂皆小人邪？且其所循，人必或作之，然则其所循，皆小人道也？又曰：君子胜不逐奔，掩函弗射，施则助之胥车。应之曰：若皆仁人也，则无说而相与……何故相？若两暴交争，其胜者欲不逐奔，掩函弗射，施则助之胥车，虽尽能，犹且不得为君子也。意暴残之国也，圣将为世除害，兴师诛罚……暴乱之人也得活，天下害不除，是为群残父母，而深贱世也，不义莫大焉！"（《墨子·非儒下》）

儒家主张保守，墨家主张改革；儒家着重在"述"，墨家着重在"作"；儒家以仁义为用，墨家主张彻底实行；儒家主张妥协之中道，墨家则主张对于敌人应当竭力攻击，不除不止。

儒家主张国家主义，君权至上。墨子主张民粹主义，平民至上。墨子学说中已经具有一种庶民革命的倾向。在孔子、子夏之后，儒家演变为专谋治国之术的法家。而墨学的平民主义、庶民主义，则随着手工业者地位的低落而在秦汉以后消亡了。

孔子之后出了墨子，墨子之后又有杨朱。杨朱之学是商人之学，是彻底反对墨子的。墨子主张摩顶放踵，牺牲个人以利天下。杨朱则主张彻底谋私为我，"拔一毛而利天下，不为也"。杨朱以自我为中心，极端崇尚自我存在的个人主义、存在主义，来反对墨子的原始共产主义。这也是战国思想中极其有意思的一种演变，耐人寻味。

释字诂义

释"仁"

"仁"是儒家思想中的一个重要概念。而其本义则颇晦。李泽厚说:"仁字在《论语》中出现百次以上,其含义宽泛多变,每次讲解并不完全一致。这不仅使两千年来从无达诂,也使后人见智见仁,提供了各种不同解说的可能。"❶

本文拟探讨"仁"的本义与演变。

仁,在古代是人字的重文,即"人人"二字的合写。在金文中,常以"二"字作为两字重文合写的符号。在金文中,仁记为"㐰",或作"人二"。由此也可以看到"仁"字的本义。清代学者阮元说:"夏商以前无仁字。(《虞书》'德'字'惠'字即包'仁'字在内。)《虞书》'克明峻德',即与《孟子》中仁字无异。故仁字不见于《尚书》、虞夏商书,《诗》雅、颂,《易卦》爻辞之中。"

又说:"许叔重《说文解字》:'仁,亲也。从人二。'段若膺大令注:'见部,曰亲者,密至也。会意。'《中庸》曰:'仁者,人也。'注:'人也,读如相人偶之人,以人意相存问之言。'……孟子曰:'仁也者,人也。'谓仁之意即人之也。"❷

今案,阮元之说颇精确,缺点是有些晦涩。所谓"仁之意即人之也",当注意的是,人字用作动词而非名词。实际上,"仁"的古义即"人人",此二字中第一个"人"字正是动词。其语法功能与"老吾老以及人之老,幼吾幼以及人之幼"一句中的第一个"老"字和"幼"字,用作动词完全相同。"人人",以现代语词释之,也就是说要以人之道对待人。所以,"人人"是谓仁,这就是"仁"字的古形与古义。

仁字是人字的重文,并且音义相通,因此二者自可通用。(孟子说:"仁,人

---

❶ 参见李泽厚《中国古代思想史论》。
❷ 参见阮元《研经室一集》。

也。")这里值得注意的是，仁、人与夷三字，古代也同音、同形并且可相通假❶。由此就出现了一个问题。仁与人是美词，而夷，乃是古华夏人对异民族的一种蔑称，那么为什么这三个字竟可以混用呢？

章太炎《膏兰室札记》卷三第四四九条："《说文》古文仁作尸，而古夷字又作尸。……窃疑仁、夷、人古祇一字。"

又，《说文》释"仁"条中有"夷俗仁"之说。而《白虎通·礼乐篇》中则说："夷者僔夷无礼义。"后说与前说直接冲突。为什么对"夷"的风俗，古代会有如此相反的两种评价呢？

我认为，这两个问题，只能从商周史上的夷夏冲突事实中得到解答。

中国古代人认为"东方曰夷"。夷，是商周时代对中国东部、东南部民族的称呼。但来自中国西北的周民族，对殷商人也称为"夷"，即"纣夷""商夷"。(《尚书·泰誓》："纣有亿兆夷人。")

又考夷与"尾"古音同（尾当读 yǐ）。《说文》："尾，微也。从倒毛，在尸后，古人或饰系尾，西南夷亦然。"由此可得"夷"族名号由来，商人及东夷风俗，头上常有羽饰或拖饰。因此周人悉贱称之为"尾"即"夷"也，其义犹如今语中的"拖辫子人"。而人、夷古同音，字亦同形。东方人自称为"人"，而西方的周族人则蔑称之为"尾"（夷）也。因此，这种人、夷的称号之分，实际上反映了古代东、西两大系民族的冲突和斗争。到周人征服殷商民族以后，这种冲突仍然存在。《诗经·大东》："东人之子，职劳不来。西人之子，粲粲衣服。"西人周族，东人即东夷。这首诗歌正反映了这两个民族的矛盾和对立。

《淮南子·地形训》说："东方有君子之国。"

《说文》："东夷从大。大，人也。夷俗仁，仁者寿，有君子不死之国。"

这实际上反映了古代东方民族的自尊观念和感情。他们因其文化上的优越和先进于西方的周人，而自视为"君子之国"。他们主张族内的亲睦和团结，即"仁"，即孔子所说"泛爱众，而亲仁（人）"来对抗征服了他们的周族。仁的观念，即

---

❶ 参见《中华文史论丛》1982 年第 1 辑。

"人人"或如郑玄释仁所说的"相人偶",其实就是由此而来的。

最后还应指出一点,周民族用以在文化上与东方民族的"仁"相抗衡的观念,似乎是"文"。文字在甲骨文中取象于一个雕饰文身的人形。而周的古义训"彫""雕"❶,可能正是因为他们有文身之俗。周金文中盛称先周诸王为"前文人",孔子则说:"周监(鉴)于二代,郁郁乎文哉。"都把"文"作为对周民族的颂美之词,这可能不是偶然的。《史记·吴太伯世家》记,吴王族乃周太王之后,奔荆蛮后,"文身断发"。这种文身之俗,过去人们认为只是吴人之俗,现在看来则未必尽然,有待于更进一步的研究。

---

❶ 参见朱芳圃《殷周文字释丛·释周》。

说"士"

"士"字形、义，湮失已久。近世以来，聚讼纷纭。最可笑者，有谓"士"有男子之义，因释其形为男根者，纯出于臆想，殊不足信。

今按，"士"字之形与古义，实并未失，仍存于今本《说文》中，盖前释此者未作深察耳。

士字未见于甲骨文。金文形作"士"，从十、从一。《说文》引孔子说："推十合一曰士。"此即释其字形也，而今人多不认可。实则孔说殊不误。（又，《太平经·解师策书诀》："十一者，士也。"）

顾颉刚《史林杂识》曾证明，士之古义为武士，即士伍之士。顾说详征博引，立说精确。近年出土秦汉简牍中，武士有"什伍"之名。知什伍亦即士伍。由是又知士实即什之本字，而正与孔子之说可相参证也。又，张政烺及郭宝钧均曾指出，商代军队，以十人为基本建制单位，常编十人为一队。（详见张著《商代以十进位的氏族组织》以及郭著《中国青铜器时代》军事一篇）而王引之《经义述闻》卷一亦指出，周代军旅乃以伍人为制编队。什伍之名，实概括商周两种军制之泛称也。什伍、士伍为军人之称，其队长则称"元士"（《多友鼎》）。省称即为"士"也。军人皆男子，故士又引申为男子之称。

《说文》训士："士者，事也。"此乃声训。所当注意者，事、史在甲骨文中音、形、义皆互通。所以，士者，史也。而史乃古代官吏之泛称。《荀子·修身》："好法而行，士也。"士当作史，言史吏为行政执法者也。汉儒杨倞不解此意，乃训事为动词："士，事也。谓能治其事也。"误。又《左传·桓公二年》："人有十等……故王臣公，公臣大夫，大夫臣士……"此言下于大夫之士，亦当训作史也。盖士本武士，武职小吏，而后与史音义相通，遂乃成为一切文武士及其补员之泛称也。

说"美"

"美"是美学中最重要的语词和概念之一。但是它在汉语中的初始语义,一直是一个谜。

一种传统的说法是,"美,甘也","字从羊、大"。也就是说,"美"的语义似乎是从美味中引申出来的。

这种说法相当权威与颇为流行,但其实是望文生义的附会之谈。

实际上,从古字形学的角度看,美字并非羊、大的合体字。其字形乃是一个头戴羽饰的人形(见图79、图80)。

图79　甲骨文中的美字　　　　　图80　金文中的美字

值得注意的是,古代有一位《诗经》的传注者解释"美"字的意义指出:"美,谓服饰之盛也。"(《诗经·关雎序》)

参照于"美"字的形、义关系,这一解释是比较接近美字本义的。但是从语源看,"美"字在上古汉语中,还有更深一层的含义。首先应注意,"美"字的古音,并不读今音的 měi,却读作 wěi。

《经典释文》引《韩诗》:"美"作"媺"。

《广韵》:"美"读"无鄙反"。

《玉篇》:"美"读"亡鄙切"(或作"无鄙切")。

由以上古语言材料可知,"美"字的古声母,并不在"莫"(m)部,却在"亡——无"(w)之部。

如果我们再注意到，跳舞之"舞"字的上古读音是"亡禹切"(《玉篇》)，那么就会发现一个耐人寻味的语言现象——在上古语音中，"美""舞"二字，实际上语音相同。

《说文》：舞，乐也。用足相背，读"无"声。古文作翌。

我们看甲骨文中的舞字，所描写的正是一个人手持双羽或戴羽而舞蹈。特别是《说文》所录古文(战国文字)的"舞"字，字形与"美"的古文字非常相似——好像一个人头顶着羽毛。

图81　甲骨文中的舞字　　　　图82　金文中的舞字

翌，乐舞，以祀星辰也。从羽，王声，读若皇。

汉代经学家对这种舞蹈仪式曾作过深入研究。他们指出，翌舞是祭祀太阳神而使用的。舞者头上装饰羽毛帽，手中也持着羽毛，都是为了模仿作为太阳神象征的凤凰❶。戴在头上的羽毛冠帽，称作"美"，而持在手中的羽毛，称作"翿"。

如上所述，美的本义来自以羽毛为装饰的舞蹈。这种舞蹈，在上古的图腾文化中，本来是一种祭祀太阳神的神圣之舞。由于这种神圣典礼必然具有欢乐气氛，所以"美"——"舞"，在其原始语义中，还具有着"娱乐"和"欢乐"的含义。

综上论，美起源于舞蹈。"美"与"舞"两字最初乃是同音、同形、同义字的分化❷。这就是汉语中"美"这个重要语词的本义和语源。

更有趣的是，进一步的语源学研究还可以表明，"美"字不仅与"舞"字同

---

❶ 《周礼·舞师》："皇舞，帅而舞旱暵之事。"郑玄注："皇舞，蒙羽舞，书或为翌。""以羽冒覆头上，衣饰翡翠之羽。""杂五彩羽如凤凰色，持以舞。"

❷ 从语音看，"美—舞"两字的演化，表现了 mei—wu 这两种共源读音的分化。这在古汉语中是一个具有普遍性的规律。请看以下一些词例：未—末，午—昧，妩—媚，妙—妹，瘠—瘵，等等。此外，舞字音转为"娥"，这个字在古汉语中的意义正是"美丽"(参见《方言》)。

源，与音乐的"乐"字，在语言起源上也是同源的❶。实际上这也应该是很自然的，因为富于节奏感的原始舞蹈，必然需要伴随着强烈刺激性的音乐和歌咏。所以，原始舞蹈的起源，不仅是汉语中"美"这个语词的起源，而且也就是音乐及诗歌的起源。

---

❶ 《诗经·大雅》曰"周原朊朊"，《毛诗》曰"美也"。又，美即每也。《左传·僖公二十八年》奥人之诵曰："原田每每。"杜注曰："晋君美盛，若原田之草每每然。"（何新按：每，今作茂）每字，其形写照女子头上冠羽。

释"乾坤"

"乾坤"二字，《周易·系辞》及《说卦》均谓指天、地。(《周易·说卦》：乾，健也，天也。坤，顺也，地也。)

然乾何以称天，坤何以称地，旧说多未确。兹分论之如次。

乾字古音读幹。闻一多说，乾为幹、湿之幹的本字，繁文作斡。卦名之乾，其正字当为幹。(见《闻一多全集》第二卷第四五页)其说甚确。唯幹字古音与今音亦不同，当读"管"(屈原《天问》"斡维焉系"一句，斡字古本作管)。则乾、幹、斡盖以形音相近致讹。又，马王堆出土汉《周易》乾作"键"。管(关)键双声叠韵，系连绵词。旋转枢轴称关链，引申则为门闩。

斡者，旋转之物也。斡古读管。管、旋、乾三字皆叠韵，故相通。古人称天为斡(即乾)，又称为"旋""圜"。《说卦》："乾为天，为圜。"圜今音读还，古音读旋。(《前汉书·贾谊传》引师古注："还读曰旋。")旋亦书作玄。(杨向奎《绎史斋学术文集》曾释玄即旋之本字)凡此，皆表明古人之宇宙观也。根据此种观念，天乃旋转体，日夜转动不已。《庄子·天运》："天其运乎？……意者其有机缄而不得已邪？意者其运转而不能自止邪？"此观念之根据，则来自古人对天体运行规律的观察。夜晚看星空运动，周天运行如一大旋体。又夜空幽深不可测，故"玄"字兼有幽黑、深远之意义。古人称天为乾、为斡、为旋、为还(天道好还即天道好旋也)、为玄、为旋宫 (见《拾遗记》)、为大钧 (见《前汉书·贾谊传》，大钧即陶轮)，其所取义，皆本于此。

屈原《天问》："圜则九重。"认为天有九层圆盖。此观念之由来，旧多不明。实则亦与对行星运动之观察有关。古人见天空中诸行星在运动中，其星道常相掩而不相撞，故得出了天盖多层之观念也。

又，《周易·坤卦》："天玄而地黄。"旧释玄、黄皆为颜色字。疑不确。玄者，旋也。黄者，广也。天玄地黄或天地玄黄乃古人之熟语，即天旋地广之义也。

"坤"字汉石经书作"巛"。巛即古川字。(陆德明《经典释文》："坤本又作川。"毛居正《六经正误》："巛，古坤字。")《周易·说卦》："坤，顺也。"顺古音从川。故川与顺可相假。坤字古音读如川。此点虽无直接证据，但《诗经·皇矣》郑笺："串夷即昆夷，或作畎夷。"《汉书·匈奴传》："畎夷又名昆夷。"均可证明"昆"（音同于"坤"），汉代读音仍与畎—川相同。然前人皆知川者为河川也，鲜有知川犹有陆地之义者。川字或体作甽，即田原土地也。川有原野之义，故古地名多有称川者。《晋书》卷一二五有"勇士川"。渭河平原古称秦川。坤古音读川，故坤、川二字可相通假，并皆有土地之训义。

释"后土"

在中国文化中，阴性从来都是代表女性的符号。又在典籍中，常以"皇天"与"后土"相对言。

《左传·僖公十五年》："君履后土而戴皇天，皇天后土，实闻君之言。"

古人所说的皇天是指太阳神（"皇天"亦即"光天"，亦即古语所谓"光天化日"）。而"后土"，则正是指与皇天相匹配的地母。

在这里，我们可以顺便讨论一下"后"字的本义。从典籍的记载看，后乃是中国最早的君称（皇、帝等称号，其本义都是太阳的神号，而非人类君王之号）。兹略举"后"字见于古籍者如次。

1. 班瑞于群后。（《尚书·尧典》郑玄注：群后，四方诸侯。）
2. 众非元后何戴，后非众无与守邦。（《国语·周语上》引《夏书》）
3. 殷鉴不远，在夏后之世。（《诗经·大雅·荡》）
4. 夫建国设都，乃作后王君公。（《墨子·尚同》引"先王之书"）
5. 允王维后，明昭有周。（《诗经·周颂·时迈》）
6. 昔昭王娶于房，曰房后。（《国语·周语》）

上引第一至第五条，"后"皆相当于君王诸侯。唯第六条，是指王后（君王之妻）。这里最可注意的是，无论对男性或女性，后都是作为一种最高权威的名号。而且使用它时，对于男性女性可以丝毫不作区别。但在关于君长的其他称呼上，这种情况是没有的。例如女性的皇，只能称"女皇"，而不能称"皇"。女性的帝只能称"女帝"，而不能称"帝"。至于"君""公""侯""伯"，则一概只能是专用于男子的称号。唯独"后"字，可以做到男女不分，一概统称为"后"。为什么会发生这种情况呢？

原来，后字的初义，乃指女性。在甲骨文和金文中，后字形参见图83。

郭沫若先生说："字于卜辞与毓为一……王国维曰：'此字变体至多，从女从𠮷（倒子形，即《说文》之𠫓字），或从母从𠮷，象产子之形……《说文》：'后，继体，君也。象人之形，施令以告四方。'"（《甲骨文字研究》）

图83　甲骨文、金文中的"后"字

实际上，"后"字的初义，就是全族之尊母。在只知其母不知其父的上古社会中，生育了本族全部子孙的高母，乃是理所当然的领袖和权威，而其名称就是后。所以"后"字的字形从女，女象征"后"的性别身份，而女下的"子"正象征她的子系即子民。到母权制被父权制取代之后，"后"也变成了男君，但这一具有权威性的名号，仍然在相当长的时间内由于习惯的力量而保持下来。直到人们用本来称太阳神的"皇""帝"以及"王"字代替了这个字以后，才出现了专用于称呼男性统治者的名号。而后字，也转变成为只用于称谓君王配偶的女性尊称了。

理解了"后"字语义的这一演化过程，我们就可以知道，古人用以配称皇天的"后土"一词，就其本义来说，实际上正是对于女神的称呼。

又"社"的本字是"土"字。"土"字，在甲骨文中像坟头之形（见图84）。

图84　甲骨文中的"土"字

这是后土乳房的象征物，亦即地乳。而从典籍的记载看，中国古代确有崇拜"地乳"的习俗。

《艺文类聚》引《河图》:"岐山在昆仑东南为地乳。"

《焦氏易林》:"生直地乳,上皇大喜。赐我福祉,受命无极。"

山形高耸,古人想象其是地母的乳房,所以称其为"地乳"。而在社坛中立石或坟土,其实也正是以此作为地乳的象征。

更值得注意的是,土、母这两个字在古汉语中音、义相通。从字音说,土,古韵在老部,而老与母古乃同音字。因此,土、母是一音之转。从字义说,《释名·释天》:"土,吐也,能吐生万物也。"《白虎通义》:"土……吐含万物,土之为言,吐也。"而母,《释名·释亲》说:"母,冒也,含生已也。"《道德真经集注》:"母,本也。"也就是说,生人者称母。而生万物之母,则称作"土"。《后汉书·隗嚣传》中干脆说:"地为母。"由此可见,所谓"土神",其实就是地母之神,也即广义的万物之母神。这个母神又称作"高禖神"。禖音从某。而母、某,古同音。所以高禖神也是高母神。

又,母、女(汝)、乳,古音义相通。而古语中生子曰"乳"(见《汉书·赵飞燕传》),所以有子者曰"母"。社古音土,土(社)林即母林也。《诗经·唐风·有杕之杜》:"有杕之杜,生于道左。彼君子兮,噬肯适我。中心好之,曷饮食之!有杕之杜,生于道周。彼君子兮,噬肯来游?中心好之,曷饮食之!"所言"杜",即为社林。吴其昌说,道左是周的杜(社)林,正是约会游乐的地方。君子不来,有女着急,即景作歌,情见乎词。(参见《罗音宝学术论著》)这确是一首社林幽会的情歌。

《通典》:"高禖者,人之先也。故立石为主,祀以太牢也。"由此可见,社中的石主是高母—高禖的实体象征。这一点解释了为什么中国古有灵石崇拜之俗(《初学记》引《礼稽命徵》:"王者得礼制,则泽谷之中有白玉焉。")。

释"丕显"

太阳神崇拜，乃是远古时代遍及东西方（包括美洲在内）各大文明区的一种原始宗教形态。我认为，在中国上古时代（自新石器时代到早期殷商），也曾经存在过日神信仰。虽然这种信仰在商周以后就逐渐沉没于较后起的对天神、地祇、人鬼多神系统的信仰中了，但是其痕迹和遗俗，仍然比比皆是。这里不妨举几个小小的例证。中国古代用于天神人君的最尊贵称呼，如神明、灵明、明保、皇、昊、天、华（晔）❶等，多与太阳神信仰有关。

在商、周金文及《诗经》《尚书》中，常以"丕显"或"不显"一词尊称上帝及天子。如"不显天子"（《克鼎》），"丕显大神"（《诅楚文》），"丕显皇祖考"（《番生簋》），"丕显文王"（《盂鼎》）等，而丕显，正是大放光明之义。《诗经》毛传："丕，大也。显，光也。"故丕显，即"大显其光辉"（郑玄亦同此说）。又，"明德"一词，《诗经》《尚书》及金文中常见。此词的含义，在《楚辞·大招》中讲得很清楚："名声若日，照四海只。德誉配天，万民理只"，"雄雄赫赫，天德明只"。就是说，像太阳一样光明就叫明德。这个词在远古文化中，乃是一种极神圣的价值观念。

所有这些，实际上都与对太阳和光明的崇拜观念密切关联。而历来被崇奉为华夏民族始祖的伏牺、黄帝，就其初义来说，亦都是太阳神的称号。伏牺即"大曦"，黄帝即"光帝"。至于炎帝，其初义虽是火神，但后来也被认为是太阳神（《白虎通义》中曾谓："炎帝者，太阳也。"）。《周礼·冯相》："冬夏致日。"《左传·桓公十七年》："天子有日官，诸侯有日御，日官居卿以厎日。"按"厎日"亦即"致日"（《尔雅·释言》："厎，致也。"）。"致日"即迎日出而祭拜的仪式。

---

❶ 晔，"古音读忽，与煌双声，义为光明之盛"（丁惟汾《方言音释》）。《尚书》孔颖达疏："中国有文章光华礼义之大。"

更有意思的是，在战国时楚地的祀神曲《九歌》中，太阳神同时以两重神格受祭。第一次是作为周天最高之神昊天上帝和玉皇大帝——东皇太一，而第二次是作为众灵之一的"东君"。盖楚国承殷商之后，是一个以太阳神为高祖的国族（"帝高阳之苗裔"）。

"楚之先祖祝融……亦即丹朱，本为日神。"（童书业《春秋左传研究》）所以典籍中说他"能光融天下"，"淳耀敦大，天明地德，光昭四海"，即所谓"有昭德"。所以楚王族昭、景、屈（朏❶），均以太阳光命姓。故《说苑》记：楚俗拜日，故楚盛服、羽衣、翠被。

又楚国号"荆、楚"，旧咸以为山草之名，实际上，荆山在《山海经》中记作"景山"❷，而"楚"字在陕西周原卜辞甲骨文及金文中（见《楚公钟》），字象日在林中之形。《国语·郑语》记："唯荆实有昭德。"《诗经·小雅·楚茨》："先祖是皇，神保是飨。"王国维说："神保，即令彝、洛诰之明保。"（保、傅古音为双声同义之字。而傅、辅、父均为同源字）明保，以今语之即"太阳父亲"。凡此，都可表明楚国是一个崇拜太阳神的国族。盖楚人在春秋战国时代是一个后起民族，其文化传统中保存殷商遗俗甚多，故对太阳神的崇祀也最为虔敬。这些历史事实，都可以证明中国远古宗教、政治文化中确曾深刻地存在过太阳崇拜观念的影响。

---

❶ 《淮南子·天文训》中，日初始出称"朏"。朏、屈二字一从月，一从尸。月、尸二字古形极相似，疑相窜乱。旧说屈氏以封屈为姓（《楚辞补注》）。此说近人多有疑者，因为古今无任何记载能表明屈瑕受封之屈在什么地方。

❷ 《山海经》："荆山之首曰景山。"《左传·庄公十年》："荆，楚本号。后改为楚。"

释"奸令"

《后汉书·刘焉传》注引《典略》："熹平中，妖贼大起。汉中有张脩为太平道，张角为五斗米道……使人为奸令祭酒……为鬼吏，主为病者请祷。"奸令祭酒，是汉末太平道、五斗米道祭官之名。然"奸令"二字殊难解，本传无注，后人存疑。或有释为"巫觋"者❶，非是。奸，当训作干。二字古音同，可相假。《左传·成公十六年》："奸时以动。"释文"奸本或作干"。《前汉书·沟洫志》："使神人各处其所，而不相奸。"师古注：奸音干。干义可训求，杨倞注《荀子·议兵》：干，求也。故所谓"奸令"者，即"干令"，求令或请令之谓也。而所谓"奸令祭酒"者，即拜求神命而转施号令于徒众之大祭师也。

---

❶ 参见《中国哲学史研究集刊》第二辑《道家神仙和道教》一文。

释"吉凶"

古人称喜事曰"吉""大吉""吉祥""吉利"。称灾事则曰"凶"。此二语之来源，暗昧已久。兹说之如次。

吉字甲骨文形体作"⛎ ⛎ ⛎"。(参看《汉语古文字字形表》)

旧说吉字形像牡器，或像矛兵，皆不确。

今按，吉字形从口，从矢，或从射，于六书当为会意字。以声类求之，实即"疌"与"捷"之本字。

《说文》："疌，疾也。""捷，猎也，军获得也。从手，疌声。"吉、疌古音通（今"结"字音从吉读结，尚存古音）。"吉"字形，像矢射而飞，矢飞则"疾"（"疌"）。引申为射猎，再引申即为"猎有所获"。

甲骨卜辞："隹右隻（获）否，隹左隻（获）吉。"于省吾释谓：向右射不获，向左射有获。《易经》中吉字多有"获"意。"大吉"即猎有大获。"吉祥"，即"吉羊"（羊、祥古通），即获羊也（古以羊为祥兽）。

又，"利"字从刀从禾。《说文》引《周易》谓"利者，义之和也"。案"义"通"刈"，即杀割也。和当为"禾"。割禾称"利"，引申即农事有收获也。俞樾说："利从刀，从禾，会意……土地所出者莫重于禾，以刀刈禾，利无大于此者矣……至锋利之义，即从以刀刈禾而得，非其本意也。"其说至确。猎有所获，古人称"吉"。农有所获，古人称"利"。又"鲁"字古义亦训嘉美（参看于省吾《甲骨文字释林·释鲁》），渔有所获，称鲁。鲁从鱼从口，口非人口，大锅器之象也。

又吉、古古音通。（句、勾古言亦通。）古者，苦也，吐舌之形。吉字金文字形与古近似，二者易混淆。吉本义射有所中曰吉，从口，口乃靶的也。吉、晋一音之转。晋字金文作⛎，像多矢中靶的，故晋有喜意，与吉当为同源辞。古，吐舌曰苦。吉、古音通，字形相近，故金文有混淆。

与吉为反义的，是凶字。凶，《说文》："恶也，象地穿交陷其中也。"凶古音荒，凶、荒二字，古音同义通。凶即荒年也。其字形像猎兽之坑崩坏之形，喻不获也。狩猎时代，无猎则绝食，故称"荒"。（引申即为"慌"或"惶"。亦即"凶"。今语人心惶惶，《说文》引《左传》谓本作"凶凶"）"荒"字晚出，春秋以后方成为称农业灾荒之专字耳。

【编者按：凶之音义，何新先生后来研究龙神话时，考其为"恶"之古字。恶即鳄。恶、鳄音义通，故凶，即象鳄穿地为穴之形，即《说文》所谓"地穿交陷其中"。鳄掘土作穴，往往不止一穴，且有多个出口，利潜伏出入，故曰"交陷"。】

释"南"

《说文》:"南,草木至南方有枝任也。"说谓南乃南方植物枝叶,参以甲骨文、金文,许说不确。

又,甲金文有献字,从南、从殳(或从攴),此字乃南之繁文、本字。(献非獻也。简化字则以献、獻合一,谬误。)

南字本义乃打击乐器,窃以为即铜鼓,乃我国古代南国特有之铜质打击乐器也。

铜鼓者,南方以为雷神之象征,乃祭天神之法器。铜鼓也是打击乐器。征战时,铜鼓是号令士兵的指挥工具。

宋周去非《岭外代答》:"广西土中铜鼓,耕者屡得之,其制正圆,而平其面,曲其腰,状若烘篮,又类宣座。面有五蟾,分据其上。蟾皆累蹲,一大一小相负也。周围款识,其圆纹为古钱,其方纹如织簟,或为人形,或如琰璧,或尖如浮屠,如玉林,或斜如豕牙,如鹿耳,各以其环成章,合其众纹,大类细画圆阵之形,工巧微密,可以玩好。铜鼓大者阔七尺,小者三尺,所在神祠佛寺皆有之,州县用以为更点。"

南器传入中原后,则演变为铙器与钟器。

图 85 青铜鼓

商至战国的铜鼓目前出土三座:一是两面鼓,鼓面铸成类似鳄鱼皮的花纹,鼓身铸双鸟,是商代器;另两件,筒状,底中空,是春秋时期的秦器。战国以后大量铜鼓出于西南地区。《后汉书·马援传》有马援征骆越得到铜鼓的记载。

《说文》："铙，小钲也。军法。卒长执铙。"铙、南音通。（章太炎云：南在古韵十七部。南，那含切。铙，第二十一部，女交切。那女双声，古娘纽归泥纽，宵侵对转，故铙、南声韵相通。）铙，周代又称为钲和钟，是最早的青铜打击乐器之一。大者形近铜鼓，小者可执手中，其功能为传播号令之用，流行于商周时代。

《康熙字典》列"南"之诸语义，有一义项为音乐名称："又乐名。《诗·小雅》以雅以南。《韵会》南亦雅乐名，犹九夏也，南夏皆文明之方，故名南。周南召南，亦乐名。"其说亦不确。南字之本义为乐器名而非乐名。

前人郭沫若、唐兰亦皆尝释南为乐器。关于南为古代乐器，可举五证以明之。

1. 甲骨文有南字作"献"，此与磬（磬，古代石制的一种打击乐器。甲骨文中磬字左半像悬石，右半像手执槌敲击）之声旁有殳（或攴），壴之旁有殳（或攴）为击鼓，同义（皆为叩打发声者）。

2.《诗经》："以雅以南，以籥不僭。"

【何新按：雅，吟歌曰雅，齐读曰颂（诵）。南者，伴奏鼓乐也。（傅斯年释《小雅·鼓钟》谓"'以雅以南'，南是地名，'雅之训恐已不能得其确义'，或雅之一词也有地方性，或者雍州之声流入南国因而光大者称雅，南国之乐，普及民间者称南。"其说不明本源，谬。】

3.《礼记·文王世子》："胥鼓南。"胥，乐胥。鼓，动词，鼓南，即击南做乐也。《仪礼·乡饮酒礼》中的"笙入堂下，磬南"，与鼓南同义。（磬，亦动词。）

4. 郑玄注：南，南音之源。（南音者，即南方音乐。）其意谓：南乐（以南奏乐），乃南方音乐之本源也。

5.《白虎通义》谓："八月谓之南吕。"《周礼·大司乐》记乐器有"南吕、南钟"。

综上所述，南字本义为可打击之乐器，说不可易。但关于"南"为何种乐器，唐兰以为：南乃瓦制之乐器，即土壳（缶），说则不确。郭说较含糊，以为"殆钟镈之类也，变而为铃"。其说近是。

【按：《初学记》引《古今乐录》："凡金为乐器者六，皆钟之类也：曰钟，曰镈，曰錞，曰镯，曰铙，曰铎。"其中无铃，铃在钟类，小也。】

考先秦中国南部有特有之青铜乐器，今人曰铜鼓，南人曰钟或重（西南民族称铜鼓为重），北人则称之为"南"或"铙"，故南即西南古代乐器铜鼓之故称。铜鼓为西南文明最有象征意义之礼器，故其也成为方位标志——南方，南蛮，岭南、云南、交南、越南（越南汉代称南越，为百越之一。越古音通蛮，南越即南蛮也）等。

有趣者，东西南北之东，本义为击朝鼓声，异体作鼖（"彭"亦为另种鼓声）。故东、鼓之别称，也与乐器有关。

周襄王二十八年（穆公三十六年，公元前624年），秦穆公兴师伐晋，孟明视等使将兵渡河焚船，大败晋军，取王官及鄗，以报崤之役。周襄王二十九年（穆公三十七年，公元前623年），秦用由余谋伐戎王，益国十二，开地千里，遂霸西戎。周襄王使召公过（尹武公姬过）贺穆公以十二"金鼓"。金鼓，铜鼓也。

【古音韵学重要规律：考察文字之古音，除研究古韵书寻求同部之字外，还有一重要方法，即观察形声字之声母。许多文字今日为异读但声部相同；可知其古代为同声字也。】

释"神"

电、神、申古字同，字源皆为"申"。《说文》："申，神也。"申、电，皆为闪电之象形也。

《说文》："神，天神引，出万物者也。"引，通蚓，即蚓蛇。《说文》：虫部虹之籀文，从申，作蜒。蜒，蛇之语转。虹即神蛇也，又称为螮。（余颇疑申、蛇语音通，蜒即蛇之本字。）

"蚓"之异文作"螾"，即"螾蛇"。《说文》："神，天神引，出万物者也。"申、电，神也。神蚓何物？即闪电也。旧句读断句于引，读为"神，天神，引出万物者也"，误。

《说文》示部"神"之篆文作"神"，"电"之古文作"电"。"申"籀文作"申"，与"引"之籀文同。《说文》又部有字作"晨"云："晨，伸也。从又，申声，申古文申。"申字可从引，表明申、引古字通。虫部"虹"字："虹，从申。申，电也。"据此，神与电同从申声。"申"之义为神，又为电。电、申、晨、神同源字也，申、电、晨之古籀同作"申"，而"神"字篆文所从之"申"与古籀合。"神""电"二字盖皆假"申"为之，传写遂或作"电"、作"申"及作"神"耳。

古文神（申）、电二字通用。《文选》所录陆倕《新刻漏铭》李善注引"电入"异本作"神入"。《淮南子·览冥训》"日行月动，星耀而玄运，电奔而鬼腾"，异本作"神奔而鬼腾"。马宗霍云："谓疾如电光之激耀也。"李善《文选》注引《淮南子》证之，则李所据本"电"是"神"字。

《说文》："电，阴阳激耀也。"其说甚科学。近世物理学以为雷电乃云气中电子高压积聚产生之瞬间放电作用。高诱《淮南子》注谓"雷，转气也"。古雷字通"回"，如车轮形。

又，"电"亦通"霆"。电之异文即霆，雷霆，雷电也。《尔雅·释天》云："疾雷为霆。"《穀梁传·隐公九年》云:"电,霆也。"

闪电,状如灵蛇,故古称神蚓也。古人相信闪电入地为蛇,蛇似男阳具,由是而有神蛇崇拜。

"五行三正"诂义

《尚书·甘誓》："有扈氏威侮五行，怠弃三正。"句中"五行三正"四字，历来聚讼纷纭。汉郑玄谓五行即金木水火土（此乃"五行"二字于典籍中最早之出处），谓三正为夏商周建寅、建丑、建子之三种历法。而梁启超反驳曰：甘誓为夏代著作，当时尚无商周二代，何能有建丑、建子的商周历法？且金木水火土为五种自然元素，何得云威侮？又何从而威侮？（《阴阳五行之来历》）

这个反驳非常有力。然自此之后，"五行三正"四字的真义，愈加湮昧不明。

今按，五行三正，余考证之，实皆古之礼教也。五行应即古之五教、五伦、五典。《尚书·尧典》："汝作司徒敬敷五教。"《左传·文公十八年》："使布五教于四方：父义、母慈、兄友、弟共（恭）、子孝……故《虞书》数舜之功，曰：'慎徽五典，五典克从。'"《左传·桓公六年》："修其五教，亲其九族。"此五教乃维系古代宗法制度的五根伦理支柱，具有行为规范的作用，故称"五行"。而有扈氏竟威侮破坏之，所以被看作大罪恶。

三正者，应即三政（正、政相通）。三政亦即三礼，即古人对天神、地祇、人鬼之三大祭祀也。《尚书·尧典》："咨！四岳，有能典朕三礼？"马融注："三礼，天神、地祇、人鬼礼。"古人以祭祀为国之大政，故称此三礼为三正（政）。

"道德"诂义

道德一名,乃中国古代思想中一极重要之范畴。而考其初义,则皆与行路有关。《说文》:"道,所行道也。"《荀子·王霸》:"道,行也。"《尔雅·释诂》:"道,直也。"综此,道之本义,道路也。引申之,顺路而行亦谓"道",或称"得道""有道"("有",初义训取,能见《经义述闻》)。再引申之,万物生灭所循之抽象规律亦称"道"。故庄子言:"道,理也。"(《庄子·缮性》)老子言:"道者,物之所由也。"(并见《庄子·渔父》)《韩非子·解老》:"道者,万物之所然,万理之所稽也。"《释名》:"道,导也,所以通导万物也。"德之本字,在甲骨文中从直从行,与今之"循"字形近(容庚语),"示行而视之之意"(闻一多语)。《集韵》训值与陟(徏)为同字,"从彳,直声。直犹正也,当也"。《说文》:"直,正也。"而直古音读如德、得。《集韵》:"陟,得也。"由此可知,值即德之初文,而正直即德之初义。清代学者钱大昕亦指出:古无舌上音,故直读如特。德、直上古实同音,后乃分化为二音。德今读乃直之古音,而直则变为今之读音也。(参见《十驾斋养新录》)

又《周易·剥卦》:"君子德舆,小人剥庐。"《周易·升卦》:"君子以顺德,积小以高大。"文中德字,皆通作陟。此德、值、陟古义相通之例证也。又,王引之《经义述闻》卷十一,亦指出:德、置二字古相通。引《大戴礼记》"躬行忠信而心不置",《荀子》文作"言忠信而行不德"等例。置音从直,此乃德、直古义通之又证。《庄子·大宗师》"以德为循",尚存古。但其后此字之形与义变异甚大。其字本义今存于晚出之"巡"字中(《说文》:巡,视行貌。),而其字形在西周金文中则演变为"德",战国古文中演变为"惪",其义亦大变。所最可注意者,是字中增入"心"符,为甲骨文中所不见也。《左传·桓公二年》:"在心为德。"疏:"德是行之未发者也。"又《左传·成公十六年》:"德谓人之性行。"《周礼·师氏》注:"德行,内外之称。在心为德,施之为行。"马王堆帛书《五行篇》:"仁行于内,谓之德之行。不形于内，谓之行。"《管子》："德义者，行之美者也。""德者，贤人所修。"综此，德之初义在殷商本为视巡或正视而行，逮于周代始引申、转义为正直善美心性之称。而此种语义变化，又与商周之际文化宗教思想之激变有关。"道德"二字连称，经典中最早似仅见于战国末之《周易·系辞》："和顺于道德。"老子书旧虽称《道德经》，但据马王堆帛书本，又当称《德道经》。经文中亦无"道德"合称之名。要之，道德二字，就语源看皆取义于行路，周代方演而为衡量人事行为之价值观念。故顺行称"有道"，逆行则称"无道"。正直之行称"德""明德""正人"，而邪曲之行则称"昏德""邪人"或"奸邪"。

拙作《释德》发表后，李泽厚先生来函："曾疑'德'原指氏族习惯法规，今如加上共同遵循则豁然矣。'循'——功能要求，转而为'德'——名词实体。"

此说极确。据此似可解决"德"之古义这一难题。甲骨文及周初金文中德字均书为"值"❶。德乃循之本字。所谓"德行"实即"循行"。循即顺（见《说文》），故亦即"顺行"。因之反德即曰"逆"、曰"曲"、曰"悖"。正直之行曰循，正直之心曰"德"（周金文中"德"字有书作此者），增一"心"符，乃由动词转作名词。又，"循"音从盾，在定母。"德"古音读登（段玉裁语），在端母。同为舌尖音，属旁纽双声之变音，故循、德二字古音相通。知"德"之本义为循，动词，则古书中一些向来难解之义，亦可自明矣。如"同心同德"（《尚书》）、"异姓则异德"（《国语》），文中"德"实当训"循"。旧注家皆释此为道德之德，误矣。

---

❶ 参见郭沫若《文史论集·周初四德器》一文。

训诂与六书

我曾指出中国古代神话演变的一般规则，是音、义递变的规律。为了解释古代神话音、义相变的各种复杂现象，就不能不运用训诂学的方法。

所谓训诂学，其实就是汉语独特的语音学和语义学体系。对于训诂一词，前人曾做出各种解释。但简单地说，训就是训治、整理，诂就是古言、古义。探索、整理古代语言意义的学术就是训诂学。而理解古人所说的"六书"，又是掌握训诂学的基本一步。但恰恰是在这个问题上，过去一直存在着一些混乱。

"六书"一词，始见于《周礼·保氏》。而六书的细目，始见于刘歆《七略》。刘歆认为，六书是象形、象事、象意、象声、转注、假借。他认为此六者为古人造字的基本方法。

东汉大文字学家许慎修订了刘歆的说法，认为六书是："一曰指事，二曰象形，三曰形声，四曰会意，五曰转注，六曰假借。"

许慎也认为，六书是古人构造汉字系统的六项基本规则。

但是在这里，许慎和刘歆一样，都犯了一个错误。他们在讨论传自古代的六书时，都没有意识到在六书中实际上存在着两个结构：造字的方法、用字的方法。因此将二者混为一谈了。

实际上，在上述六书中，前四书与后二书的功能是不同的。试作分析如下：

1. 象形——以摹写物象外形的方式，创制一个表达词语的符号；所以象形其实就是绘画。

2. 指事——在已有的象形符号上，强调某一特征，使之成为一个表示新意义的记号。

3. 会意——把几个有关的象形符号组合为一个新记号。

4. 形声——借用一个原有符号的读音，添加一个象形符号作为偏旁，从而组合为一个新记号。

这四种方法，乃是古人构造汉字系统的操作规则。不难看出，它们实际上都是建立在象形符号的基础上的。而转注和假借则不同。它们都不会产生新的符号，所以并不是构造汉字的方法，而是汉字的两种使用方法。所谓转注，就是在已有的一个旧符号内，注入某种新的义项。许慎解释"转注"说："建类一首，同意相受。考、老是也。"按，"考"本义是"考"杖，即靠杖而立，字形如下图，像一个老人倚杖而立的样子。引申义可以得出人衰老了。所以，"考"字可用来标示老。朱骏声说"转注"即"体不改造，引意相受"。考、老本来是同一个符号。其初始意义是"考"——靠。而后来不改变符号直接注入了"老"的意义（老的符号是在后来才出现的），这就叫转注。换句话说，如果已有某字A，其本义是A；而A有一个与其相关联的语义a；那么就可以不造新字，而用A作a的表意符号。这种用字方法就是所谓转注。（由此可见，转注实际上也是一种假借。但它与下面所讲的假借之不同在于，转注是借一个旧符号表达一种新的意项，而假借则是借一个同音的符号来表示一种读音。）所谓假借，以今天的观点看，其实就是写别字。从许多古文献看，古代写书人掌握的字汇往往不够多，所以不得不大量地借用同音字或近音字。

图86　甲骨文中的"老"字与"考"字

由于这种用字在古人中曾作为一条通行的规则，所以古人并不把写别字看作写错字。归纳起来，古人需要写假借字的情况大体有三种：

1. 根本没有本字，不得不用同音或近音字作假借。
2. 本字晚出，写书时尚无。所以写书人不得不写同音或近音字作假借。
3. 原有本字，但仍写同音或近音字为假借。（在古籍中，以最后一种情况为最多。）

归纳古代文献中运用假借的规则，基本上有如下四项：

1. 同音字可相借。

2. 双声（声母相同）字可相借。

3. 叠韵（韵母相同）字可相借。

4. 合音字（两音可拼为一字，或一音可拆开为二字）可相借。

双声、叠韵字之所以可以作假借字，是因为读音相近。而合音字之所以可以作为假借字，是因为它们的快速读（反切）可以拼成一个同音字。清代文字学家段玉裁说，文字"有形、有音、有义，三者互相求，举一可得其二。有古形，有今形；有古音，有今音；有古义，有今义。六者互相求，举一可得其五"。清代另一位文字语言学家王引之则指出："至于经典古字，声近而通，则有不限于无字之假借者。往往本字现存，而古本则不用本字，而用同声之字。学者改本字读之，则怡然理顺。依借字解之，则以文害词……由声同声近者，以意逆之而得其本字。所谓好学深思，心知其意也，然亦有改之不尽者。迄今考之文义，参之古音，犹得更而正之。"这种审辨文字的形、声、义及其相互关系，循音探义，因文求义，以古音求古义，打破借字追索本义的训诂方法，正是用以考释中国古典神话系统的一项重要操作方法。

何新著作年表

1.《培根论人生》（第一版），上海人民出版社，1983.

2.《诸神的起源》（第一版），生活·读书·新知三联书店，1986.

3.《人生论》，湖南人民出版社，1987.

4.《艺术现象的符号——文化学阐释》，人民文学出版社，1987.

5.《中国文化史新论》，黑龙江人民出版社，1987.

6.《何新集》，黑龙江教育出版社，1988.

（注：收入何新主编"开放丛书·中青年学者文库"）

7.《神龙之谜：东西方文化研究与比较》，延边大学出版社，1988.

8.《人性的探索》，黑龙江人民出版社，1988.

9.《中国远古神话与历史新探》，黑龙江教育出版社，1988.

10.《龙：神话与真相》（第一版），上海人民出版社，1989.

11.《中外文化知识辞典》（何新主编），黑龙江人民出版社，1989.

12.《龙：神话与真相》（修订版），上海人民出版社，1990.

13.《诸神的起源》（韩文版），洪熹译，韩国东文堂，1990.

14.《众神之颂》，杭州大学出版社，1991.

15.《何新与日本经济学教授 S 的谈话录》，人民日报出版社，1991.

16.《世纪之交的中国与世界——何新与西方记者谈话录》，四川人民出版社，1991.

17.《东方的复兴》（第一卷），黑龙江人民出版社、黑龙江教育出版社联合出版，1991.

18.《东方的复兴》（第二卷），黑龙江教育出版社，1992.

19.《爱情与英雄——天地四季众神之颂》，四川人民出版社，1992.

20.《论何新》（内部发行），四川人民出版社，1993.

21.《论何新·评论及友人书信》（内部发行），黑龙江教育出版社，1993.

22.《诸神的起源续集 ——〈九歌〉诸神的重新研究》，黑龙江教育出版社，1993.

23.《何新政治经济论文集》(白皮书，内部发行)，四川人民出版社，1993.

24.《何新政治经济论集》，黑龙江教育出版社，1995.

25.《中华复兴与世界未来》(上下卷)，四川人民出版社，1996.

26.《诸神的起源 —— 中国远古太阳神崇拜》(新版)，光明日报出版社，1996.

27.《人生论》，华龄出版社，1996.

28.《培根人生随笔》，人民日报出版社，1996.

29.《危机与反思》(上下卷)，国际文化出版公司，1997.

30.《为中国声辩》，山东友谊出版社，1997.

31.《新战略论·何新战略思想库》(共三卷)，四川人民出版社，1999.

32.《孤独与挑战》(第一卷)，山东友谊出版社，1998.

33.《诸神的起源》(日文版)，后藤典夫译，日本东京树花舍，1998.

34.《中华的复兴》(韩文版)，白山私塾，1999.

35.《龙：神话与真相》(第二版)，上海人民出版社，2000.

36.《大易新解》，四川人民出版社，2000.

37.《思辨逻辑引论》，黑龙江教育出版社，2001.

38.《思考：我的哲学与宗教观》，时事出版社，2001.

39.《思考：新国家主义的经济观》，时事出版社，2001.

40.《艺术分析与美学思辨》，时事出版社，2001.

41.《何新古经新解》(共七卷)，时事出版社，2001.

42.《培根人生论》，国际友谊出版社，2002.

43.《培根人生论》，陕西师范大学出版社，2002.

44.《美学分析》，中国民族摄影出版社，2002.

45.《论中国历史与国民意识》，时事出版社，2002.

46.《全球战略问题新观察》，时事出版社，2002.

47.《论政治国家主义》，时事出版社，2003.

48.《圣与雄》，金城出版社，2003.

49.《何新集》(第二版)，时事出版社，2004.

50.《风·华夏上古情歌》，时事出版社，2003.

51.《孔子论人生·论语新解》，时事出版社，2003.

52.《人生论》（中英文对照版），中国友谊出版公司，2003.

53.《人生论经典 ——孔子论人生培根论人生》，中国长安出版社，2003.

54.《培根人生论》，中国友谊出版公司，2004.

55.《谈龙说凤》，时事出版社，2004.

56.《汉武帝新传》，中央编译出版社，2005.

57.《大政宪典 ——尚书精解》，哈尔滨出版社，2005.

58.《雅与颂 ——华夏上古史诗》，哈尔滨出版社，2005.

59.《泛演化逻辑引论》，时事出版社，2005.

60.《何新国学经典新解系列》（共十四卷），时事出版社，2007.

61.《我的哲学思考：方法与逻辑》，时事出版社，2007.

62.《思与行·论语新解》，北京工业大学出版社，2007.

63.《天行健·易经新解》，北京工业大学出版社，2007.

64.《宇宙之道·老子新解》，北京工业大学出版社，2007.

65.《诸神的起源》，北京工业大学出版社，2007.

66.《我的哲学思考·方法与逻辑》，时事出版社，2008.

67.《何新国学经典新考系列》（共十五卷），中国民主法制出版社，2008.

68.《何新论金融危机与中国经济》，华龄出版社，2008.

69.《反主流经济学》（上下卷），时事出版社，2010.

70.《哲学思考》（上下卷），时事出版社，2010.

71.《何新国学经典新考丛书》（精），中国民主法制出版社，2010.

72.《论人民币汇率与外汇储备》，中信出版社，2010.

73.《汇率风暴·中美汇率战争真相揭秘》，中国书籍出版社，2010.

74.《何新论美》，东方出版社，2010.

75.《何新论中国经济》，东方出版社，2010.

76.《统治世界·神秘共济会揭秘》，中国书籍出版社，2011.

77.《奋斗与思考》，万卷出版公司，2011.

78.《孔子圣迹图》(何新主编),中国书店出版社,2012.

79.《孔丘年谱长编》,同心出版社,2012.

80.《论孔学》,同心出版社,2012.

81.《圣者·孔子传》,同心出版社,2012.

82.《希腊伪史考》,同心出版社,2012.

83.《统治世界2·手眼通天共济会》,同心出版社,2013.

84.《哲学思考》,万卷出版公司,2013.

85.《新国家主义经济学》,同心出版社,2013.

86.《新逻辑主义哲学》,同心出版社,2014.

87.《老饕论吃》,万卷出版公司,2014.

88.《心经新诠》,同心出版社,2014.

89.《〈夏小正〉新考》,万卷出版公司,2014.

90.《希腊伪史续考》,中国言实出版社,2015.

91.《何新仿名家画集》,上海高诚创意科技集团,2015.

92.《有爱不觉天涯远·何新品〈诗经〉中的情诗》,中国文联出版社,2016.

93.《温柔敦厚雅与颂·何新品〈诗经〉中的史诗》,中国文联出版社,2016.

94.《野无遗贤万邦宁·何新品〈尚书〉》,中国文联出版社,2016.

95.《举世皆浊我独清·何新品〈楚辞〉》,中国文联出版社,2016.

96.《道法自然天法道·何新品〈老子〉》,中国文联出版社,2016.

97.《大而化之谓之圣·何新品〈论语〉》,中国文联出版社,2016.

98.《天地大美而不言·何新品〈夏小正〉》,中国文联出版社,2016.

99.《兵法之谋达于道·何新品〈孙子兵法〉》,中国文联出版社,2016.

100.《路漫漫其修远兮·何新品〈离骚〉》,中国文联出版社,2016.

101.《奇书推演天下事:何新品〈易经〉》,中国文联出版社,2016.

102.《统治世界3:世界历史中的神秘共济会》,辽宁人民出版社,2018.

103.《诸神的起源》(增订版),民主与建设出版社,2018.

104.《诸神的世界》,现代出版社,2019.

105.《诸子的真相》，现代出版社，2019.

106.《中国文明的密码》，现代出版社，2019.

107.《何新论美》，华东师范大学出版社，2019.

108.《汉武帝大传》，华东师范大学出版社，2019.

109.《易经入门——何新讲〈周易〉》，华东师范大学出版社，2019.

110.《柔弱胜刚强——何新讲〈老子〉》，华东师范大学出版社，2019.

111.《孔子的智慧——何新讲〈论语〉》，华东师范大学出版社，2019.

112.《哲学沉思录》，现代出版社，2019.

113.《何新谈诗词之美》，现代出版社，2019.

114.《何新世界史新论》，现代出版社，2019.

115.《历史的枢纽：中西亚史地新考》，现代出版社，2023.

关于何新的评论与研究

1.《何新批判——研究与评估》，四川人民出版社，1998.

2.《中国高层智囊》，陕西师范大学出版社，2001.

3.《中国高层文胆》（西隐著），浙江人民出版社，2008.

4.《何新批判与研究》（倪阳著），北京师范大学出版集团，2016.

图书在版编目（CIP）数据

中华文明的天机 / 何新著. -- 北京：现代出版社, 2024. 10. -- ISBN 978-7-5231-1013-3

Ⅰ. K203

中国国家版本馆CIP数据核字第20247NT404号

中华文明的天机
ZHONGHUA WENMING DE TIANJI

著　　者	何　新
选题策划	张　霆
责任编辑	姚冬霞
责任印制	贾子珍
出版发行	现代出版社
地　　址	北京市安定门外安华里504号
邮政编码	100011
电　　话	(010) 64267325
传　　真	(010) 64245264
网　　址	www.1980xd.com
印　　刷	三河市中晟雅豪印务有限公司
开　　本	710mm×1000mm　1/16
印　　张	25
字　　数	389千字
版　　次	2024年11月第1版　2024年11月第1次印刷
书　　号	ISBN 978-7-5231-1013-3
定　　价	78.00元

版权所有，翻印必究；未经许可，不得转载